Schriftenreihe

Schriften zum Handels- und Gesellschaftsrecht

Band 67

ISSN 1860-8868

Verlag Dr. Kovač

Sebastian Beyer

Die Unabhängigkeit des Aufsichtsratsmitglieds

Unter besonderer Berücksichtigung des US-amerikanischen Rechts

Verlag Dr. Kovač

Hamburg
2009

VERLAG DR. KOVAČ
FACHVERLAG FÜR WISSENSCHAFTLICHE LITERATUR

Leverkusenstr. 13 · 22761 Hamburg · Tel. 040 - 39 88 80-0 · Fax 040 - 39 88 80-55

E-Mail info@verlagdrkovac.de · Internet www.verlagdrkovac.de

Bibliografische Information der Deutschen Nationalbibliothek
Die Deutsche Nationalbibliothek verzeichnet diese Publikation
in der Deutschen Nationalbibliografie;
detaillierte bibliografische Daten sind im Internet
über http://dnb.d-nb.de abrufbar.

ISSN: 1860-8868

ISBN: 978-3-8300-4813-8

Zugl.: Dissertation, Universität Trier, 2009

Gedruckt auf holz-, chlor- und säurefreiem Papier Munken Book. Munken Book ist alterungsbeständig und erfüllt die Normen für Archivbeständigkeit ANSI 3948 und ISO 9706.

Meinen Eltern

Vorwort

Die vorliegende Arbeit wurde im Sommersemester 2009 vom Fachbereich Rechtswissenschaft der Universität Trier als Dissertation angenommen. Für die Veröffentlichung wurde sie an einigen Stellen aktuellen Entwicklungen entsprechend angepasst.

Mein allerherzlichster Dank gilt zunächst Herrn Prof. Dr. Gregor Bachmann, LL.M., dessen engagierte Betreuung entscheidend zum erfolgreichen Gelingen dieser Studie beigetragen hat. Seine Anregungen waren mir jederzeit eine große Stütze. Für seine künftige Tätigkeit an der Freien Universität Berlin wünsche ich ihm nur das Beste. Herrn Prof. Dr. Jan von Hein danke ich für die äußerst zügige Erstellung des Zweitgutachtens.

Besonders danken möchte ich meinen Eltern: Frau Gloria Beyer und Herrn Richter am Bundesgerichtshof a.D. Dr. Dietrich Beyer. Erst ihre stets tatkräftige, vielfältige Unterstützung, auf die ich mich immer verlassen konnte, ermöglichte mein Studium in Trier und Auckland und nicht zuletzt die Erstellung dieser Dissertation etwa durch die hilfreiche Durchsicht des Manuskripts. Ihnen ist die vorliegende Arbeit gewidmet. Dank schulde ich auch meinem Bruder Herrn Rechtsanwalt Oliver Christian Beyer, der meine juristische Laufbahn bis heute mit großem Interesse verfolgt und fördert.

Düsseldorf, im August 2009 *Sebastian J. Beyer*

Inhaltsübersicht

- *Acchiardo, Rod*, Close Corporations - International House of Talent, Inc v. Alabama: Director's Fiduciary Duty not to Compete, 17 Mem. St. U. L. Rev. 597-607 (1987).
- *Assmann, Heinz-Dieter*, Corporate Governance im Schnittfeld von Gesellschaftsrecht und Kapitalmarktrecht, in: Bankrecht und Kapitalmarktrecht in der Entwicklung, Festschrift für Siegfried Kümpel, Berlin 2003, 1-17.
- *Aurich, Bastian*, Managementkontrolle nach Enron, Baden-Baden 2006.

- *Bachmann, Gregor*, Der „Deutsche Corporate Governance Kodex": Rechtswirkungen und Haftungsrisiken, WM 2003, 2137-2143.
- *ders.*, Der Verwaltungsrat der monistischen SE, ZGR 2008, 779-808.
- *ders./Becker, Eric J.* Anmerkungen zu OLG München Urt. v. 23. Januar 2008, WuB 2008, 593-594.
- *Baums, Theodor* (Hrsg.), Bericht der Regierungskommission Corporate Governance, Köln 2001.
- *BDI/Bankenverband/DAI/DIHK/GDV*, Gemeinsame Stellungnahme zu den Entwürfen der Generaldirektion Binnenmarkt der Europäischen Kommission für eine Empfehlung zur „Stärkung der Rolle von nicht geschäftsführenden Direktoren und Aufsichtsratsmitgliedern" sowie zur „Förderung einer geeigneten Regelung für die Vergütung von Direktoren", NZG 2004, 1052-1053.
- *Beecher-Monas, Erica*, Marrying Diversity and Independence in the Boardroom: Just How Far Have You Come, Baby?, 86 Or. L. Rev. 373-412 (2007).
- *Beisel, Daniel/Klumpp, Hans-Herrmann*, Der Unternehmenskauf, 5.Aufl., München 2006.
- *Bender, Christian/Vater, Hendrik*, Lückenhaft und unverbindlich – Der Deutsche Corporate Governance Kodex lässt auch nach der Überarbeitung wichtige Kernprobleme der Unternehmensüberwachung ungelöst, DStR 2003, 1807-1812.

- *Benecke, Martina*, Beratungsvereinbarungen mit Aufsichtsratsmitgliedern – neue Akzente der Rechtsprechung und ungeklärte Fragen, WM 2007, 717-722.
- *Berle, Adolf A./Means, Gardiner C.*, The Modern Corporation and Private Property, New York City, New York (USA) 1932.
- *Bernard, Jayne W.*, Historical Quirks, Political Opportunism, and the Anti-Loan Provision of the Sarbanes-Oxley Act, 31 Ohio N.U. L. Rev. 325-357 (2005).
- *Bernhardt, Wolfgang*, Der Deutsche Corporate Governance Kodex: Zuwahl (comply) oder Abwahl (explain)?, DB 2002, 1841-1846.
- *ders.*, BB-Forum: Deutsche (Unternehmens-)Mitbestimmung zwischen Wünschen und Wirklichkeit, BB 2004, 2480-2482.
- *Bhagat, Sanjai/Black, Bernard*, The Uncertain Relationship Between Board Composition and Firm Performance, 54 Bus. Law. 921-963 (1999).
- *Bischof, Jannis*, Zweckmäßigkeit erfolgsunabhängiger Aufsichtsratsvergütung, BB 2006, 2627-2633.
- *Bleicher, Knut/Leberl, Diethard/Paul, Herbert*, Unternehmensverfassung und Spitzenorganisation, Wiesbaden 1989.
- *Böckli, Peter*, Konvergenz: Annäherung des monistischen und des dualistischen Führungs- und Aufsichtssystems, in: *Hommelhoff, Peter/Hopt, Klaus J./Werder, Axel v.* (Hrsg.), Handbuch Corporate Governance, Köln 2003, 201-219
- *Bosse, Christian*, Rechtliche Anforderungen an Verträge mit Aufsichtsratsmitgliedern und die Zustimmung des Aufsichtsrats nach § 114 AktG, NZG 2007, 172-175.
- *Branson, Douglas M.*, Too Many Bells? Too Many Whistles? Corporate Governance in the Post-Enron, Post-Worldcom Era, 58 S.C. L. Rev. 65-113 (2006).
- *Brown, Katherine M.*, New Demands, Better Boards: Rethinking Director Compensation in an Era of Heightened Corporate Governance, 82 N.Y.U. L. Rev. 1102-1138 (2007).
- *Bulan, Cynthia*, A Small Quastion in the Big Statute: Does Section 402 of Sarbanes-Oxley Prohibit Defense Advancements?, 39 Creighton L. Rev. 357-385 (2006).

- *Bünau, Heinrich v.*, Beratungsverträge mit Aufsichtsratsmitgliedern im Aktienkonzern, Köln 2004.
- *Burwitz, Gero*, Das Bilanzrechtsmodernisierungsgesetz, NZG 2008, 694-699.
- *Busbee, Dan*, Corporate Governance: A Perspective, 9-WTR L. & Bus. Rev. Am., 5-19 (2003).

- *Caputo, Anthony J./Caputo Stift, Julia*, An Equity Compensation Plan Giving Employees Stock Options Must Comply With a Host of Securities and Tax Laws for the Company and Recipients to Get the Biggest Payoff, 80 Mich. B.J. 31-35 (2001).
- *Cardilli, Maria Camilla*, Regulation Without Boarders: The Impact of Sarbanes-Oxley on European Companies, 27 Fordham Int'l L.J. 785-822 (2004).
- *Casper, Matthias*, Der Optionsvertrag, Tübingen 2005.
- *Clarke, Donald C.*, The Independent Director in Chinese Corporate Governance, 31 Del. J. Corp. L. 125-228 (2006).
- *ders.*, Three Concepts of the Independent Director, 32 Del. J. Corp. L. 73-111 (2007).
- *Claussen, Carsten P./Bröcker, Norbert*, Corporate-Governance-Grundsätze in Deutschland – nützliche Orientierungshilfe oder regulatorisches Übermaß?, AG 2000, 481-491.
- *Coffee, John C.*, What Caused Enron? A Capsule Social and Economic History of the 1990s, 89 Cornell L. Rev. 269-309 (2004).
- *Conard, Alfred F./Knauss, Robert L./Siegel, Stanley*, Corporations, 2nd ed., o.O., 1982.

- *Davies, Paul*, Struktur der Unternehmensführung in Großbritannien und Deutschland: Konvergenz oder fortbestehende Divergenz?, ZGR 2001, 268-293.
- *Decher, Christan E.*, Loyalitätskonflikte des Repräsentanten der öffentlichen Hand im Aufsichtsrat, ZIP 1990, 277-288.

- *DIHK*, Stellungnahme zum Entwurf eines Gesetzes zur Angemessenheit der Vorstandsvergütung (VorstAG), BT-Dr 16/12278, NZG 2009, 538-540.
- *Dörner, Dietrich*, Der Aufsichtsratsvorsitzende im Lichte verschärfter Corporate Governance-Vorschriften, in: Festschrift für Volker Röhricht, Köln 2005, 809-831.
- *Dreher, Meinrad*, Interessenkonflikte bei Aufsichtsratsmitgliedern von Aktiengesellschaften, JZ 1990, 896-904.
- *Drygala, Tim*, Kurzkommentar zu BGH Urt. v. 20.11.2006 – II ZR 279/05, EWiR 2007, 99-100.

- *Earley. Christine E./Odabashian, Kate/Willenborg, Michael*, Some Thoughts on the Audit Failure at Enron, the Demise of Andersen, and the Ethical Climate of Public Accounting Firms, 35 Conn. L. Rev. 1013-1033 (2003).
- *Eisenberg, Melvin A.,* Legal Models of Management Structure in the Modern Corporation: Officers, Directors and Accountants, 63 Cal. L. Rev. 375-439 (1975).
- *ders.*, The Structure of the Corporation, Boston, Massachusetts (USA), 1976.
- *ders.*, An Overview of the Principles of Corporate Governance, 48 Bus. Law. 1271-1296 (1993).
- *ders.*, Corporations and Other Business Organizations, New York City, New York (USA), 2005.
- *Eisenhardt, Ulrich*, Gesellschaftsrecht, 13. Aufl., München 2007.
- *Ernst, Christoph/Seidler, Holger*, Der Regierungsentwurf eines Gesetzes zur Modernisierung des Bilanzrechts, ZGR 2008, 631-675.

- *Fanto, James*, Paternalistic Regulation of Public Company Management: Lessons from Bank Regulation, 58 Fla. L. Rev. 859-919 (2006).
- *Fischer, Christian*, Zur Bedienung aktienbasierter Vegütungsmodelle für Aufsichtsräte mit rückerworbenen Aktien, ZIP 2003, 282-283.

- *Fischer, Roderich*, Entsprechenserklärung und Entsprechensentscheidung 2005/2006 – Vorschläge zur Haftungsminimierung der erklärungspflichtigen Unternehmen, BB 2006, 337-341.
- *Fischer zu Cramburg, Ralf*, Blick nach Brüssel – Corporate Governance bei Vergütung und Unabhängigkeit: Berichte der EU-Kommission zur Umsetzung ihrer Empfehlungen, NZG 2007, 619.
- *Fleischer, Holger*, Der Einfluß der Societas Europaea auf die Dogmmatik des deutschen Gesellschaftsrechts, AcP 204 (2004), 502-543.
- *ders.*, Das Gesetz zur Angemessenheit der Vorstandsvergütung (VorstAG), NZG 2009, 801-806.
- *Frederick W. Cook & Co.*, Long Term and Stock Based Practices for Executives and Directors, 2002, abrufbar in englischer Sprache unter http://www.fwcook.com/alert_letters/FWCook_Top250-2002.pdf.
- *Fogel, Eric M./Geier, Andrew M.*, Strangers in the House: Rethinking Sarbanes-Oxley and the Indepdendent Board of Directors, 32 Del. J. Corp. L. 33-72 (2007).
- *Fox, Loren*, Enron. The Rise And Fall, Hoboken, New Jersey (USA), 2003.
- *Gehling, Christian*, Erfolgsorientierte Vergütung des Aufsichtsrats, ZIP 2005, 549-557.
- *Gofferje, Martin Viciano*, Unabhängigkeit als persönliche Voraussetzung für Aufsichtsratsmitglieder, Baden-Baden 2008.
- *Großkommentar zum Aktiengesetz*, hrsg. v. *Hopt, Klaus J./Wiedemann, Herbert*, 4.Aufl.

  Bd. IV - §§ 95-117, Berlin 2006.
- *Gruber, Johannes*, Der unabhängige Finanzexperte im Aufsichtsrat nach dem Referentenentwurf des Bilanzrechtsmodernisierungsgesetzes, NZG 2008, 12-15.
- *Gruson, Michael/Kubicek, Matthias*, Der Sarbanes-Oxley Act, Corporate Governance und das deutsche Aktienrecht, AG 2003, 337-352 (Teil I), 393-406 (Teil II).

- *Gunster Yoakley*, SEC Advisory: „Neither a Borrower Nor a Lender Be" – Sarbanes-Oxley Bans Personal Loans to Executive Officers and Directors of Public Companies", abrufbar in englischer Sprache unter http://www.gunster.com/news/bulletins/SECAdvisory_Aug02c.pdf.

- *Habersack, Mathias*, Der Aufsichtsrat im Visier der Kommission, ZHR 168 (2004), 373-381.
- *ders.*, Die erfolgsabhängige Vergütung des Aufsichtsrats und ihre Grenzen, ZGR 2004, 721-734.
- *ders.*, Das Aktiengesetz und das europäische Recht, ZIP 2006, 445-451.
- *ders.*, Aufsichtsrat und Prüfungsausschuss nach dem BilMoG, AG 2008, 98-107.
- *Hallstein, Herbert*, Die Aktienrechte der Gegenwart, Berlin 1931.
- *Happ, Wilhelm*, Anwaltlicher Beratungsvertrag und Aufsichtsratsmandat, in: Festschrift für Hans-Joachim Priester, Köln 2007, 175-199.
- *Hefermehl, Wolfgang/Köhler, Helmut/Bornkamm, Joachim*, Gesetz gegen den unlauteren Wettbewerb (UWG), Kommentar, 26.Aufl., München 2008.
- *Hein, Jan v.*, Die Rezeption US-amerikanischen Gesellschaftsrechts in Deutschland, Tübingen 2008.
- *Heintzen, Markus*, Der Deutsche Corporate Governance Kodex aus der Sicht des deutschen Verfassungsrechts, ZIP 2004, 1933-1938.
- *Henssler, Martin*, Unternehmerische Mitbestimmung in der Societas Europaea, in: Festschrift für Peter Ulmer, Berlin 2003, 193-210.
- *ders.*, Partnerschaftsgesellschaftsgesetz, Kommentar, 2.Aufl., München 2008.
- *Hoff, Hans Henning*, Aktienoptionen für Aufsichtsräte über § 71 Abs.1 Nr.8 AktG?, WM 2003, 910-914.
- *Hoffmann-Becking, Michael*, Organe: Strukturen und Verantwortlichkeiten, insbesondere im monistischen System, ZGR 2004, 355-382.
- *Hopt, Klaus J.*, Gesellschaftsrecht im Wandel, in: Feschrift für Herbert Wiedemann, München 2002, 1013-1032.

- *ders.*, Die rechtlichen Rahmenbedingungen der Corporate Governance, in: *Hommelhoff, Peter/Hopt, Klaus J./Werder, Axel v.* (Hrsg.), Handbuch Corporate Governance, Köln 2003, 29-50.
- *ders.*, Interessenwahrung und Interessenkonflikte im Aktien-, Bank- und Berufsrecht, ZGR 2004, 1-52.
- *ders.*, Aktienrecht unter amerikanischem Einfluss, in: Festschrift für Claus-Wilhelm Canaris, Bd.II, München 2007, 105-128.
- *ders.*, Modernisierung der Unternehmensleitung und –kontrolle, in: Festschrift für Harm Peter Westermann, Köln 2008, 1039-1052.
- *ders./Leyens, Patrick C.*, Board-Models in Europe, 2004, abrufbar in englischer Sprache unter http://ssrn.com/abstract=487944.
- *Hüffer, Uwe*, Aktienbezugsrechte als Bestandteil der Vergütung von Vorstandsmitgliedern und Mitarbeitern – gesellschaftsrechtliche Analyse, ZHR 161 (1997), 214-245.
- *ders.*, Die Unabhängigkeit von Aufsichtsratsmitgliedern nach Ziffer 5.4.2 DCGK, ZIP 2006, 637-644.
- *ders.*, Aktiengesetz, Kommentar, 8.Aufl., München 2008.
- *Hurt, Christine*, The Undercivilization of Corporate Law, 33 J. Corp. L. 361-445 (2008).

- *Jahn, Joachim*, Das VorstAG: Neue Vorschriften gegen „unangemessene" Managerbezüge, GWR 2009, 135-137.
- *Jarass, Hans D./Pieroth, Bodo*, Grundgesetz, Kommentar, 9.Aufl, München 2007.

- *Kamann, Hans-Georg/Simpkins, Martina*, Sarbanes-Oxley Act – Anlass zu verstärkter internationaler Kooperation im Bereich der Corporate Governance?, RIW 2003, 183-189.
- *Kämmerer, Jörn Axel/Veil, Rüdiger*, Paritätische Arbeitnehmermitbestimmung in der monistischen Societas Europaea – ein verfassungsrechtlicher Irrweg?, ZIP 2005, 369-376.

- *Kehler, Camilla*, Die Unabhängigkeit des Aufsichtsrats als aktienrechtliches Erfordernis (AktG und DCGK), Frankfurt am Main 2008.
- *Kohler, Klaus*, Stock Options für Führungskräfte aus Sicht der Praxis, ZHR 161 (1997), 246-268.
- *Kölner Kommentar zum Aktiengesetz*, hrsg. v. *Zöllner, Wolfgang*, 2.Aufl.

  Bd.II - §§ 76-117, Köln 1995.
- *Kompaktkommentar zum Gesellschaftsrecht*, hrsg. v. *Schwerdtfeger, Armin*, Neuwied 2007.
- *Kort, Michael*, Corporate Governance-Fragen der Größe und Zusammensetzung des Aufsichtsrates bei AG, GmbH und SE, AG 2008, 137-149.
- *Krause, Rüdiger*, Sarbanes-Oxley Act und deutsche Mitbestimmung, WM 2003, 762-771.
- *Krebs, Karsten*, Interessenkonflikte bei Aufsichtsratsmandaten in der Aktiengesellschaft, Köln 2002.
- *Krieger, Gerd*, Gewinnabhängige Aufsichtsratsvergütungen, in: Festschrift für Volker Röhricht, Köln 2005, 349-367.
- *Kropff, Bruno*, Aktiengesetz vom 6.9.1965, Düsseldorf 1965.
- *Kübler, Friedrich/Assmann, Heinz-Dieter*, Gesellschaftsrecht, 6.Aufl., Heidelberg 2006.

- *Lange, Oliver*, Der Wechsel aus dem Vorstand in den Aufsichtsrat, NZG 2004, 265-270.
- *Langenbucher, Katja*, Wettbewerbsverbote, Unabhängigkeit und die Stellung des Aufsichtsratsmitglieds, ZGR 2007, 571-601.
- *Lenz, Susanne*, Kurzkommentar zu OLG Schleswig 2 W 46/04, EWiR 2004, 949-950.
- *Leyens, Patrick C.*, Deutscher Aufsichtsrat und U.S.-Board: ein- oder zweistufiges Verwaltungssystem, RabelsZ 67 (2003), 57-105.
- *ders.*, Information des Aufsichtsrats, Tübingen 2006.

- *ders.*, Corporate Governance: Grundsatzfragen und Forschungsperspektiven, JZ 2007, 1061-1072.
- *Lieder, Jan*, Das unabhängige Aufsichtsratsmitglied, NZG 2005, 569-574.
- *ders.*, Der Aufsichtsrat im Wandel der Zeit, Jena 2006.
- *Lund, Andrew C.W.*, What was the Question? The NYSE and NASDAQ's Curious Listing Standards Requiring Shareholder Approval of Equity-Compensation Plans, 39 Conn. L. Rev. 119-158 (2006).
- *Lutter, Marcus*, Die Unwirksamkeit von Mehrfachtmandaten in den Aufsichtsräten von Konkurrenzunternehmen, in: Festschrift für Karl Beusch, Berlin 1993, 509-527.
- *ders.*, Defizite für eine effiziente Aufsichtsratstätigkeit und gesetzliche Möglichkeiten der Verbesserung, ZHR 159 (1995), 287-309.
- *ders.*, Interessenkonflikte und Business Judgment Rule, in: Festschrift für Claus-Wilhelm Canaris, Bd.II, München 2007, 245-256.
- *ders.*, Der Aufsichtsrat im Wandel der Zeit – von seinen Anfängen bis heute, in: *Bayer, Walter/Habersack, Mathias* (Hrsg.), Aktienrecht im Wandel Bd.II, Tübingen 2007, 389-429.
- *ders.*, Beraterverträge mit Aufsichtsratsmitgliedern in Gesellschaft und Konzern, in: Festschrift für Harm Peter Westermann, Köln 2008, 1171-1189.
- *ders./Drygala, Tim*, Die besondere sachverständige Beratung des Aufsichtsrats durch seine Mitglieder, in: Festschrift für Peter Ulmer, Berlin 2003, 381-398.
- *ders./Kirschbaum, Tom*, Zum Wettbewerber im Aufsichtsrat, ZIP 2005, 103-105.
- *ders./Krieger, Gerd*, Rechte und Pflichten des Aufsichtsrats, 4. Aufl., Köln 2002.

- *Manz, Gerhard/Mayer, Barbara/Schröder, Albert* (Hrsg.), Europäische Aktiengesellschaft – SE, Kommentar, Baden-Baden 2005.
- *Marsch-Barner, Reinhard*, Aktuelle Rechtsfragen zur Vergütung von Vorstands- und Aufsichtsratsmitgliedern einer AG, in: Festschrift für Volker Röhricht, Köln 2005, 401-419.

- *Martens, Klaus-Peter*, Das Recht der unternehmerischen Mitbestimmung, JuS 1983, 329-339.
- *Maul, Silja/Lanfferman, Georg*, EU-Kommission nimmt Empfehlungen zu Corporate Governance an, DB 2004, 2407-2409.
- *Merkt, Hanno/Göthel, Stephan R.*, US-amerikanisches Gesellschaftsrecht, 2.Aufl., Frankfurt am Main 2006.
- *Mertens, Hans-Joachim*, Beratungsverträge mit Aufsichtsratsmitgliedern, in: Festschrift für Ernst Steindorff, Berlin 1990, 173-186.
- *Meyer, Justus/Ludwig, Sören*, Aktienoptionen für Aufsichtsräte ade?, ZIP 2004, 940-945.
- *Millstein, Ira M.*, Introduction to the Report and Recommendations of the Blue Ribbon Committee on Improving the Effectiveness of Corporate Audit Committees, 54 Bus. Law. 1057-1066 (1999).
- *dies./MacAvoy, Paul M.*, The Active Board of Directors and Performance of the Large Publicly Traded Corporation, 98 Colum. L. Rev. 1283-1321 (1998).
- *Möllers, Thomas M. J.*, Gesellschaftsrechtliche Treuepflicht contra arbeitnehmerrechtliche Mitbestimmung, NZG 2003, 697-701
- *Mülbert, Peter O./Bux, Regina*, Dem Aufsichtsrat vergleichbare in- und ausländische Kontrollgremien von Wirtschaftsunternehmen, WM 2000, 1665-1677.
- *Münchner Kommentar zum Aktiengesetz*, hrsg. v. *Kropff, Bruno/Semler, Johannes* (2.Aufl.), *Goette, Wulf/Habersack, Mathias* (3.Aufl.)

    Bd. 2 - §§ 76-117, MitbestG, DrittelbG, 3.Aufl., München 2008

    Bd. 3 - §§ 76-117 AktG, MitbestG, § 76 BetrVG 1952, 2.Aufl., München 2004

    Bd. 4 - §§ 118-147 AktG, 2.Aufl., München 2004

    Bd. 5/1 - §§ 148-151, 161-178 AktG, §§ 238-264c, 342, 342a HGB, 2.Aufl., München 2003

    Bd. 6 - §§ 179-221 AktG, 2.Aufl., München 2005.
- *Münchner Kommentar zum Bürgerlichen Gesetzbuch*, hrsg. v. *Rebmann, Kurt/Säcker, Franz Jürgen/Rixecker, Roland*,

Bd. 4 - §§ 611-704, EFZG, TzBfG, KSchG, 4.Aufl., München 2005

- *Nagel, Bernhard*, Unabhängigkeit der Kontrolle im Aufsichtsrat und Verwaltungsrat: Der Konflikt zwischen der deutschen und der angelsächsischen Konzeption, NZG 2007, 166-169.
- *New York Stock Exchange Corporate Accountability and Listing Standards Committee*, Report, New York City, New York (USA) 2002, http://www.nyse.com/pdfs/corp_govreport.pdf.
- *Neubürger, Heinz-Joachim*, Die deutsche Mitbestimmung aus Sicht eines international operierenden Unternehmens, in: *Hommelhoff, Peter/Hopt, Klaus J./Werder, Axel v.* (Hrsg.), Handbuch Corporate Governance, Köln 2003, 177-197.
- *Olsen, John F./Adams, Michael T.*, Composing a Balanced and Effective Board to Meet New Governance Mandates, 59 Bus. Law. 421-452 (2004).
- *o.N.*, II. And Now, The Independent Director! Have Congress, the NYSE, and NASDAQ Finally Figured Out How to Make the Independent Director Actually Work?, 117 Harv. L. Rev. 2181-2205 (2004).
- *o.N.*, III. Slimming the Fat Cats? Evaluating the New Stock Exchange Listing Standards Requiring Shareholder Approval of Stock Option Plans, 117 Harv. L. Rev. 2205-2226 (2004).
- *Peltzer, Martin*, Probleme bei der Kreditgewährung der Kapitalgesellschaft an ihre Leitungspersonen, in: Festschrift für Heinz Rowedder, München 1994, 325-345.
- *ders.*, Corporate Governance Codices als zusätzliche Pflichtenbestimmung für den Aufsichtsrat, NZG 2002, 10-16.
- *ders.*, Keine Aktienoptionen mehr für Aufsichtsratsmitglieder, NZG 2004, 509-512.
- *ders.*, Beratungsverträge der Gesellschaft mit Aufsichtsratsmitgliedern: Ist das gute Corporate Governance?, ZIP 2007, 305-309.

- *ders.*, Reparaturbedarf des Kodex – Kritische Anmerkungen zu kontraproduktiven und änderungsbedürftigen Aussagen des DCGK, in: Festschrift für Hans-Joachim Priester, Köln 2007, 573-591.
- *Power, Sean A.*, Sarbanes-Oxley End Corporate Lending to Insiders: Some Interpretive Issues for Executive Compensation Surrounding the Section 402 Loan Prohibition, , 71 UMKC L. Rev. 911-938 (2003).
- *Pound, John*, The Promise of the Governed Corporation, 73 Harv. Bus. Rev. 89-99 (1995).
- *Quack, Karlheinz*, Geschäftsleitende Organe eines Unternehmens in Aufsichtsräten von Konkurrenzunternehmen, in: Festschrift für Wolfgang Ritter, Köln 1997, 745-752.
- *Reichert, Jochem/Schlitt, Michael*, Konkurrenzverbot für Aufsichtsratsmitglieder, AG 1995, 241-254.
- *Ringleb, Henrik-Michael/Kremer, Thomas/Lutter, Marcus/Werder, Axel v.* (Hrsg.), Deutscher Corporate Governance Kodex Kommentar, 3.Aufl., München 2008.
- *Rode, Oliver*, Der Wechsel eines Vorstandsmitglieds in den Aufsichtsrat – eine gute Corporate Governance?, BB 2006, 341-344.
- *Rodrigues, Usha*, The Fetishization of Independence, 33 J. Corp. L. 447-495 (2008).
- *Romano, Roberta*, The Sarbanes-Oxley Act and the Making of Quack Corporate Governance, 114 Yale L.J. 1521-1611 (2005).
- *Sadlak, Kristina A.*, The European Commission's Action Plan to Modernize European Company Law: How Far Should the SEC Go in Exempting European Issuers from Complying with the Sarbanes-Oxley Act?, 3 B.Y.U. Int'l L. & Mgmt. Rev. 1-42 (2006).
- *Schiessl, Maximilian*, Deutsche Corporate Governance post Enron, AG 2002, 593-604.

- *ders.*, Leitungs- und Kontrollstrukturen im internationalen Wettbewerb, ZHR 167 (2003), 235-256
- *Schmidt, Karsten*, Gesellschaftsrecht, 4.Aufl., Köln 2002.
- *ders./Lutter, Marcus* Aktiengesetz, Kommentar

  Bd. I - §§ 1-149, Köln 2008

  Bd. II - §§ 150-410, Köln 2008
- *Schwalbach, Joachim*, Effizienz des Aufsichtsrats, AG 2004, 186-190.
- *Schwarz, Christian/Holland, Björn*, Enron, WorldCom … und die Corporate-Governance-Diskussion, ZIP 2002, 1661-1672.
- *Seibert, Ulrich*, Das VorstAG – Regelungen zur Angemessenheit der Vorstandsvergütung und zum Aufsichtsrat, WM 2009, 1489-1493.
- *Seidel, Wolfgang*, Der Deutsche Corporate Governance Kodex – eine private oder doch eine staatliche Regelung?, ZIP 2004, 285-294.
- *Semler, Johannes*, Grundsätze ordnungsgemäßer Überwachung?, in: Festschrift für Martin Peltzer, Köln 2001, 489-517.
- *ders.*, Corporate Governance – Beratung durch Aufsichtsratsmitglieder, NZG 2007, 881-887.
- *Siems, Mathias M.*, Die Konvergenz der Rechtssysteme im Recht der Aktionäre, Tübingen 2005.
- *Smith Windsor, Harriet*, 2007 Annual Report of the Delaware Department of State (Division of Corporations), http://corp.delaware.gov/2007DivCorpAR.pdf.
- *Sonnenfeld, Jeffrey*, Good governance and the misleading myths of bad metrics, 18 Academy of Management Executive 108-113 (2004), abrufbar in englischer Sprache unter http://www.sec.gov/spotlight/dir-nominations/sonnenfeld012004.pdf.
- *Sonthalia, Roshan*, Shareholder Voting on All Stock Option Plans: An Unnecessary and Unwise Proposition, 51 UCLA L. Rev. 1203-1232 (2004).
- *Spindler, Gerald*, Die Empfehlungen der EU für den Aufsichtsrat und ihre deutsche Umsetzung im Corporate Governance Kodex, ZIP 2005, 2033-2045.

- *Sporkin, Stanley*, SEC Enforcement and the Corporate Board Room, 61 N.C. L. Rev. 455-462 (1983).
- *Summers, Clyde W.*, Codetermination in the United States: A Projection of Problems and Potentials, 4 J. Comp. Corp. L. Sec. Reg. 155-191 (1982).
- *Taub, Stephen*, No Charges for Global Crossing's Winnick, 2004, http://www.cfo.com/article.cfm/3493060.
- *Teichmann, Christoph*, Binnenmarktkonformes Gesellschaftsrecht, Berlin 2006.
- *The Conference Board*, U.S. Institutional Investors Continue to Boost Ownership of U.S. Corporations, 2007, abrufbar unter http://www.conference-board.org/utilities/pressDetail.cfm?press_ID=3046.
- *Theisen, Manuel R.*, Das Board-Modell: Lösungsansätze zur Überwindung der „Überwachungslücke" in deutschen Aktiengesellschaften?, AG 1989, 161-168.
- *ders.*, Aufsichtsrats/Board: Aufgaben, Besetzung, Organisation, Entscheidungsfindung und Willensbildung – Betriebswirtschaftliche Ausfüllung, in: *Hommelhoff, Peter/Hopt, Klaus J./Werder, Axel v.* (Hrsg.), Handbuch Corporate Governance, Köln 2003, 285-304.
- *Theusinger, Ingo/Liese, Jens*, Rechtliche Risiken der Corporate Covernance-Erklärung, DB 2008, 1419-1423.
- *Thomas, Randall S./Martin, Kenneth J.*, The Effect of Shareholder Proposals on Executive Compensation, 67 U. Cin. L. Rev. 1021-1081 (1999).
- *Thüsing, Gregor*, Das Gesetz zur Angemessenheit der Vorstandsvergütung, AG 2009, 517-528.
- *Tremblau, Ernst,* Der Aufsichtsrat der Aktiengesellschaft, Bonn 1917.
- *Ulmer, Peter*, Der Deutsche Corporate Governance Kodex – ein neues Regulierungsinstrument für börsennotierte Aktiengesellschaften, ZHR 166 (2002), 150-181.
- *ders./Habersack, Mathias/Henssler, Martin*, Mitbestimmungsrecht, Kommentar, 2.Aufl., München 2006.

- *United States Government*, President Bush Signs Corporate Corruption Bill, http://www.whitehouse.gov/news/releases/2002/07/20020730.html.
- *United States Senate Committee on Governmental Affairs, Permanent Sub-committee on Investigations*, "The Role of the Board of Directors in Enron's Collapse", Washington, D.C. (USA), 2002, http://www.senate.gov/~gov_affairs/070902enronboardreport.pdf.
- *Vagts, Detlev F.*, Basic Corporation Law, Mineola, New York (USA), 1979.
- *Veasey, E. Norman*, The Defining Tension in Corporate Governance in America, 52 Bus. Law. 393-406 (1997).
- *Vetter, Eberhard*, Update des Deutschen Corporate Governance Kodex. BB 2005, 1689-1695.
- *ders.*, Beratungsverträge mit Aufsichtsratsmitgliedern, AG 2006, 173-180.
- *ders.*, Aufsichtsratsvergütung und Verträge mit Aufsichtsratsmitgliedern, ZIP 2008, 1-10.
- *ders.*, Der Deutsche Corporate Governance Kodex nur ein zahnloser Tiger?, NZG 2008, 121-126.
- *Wagner, Richard H./Wagner, Catherine G.*, Recent Developments in Executive, Director, and Employee Stock Compensation Plans: New Concerns For Corporate Directors, 3 Stan. J.L. Bus. & Fin. 5-29 (1997).
- *Weber-Rey, Daniela*, Gesellschafts- und aufsichtsrechtliche Herausforderungen an die Unternehmensorganisation, AG 2008, 345-359.
- *Werder, Axel v.*, Überwachungseffizienz und Unternehmensmitbestimmung, AG 2004, 166-172.
- *ders./Talaulicar, Till*, Kodex Report 2007: Die Akzeptanz der Empfehlungen und Anregungen des Deutschen Corporate Governance Kodex, DB 2007, 869-875.
- *ders./Talaulicar, Till*, Kodex Report 2008: Die Akzeptanz der Empfehlungen und Anregungen des Deutschen Corporate Governance Kodex, DB 2008, 825-832.

- *ders./Wieczorek, Bernd J.*, Anforderungen an Aufsichtsratsmitglieder und ihre Nominierung, DB 2007, 297-303.
- *Weiss, Gunther A.*, Beratungsverträge mit Aufsichtsrats- und Beiratsmitgliedern in der Aktiengesellschaft und der Gesellschaft mit beschränkter Haftung, BB 2007, 1853-1860.
- *Werner, Rüdiger*, Die Beratung der Aktiengesellschaft durch Mitglieder ihres Aufsichtsrats, DB 2006, 935-938.
- *Widmann, Peter*, Beraterverträge mit Aufsichtsratsmitgliedern, Mainz 1997.
- *Windbichler, Christine*, Zur Trennung von Geschäftsführung und Kontrolle bei amerikanischen Großgesellschaften, ZGR 1985, 50-73.
- *dies./Bachmann, Gregor*, Corporate Governance und Mitbestimmung als „wirtschaftlicher ordre public“, in: Festschrift für Gerold Bezzenberger, Berlin 2000, 797-805.
- *Winter, Stefan*, Management- und Aufsichtsratsvergütung unter besonderer Berücksichtigung von Stock Options – Lösung eines Problems oder zu lösendes Problem?, in: *Hommelhoff, Peter/Hopt, Klaus J./Werder, Axel v.* (Hrsg.), Handbuch Corporate Governance, Köln 2003, 335-358.
- *Wirth, Gerhard*, Anforderungsprofil und Inkompatibilitäten für Aufsichtsratsmitglieder, ZGR 2005, 327-347
- *Wolf, Martin*, Corporate Governance, ZRP 2002, 59-60.
- *Zalecki, Paul H.*, The Corporate Governance Roles of the Inside and the Outside Directors, 24 U. Tol. L. Rev. 831-858 (1993).
- *Zapp, Winfried*, Analyse der deutschen Vorstands- und amerikanischen Boardverfassung, München 1985.

Abkürzungsverzeichnis

a.A.	andere Ansicht
ABl.	Amtsblatt
Abs.	Absatz
AcP	Archiv für die civilistische Praxis (Zeitschrift)
ADHGB	Allgemeines Deutsches Handelsgesetzbuch
a.F.	alte Fassung
AG	Aktiengesellschaft, auch: Die Aktiengesellschaft (Zeitschrift)
AktG	Aktiengesetz
Art.	Artikel
Aufl.	Auflage
Az	Aktenzeichen
Bayr.	Bayrisch
BB	Betriebs-Berater (Zeitschrift)
Bd.	Band
BetrVG	Betriebsverfassungsgesetz
BFH	Bundesfinanzhof
BFHE	Entscheidungen des Bundesfinanzhofs
BGB	Bürgerliches Gesetzbuch
BGBl.	Bundesgesetzblatt
BGH	Bundesgerichtshof
BGHSt	Entscheidungen des Bundesgerichtshofs in Strafsachen
BGHZ	Entscheidungen des Bundesgerichtshofs in Zivilsachen
BilMoG	Bilanzierungsmodernisierungsgesetz
Bus. Law.	Business Lawyer (Zeitschrift)
BVerfG	Bundesverfassungsgericht
B.Y.U. Int'l L. & Mgmt. Rev.	Brigham Young University International Law and Management Review (Zeitschrift)

bzw.	beziehungsweise
Cal. L. Rev.	California Law Review (Zeitschrift)
CDU	Christlich Demokratische Union Deutschlands
CGK	Corporate Governance Kodex
Colum. L. Rev.	Columbia Law Review (Zeitschrift)
Conn. L. Rev.	Connecticut Law Review (Zeitschrift)
Cornell L. Rev.	Cornell Law Review (Zeitschrift)
Creighton L. Rev.	Creighton Law Review (Zeitschrift)
DAX	Deutscher Aktienindex
DB	Der Betrieb (Zeitschrift)
D.C.	District of Columbia
DCGK	Deutscher Corporate Governance Kodex
Del. J. Corp. L.	Delaware Journal of Corporate Law (Zeitschrift)
ders.	derselbe
DGCL	Delaware General Corporation Law
d.h.	das heißt
dies.	dieselbe(n)
DIHK	Deutscher Industrie- und Handelskammertag
DStR	Deutsches Steuerrecht (Zeitschrift)
DrittelbG	Drittelbeteiligungsgesetz
-E	-Entwurf
EFZG	Entgeltfortzahlungsgesetz
EG	Europäische Gemeinschaft, auch: EG-Vertrag
etc.	et cetera
EU	Europäische Union
EuGH	Europäischer Gerichtshof
EVP	Europäische Volkspartei
EWiR	Entscheidungen zum Wirtschaftsrecht (Zeitschrift)
FDP	Freie Demokratische Partei
Fla. L. Rev.	Florida Law Review (Zeitschrift)
Fordham Int'l L.J.	Fordham International Law Journal (Zeitschrift)

GbR	Gesellschaft bürgerlichen Rechts
gem.	gemäß
GG	Grundgesetz
ggf.	gegebenenfalls
GmbH	Gesellschaft mit beschränkter Haftung
GWB	Gesetz gegen Wettbewerbsbeschränkungen
GWR	Gesellschafts- und Wirtschaftsrecht (Zeitschrift)
Harv. Bus. Rev.	Harvard Business Review (Zeitschrift)
Harv. L. Rev.	Harvard Law Review (Zeitschrift)
HGB	Handelsgesetzbuch
h.L.	herrschende Lehre
h.M.	herrschende Meinung
HOIA	Honorarordnung für Ingenieure und Architekten
Hrsg.	Herausgeber
HS	Hauptsatz
InvG	Investmentgesetz
i.S.d.	im Sinne des
i.V.m.	in Verbindung mit
J. Comp. Corp. L. & Sec. Reg.	Journal of Comparative Corporate Law & Securities Regulation (Zeitschrift)
J. Corp. L.	Journal of Corporation Law (Zeitschrift)
JuS	Juristische Schulung (Zeitschrift)
JZ	Juristenzeitung (Zeitschrift)
KAG	Gesetz über Kapitalanlagegesellschaften
KG	Kammergericht
KK	Kölner Kommentar zum Aktiengesetz
Komm.	Kommentar
KonTraG	Gesetz zur Kontrolle und Transparenz im Unternehmensbereich
krit.	kritisch
KSchG	Kündigungsschutzgesetz

LG	Landgericht
lit.	Buchstabe
LV	Landesverfassung
Mass.	Massachusetts
MBCA	Model Business Corporation Act
Mem. St. U. L. Rev.	Memphis State University Law Review (Zeitschrift)
Mich. B.J.	Michigan Bar Journal (Zeitschrift)
MitbestErgG	Mitbestimmungsergänzungsgesetz
MitbestG	Mitbestimmungsgesetz
MontanMitbestG	Montanmitbestimmungsgesetz
m.w.N.	mit weiteren Nachweisen
NASDAQ	National Association of Securities Dealers Automated Quotations
N.C. L. Rev.	North Carolina Law Review (Zeitschrift)
n.F	neue Fassung
Nr.	Nummer
NYSE	New York Stock Exchange
N.Y.U. L. Rev.	New York University Law Review (Zeitschrift)
NZG	Neue Zeitschrift für Gesellschaftsrecht (Zeitschrift)
öAktG	österreichisches Aktiengesetz
Ohio N.U. L. Rev.	Ohio Northern University Law Review (Zeitschrift)
OLG	Oberlandesgericht
o.N.	ohne Namensangabe
o.O.	ohne Ortsangabe
Or. L. Rev.	Oregon Law Review (Zeitschrift)
PartGG	Partnerschaftsgesellschaftsgesetz
RabelsZ	Rabels Zeitschrift für ausländisches und internationales Privatrecht (Zeitschrift)
RegE	Regierungsentwurf
RMBCA	Revised Model Business Corporation Act

RIW	Recht der internationalen Wirtschaft (Zeitschrift)
Rn.	Randnummer
RVG	Rechtsanwaltsvergütungsgesetz
S.	Satz, auch: Seite
S.C. L. Rev	South Carolina Law Review (Zeitschrift)
SE	Societas Europaea
SEC	Securities and Exchange Commission
sec.	section
SOA	Sarbanes-Oxley Act
sog.	so genannte
SPD	Sozialdemokratische Partei Deutschlands
ss.	sections
Stan. J.L. Bus. & Fin.	Stanford Journal of Law, Business, and Finance (Zeitschrift)
StPO	Strafprozessordnung
Tenn.	Tennessee
TransPuG	Transparenz- und Publizitätsgesetz
TzBfG	Gesetz über Teilzeitarbeit und befristete Arbeitsverträge
u.a.	unter anderem
U. Cin. L. Rev.	University of Cincinnati Law Review (Zeitschrift)
UCLA L. Rev.	University of California Los Angeles Law Review (Zeitschrift)
UMAG	Gesetz zur Unternehmensintegrität und Modernisierung des Anfechtungsrechts
UMKC L. Rev.	University of Missouri Kansas City Law Review (Zeitschrift)
USA	Vereinigte Staaten von Amerika
U. Tol. L. Rev.	University of Toledo Law Review (Zeitschrift)
UWG	Gesetz gegen den unlauteren Wettbewerb
v.	vom, auch: von

ver.di	Vereinigte Dienstleistungsgewerkschaft
vgl.	vergleiche
VorstAG	Gesetz zur Angemessenheit der Vorstandsvergütung
VorstOG	Gesetz über die Offenlegung der Vorstandsvergütung
WM	Wertpapier-Mitteilungen (Zeitschrift)
WpHG	Wertpapierhandelsgesetz
WTR L. & Bus. Rev. Am.	Law and Business Review of the Americas (Zeitschrift)
WuB	Wirtschafts- und Bankrecht (Zeitschrift)
Yale L.J.	Yale Law Journal (Zeitschrift)
z.B.	zum Beispiel
ZGR	Zeitschrift für Unternehmens- und Gesellschaftsrecht (Zeitschrift)
ZHR	Zeitschrift für Handelsrecht (Zeitschrift)
Ziff.	Ziffer
ZIP	Zeitschrift für Wirtschaftsrecht (Zeitschrift)
ZPO	Zivilprozessordnung
ZRP	Zeitschrift für Rechtspolitik (Zeitschrift)

A. Einleitung

Kurz nach der Jahrtausendwende erschütterte eine Reihe von spektakulären Unternehmenszusammenbrüchen in den Vereinigten Staaten von Amerika die Weltwirtschaft. Den Anfang hierbei machte mit Enron der größte Energieversorger des Landes, der am 2. Dezember 2001 Insolvenz anmeldete. Mit dem Verlust tausender Arbeitsplätze einher gingen die Wertlosigkeit der Aktie und damit ein finanzieller Schaden für die Anteilseigner in Milliardenhöhe.[1] Dem Zusammenbruch des texanischen Unternehmens folgten im nächsten Jahr der Telekommunikationsanbieter Adelphia sowie der Hersteller von Elektro- und Medizintechnik Tyco und die Telefongesellschaft WorldCom.

Doch auch Europa – und insbesondere Deutschland – blieb von Finanzskandalen vergleichbaren Ausmaßes nicht verschont. Firmen wie Parmalat, Holzmann und Mannesmann, dessen Vorstand im Zusammenhang mit der feindlichen Übernahme durch Vodafone eine höchst fragwürdige „Anerkennungsprämie“ in Höhe von 60 Millionen Euro angenommen hatte,[2] wurden zu Synonymen mangelhafter, ja sogar verwerflicher Unternehmensführung und –kontrolle – kurz: Corporate Governance[3].

Allerdings offenbarten die genannten Beispiele, die nur eine Auswahl Aufsehen erregender Bilanzmanipulationen, Untreue- und Betrugsfälle darstellen, auch signifikante Mängel der damaligen Rechtslage beiderseits des Atlantiks und bedeuteten somit einen Wendepunkt im Bereich der Corporate Governance. Die entsprechenden Institutionen, seien es Gesetzgeber, Behörden, Regierungskommissionen oder private Anstalten, insbesondere die Wertpapierbörsen, sahen sich zum Handeln gezwungen. In den folgenden Monaten und Jahren modifizierten sie alte und entwickelten neue Regelwerke, um der Missstände in den Führungsgremien der Unternehmen künftig Herr zu werden.

Der amerikanische Kongress ging dabei den ersten Schritt und verabschiedete im Juli 2002 den „Public Company Accounting Reform and Investor Protection Act of 2002“

---

1 *Fox*, Enron, 285, 288; *United States Senate, Committee on Governmental Affairs, Permanent Subcommittee on Investigations* “The Role of the Board of Directors in Enron’s Collapse”, 2002, 1, abrufbar in englischer Sprache unter http://www.senate.gov/~gov_affairs/070902enronboardreport.pdf (Stand: 1.3.2009); aufführlich jüngst *Aurich*, Managementkontrolle, 22-27.

2 Zur strafrechtlichen Relevanz BGHSt 50, 331.

3 Zum Begriff *v. Werder* in: *Ringleb/Kremer/Lutter/v. Werder*, DCGK-Komm., Rn 1 m.w.N.; *Teichmann*, Binnenmarktkonformes Gesellschaftsrecht, § 9 I. 1.; der Frage, ob Corporate Governance als „wirtschaftlicher ordre public“ fungiert, gehen *Windbichler/Bachmann*, in: FS Bezzenberger, 2000, 797 und passim nach.

– besser bekannt unter dem Namen Sarbanes-Oxley Act, benannt nach seinen beiden Begründern, dem Senator *Paul S. Sarbanes* und dem Mitglied des Repräsentantenhauses *Michael Oxley*.[4] Das Gesetz, das im Senat einstimmig und im Repräsentantenhaus mit überwältigender Mehrheit von 423 zu 3 Stimmen angenommen wurde,[5] dient laut seiner Einleitung insbesondere dem Schutz der Anleger durch die Steigerung der Korrektheit und Glaubwürdigkeit von Unternehmensmitteilungen nach Kapitalmarktrecht. Um diese Steigerung des Anlegerschutzes und andere Ziele – mittel- und langfristig freilich die Vermeidung weiterer Unternehmenszusammenbrüche – zu erreichen, stattete das Gesetz die staatliche Börsenaufsicht, die Securities and Exchange Commission (SEC), mit einer Reihe neuer Kompetenzen aus. So sollte die SEC nach sec. 301 Sarbanes-Oxley Act etwa die Aufsicht über die Schaffung neuer verbindlicher Standards für die Unabhängigkeit des Prüfungsausschusses des Board of Directors (Audit Committee) durch die Wertpapierbörsen ausüben.

Hierüber hinausgehend haben im Jahre 2003 insbesondere die beiden größten amerikanischen Börsen, die New York Stock Exchange (NYSE) und die Computerbörse NASDAQ, im Einvernehmen mit der SEC neue Voraussetzungen für die Börsennotierung, die in erster Linie die Leitung und innerbetriebliche Kontrolle von Unternehmen betreffen, verabschiedet. Diese „Corporate Governance Rules" sehen in einem zentralen Punkt die mehrheitlich unabhängige Besetzung des Verwaltungsorgans Board of Directors vor.[6] Zur Bestimmung der Unabhängigkeit eines jeden Directors enthalten die Regelwerke, die wie der gesamte Sarbanes-Oxley Act und die hierzu erlassenen Vorschriften grundsätzlich auch für ausländische Emittenten gelten,[7] einen Katalog von Kriterien, die die Unabhängigkeit an Bedingungen wie Obergrenzen für Zusatzvergütungen, Anstellung als Officer bei dem Unternehmen bzw. einer Tochtergesellschaft oder ein Engagement beim Wirtschaftsprüfer des Unternehmens knüpfen. Auf diese Weise sollen potentielle Interessenkonflikte der Directors vermieden und eine effektive Kontrolle des Managements gewährleistet werden.

---

4 *Merkt/Göthel*, US-Gesellschaftsrecht, Rn 41 Fn 119.

5 *Cardilli*, 27 Fordham Int'l L.J. (2004), 785, 786; *Merkt/Göthel*, US-Gesellschaftsrecht, Rn 41 Fn 120.

6 § 303A.01 NYSE Listed Company Manual (2006); Rule 4350(c) NASDAQ Stock Market Rules (2004).

7 Eingehend *Cardilli*, 27 Fordham Int'l L.J. (2004), 785 und passim; *Sadlak*, 3 B.Y.U. Int'l L. & Mgmt. Rev. (2006) 1, und passim; mit Kritik zur konkreten Ausgestaltung *v. Hein*, US-amerikanisches Gesellschaftsrecht, 321-322.

Nur neun Monate nachdem der US-Gesetzgeber gehandelt hatte, reagierte auch die Kommission der EU auf die besorgniserregenden Entwicklungen in der jüngeren Vergangenheit. Mit dem Aktionsplan „Modernisierung des Gesellschaftsrechts und Verbesserung der Corporate Governance in der EU“[8] legte sie den Grundstein für die Harmonisierung und Verbesserung gesellschaftsrechtlicher Vorschriften in den Mitgliedstaaten. Dieser Plan soll der Stärkung der Aktionärsstellung und dem Schutz der Beschäftigten, Gläubiger und sonstiger Stakeholder der Gesellschaft sowie der Förderung von Effizienz und Wettbewerbsfähigkeit europäischer Unternehmen dienen. Erreicht werden sollen diese Ziele durch kurz-, mittel- und langfristige Regelungen, die von den Mitgliedstaaten bis zum Jahr 2009 umzusetzen sind. Im Bereich der Corporate Governance zeichnete sich der Aktionsplan auch durch Reformvorhaben bezüglich der Zusammensetzung der Aufsichtsgremien von Aktiengesellschaften aus. Dementsprechend erließ die Europäische Kommission, aufbauend auf ihrem Aktionsplan, die Empfehlung vom 15. Februar 2005 „zu den Aufgaben von nicht geschäftsführenden Direktoren/Aufsichtsratsmitgliedern börsennotierter Gesellschaften sowie zu den Ausschüssen des Verwaltungs-/Aufsichtsrats“[9]. Im Hinblick auf einen ordnungsgemäßen Umgang mit etwaigen Interessenkonflikten sieht diese Empfehlung, welche gem. Art. 249 Abs. V EG nicht verbindlich ist, die Besetzung des Verwaltungsrats im monistischen Modell bzw. des Aufsichtsrats des dualistischen Systems mit einer ausreichenden Zahl unabhängiger Mitglieder vor.[10] In ihrem Anhang II empfiehlt sie, ähnlich den oben beschriebenen Listing Standards der amerikanischen Wertpapierbörsen, zur Bestimmung der Unabhängigkeit eine Reihe von Regelbeispielen, die die Mitgliedstaaten bei der Umsetzung als Maßstäbe heranziehen können. Darüber hinaus enthält sie verschiedene Vorschläge bezüglich mitunter kontrovers diskutierter Themen wie des Wechsels aus dem Vorstand in den Aufsichtsrat (Ziff. 3.2) sowie der Rolle und Funktionen der Ausschüsse (Ziff. 5-7).

---

8 Kommission der Europäischen Gemeinschaften, Modernisierung des Gesellschaftsrechts und Verbesserung der Corporate Governance in der EU – Aktionsplan, Mitteilung der Kommission an den Rat und das Europäische Parlament v. 21. Mai 2003, KOM(2003) 284 endg.; einen Überblick über die geplanten Maßnahmen gibt *Hopt*, in: *Hommelhoff/Hopt/v. Werder* (Hrsg.), Handbuch Corporate Governance, 29, 43.

9 Kommission der Europäischen Gemeinschaften, Zu den Aufgaben von nicht geschäftsführenden Direktoren/Aufsichtsratsmitgliedern börsennotierter Gesellschaften sowie zu den Ausschüssen des Verwaltungs-/Aufsichtsrats, Empfehlung v. 15. Februar 2005, ABl. EU Nr. L 52 v. 25. Februar 2005.

10 Kommission der Europäischen Gemeinschaften, Empfehlung vom 15. Februar 2005, ABl. EU Nr. L 52 v. 25. Februar 2005, Abschnitt I, Ziff. 4.

Eine der ersten Institutionen, die die Empfehlung der Europäischen Kommission bei ihrer Arbeit berücksichtigte, war die deutsche Regierungskommission Corporate Governance. Diese Kodexkommission zeichnete bereits für die Ausarbeitung und Verabschiedung des Deutschen Corporate Governance Kodex (DCGK) im Januar 2002 verantwortlich.[11] Während die Novellierung des Kodex in einigen Aspekten von den Vorschlägen der EU-Empfehlung vom Februar 2005 abweicht, orientiert sich die Kommission doch an anderen Stellen, wie beispielsweise der „Generalklausel" zur Unabhängigkeit der Aufsichtsratsmitglieder (Ziff. 5.4.2 DCGK) sowie der Empfehlung zur restriktiven Handhabung des bereits angesprochenen Ämtertausches zwischen Vorstand und Aufsichtsrat nach Ziff. 5.4.4 DCGK evident an den gemeinschaftsrechtlichen Anregungen. Wieder andere Bereiche, die ein erhöhtes Gefahrenpotential für Interessenkonflikte aufweisen, wurden schon vorher vom Kodex und einigen Vorschriften des AktG erfasst. Beispielhaft seien in diesem Zusammenhang die Praxis der Kreditvergabe an Aufsichtsratsmitglieder und der Abschluss von Beratungsverträgen zwischen der Gesellschaft und Mitgliedern ihres Aufsichtsrates genannt.

Es bleibt also zunächst festzuhalten, dass die Unabhängigkeit der Mitglieder von Aufsichtsgremien sowohl in den Vereinigten Staaten als auch in Europa einen zentralen Platz in der aktuellen Debatte um eine verbesserte Corporate Governance einnimmt. Die zuständigen Stellen haben bis heute eine Vielzahl von teils verbindlichen, teils unverbindlichen Regelungen geschaffen, um für zuverlässigere und stabilere Unternehmensstrukturen zu sorgen.

Diese Feststellung beantwortet freilich noch nicht die Frage, ob dies überall dort, wo die Weichen zur Erreichung dieses ehrgeizigen Ziels gestellt werden, gelungen ist. Mit dieser Frage soll sich die vorliegende Untersuchung beschäftigen. Hierzu werden die Bereiche, in denen die Unabhängigkeit des einzelnen Aufsichtsratsmitglieds besonders gefährdet erscheint, zunächst von der deutschen Rechtslage ausgehend untersucht. Schon hier wird diese Arbeit auf ungeklärte und umstrittene Problemkreise eingehen und Lösungen vorschlagen. Dadurch soll der Weg zu einer ergänzenden Heranziehung des US-amerikanischen Rechts, das jeweils anschließend im Hinblick auf eine etwaige Vorbildfunktion einer kritischen Würdigung unterzogen wird, geebnet werden. Ein Vergleich zur Situation in den USA bietet sich nicht nur wegen der Unterschiede zum dortigen Board-System an, sondern entspricht auch der nun schon fast ein Jahrhundert währenden Rolle des US-Rechts als reicher Ideenfundus für die deutsche Gesell-

---

11 *Ringleb*, in: *Ringleb/Kremer/Lutter/v. Werder*, DCGK-Komm., Rn 34.

schaftsrechtswissenschaft – so stellte schon im Jahre 1931 der spätere Präsident der Europäischen Kommission *Walter Hallstein* fest, dass „das hervorstechendste Merkmal der jüngsten aktienrechtlichen Entwicklung auf dem Kontinent (...) ein starkes Eindringen angloamerikanischen Gedankengutes" ist[12].

Das Hauptaugenmerk der Studie soll auf der deutschen Rechtsordnung einerseits und der amerikanischen andererseits liegen; allerdings wird man, wann immer dies zur Beantwortung der oben gestellten Frage sinnvoll und angebracht erscheint, auch die Rechtslage in anderen Ländern in die Betrachtung einbeziehen, baut die aktuelle Corporate Governance-Debatte doch in entscheidend auf der Rechtsvergleichung auf[13]. Jedoch ist stets auch auf die Eigenarten und Rechtstraditionen eines jeden Systems zu achten.[14]

Zunächst soll die vorliegende Arbeit das unentbehrliche Hintergrundwissen zum Verständnis der behandelten Materie vermitteln. Hierfür wird **Abschnitt B** zunächst die Besonderheiten des monistischen Board-Modells im Vergleich zu Struktur und Rolle des Aufsichtsrats behandeln. Ferner wird auf aktuelle Konvergenztendenzen sowie die Kodexentwicklungen in den beiden Rechtsordnungen eingegangen werden. Anschließend soll **Abschnitt C** Einzelheiten über die soeben umrissene Rechtslage in den USA und Deutschland darlegen ohne dabei den gemeinschaftsrechtlichen Hintergrund aus dem Blick zu verlieren. Ferner wird er die Bedeutung der Unabhängigkeit der Mitglieder der angesprochenen Kontrollorgane erörtern.

Der darauf folgende **Abschnitt D** wird sich jenen Sachverhalten widmen, die sich durch ein erhöhtes Potential für Interessenkonflikte auszeichnen. Er wird zunächst zum Problem des Wettbewerbers im Aufsichtsrat eines Unternehmens Stellung nehmen. Im Anschluss soll das bereits oben erwähnte Phänomen des übergangslosen Wechsels vom Vorstand in den Aufsichtsrat diskutiert werden. Ein besonderer Problemkreis in dieser Darstellung wird die sofortige Übernahme des Aufsichtsratsvorsitzes nach Beendigung der Vorstandstätigkeit, zumeist des Vorstandsvorsitzes, sein. Sodann soll die seit langem übliche Unternehmenspraxis der Zahlung einer erfolgsorientierten Vergütung für Aufsichtsrats- bzw. Board-Mitglieder im Lichte des Bedürf-

---

12 *Hallstein*, Aktienrecht der Gegenwart, 53 (Hervorhebungen entfernt), nachgewiesen bei *Hopt*, in: FS Canaris, Bd.II, 2007, 105, 106.

13 *Hopt*, in: FS Wiedemann, 2002, 1013, 1020; *Leyens*, JZ 2007, 1061.

14 In diese Richtung auch *v. Hein*, US-amerikanisches Gesellschaftsrecht, 778-779 m.w.N., der feststellt, dass eine Umsetzung fremder Rechtsinstitute nur dann erfolgreich sein könne, wenn und soweit die Bevölkerung des rezipierenden Landes bereits mit den Grundlagen der übernommenen Rechtsordnung vertraut war; vgl. auch *Hopt*, in: FS Canaris, Bd.II, 2007, 105, 118.

nisses nach Unabhängigkeit derselben kritisch gewürdigt werden. Hiernach wird sich diese Studie den im Hinblick auf die Vermeidung von Interessenkonflikten fragwürdige vertragliche Beratungstätigkeiten von Aufsichtsratsmitgliedern für „ihre“ Gesellschaft widmen, bevor sie die Vergabe von Krediten durch die AG an Mitglieder des Aufsichtsrats untersuchen wird.

Zum Abschluss der Arbeit wird **Abschnitt E** die ausgearbeiteten Ergebnisse und Lösungsvorschläge zusammenfassen und die oben gestellte Frage nach dem Gelingen vernünftiger Regelwerke in der „alten“ und „neuen Welt“ beantworten.

B. Board of Directors und deutscher Aufsichtsrat

Einer der signifikantesten Unterschiede zwischen dem deutschen und dem US-amerikanischen Aktienrecht lässt sich bereits beim Blick auf den Aufbau der Gesellschaft erkennen. Während sich die deutsche AG, ähnlich wie die Aktiengesellschaften in Österreich, den Niederlanden und, mit einigen Modifikationen,[15] den skandinavischen Staaten,[16] durch eine dualistische Struktur geprägt ist, die die Existenz eines Vorstandes und eines Aufsichtsrates vorschreibt, sieht das angloamerikanische Recht ein monistisches System mit einem eingliedrigen Führungsorgan – dem Board of Directors – vor. Obgleich die Unterschiede zwischen deutschem Trennungsmodell und angelsächsischem[17] Vereinigungsmodell jedenfalls in der Praxis nicht so groß sind, wie dies *prima facie* den Anschein erwecken mag, soll im Folgenden zunächst das deutsche Aufsichtsratssystem beschrieben sowie auf Grundzüge und Besonderheiten des Board-Systems eingegangen werden.

I. Der deutsche Aufsichtsrat

Dem Aufsichtsrat heutiger Prägung vertraut das Aktienrecht in Deutschland, dem „Mutterland des dualistischen Modells",[18] eine Reihe bedeutsamer Aufgaben an. So hat er die Geschäftsführung durch den Vorstand zu überwachen, § 111 Abs. I AktG, ist also das eigentliche Kontrollorgan der Gesellschaft[19]. Ihm obliegt darüber hinaus die Bestellung und Abberufung der Mitglieder des Vorstands (§ 84 AktG) sowie die gerichtliche und außergerichtliche Vertretung der Gesellschaft gegenüber dem Vorstand (§ 112 AktG), etwa im Zusammenhang mit der Geltendmachung von Schadensersatz-

---

15 Da es in den skandinavischen Ländern, deren Gesellschaftsrechtsordnungen aus historischen Gründen vergleichbar sind, zunächst nur *ein* Verwaltungsorgan gab, hat der Verwaltungsrat nordischer Prägung vergleichsweise viele Möglichkeiten, auf die Unternehmensleitung Einfluss auszuüben, wobei er in der Praxis meist nur die Kontrollfunktion innehat. Es besteht allerdings keine Inkompatibilität zwischen Verwaltungsratsmandat und geschäftsführender Tätigkeit. Eingehend *Teichmann*, Binnenmarktkonformes Gesellschaftsrecht, § 9 V. 4.

16 Statt vieler: *Manz*, in: *Manz/Mayer/Schröder*, SE, Art. 38 Rn 3.

17 Das monistische Model wird zwar meist mit Großbritannien und den USA in Verbindung gebracht, existiert aber auch z.B. in Belgien, Italien, Portugal und Spanien; siehe: *Manz*, in: *Manz/Mayer/Schröder*, SE, Art. 38 Rn 3.

18 *Teichmann*, Binnenmarktkonformes Gesellschaftsrecht, § 9 II. (Einleitung).

19 *Eisenhardt*, Gesellschaftsrecht, Rn 554.

ansprüchen wie aktuell im Fall „Siemens"[20]. Geschäftsführend wird der Aufsichtsrat nur ausnahmsweise im Rahmen von Zustimmungsvorbehalten tätig.[21]

Die Zahl der Aufsichtsratsmitglieder sowie ihre Zusammensetzung hängen entscheidend davon ab, ob die Gesellschaft der Arbeitnehmermitbestimmung unterliegt. Der Mitbestimmungsstatus richtet sich, von Sonderfällen abgesehen, nach der Zahl der Beschäftigten: Hat die Gesellschaft in der Regel mehr als 500 Arbeitnehmer, stellen diese ein Drittel der Aufsichtsratsmitglieder, beschäftigt sie in der Regel mehr als 2000 Arbeitnehmer, die Hälfte der Mitglieder des Aufsichtsrates. Dem Aufsichtsrat können je nach Art und Ausgestaltung der Mitbestimmung zwischen drei und 21 Mitglieder angehören.

Die Arbeitnehmervertreter werden ausschließlich von der Belegschaft gewählt, die Vertreter der Anteilseigner ausschließlich von der Hauptversammlung. Die Abberufung der Aufsichtsratsmitglieder ist jederzeit mit qualifizierter Mehrheit möglich,[22] sofern die Satzung nichts anderes bestimmt, § 103 Abs. I AktG. Ein solcher Vertrauensentzug durch die Hauptversammlung ist insbesondere denkbar, wenn ein Aufsichtsratsmitglied seine Pflichten nach § 116 i.V.m. § 93 AktG, also etwa die Verschwiegenheitspflicht, verletzt. Um die wirksame Erfüllung seiner Aufgaben durch den Aufsichtsrat, insbesondere seiner Überwachungsfunktion, zu gewährleisten, dürfen diesem grundsätzlich keine Vorstandsmitglieder angehören, § 105 Abs. I AktG. Diese Inkompatibilität von Aufsichtsratsmandat und Vorstandstätigkeit verkörpert nicht nur die institutionelle Trennung von Überwachendem und Überwachtem, die für das deutsche Gesellschaftsrecht kennzeichnend ist, sondern belegt auch die Bedeutung der Unabhängigkeit des Aufsichtsrats von der Geschäftsführung, eines Postulats, dem neben dem AktG in jüngster Zeit auch der DCGK Konturen verliehen hat.

---

[20] Die Siemens AG stellt derzeit, vertreten durch ihren Aufsichtsrat, Schadenersatzforderungen zwischen einer und 6 Millionen Euro gegen ehemalige Vorstandsmitglieder im Zusammenhang mit der Ende des Jahres 2006 bekannt gewordenen Korruptionsaffäre, siehe *Köhn*, Von Pierer soll 6 Millionen Euro zahlen, abrufbar unter http://www.faz.net/s/RubD16E1F55D21144C4AE3F9DDF52B6E1D9/Doc~E8331BEDD12B34E57AC06D00F4C9F861D~ATpl~Ecommon~Scontent.html?rss_aktuell (Stand: 1.3.2009).

[21] Dazu unter Konvergenzgesichtspunkten unten B. III. 1. a.

[22] Anders als bei der Abberufung von Vorstandsmitgliedern (§ 84 Abs. III AktG) verzichtet das AktG im Fall des Vertrauensentzugs durch Hauptversammlungsbeschluss insbesondere auf das Vorliegen eines wichtigen Grundes, da die Aufsichtsratsmitglieder anders als der Vorstand, der selbstverantwortlich handelt, als Vertreter ihrer Wähler, also der Aktionäre, bestellt sind und dementsprechend deren Vertrauen genießen müssen, *K. Schmidt*, Gesellschaftsrecht, § 28 III 3. c).

II. Das US-amerikanische Board-System

1. Legislativer Rahmen

a. Aufgaben

Gemäß seiner angelsächsischen Tradition[23] weist das Corporate Law der amerikanischen Bundesstaaten gerade im Bereich der Verwaltungsstrukturen eine weit weniger enge Regelungsdichte auf als dies in anderen Rechtskreisen, insbesondere auch im deutschen Aktienrecht,[24] üblich ist. Das Recht des Gliedstaates Delaware, das wegen der hohen Anzahl der Inkorporationen in diesem Staat[25] führend ist, regelt Rolle, Aufgaben und Zusammensetzung des Boards nur vergleichsweise rudimentär und räumt den Gesellschaftsgründern durch ein hohes Maß an Disposivität einen beachtlichen Spielraum bei der konkreten Ausgestaltung des Verwaltungsorgans ein. Section 141(a) des Delaware General Corporation Law (DGCL) vertraut die Geschäfte und Angelegenheiten einer Gesellschaft dem Board of Directors oder zumindest seiner Leitung bzw. Aufsicht an. Die Vorschrift lässt allerdings Ausnahmen durch Gesetz oder – und dies überrascht den kontinentaleuropäischen Beobachter – Gründungsstatut (Certificate of Incorporation) ausdrücklich zu. Ähnlich wie im englischen Recht[26] ist es also den Gründern bzw. später den Aktionären überlassen, welche Aufgaben sie dem Board zuteilen, genauer: ob sich das Board mit der Geschäftsführung selbst, lediglich mit der Aufsicht derselben oder beidem befasst. Das Gremium erledigt aber die Aufgaben, die ihm obliegen, stets in eigener Verantwortung; als unabhängiges Organ der Corporation ist es nicht bloßer Vertreter der Gesellschafter und somit an keinerlei Aufträge oder Weisungen gebunden.[27]

---

23 Zur verwandten Rechtslage in England *Leyens*, Information des Aufsichtsrats, 52.

24 Kritisch zur "Normenflut im Aktien- und Kapitalmarktrecht" *Kübler/Assmann*, Gesellschaftsrecht, § 14 II 3. d).

25 Zuletzt waren 61% aller Fortune 500 Companies und rund die Hälfte aller an der NYSE und NASDAQ notierten Gesellschaften in Delware inkorporiert, siehe *Delaware Secretary of State Harriet Smith Windsor*, 2007 Annual Report of the Delaware Department of State (Division of Corporations), http://corp.delaware.gov/2007DivCorpAR.pdf (Stand: 1.3.2009); die Gründe für diesen Erfolg sind vielfältig und sollen an dieser Stelle nicht vertieft werden, siehe hierzu die eingehende Darstellung bei *v. Hein*, US-amerikanisches Gesellschaftsrecht, 476-490.

26 Dazu *Leyens*, Information des Aufsichtsrats, 53.

27 *Merkt/Göthel*, US-Gesellschaftsrecht, Rn 573.

b. Zahl der Mitglieder

Ebenso flexibel wie die Geschäftsverteilung regelt das Recht der meisten Bundesstaaten die Zahl der Mitglieder des Boards. Während etwa Kalifornien für Gesellschaften, die dort inkorporiert wurden, ein Board mit weniger als drei Directors nur dann akzeptiert, wenn die Zahl der Gesellschafter genauso niedrig ist,[28] sieht beispielsweise Delaware in sec. 141(b) DGCL nur die Mindestzahl von einem Mitglied vor und beschränkt sich somit darauf, lediglich die Existenz eines Boards verbindlich vorzusehen. Das Certificate of Incorporation oder die Bylaws – letztere können sogar vom Board selber modifiziert werden und sind damit mit einer Geschäftsordnung zu vergleichen – können eine höhere Zahl und weitergehende Qualifikationen der Directors vorsehen. Es ist also festzuhalten, dass sich insoweit die Gesetzesstrenge in den USA diametral zu der des deutschen Aktiengesetzes verhält. Während letzteres sowohl Aufgaben als auch die maximale Mitgliederzahl des Aufsichtsrates präzise und verbindlich regelt, überlassen es die Legislativen der Gliedstaaten den Gesellschaften weitestgehend selber, wie sie das Board ausgestalten.

c. Zusammensetzung

Anders verhält es sich seit kurzem im Hinblick auf die Zusammensetzung des Board of Directors. So sind börsennotierten Corporations als Reaktion auf die Unternehmensskandale und -zusammenbrüche der jüngeren Vergangenheit bei der Auswahl ihrer Directors durch den Bundesgesetzgeber bzw. auf seine Veranlassung verbindliche Schranken gesetzt worden. Wie bereits in der Einleitung angedeutet wurde und später[29] noch ausgeführt werden soll, steht dabei als zentrales Kriterium die Unabhängigkeit der Board-Mitglieder im Raum.

d. Ausschüsse

Während das Plenum nach den Listing Standards der NYSE und NASDAQ lediglich mehrheitlich mit independent Directors besetzt sein muss, sind die wichtigsten Ausschüsse des Boards, allen voran der bedeutsame Prüfungsausschuss (Audit Commit-

---

28 Section 212(a) California General Corporation Law; vgl. *Merkt/Göthel*, US-Gesellschaftsrecht, Rn 580.

29 Siehe unten C. III. 1.

tee), grundsätzlich ausschließlich mit unabhängigen Board-Mitgliedern zu besetzen.[30] Dieser Umstand hat im Wesentlichen zwei Gründe. Zum einen kommt den Ausschüssen in der amerikanischen Unternehmenskultur größere Bedeutung[31] zu, als dies etwa bei der Aufsichtsratsarbeit in Deutschland der Fall ist. Zum anderen basiert das Gewicht, das der US-Kongress der Reglementierung der Ausschüsse beimisst, auf den Erfahrungen, die man insbesondere durch den Enron-Zusammenbruch machen musste. Dort leisteten sich in erster Linie Audit und Compensation Committees – letzteres ist für Fragen der Vergütung des Spitzenmanagements zuständig – eklatante Fehler, die die Verfehlungen der Directors und Officers erst ermöglichten.[32]

Mit der Einführung der aktuell geltenden Bedingungen für den Handel an der NYSE und NASDAQ im Jahre 2004 wurde auch die Einrichtung bestimmter Ausschüsse vorgeschrieben. Hierzu gehört mit dem bereits erwähnten Audit Committee[33] ein zentraler Ausschuss vieler Unternehmen. Ihm obliegen in erster Linie Kontrolle und Prüfung der Geschäftsführung durch die executive Officers bzw. Managers.[34] Das Nominating Committee, das nur die NYSE verbindlich vorschreibt,[35] befasst sich mit der Suche nach geeigneten Kandidaten für das Board und Spitzenmanagement.[36] Gleichfalls nur Bedingung für den Handel an der New Yorker Börse ist die Einrichtung des oben angesprochenen Vergütungsasschusses (Compensation Committee).[37] Daneben existiert oftmals noch ein Executive Committee, das nur von wenigen Bundesstaaten verlangt wird und sich mit Aufgaben des Boards zwischen dessen Sitzungen befasst.[38]

---

30 Für die Zusammensetzung etwa des Audit Committee siehe § 303A.07(b) NYSE Listed Company Manual (2006); Rule 4350(d)(2)(A) NASDAQ Stock Market Rules (2004).

31 Eine wachsende Bedeutung der Ausschussarbeit in den USA stellte bereits *Windbichler*, ZGR 1985, 50, 59-60 fest.

32 Dazu *United States Senate, Committee on Governmental Affairs, Permanent Subcommittee on Investigations* "The Role of the Board of Directors in Enron's Collapse", 2002, 52-54 (zum Compensation Committee), 57-58 (zum Audit Committee), http://www.senate.gov/~gov_affairs/070902 enronboardreport.pdf (Stand: 1.3.2009); zu den Schritten des deutschen Gesetzgebers in diese Richtung siehe unten C. III. 1. b.

33 § 303A.06 NYSE Listed Company Manual (2006); Rule 4350(d) NASDAQ Stock Market Rules (2004).

34 *Merkt/Göthel*, US-Gesellschaftsrecht, Rn 599; zur Rolle des Prüfungsausschusses in Deutschland siehe Ziff. 5.3.2 DCGK; rechtsvergleichend siehe unten B. III. 1. c.

35 § 303A.04 NYSE Listed Company Manual (2006); siehe aber auch Rule 4350(c)(4)(A)(ii) NASDAQ Stock Market Rules (2004).

36 *Merkt/Göthel*, US-Gesellschaftsrecht, Rn 602.

37 § 303A.05 NYSE Listed Company Manual (2006); Rule 4350(c)(3)(A)(ii) NASDAQ Stock Market Rules (2004).

38 *Aurich*, Managementkontrolle, 37-38; *Merkt/Göthel*, US-Gesellschaftsrecht, Rn 598; *Windbichler*, ZGR 1985, 50, 52.

e. Mitbestimmung

In den Vereinigten Staaten unbekannt ist indes das System der Arbeitnehmermitbestimmung. Zwar wurde und wird im akademischen Schrifttum unter dem Schlagwort „Workers' Codetermination" bisweilen eine größere Beteiligung der Beschäftigten an unternehmerischen Entscheidungen nach deutschem, niederländischem oder skandinavischem Vorbild gefordert.[39] Allerdings hat bisher kein Gliedstaat auch nur Ansätze eines Mitbestimmungsmodells umgesetzt und auch der Bundesgesetzgeber ist bislang untätig geblieben. Soweit ersichtlich gibt es auch keinerlei Tendenzen dies zu ändern. Die Gründe hierfür sind vielfältig und sollen sinnvollerweise an anderer Stelle[40] im Zusammenhang erläutert werden.

2. Board-Modell in der Praxis

Wegen des dispositiven Charakters vieler aktienrechtlichen Normen in den Vereinigten Staaten gibt ein Blick in die Corporation Statutes letztlich wenig Aufschluss über die Rolle und Aufgaben des Boards in der Unternehmenspraxis. Abgesehen vom Merkmal der Börsennotierung, das, wie soeben dargestellt wurde, entscheidenden Einfluss auf die Corporate Governance eines jeden Unternehmens hat oder zumindest haben kann, bestimmen oft weitere Faktoren die Struktur des Boards. Neben der Branchenzugehörigkeit – Industrieunternehmen besitzen regelmäßig etwas kleinere Boards als Dienstleistungsunternehmen – hat insbesondere die Größe des Unternehmens Auswirkungen auf das Board.[41]

a. Public Corporation

So unterscheiden sich die Verwaltungsorgane großer public Corporations von denen kleiner close Corporations. Bei den erstgenannten wird die alltägliche Unternehmenspolitik schon wegen der eher schwerfälligen Handlungsmöglichkeiten eines Gremiums nicht von den Directors, sondern von individuell agierenden boardexternen executive Officers gestaltet und umgesetzt.[42] Stützen kann sich diese Art der Unternehmensfüh-

---

39 Zu den entsprechenden Konvergenztendenzen siehe unten B. III. 2. a.

40 Unten B. III. 1. e.

41 *Bleicher/Leberl/Paul*, Unternehmensverfassung und Spitzenorganisation, 213-214.

42 *Vagts*, Corporation Law, 209-210; *Merkt/Göthel*, US-Gesellschaftsrecht, Rn 598.

rung auf eine Reihe bundesstaatlicher Corporation Statutes wie etwa der von Kalifornien und des Staates New York und auch den Revised Model Business Corporation Act (RMBCA), ein 1969 überarbeitetes Werk der American Bar Association aus dem Jahre 1946, das zur Harmonisierung der einzelstaatlichen Regelungen dienen sollte und häufig diente.[43] Demnach obliegen dem Board beispielsweise die Festlegung der mittel- und längerfristigen Leitlinien der Geschäftspolitik, Bestellung und Abberufung sowie Beratung der executive Officers (s.o.), Zustimmung zum Abschluss außerordentlicher Verträge und die Festsetzung der Dividende.[44] Leitend wird das Board hingegen nur in Krisensituationen tätig.[45] Zentrale Aufgabe des Boards ist aber häufig die Kontrolle der Officers – ein Umstand, der das Board of Directors zumindest im Grundsatz als amerikanisches Pendant zum deutschen Aufsichtsrat erscheinen lässt.[46] Nicht unüblich ist allerdings auch eine „Zweiteilung" des Boards in einen geschäftsführenden Teil und einen kontrollierenden Teil, wobei bei Beschlüssen grundsätzlich sämtliche Mitglieder, also auch die überwachten Geschäftsführer, stimmberechtigt sind.[47] In diesem Fall kann man rechtsvergleichend von einer „Vereinigung" von Vorstand und Aufsichtsrat in einem einzigen Führungsorgan sprechen.

Ein weiteres wichtiges Merkmal der Board-Struktur ist die Unterscheidung zwischen „inside" und „outside" Directors. Während erstgenannte in einem Beschäftigungsverhältnis mit der Gesellschaft stehen, verfügen letztere über keine derartige Beziehung mit der Corporation.[48] Bereits an dieser Stelle ist auf die Differenzierung von inside/outside Directors einerseits und independent/non-independent Directors andererseits Wert zu legen. Obwohl diese Abgrenzung vor allem in der älteren Literatur nicht immer konsequent beachtet wird,[49] ist sie im vorliegenden Zusammenhang von entscheidender Bedeutung. Während bei der Frage nach inside- bzw. outside-Eigenschaft, wie soeben dargestellt, einzig und allein auf das (Nicht-)Bestehen eines Beschäfti-

---

43 Ausführlich zum RMBCA *Merkt/Göthel*, US-Gesellschaftsrecht, Rn 215-216; siehe dazu auch *Windbichler*, ZGR 1985, 50, 51.

44 Vgl. *Eisenberg*, Structure of the Corporation, § 11.3.; *Vagts*, Corporation Law, 210; *Merkt/Göthel*, US-Gesellschaftsrecht, Rn 573, 753.

45 *Merkt/Göthel*, US-Gesellschaftsrecht, Rn 753.

46 So ausdrücklich *Vagts*, Corporation Law, 210: "In a rough sort of way, one could say that what is expected of the board is more fairly designated by the German term 'supervisory council' (Aufsichtsrat)".

47 Allgemein zu Unterschieden und Gemeinsamkeiten der Modelle *Manz*, in: *Manz/Mayer/Schröder*, SE, Art. 38 Rn 6.

48 *Vagts*, Corporation Law, 210; *Eisenberg*, Corporations, 156.

49 So etwa bei *Bleicher/Leberl/Paul*, Unternehmensverfassung und Spitzenorganisation, 210; *Zalecki*, 24 U. Tol. L. Rev (1993) 831, 838.

gungsverhältnisses zwischen Director und Corporation abzustellen ist, richtet sich die Qualifikation als (non-)independent nach dem jeweils einschlägigen Regelungskodex, wie etwa den Listing Standards von NYSE und NASDAQ.

b. Close Corporation

In den kleineren close Corporations hingegen treten die überwachenden Aufgaben naturgemäß gegenüber der Geschäftsführung in den Hintergrund.[50] Kennzeichnend für diese Gesellschaften sind nach der Definition des Supreme Judicial Court of Massachusetts eine kleine Zahl von Gesellschaftern, das Fehlen einer Börsennotierung sowie eine personelle Verflechtung von Eigentümern und Geschäftsführern.[51] Damit ähnelt die close Corporation stark einer Partnership und wird folgerichtig mitunter auch als „incorporated Partnership" bezeichnet.[52] Eine funktionale Teilung des Boards oder eine Ausgliederung der Geschäftsführung aus dem Aufgabenkreis der Directors ist bei diesen Gesellschaften regelmäßig nicht vorzufinden. Stattdessen üben die Gesellschafter die Kontrolle über das Management üblicherweise etwa durch den Abschluss von Stimmbindungsverträgen unter den Directors[53] oder die Einteilung der Anteile in verschiedene Gattungen aus.[54]

Da sich das Unabhängigkeitspostulat auch in den USA nur auf die börsennotierten public Corporations bezieht, soll sich die folgende Darstellung vornehmlich auf diese konzentrieren.

3. Zusammenfassung

Das amerikanische Recht wird im vorliegenden Zusammenhang entscheidend vom Grundsatz der Dispositivität geprägt. Dieses Charakteristikum erlaubt es den Gesellschaftern – ja bisweilen sogar den Directors selber – Kompetenzen und Zusammensetzung des Boards festzulegen. Hierdurch ermöglicht es der Gesetzgeber den Corporations, ihr Verwaltungsorgan individuell an ihren Bedürfnissen auszurichten. Je nach

---

50 *Vagts*, Corporation Law, 209.

51 Donahue v. Rodd Electrotype Co. of New England Inc., 367 Mass. 578, 328 N.E.2d 505 (Mass. 1975); siehe auch *Conard/Knauss/Siegel*, Corporations, 349; ähnlich die Definition nach sec. 342(a) DGCL.

52 *Conard/Knauss/Siegel*, Corporations, 350.

53 Dazu eingehend *Merkt/Göthel*, US-Gesellschaftsrecht, Rn 743-750.

54 *Merkt/Göthel*, US-Gesellschaftsrecht, Rn 742.

Komplexität des Geschäftsfeldes und Höhe des Kontrollbedarfs kann beispielsweise ein größeres oder kleineres Board gewählt werden. Auch hat die Corporation die Möglichkeit, je nach Notwendigkeit Posten zu schaffen, wie etwa Chief Executive Officer (CEO), President, Treasurer (mit dem heutigen Chief Financial Officer (CFO) zu vergleichen) oder Secretary.[55] Hiermit kann die Gesellschaft Kosten sparender und effektiver geführt werden als dies bei einem durch zwingende gesetzliche Regelungen, wie sie in Deutschland vorwiegend vorzufinden sind, möglicherweise unnötig „aufgeblähten" Board denkbar wäre. Hier macht sich auch das Fehlen jedweder Arbeitnehmermitbestimmung in den USA bemerkbar;[56] gerade diese trägt, trotz ihrer unbestreitbaren Verdienste, hierzulande erheblich zur Größe des Kontrollorgans bei. Indes kann sich diese Flexibilität auch nachteilig auf die Qualität insbesondere der unternehmensinternen Kontrolle auswirken. Auch die oben genannten Ziele schlanker Unternehmensführung rechtfertigen keinesfalls Nachlässigkeiten bei der Aufsicht derselben. Im Gegenteil: Eine Aktiengesellschaft wird meist nur dann nachhaltig gut geführt, wenn auch eine effizient arbeitende Kontrollinstanz vorhanden ist.

Am Beispiel der frei bestimmbaren Aufgabenverteilung in der Corporation lässt sich erkennen, dass auch das Bedürfnis nach Rechtssicherheit im amerikanischen System einen weit niedrigeren Stellenwert einnimmt als dies etwa der deutsche Beobachter gewohnt ist. Dies geht letztlich auch zu Lasten der Prozessökonomie, wenn sich die Gerichte von Fall zu Fall auf neue Kompetenzverteilungen einstellen müssen, zumal diese bisweilen nicht hinreichend transparent sein dürften.

Vorbildfunktion können hingegen schon eher die – bei einer Börsennotierung grundsätzlich zwingenden – Vorschriften zur Ausschussarbeit für sich beanspruchen. Da in diesen Gremien mitunter zentrale Entscheidungen vorbereitet und getroffen werden, erscheint es sachgerecht, die Committees, auch im Hinblick auf die Lehren, die aus dem Enron-Zusammenbruch gezogen werden mussten, strengen Regeln zu unterwerfen.

Das Vereinigungsmodell angloamerikanischer Prägung bietet zwar mitunter bessere Voraussetzungen für einen funktionierenden Informationsfluss zwischen überwachenden Directors und überwachter Geschäftsführung, birgt aber unweigerlich die Gefahr einer zu geringen Distanz zwischen Kontrollierenden und Kontrollierten, die sich

---

55 So schon *Windbichler*, ZGR 1985, 50, 52.

56 Dazu unten B. III. 1. e.

nachteilig auf die Qualität der Aufsicht auswirken kann.[57] Anschaulich wird dieses strukturelle Problem bei der Beteiligung der geschäftsführenden Board-Mitglieder an Beratungen und Abstimmungen. Wichtig ist jedoch festzuhalten, dass auch im monistischen Board-Modell eine geschäftsführende und eine kontrollierende Instanz existiert. Diese Feststellung wirft die Frage nach etwaigen Konvergenztendenzen zwischen den beiden Systemen sowie Perspektiven diesbezüglich auf.

III. Konvergenztendenzen

Eng verbunden mit einer rechtsvergleichenden Betrachtung des angelsächsischen Vereinigungsmodells einerseits und des deutschen Trennungsmodells andererseits ist stets die Frage nach Konvergenz und Divergenz zwischen Board und insbesondere Aufsichtsrat.[58] Anknüpfungspunkt in diesem Zusammenhang sind oftmals Defizite der Effektivität der Kontrollfunktion im jeweils vorherrschenden System.[59]

1. Funktionelle Konvergenz

a. Aufgaben und Kompetenzen

Obgleich ein Blick auf die unterschiedliche Unternehmensverfassung des dualistischen Systems einerseits und des monistischen Modells andererseits diesen Gedanken nicht gerade nahe legt, haben sich in den letzten drei Jahrzehnten deutliche konvergente Entwicklungen in diesem Bereich gezeigt.[60] Zu erkennen ist dies bereits am Aufgabenkreis von Board und Aufsichtsrat, der sich jedenfalls bei erstgenanntem auch in der personellen Zusammensetzung widerspiegelt. Wie bereits oben angesprochen wurde, nimmt das Board in vielen public Corporations mittlerweile vornehmlich Überwachungsaufgaben wahr, während die Geschäftsführung zunehmend dem boardexternen

---

57 So auch *Davies*, ZGR 2001, 268, 285.

58 Wegweisend die Untersuchung zum deutschen, schweizerischen und amerikanischen System von *Bleicher/Leberl/Paul*, Unternehmensverfassung und Spitzenorganisation; dazu *Theisen*, AG 1989, 161; zu bestehenden Konvergenztendenzen jüngst auch *Teichmann*, Binnenmarktkonformes Gesellschaftsrecht, § 9 IV. 1.; *v. Hein*, US-amerikanisches Gesellschaftsrecht, 33-50; allgemein zu entsprechenden Entwicklungen im Bereich Corporate Governance *Leyens*, JZ 2007, 1061, 1063.

59 So etwa bei *Davies*, ZGR 2001, 268, 282; *Lutter*, in: *Bayer/Habersack* (Hrsg.), Aktienrecht im Wandel Bd.II, Rn 91.

60 Siehe hierzu auch *Böckli*, in: *Hommelhoff/Hopt/v. Werder* (Hrsg.), Handbuch Corporate Governance, 201, 214-218.

Management anvertraut wird.[61] Diese Entwicklung, die wesentlich durch die Lehre *Eisenbergs* geprägt wurde,[62] begann in den 1970er Jahren mit der vordringenden Akzentuierung der Rolle der outside Directors als Reaktion auf unternehmerisches Fehlverhalten.[63] Nach dem so genannten „monitoring model"[64] entfernte sich der Trend vom bloßen „'Rubberstamp-Board', der von inside Direktoren dominiert wurde und bei dem die outside Direktoren als ‚Figureheads' lediglich die Entscheidungen der Spitzenführungskräfte absegneten" und ging hin zu einer Betonung der Überwachung durch die outside Directors.[65] Hierdurch legte man den Grundstein für einen durch eine funktionelle Annäherung an das Trennungsmodell geprägten Wandel, der heute durch die Stärkung des Prüfungsausschusses[66] sowie der Rolle der independent Directors seinen – jedenfalls vorläufigen – Höhepunkt erreicht hat.

Während in den USA also eine Veränderung zu intensiverer Kontrolle durch eine stärkere Trennung von Überwachung und Geschäftsführung zu verzeichnen ist, ist in Deutschland eine gegenläufige Entwicklung festzustellen. Zwar glich der Aufsichtsrat bis in die zweite Hälfte des 20. Jahrhunderts eher einem Verwaltungsrat als einem Kontrollgremium – konnten ihm doch noch nach dem ADHGB und HGB 1897 durch Satzung vielfältige Aufgaben der Geschäftsführung übertragen werden[67] –, doch erfuhr er mit dem AktG 1965 seine Ausgestaltung als überwachendes Organ mit der gesetzlichen Verankerung seiner Kontrollaufgaben in §§ 90, 111 Abs. I, II AktG.[68] Befugnisse zur Geschäftsführung, wie etwa Bestellung und Abberufung des Vorstandes (§ 84 AktG) oder die Mitwirkung bei der Bilanzfeststellung (§§ 170-173 AktG), traten da-

---

61 *v. Hein*, US-amerikanisches Gesellschaftsrecht, 42; siehe auch *Leyens*, RabelsZ 67 (2003), 57, 88; zu den Entwicklungen in England *Teichmann*, Binnenmarktkonformes Gesellschaftsrecht, § 9 I. 1. a).

62 *Eisenberg*, 63 Cal. L. Rev. (1975), 375; *ders.*, Structure of the Corporation, § 11.4.

63 Zeitgenössisch *Vagts*, Corporation Law, 212, der zutreffend einen "trend towards outside directors" feststellte; rückblickend *Bleicher/Leberl/Paul*, Unternehmensverfassung und Spitzenorganisation, 261.

64 Eingehend *Gofferje*, Unabhängigkeit, 29-50.

65 *Bleicher/Leberl/Paul*, Unternehmensverfassung und Spitzenorganisation, 261.

66 In diese Richtung auch *Hopt/Roth*, in: Großkomm. AktG, § 111 Rn 93.

67 Ausführlich *Tremblau*, Der Aufsichtsrat der Aktiengesellschaft, 56; *Hopt/Roth*, in: Großkomm. AktG, § 95 Rn 5; *Aurich*, Managementkontrolle, 46-48; siehe auch *Lieder*, Aufsichtsrat im Wandel, 86-87, der aus dem Statut der Rheinischen Beleuchtungs-Aktien-Gesellschaft zitiert, welche dem Aufsichtsrat sämtliche Befugnisse zugestanden hat, die nicht der Generalversammlung oder dem "Gesellschafts-Vorstande" oblagen.

68 *Hopt/Roth*, in: Großkomm. AktG, § 95 Rn 10; zu den Einflüssen des US-Rechts auf das AktG 1965 *v. Hein*, US-amerikanisches Gesellschaftsrecht, 205-215.

gegen in den Hintergrund. Durch das Transparenz- und Publizitätsgesetz (TransPuG)[69] hat der Gesetzgeber im Jahre 2002 den Aufsichtsrat aber wieder mehr in die Geschäftsführung durch den Vorstand einbezogen, indem er nun verbindlich vorschrieb, dass Satzung oder Aufsichtsrat zu bestimmen haben, dass bestimmte Arten von Geschäften nur mit der Zustimmung des Aufsichtsrats vorgenommen werden dürfen, § 111 Abs. IV S. 2 AktG.[70] An dieses Erfordernis lehnt sich auch Ziff. 3.3 DCGK an, die mit der h.L.[71] Zustimmungsvorbehalte zu Gunsten des Aufsichtsrats für Geschäfte mit grundlegender Bedeutung vorsieht. In der Konvergenzdiskussion ist gerade diese Novellierung in dreierlei Hinsicht von Interesse. Zunächst findet durch die Kompetenzverschiebung in Richtung Geschäftsführung eine Annäherung des Aufsichtsrats an das angelsächsische Board statt, welches ja bisweilen auch geschäftsführend tätig wird[72]. Darüber hinaus trägt diese Einbindung in die Arbeit des Vorstands als Ausfluss der Überwachungsaufgabe des Aufsichtsrats[73] zur Effizienzsteigerung seiner Kontrollfunktion bei, da der Aufsichtsrat unmittelbarer mit der Geschäftsführung in Kontakt tritt und so auch präventiv einschreiten kann.[74] Eine ähnliche Entwicklung in den USA, wenn auch mit gegensätzlichen Mitteln, wurde ja soeben festgestellt. Zuletzt verbessert der obligatorische Zustimmungsvorbehalt nach § 111 Abs. IV S. 2 AktG, zumindest bei sachgerechter Umsetzung durch die Hauptversammlung bzw. den Aufsichtsrat selber, den Dialog zwischen den beiden Führungsorganen der Gesellschaft[75] und hebt somit die Qualität des Informationsflusses auf ein „amerikanisches Niveau".

---

69 Gesetz zur weiteren Reform des Aktien- und Bilanzrechts, zu Transparenz und Publizität (Transparenz- und Publizitätsgesetz) vom 19.7.2002, BGBl I 2681.

70 Nach § 111 Abs. IV S. 2 AktG 1965 war der Aufsichtsrat nur zur Schaffung solche Zustmmungsvorbehalte berechtigt; eingehend zur neuen Rechtslage die hervorragende, allerdings die Konkordanztendenzen ausklammernde Darstellung bei *Lieder*, Aufsichtsrat im Wandel, 579-587; siehe auch *v. Hein*, US-amerikanisches Gesellschaftsrecht, 42-43.

71 Zu diesem Meinungsstreit *Hopt/Roth*, in: Großkomm. AktG, § 111 Rn 605-607 m.w.N.

72 Siehe oben B. II. 2. a.; *Leyens*, RabelsZ 67 (2003), 57, 93-94 betont die gegenüber dem Zustimmungsvorbehalt „dosiertere Vorgehensweise" im angloamerikanischen Board.

73 KK/*Mertens*, § 111 Rn 66; *Hopt/Roth*, in: Großkomm. AktG, § 111 Rn 583.

74 *Kehler*, Unabhängigkeit, 22, bewertet das Institut des Zustimmungsvorbehalts kritisch, da bestehende Abhängigkeitsverhältnisse zu verschiedenen Interessengruppen durch die dichtere Nähe zum Vorstand verstärkt würden. Dieser Einwand mag im Einzelfall zutreffen. Dennoch ist dieser Umstand unter Berücksichtigung der Vorteile, die eine richtig verstandene Kooperation der beiden Leitungsorgane hat (besserer Informationsfluss, präventive Kontrolle, höheres Beratungsniveau), hinzunehmen.

75 Eine solche legt ja auch Ziff. 3.3 DCGK nahe.

b. Zusammenarbeit zwischen den Leitungsorganen

Auch der Deutsche Corporate Governance Kodex greift die Konvergenzdebatte auf.[76] Statt des dialektischen Gegensatzes von Führung zum einen und Überwachung zum anderen, der das deutsche Aktienrecht und – soweit vorhanden – auch die Corporate Governance Debatte jahrzehntelang geprägt hatte, fordert man nun eine engere Kooperation zwischen Management und Überwachenden nach dem Vorbild des Board-Modells.[77] Exemplarisch hierfür ist Kapitel 3 des Kodex, das sich mit dem „Zusammenwirken von Vorstand und Aufsichtsrat" befasst. Im Hinblick auf eine enge Zusammenarbeit der beiden Organe zum Wohle der Gesellschaft (Ziff. 3.1 DCGK) legt er insbesondere die Abstimmung der strategischen Ausrichtung des Unternehmens zwischen Vorstand und Aufsichtsrat wie auch die regelmäßige gemeinsame Erörterung ihrer Umsetzung nahe (Ziff. 3.2 DCGK).

c. Ausschüsse

Einen weiteren Schritt in die Richtung der amerikanische Konzeption geht aktuell der deutsche Gesetzgeber mit dem geplanten Gesetz zur Modernisierung des Bilanzrechts, (Bilanzierungsmodernisierungsgesetz – BilMoG), das zuletzt als Regierungsentwurf[78] vorlag. Dieses Gesetz, das der Umsetzung verschiedener europäischer Richtlinien dient, sieht unter anderem eine Novellierung der §§ 100, 107 AktG dergestalt vor, dass nach neuem Recht der Aufsichtsrat einer kapitalmarktorientierten Gesellschaft[79] oder ein von ihm gebildeter Prüfungsausschuss über mindestens ein unabhängiges und auf den Gebieten Rechnungslegung oder Abschlussprüfung sachverständiges Mitglied verfügen muss, § 100 Abs. V AktG-E.[80] Als Vorbild für diese Zielsetzung kann insoweit der US-Kongress angesehen werden, der Ähnliches bereits 2002 im Sarbanes-Oxley Act vorgesehen hatte[81]. Nach § 324 HGB-E müssen kapitalmarktorientierte Gesellschaften, die diese Voraussetzungen nicht erfüllen, zwingend einen Prüfungsaus-

---

76 Dazu auch *Böckli*, in: *Hommelhoff/Hopt/v. Werder* (Hrsg.), Handbuch Corporate Governance, 201, 215; *Hopt/Roth*, in: Großkomm. AktG, § 111 Rn 92, 763; *v. Werder*, in: *Ringleb/Kremer/Lutter/v. Werder*, DCGK-Komm., Rn 351.

77 *Böckli*, in: *Hommelhoff/Hopt/v. Werder* (Hrsg.), Handbuch Corporate Governance, 201, 215.

78 Zum ähnlichen Referentenentwurf *Gruber*, NZG 2008, 12 und passim; *Habersack*, AG 2008, 98 und passim; *Theusinger/Liese*, DB 2008, 1419, 1422; zum BilMoG siehe auch unten C. III. 1. b.

79 Zum Begriff siehe unten C. III. 1. b.

80 Ausführlich zu § 100 Abs. V AktG-E siehe unten C. III. 1. b.

81 Siehe etwa ss 301, 407 SOA.

schuss, dessen Mitglieder von der Hauptversammlung zu wählen sind, einrichten, der über zumindest ein unabhängiges und sachverständiges Mitglied verfügt. Ansonsten werden die Möglichkeit, einen Prüfungsausschuss einzurichten sowie ein empfohlenes Aufgabenfeld nun in § 107 Abs. III S. 2 AktG-E ausdrücklich erwähnt. Mittlerweile ist also auch im Hinblick auf Existenz, Rolle und Zusammensetzung zumindest des zentralen Prüfungsausschusses eine konvergierende Entwicklung zu verzeichnen.[82] Damit sollte eine der Schwächen des deutschen zweigliedrigen Modells, die im Systemvergleich bislang Kritik erfahren hatte,[83] in Zukunft entschärft werden.

d. Unabhängigkeit

Erwähnenswert im vorliegenden Zusammenhang ist abschließend außerdem, dass die deutsche Legislative in Art. 4 des Regierungsentwurfs nun auch ausdrücklich auf das Merkmal der Unabhängigkeit Bezug nimmt. Hierbei verwundert allein der späte Zeitpunkt, steht doch, wie es *Habersack*[84] jüngst treffend ausdrückte, das Postulat einer hinreichenden Unabhängigkeit der Aufsichtsratsmitglieder seit geraumer Zeit im Zentrum der rechtspolitischen und rechtsdogmatischen Diskussion über „gute" Corporate Governance. Da sich die Darstellung im nächsten Teil mit den Hintergründen und jüngsten Entwicklungen um dieses Postulat beschäftigt, sei an dieser Stelle die Feststellung ausreichend, dass im Hinblick auf den breiten Raum, den die Diskussion um den independent Director in den Vereinigten Staaten einnimmt, hier eine bemerkenswerte Annäherung[85] von Trennungs- und Vereinigungsmodell im Gange ist, deren Auswirkungen auf die Corporate Governance beiderseits des Atlantiks noch nicht abzuschätzen sind. Darüber hinaus zeigt diese Entwicklung, wie die übrigen Konvergenztendenzen auch, dass bislang keine der beiden Spitzenverfassungen ihre optimale Struktur erreicht hat[86].

---

82 So schon *Böckli*, in: *Hommelhoff/Hopt/v. Werder* (Hrsg.), Handbuch Corporate Governance, 201, 215, speziell in Bezug auf das Audit Committee 217-218; die Rolle der Ausschüsse, insbesondere des Prüfungsausschusses, bei den aktuellen Konvergenztendenzen betont auch *Aurich*, Managementkontrolle, 108-109.

83 So etwa bei *Leyens*, RabelsZ 67 (2003), 57, 91.

84 *Habersack*, AG 2008, 98, 104.

85 Von einer Divergenz ausgehend noch *Böckli*, in: *Hommelhoff/Hopt/v. Werder* (Hrsg.), Handbuch Corporate Governance, 201, 219, allerdings vor Veröffentlichung der Kommissionsempfehlung vom 15. Februar 2005.

86 Vgl. *Zapp*, Analyse, 219.

e. Fortbestehende Divergenzen

Die gezeigten Entwicklungen, die eine zunehmende Annäherung der beiden Konzeptionen beweisen, können indes nicht über die Tatsache hinwegtäuschen, dass es nach wie vor beachtliche Unterschiede gibt. Die wohl augenscheinlichste Divergenz ist das Fehlen jedweder Form von Arbeitnehmermitbestimmung (Workers' Codetermination) im Board.[87] Entsprechende Stimmen wurden zwar insbesondere in den 1980er Jahren laut, konnten sich aber auch vor dem Hintergrund des Managerial Capitalism, der insbesondere die ausschließliche Besetzung des Verwaltungsorgans mit professionellen Fachleuten vorsah,[88] nicht durchsetzen – ein Umstand, den *Leyens*[89] auch auf die weiter ausgeprägte Orientierung am stakeholder-Gedanken zurückführt. Weiterer Grund hierfür ist auch die Befürchtung, dass Arbeitnehmervertreter im Board wesentlich direkteren Einfluss auf die Geschicke des Unternehmens ausüben könnten, als dies bei den mitbestimmten Aufsichtsräten Deutschlands oder Skandinaviens der Fall ist.[90] Dieses Argument ist gewichtig, aber man darf nicht außer Acht lassen, dass, wie oben festgestellt wurde, das Board in vielen Unternehmen durch die Ausgliederung des Managements längst zu einer Art „Monitoring Board" geworden ist.[91] Dennoch ist eine Öffnung des Boards für Arbeitnehmervertreter jedenfalls auf obligatorischer gesetzlicher Basis auch mangels entsprechender Tendenzen sozialer Verantwortung in diesem Bereich beim amerikanischen Gesetzgeber auf absehbare Zeit nicht zu erwarten.[92]

Die Abwesenheit von Arbeitnehmervertretern hat fraglos auch Auswirkungen auf die kleinere Durchschnittsgröße des Boards im Vergleich zum Aufsichtsrat und Vorstand. Während die Führungsorgane großer deutscher Aktiengesellschaften insgesamt an die 30 Mitglieder zählen, besteht ein Board durchschnittlich nur aus 13 Directors.[93] Hinzu kommt, dass der CEO als „Chef" des Managements oft zugleich Vorsitzender des Boards ist. ein Umstand, der darüber hinaus der Trennung von Überwachung und Geschäftsführung die Schärfe nimmt.[94]

---

87 Dazu auch *Hopt/Roth*, in: Großkomm. AktG, § 111 Rn 102; *Leyens*, RabelsZ 67 (2003), 57, 96; *Merkt/Göthel*, US-Gesellschaftsrecht, Rn 104-109.

88 Zum managerial capitalism siehe *Merkt/Göthel*, US-Gesellschaftsrecht, Rn 22.

89 *Leyens*, RabelsZ 67 (2003), 57, 96.

90 *Summers*, 4 J. Comp. Corp. L. & Sec. Reg. (1982), 155, 183.

91 So auch *Merkt/Göthel*, US-Gesellschaftsrecht, Rn 109.

92 Ähnlich pessimistisch *Bleicher/Leberl/Paul*, Unternehmensverfassung und Spitzenorganisation, 263; *Merkt/Göthel*, US-Gesellschaftsrecht, Rn 109.

93 *Bleicher/Leberl/Paul*, Unternehmensverfassung und Spitzenorganisation, 209-210; *Hopt/Roth*, in: Großkomm. AktG, § 111 Rn 102.

94 *Hopt/Roth*, in: Großkomm. AktG, § 111 Rn 98.

f. Zusammenfassung

Auch die verbleibenden Divergenzen stehen der Feststellung, dass sich Trennungs- und Vereinigungsmodell nach wie vor aufeinander zu bewegen, nicht entgegen. Bei dieser Entwicklung zeigt sich ein interessantes Muster: Wie *Böckli*[95] erkannt hat, versucht dabei das eine System seine Schwächen durch eine Übernahme der Stärken des jeweils anderen Systems zu beseitigen. Während das dualistische System vermehrt auf ein stärkeres Zusammenwirken von Aufsichtsrat und Vorstand Wert legt, gerät im Board-Modell eine zunehmende Trennung von Management und Überwachung in den Vordergrund. Konvergierende Tendenzen insbesondere in den Bereichen Ausschussarbeit und Unabhängigkeit dürfen bei einer Gesamtbetrachtung nicht unberücksichtigt bleiben. Sie belegen, dass der Trend zur Annäherung noch lange nicht abgeschlossen ist.

2. Institutionelle Konvergenz

Wenn soeben festgestellt wurde, dass eine Annäherung von Trennungs- und Vereinigungsmodell in manchen Bereichen durchaus zu verzeichnen ist und ein Ende dieses Trends bisher nicht abzusehen ist, so ist damit die Frage nach einer institutionellen Konvergenz, also einer vollständigen Ablösung des dualistischen Systems durch das monistische Board-Modell oder umgekehrt, noch nicht beantwortet.

a. Kritik am Konvergenzgedanken, insbesondere verfassungsrechtliche Bedenken

Lutter bestreitet die Möglichkeit eines Überwechselns zum monistischen Modell schon im Hinblick auf die Tradition der Mitbestimmung.[96] Durch sie sei die dualistische Unternehmensverfassung in Ländern mit Arbeitnehmermitbestimmung „vorprogrammiert."[97] Diese Argumentation mag zwar auf den ersten Blick einleuchten, kann aber im Ergebnis nicht überzeugen. Zum einen hat sich, wie bereits mehrfach betont wurde, das Board funktionell wie personell dem Aufsichtsrat in beachtlichem Maße angenä-

95 *Böckli*, in: *Hommelhoff/Hopt/v. Werder* (Hrsg.), Handbuch Corporate Governance, 201, 214-215.

96 *Lutter*, in: *Bayer/Habersack* (Hrsg.), Aktienrecht im Wandel Bd.II, Rn 91, 123, ähnlich auch *Böckli*, in: *Hommelhoff/Hopt/v. Werder* (Hrsg.), Handbuch Corporate Governance, 201, 219, der die Mitbestimmung als „offenbar unüberwindliche Divergenz" bezeichnet.

97 *Lutter*, in: *Bayer/Habersack* (Hrsg.), Aktienrecht im Wandel Bd.II, Rn 123.

hert. Zum anderen ging mit der Forderung nach einer Arbeitnehmerbeteiligung in den USA nicht auch gleichzeitig die nach einer Aufgabe des Board-Modells zu Gunsten einer zweigliedrigen Unternehmensverfassung einher. Denkbar wäre darüber hinaus, den Grad der Beteiligung der Beschäftigtenvertreter zu limitieren.[98] Hierdurch würden diese zwar letztlich zu Board-Mitgliedern „zweiter Klasse“; allerdings würde diese Lösung auch zeigen, dass Codetermination auch im Board-System sehr wohl denkbar wäre.[99]

Jüngst griff *von Hein*[100] die in der Vergangenheit geäußerten[101] verfassungsrechtlichen Bedenken hinsichtlich des Gedankens an eine Mitbestimmung im monistischen System auf. Anknüpfungspunkt war insoweit eine Entscheidung des BVerfG aus dem Jahre 1979,[102] in dem die Richter die Vereinbarkeit des geltenden Mitbestimmungsrechts mit dem Grundrecht der Anteilseigner aus Art. 14 GG auch deshalb bejahten, da sich die Arbeitnehmermitbestimmung nur auf die Kontrolle des Leitungsorgans – des Vorstands – bezöge, nicht auf das Leitungsorgan selbst. Seien Arbeitnehmervertreter aber im Leitungsorgan präsent, so greife dieses Argument nicht mehr. Doch auch hier gelten die soeben angeführten Erwägungsgründe: Wie *von Hein* richtig feststellt, ist auch im monistischen Board-System eine Mitbestimmung durch Vertreter der Arbeitnehmer denkbar, sofern diese allenfalls die Hälfte der nicht-geschäftsführenden Direktoren darstellen[103].

Nach alledem verdienen im Ergebnis weder die Ansicht *Lutters* noch etwaige verfassungsrechtliche Bedenken Zustimmung. Das Institut einer Arbeitnehmermitbestimmung steht der Übernahme des Vereinigungsmodells nicht entgegen.

b. Societas Europaea (SE)

Ein interessantes Anschauungsobjekt im vorliegenden Zusammenhang bietet fraglos die *Societas Europaea* (*SE*). Nachdem der europäische Gesetzgeber in seinen ersten Entwürfen einer internationalen Aktiengesellschaft aus den Jahren 1970 und 1975

---

98 Entsprechende Forderungen gab es bereits nach Inkrafttreten des MitbestG 1976, siehe *Windbichler/Bachmann*, in: FS Bezzenberger, 2000, 797, 799.

99 In diese Richtung auch *Henssler*, in: FS Ulmer, 2003, 193, 201, der eine „Wesensänderung der Mitbestimmungsmechanismen“ für notwendig erachtet.

100 *v. Hein*, US-amerikanisches Gesellschaftsrecht, 441.

101 *Kämmerer/Veil*, ZIP 2005, 369, 371-376.

102 BVerfGE 50, 290, 350.

103 *v. Hein*, US-amerikanisches Gesellschaftsrecht, 450.

noch zwingend ein dualistisches Modell vorsah, konnte sich dieses am Ende nicht durchsetzen und wurde durch die Wahlmöglichkeit zwischen Trennungs- und Vereinigungsmodell ersetzt.[104] Auf diese Weise sollen sich die Unternehmen, die die Rechtsform der SE wählen, besser in die Rechtssysteme der Mitgliedstaaten integrieren können.[105]

Nach Art. 38 SE-VO sind die Gründer unabhängig von der Wahl des Sitzes der Gesellschaft frei in der Wahl des Systems. Der nationale Gesetzgeber hat aber die Möglichkeit, beide oder eines der beiden Modelle durch konkretisierende gesetzliche Regelungen zu reglementieren, Art. 39 Abs. V, 43 Abs. IV SE-VO. Die deutsche Legislative hat von dieser Möglichkeit in §§ 15-49 ihres Ausführungsgesetzes zur SE[106] Gebrauch gemacht und insbesondere das „systemfremde" Board-System kodifiziert.

c. Perspektiven

Indem es der europäische Gesetzgeber den Gesellschaften überlässt, welche Verfassung sie sich geben, knüpft er an einen internationalen Trend an. Nachdem sowohl Frankreich seit einer Reform des Code de commerce aus dem Jahre 1966[107] seinen societés anonymes als auch Italien den società per azioni die Wahl zwischen one- und two-tier-System einräumen, gilt nach einer Änderung des japanischen Aktienrechts gleiches nun auch für dort ansässige Aktiengesellschaften.[108] Somit findet der Vergleich zwischen Trennungs- und Vereinigungsmodell nicht nur zwischen verschiedenen Rechtsordnungen, sondern auch innerhalb der Rechtsordnung *eines* Staates statt.[109] In ihrem Aktionsplan[110] hat die Europäische Kommission unlängst das Prinzip der Wahlmöglichkeit bekräftigt, so dass man kaum mit einem Abrücken in diesem Bereich rechnen kann.

---

104 *Manz*, in: *Manz/Mayer/Schröder*, SE, Art. 38 Rn 1.

105 *Teichmann*, Binnenmarktkonformes Gesellschaftsrecht, § 9 II. (Einleitung).

106 Gesetz zur Ausführung der Verordnung (EG) Nr. 2157/2001 des Rates vom 8. Oktober 2001 über das Statut der Europäischen Gesellschaft (SE) – (SE-Ausführungsgesetz – SEAG), BGBl I (2004), 3675.

107 *Windbichler*, ZGR 1985, 50, 68.

108 *Siems*, Konvergenz, 255.

109 Vgl. *Teichmann*, Binnenmarktkonformes Gesellschaftsrecht, § 9 I. 3., der Entsprechendes bei der SE feststellt.

110 Kommission der Europäischen Gemeinschaften, Modernisierung des Gesellschaftsrechts und Verbesserung der Corporate Governance in der EU – Aktionsplan, Mitteilung der Kommission an den Rat und das Europäische Parlament v. 21. Mai 2003, KOM(2003) 284 endg, 3.1.3.

Die Zeit wird zeigen, ob die eine Konzeption die andere auf Dauer verdrängen kann oder womöglich eine Koexistenz nach französischem bzw. italienischem Vorbild Zukunft hat. Letzteres scheint unter Berücksichtigung der fast einhellig vertretenen funktionalen Gleichwertigkeit der beiden Modelle[111] nicht unwahrscheinlich. Insbesondere mehren sich Stimmen, die die Einführung der beschriebenen Wahlmöglichkeit für die deutsche AG fordern[112] oder zumindest vermuten[113]. Schon durch diese Entwicklung in weite Ferne gerückt erscheint indes die vollständige Übernahme des einen oder des anderen Systems. Dies wäre auch nicht wünschenswert. Wie *Teichmann*[114] richtig bemerkt, könnte die isolierte Übertragung bestimmter Elemente in einen fremden Rechtskreis zu unkalkulierbaren Effizienzverlusten führen. Vorteile etwa beim Informationsfluss sowie der schnelleren Entscheidungsfindung und –durchsetzung, die das Board-Modell bietet, gleicht das dualistische System in erster Linie durch eine saubere Trennung von Überwachenden und Überwachten wieder aus[115]. Die gezeigten Konvergenztendenzen leisten ihr Übriges bei der Beseitigung bestehender Defizite.

IV. Corporate-Governance-Kodexbewegungen in Deutschland und den USA

Sowohl in Deutschland als auch in den Vereinigten Staaten von Amerika beeinflusst seit geraumer Zeit das Bemühen um einer verbesserte Corporate Governance die Ge-

111 *Lutter*, in: *Bayer/Habersack* (Hrsg.), Aktienrecht im Wandel Bd.II, Rn 124-125; *Manz*, in: *Manz/Mayer/Schröder*, SE, Art. 38 Rn 6.

112 *Fleischer*, AcP 204 (2004), 502, 522-523; *Henssler*, in: FS Ulmer, 2003, 193, 201; *Hopt*, in: FS Westermann, 2008, 1039, 1051-1052, der sich darüber hinaus für eine Zunahme dispositiver Regelungen im deutschen Gesellschaftsrecht ausspricht und damit auf die Rechtslage in den USA rekurriert, siehe hierzu auch oben B. II. 3.; *Schiessl*, ZHR 167 (2003), 235, 250.

113 *Bachmann*, ZGR 2008, 779, 783.

114 *Teichmann*, Binnenmarktkonformes Gesellschaftsrecht, § 9 I. 2. *Teichmann* äußert an andere Stelle (§ 9 II. (Einleitung)) den interessanten Gedanken einer Komissionsempfehlung, die die Einführung eines Wahlrechts in allen Mitgliedstaaten vorschlägt. Unabhängig von der Frage nach Für und Wider solcher Mischsysteme, die hier nicht vertieft werden soll, könnte eine entsprechende Empfehlung die Mitgliedstaaten zwar schonend auf eine Öffnung vorbereiten, eine Richtlinie aber wohl kaum ersetzen, da kaum damit zu rechnen ist, dass sämtliche nationale Gesetzgeber, die den Unternehmen die Wahl zwischen den beiden System nicht bereits einräumen, einer Empfehlung Folge leisten würden.

115 A.A. *Leyens*, RabelsZ 67 (2003), 57, 96, der dem Aufsichtsrat im Vergleich zum Board ein geringeres Überwachungspotential attestiert; zu den Nachteilen des Board-Modells siehe auch *Aurich*, Managementkontrolle, 38-40; *Schiessl*, ZHR 167 (2003), 235, 243-245; für die Gleichwertigkeit der beiden Systeme auch *Henssler*, in: FS Ulmer, 2003, 193, 200-201; *Teichmann*, Binnenmarktkonformes Gesellschaftsrecht, § 9 I. 2. hält einen Effizienvergleich zwischen den beiden System für kaum möglich.

sellschaftsrechtswissenschaft. Eine zentrale Rolle in diesem Prozess spielen bis heute die verschiedenen Regelwerke, die hierzulande meist als „Kodices“ bezeichnet werden, ein. Die Entwicklung in diesem Bereich soll im Folgenden beschrieben werden.

1. Kodexbewegung in Deutschland

a. Beginn

Auch wenn die Einführung des Deutschen Corporate Governance Kodex als zentrales Ereignis in diesem Zusammenhang gesehen wird, wurde die Kodex-Idee hier bereits vor 2002 aufgegriffen. Den Grundstein dieser Entwicklung legten im Jahre 2000 zum einen die Grundsatzkommission Corporate Governance mit ihrem juristisch geprägten Code of Best Practice (auch bekannt als „Frankfurter Grundsätze“) und zum anderen der Berliner Initiativkreis German Code of Corporate Governance mit ihrem eher betriebswirtschaftliche Ansätze aufweisenden „Berliner Kodex“.[116] Der durch diese beiden Entwürfe nun auch in Deutschland aufgeworfene Gedanke einer Verankerung von Grundsätzen guter Unternehmensführung und -kontrolle fand bei Fachleuten und Verbänden breite Zustimmung.[117] Allerdings würde sich die Existenz zweier konkurrierender Regelwerke schon hinsichtlich der Information ausländischer Anleger als schwierig erweisen, so dass die Tendenz schnell zu einem einheitlichen Kodex ging.[118]

b. Reaktion der Bundesregierung

Durch den folgenschweren Zusammenbruch der Holzmann AG und die internationale Diskussion um eine Verbesserung der Corporate Governance sah sich die Bundesregierung veranlasst, einen entsprechenden Kodex auf den Weg zu bringen.[119] Erster Schritt hierzu war die Einsetzung der Regierungskommission Corporate Governance unter Vorsitz des Frankfurter Rechtswissenschaftlers *Theodor Baums* (so genannte Baums-Kommission) im Jahre 2000. Dieses Gremium empfahl sowohl die Einsetzung einer weiteren personenverschiedenen Kommission mit dem Auftrag, einen Deutschen Corporate Governance Kodex auszuarbeiten, als auch eine Reihe von Vorschlägen zur

---

116 *Baums* (Hrsg.), Kommissionsbericht, Rn 6; *v. Werder*, in: *Ringleb/Kremer/Lutter/v. Werder*, DCGK-Komm., Rn 6.

117 *Baums* (Hrsg.), Kommissionsbericht, Rn 7.

118 *Baums* (Hrsg.), Kommissionsbericht, Rn 7; *v. Werder*, in: *Ringleb/Kremer/Lutter/v. Werder*, DCGK-Komm., Rn 7; gegen einen einheitlichen Kodex *Bernhardt*, DB 2002, 1841, 1846.

119 Übertrieben kritisch hierzu *Kübler/Assmann*, Gesellschaftsrecht, § 14 II 3. d).

inhaltlichen Gestaltung dieses Regelwerks, wie etwa das Prinzip „comply or explain" („entsprich oder erkläre").[120]

c. Deutscher Corporate Governance Kodex

Das Bundesjustizministerin griff diese Empfehlung auf und berief im August 2001 erst zwölf, dann 13 Personen aus der Wirtschaft, der Wissenschaft und dem öffentlichen Leben, denen unter der Leitung des Aufsichtsratsvorsitzenden der ThyssenKrupp AG, *Dr. Gerhard Cromme*, die Erstellung eines solchen Kodex anvertraut wurde.[121] Den Auftrag an die „Kodexkommission" präzisierte das BMJ dergestalt, dass die Entwicklung des Kodex auf der Basis des geltenden Rechts stattzufinden habe, so dass sich Vorschläge zur Änderung der Gesetzeslage von vornherein erübrigten.[122] Darüber hinaus solle die Kommission das Regelwerk nach seiner Verabschiedung regelmäßig überprüfen und ggf. anpassen, was den Status der „Cromme-Kommission" als Standing Commission begründete.

Da die Bundesregierung in Gestalt der Justizministerin auf weiter gehenden Vorgaben verzichtete, hatte die Kommission bei der Ausarbeitung verhältnismäßig große Freiräume, insbesondere war sie in keiner Weise an die Empfehlungen der Baums-Kommission gebunden.[123] Tatsächlich waren allerdings sowohl diese als auch die Frankfurter und Berliner Kodices sowie diverse ausländische Regelwerke wie auch die 1998 veröffentlichten OECD Principles of Corporate Governance unverkennbar Vorbild für zahlreiche Empfehlungen des am 23. Januar 2002 einstimmig verabschiedeten Deutschen Corporate Governance Kodex.[124] Dieser enthält insbesondere Anregungen und Empfehlungen bezüglich der Organe der Aktiengesellschaft sowie Rechnungslegung und Abschlussprüfung und wurde zuletzt am 14. Juni 2007 überarbeitet. Auf eine Empfehlung der Baums-Kommission geht die Entsprechenserklärung des § 161 AktG zurück, nach der die Adressaten des Kodex, also börsennotierte Gesellschaften, jährlich erklären müssen, welchen Empfehlungen (nicht) gefolgt wurde. Nach der zu erwartenden Verabschiedung des BilMoG müssen die Aktiengesellschaften zudem eine

120 *Baums* (Hrsg.), Kommissionsbericht, Rn 7-8.
121 Für Einzelheiten über die Zusammensetzung der Kodexkommission siehe *Ringleb*, in: *Ringleb/Kremer/Lutter/v. Werder*, DCGK-Komm., Rn 9.
122 *Ringleb*, in: *Ringleb/Kremer/Lutter/v. Werder*, DCGK-Komm., Rn 17.
123 *Ringleb*, in: *Ringleb/Kremer/Lutter/v. Werder*, DCGK-Komm., Rn 18.
124 *Ringleb*, in: *Ringleb/Kremer/Lutter/v. Werder*, DCGK-Komm., Rn 29.

Begründung für eine etwaige Nichtanwendung geben.[125] Eine solche Begründungspflicht liegt zwar nicht nur im Interesse der Anleger, sondern durchaus auch in dem der Gesellschaft – wird doch bei überzeugender Begründung der „böse Schein" der Nichtbefolgung und ggf. eine negative Kapitalmarktreaktion vermieden. Es bleibt indes abzuwarten, ob die Adressaten diese Pflicht ernst nehmen oder sich nur in Phrasen flüchten. Jedenfalls erfährt der DCGK durch § 161 AktG seine gesetzliche Verankerung.

d. Kritische Stimmen

Zwar stieß der Kodex in der Unternehmenspraxis, wie die verhältnismäßig hohen Befolgungsquoten zeigen,[126] auf breite Zustimmung, doch sind in der Literatur auch kritische Stimmen zu vernehmen. So stellt etwa *Assmann* den gesamten Kodex-Gedanken mit beachtlicher Vehemenz in Frage. Mit ihm habe eine „Refeudalisierung der Aktienrechtsgesetzgebung" eingesetzt, die in erster Linie die Börsennotierung verteuere und die Risiken der in der Unternehmensleitung und -kontrolle Tätigen – noch dazu auf Kosten ihrer Selbstständigkeit – beträchtlich erhöhe.[127] Dem ist jedenfalls *prima facie* zuzugeben, dass durch die Kodexempfehlungen, geht man von einer negativen Kapitalmarktreaktion bei Nichtbefolgung aus, der Spielraum unternehmerischen Handelns tatsächlich eingeengt wird. Man darf allerdings nicht vergessen, dass nur die Offenlegungs- und Rechenschaftspflicht nach § 161 AktG, nicht aber der DCGK selbst verbindlicher Natur ist. Bei überzeugender Begründung können Unternehmen sehr wohl guten Gewissens vom Kodex abweichen. Können sie diese nicht liefern, so ist dies allenfalls ein Anlass, die eigene Corporate Governance kritisch zu hinterfragen. Auch sind höhere Kosten der Börsennotierung, wie ja auch die oben erwähnten positiven Reaktionen aus der Wirtschaft im Vorfeld der Kodexausarbeitung beweisen, kein zu hoher Preis, wenn man damit effektiv etwa Unternehmensskandalen wie denen der jüngeren Vergangenheit vorbeugt. Demnach kann *Assmanns* Kritik nicht überzeugen.

---

125 § 161 Abs. I AktG-E; erst durch diese Novellierung wird der Kodex seinem Prinzip von „comply or explain" statt etwa „comply or disclose" („entsprich oder lege offen") gerecht, vgl. *Ringleb*, in: *Ringleb/Kremer/Lutter/v. Werder*, DCGK-Komm., Rn 47; *Weber-Rey*, AG 2008, 345, 346; eine gesetzliche Offenlegungsplficht forderte schon *Leyens*, Information des Aufsichtsrats, 119; *ders.*, JZ 2007, 1061, 1064.

126 Siehe zuletzt *v. Werder/Talaulicar*, DB 2008, 825 und passim.

127 *Kübler/Assmann*, Gesellschaftsrecht, § 14 II 3. d); siehe auch *Assmann*, in: FS Kümpel, 2003, 1, 12-16, wo u.a. vom „deutschen Experiment" die Rede ist.

Schwerer wiegen dagegen schon die vereinzelt vorgetragenen verfassungsrechtlichen Bedenken, die den Kodex seit seiner Einführung begleiten. So bezweifeln einige Stimmen die Vereinbarkeit des DCGK im Zusammenhang mit der Pflicht aus § 161 AktG mit dem Gesetzesvorbehalt i.S.d. Art. 20 Abs. III GG sowie dem Demokratieprinzip nach Art. 20 Abs. II S. 2 GG[128]. Anknüpfungspunkt ist hierbei der Umstand, dass der Kodex von einer nicht demokratisch legitimierten Kommission betreut wird, dessen Inhalt aber über die Entsprechenserklärung nach § 161 AktG zum Gegenstand einer gesetzlichen Pflicht gemacht wird. So sei nicht ersichtlich, warum sich ein Privatrechtssubjekt rechtfertigen müsse, wenn es Normen, die von einem privatrechtlichen und nicht einem staatlichen Gremium ausgearbeitet wurden, nicht befolgt, auch wenn daran allenfalls „innergesellschaftliche" Sanktionen geknüpft seien.[129] Für den Eingriff in das Grundrecht nach Art. 12 Abs. I S. 2 GG i.V.m. Art. 19 Abs. III GG, der mit der Erhöhung der Sorgfaltsanforderungen und Haftungsrisiken der Organmitglieder verbunden sei, stelle der DCGK, da kein Gesetz, keinesfalls eine ausreichende Rechtsgrundlage dar.[130] Wegen der staatlichen Einflussnahme sowohl auf die Regierungs- als auch die nachfolgende Kodexkommission sei der DCGK kein Akt der Selbstorganisation der Wirtschaft, sondern ein dem Staat zuzurechnendes Regelungswerk, wenn auch kein Parlamentsgesetz.[131]

Hierzu sei allerdings eingewandt, dass es, wie *Ringleb* zutreffend anmerkt, die vermeintlichen Einwirkungen durch das BMJ oder einen anderen Teil der Bundesregierung, von der notwendigen Zusammensetzung der Kommissionen abgesehen, weder gab noch gibt.[132] Auch zieht die Berücksichtigung der Kodexempfehlungen keine Vermutung nach sich, i.S.d. §§ 116, 93 AktG ordnungsgemäß gehandelt zu haben,[133] ihre Nichtbefolgung erhöht demnach das Haftungsrisiko nach überwiegender und zutreffender Ansicht[134] ebenso wenig. Wie soeben schon festgestellt wurde, entbehren

128 Zu diesen Verfassungsgrundsätzen BVerfGE 33, 125, 158; 49, 89, 126; 64, 208, 214-215.

129 Vgl. *Ulmer*, ZHR 166 (2002), 150, 164; *Spindler*, in: *K. Schmidt/Lutter*, AktG Bd.II, § 161 Rn 11.

130 *Seidel*, ZIP 2004, 285, 290; *Wolf*, ZRP 2002, 59, 60.

131 *Wolf*, ZRP 2002, 59, 60.

132 *Ringleb*, in: *Ringleb/Kremer/Lutter/v. Werder*, DCGK-Komm., Rn 52.

133 *Ringleb*, in: *Ringleb/Kremer/Lutter/v. Werder*, DCGK-Komm., Rn 57.

134 *Bachmann*, WM 2002, 2137, 2138-2139; *Hüffer*, AktG, § 161 Rn 27 mit dem zutreffenden Hinweis, dass die Kodexregelungen, sofern sie nicht nur den Inhalt des Gesetzes wiedergeben, keine staatliche Rechtsetzung darstellen und folglich unter verfassungsrechtlichen Gesichtspunkten (Demokratie-, Rechtsstaatsprinzip) nicht zur Rechtsfindung herangezogen werden daürfen; *Spindler*, in: *K. Schmidt/Lutter*, AktG Bd.II, § 161 Rn 66; *Theusinger/Liese*, DB 2008, 1419, 1420; a.A. wohl *Lutter*, in: *Ringleb/Kremer/Lutter/v. Werder*, DCGK-Komm., Rn

die Kodexempfehlungen jedweden verbindlichen Charakters. Die rechtliche Verbindlichkeit knüpft einzig und allein an § 161 AktG, gegen den indes keinerlei verfassungsrechtliche Bedenken bestehen. Rechtliche Konsequenzen, insbesondere die angesprochenen Haftungsrisiken, entstehen auch *allein* bei Nichtbefolgung dieser – isoliert betrachtet unstreitig verfassungsgemäßen – Erklärungspflicht,[135] nicht aber bei einem Handeln entgegen der Kodexempfehlungen.[136] Mithin können die von *Hüffer*[137] geäußerten Bedenken hinsichtlich eines Verstoßes gegen das Prinzip des Gesetzesvorbehaltes im Ergebnis nicht überzeugen. Zwar mag es richtig sein, dass eine Nichtbefolgung des Kodex mitunter erhebliche *wirtschaftliche* Konsequenzen mit sich bringen kann; allerdings sind diese eben keine *rechtlichen*. Bloße wirtschaftliche Aspekte genügen aber nicht, um den DCGK dem Verdikt der Verfassungswidrigkeit auszusetzen.[138]

Es bleibt also festzuhalten, dass sowohl die Kritik an der Kodexidee per se als auch die hinsichtlich der Vereinbarkeit mit dem Grundgesetz, obgleich jeweils mit beachtlichen Argumenten vorgetragen, letztlich unberechtigt ist. Ob der DCGK in seiner konkreten Ausgestaltung aber ein geeignetes Werkzeug insbesondere beim Umgang mit Interessenkonflikten darstellt, ist eine andere Frage, die diese Untersuchung zu beantworten versucht.

2. Kodexbewegung in den USA

a. Missstände in den Boards der 1970er Jahre

Die Geschichte der Corporate Governance-Bewegungen in den Vereinigten Staaten von Amerika ist die Geschichte von Reaktionen auf unternehmerisches Fehlverhalten. Ihren genauen Beginn festzumachen fällt schwer, die deutlichsten Entwicklungen in diesem Bereich nahmen aber Anfang der 1970er Jahre ihren Lauf. Diese Zeit war, wie

---

1623; siehe auch *Kort*, AG 2008, 137, 138, der davon ausgeht, dass eine positive Entsprechenserklärung den Aufsichtsrat haftungsrechtliche bindet, da der jeweilige Inhalt dann Haftungsmaßstab sei.

135 Zu Einzelheiten zu Verstößen gegen den Kodex und die Rechenschaftspflicht nach § 161 Abs. I AktG *Theusinger/Liese*, DB 2008, 1419, 1419-1422.

136 Klarstellend jüngst OLG München, WM 2008, 645, 648 dazu *Bachmann/Becker*, WuB 2008, 593 (II A. § 161 AktG 2.08).

137 *Hüffer*, AktG, § 161 Rn 4.

138 So zutreffend *Semler*, in: MünchKomm-AktG Bd.5/1, § 161 Rn 44-45; *Pathe*, in: Kompaktkomm. Gesellschaftsrecht, § 161 AktG Rn 4; für die h.M. auch OLG München, WM 2008, 645, 648 dazu *Bachmann/Becker*, WuB 2008, 593 (II A. § 161 AktG 2.08); *Bachmann*, WM 2002, 2137, 2142; *Heintzen*, ZIP 2004, 1933, 1938; *Ringleb*, in: *Ringleb/Kremer/Lutter/v. Werder*, DCGK-Komm., Rn 52;

es einige amerikanische Beobachter ausdrückten, durch eine Kultur der Verantwortungslosigkeit in den Boards geprägt.[139] Diese drückte sich im „Abnicken" („rubberstamping") des Handelns des Managements durch die Directors aus, was zwar den Erwartungen, die an das Board gerichtet waren, entsprach,[140] von einer tauglichen Unternehmensführung oder gar –kontrolle aber meilenweit entfernt war.

b. Einschreiten durch US-Kongress und SEC

So überrascht es nicht, dass zu dieser Zeit die ersten Aufsehen erregenden Ermittlungen durch die staatliche Securities and Exchange Commission (SEC) eingeleitet wurden.[141] Gegenstand dieser Untersuchungen war zunächst der Fall der Penn Central Transportation Company, die 1967 aus den fusionierenden Pennsylvania und New York Central Railroad Companies als landesweit größte Eisenbahngesellschaft und sechstgrößte Corporation ihrer Zeit hervorging bevor sie nur drei Jahre später Konkurs anmeldete.[142] Die SEC stellte in ihrem Abschlussbericht fest, dass die outside Directors ihrer Pflichten, die ihnen nach den Securities Laws der frühen 1930er Jahre oblagen, nur unzureichend nachgekommen waren und damit den Zusammenbruch des Unternehmens zumindest mitverschuldet hatten.[143] Mit der Erkenntnis, dass darüber hinaus kein funktionierender Informationsfluss zwischen Management und Board existierte und eine echte Boardarbeit, insbesondere unter den outside Directors, kaum stattfand,[144] deckte die SEC zudem erstmals beträchtliche Mängel der damaligen Unternehmenspraxis auf.

Obwohl der Fall der Penn Central Railroad Company einen Wendepunkt in der Arbeit der SEC, die von nun an unternehmerisches Fehlverhalten in größerem Maße nachging als zuvor, darstellte,[145] setzte in den Boards der 1970er Jahre kein nennenswertes Umdenken ein. Hauptgrund hierfür zwar zweifelsohne, dass die SEC in Penn Central zwar ermittelte und einen Bericht veröffentlichte, die Directors aber für ihre Versäumnisse

139 *Busbee*, 9-WTR L. & Bus. Rev. Am. (2003) 5, 8; *Millstein*, 54 Bus. Law. (1999) 1057, 1060.
140 *Millstein*, 54 Bus. Law. (1999) 1057, 1060.
141 *Busbee*, 9-WTR L. & Bus. Rev. Am. (2003) 5, 8; *Millstein*, 54 Bus. Law. (1999) 1057, 1060.
142 *Busbee*, 9-WTR L. & Bus. Rev. Am. (2003) 5, 9.
143 Siehe *Busbee*, 9-WTR L. & Bus. Rev. Am. (2003) 5, 9; *Millstein*, 54 Bus. Law. (1999) 1057, 1061.
144 *Millstein*, 54 Bus. Law. (1999), 1057, 1061.
145 *Busbee*, 9-WTR L. & Bus. Rev. Am. (2003) 5, 9 unter Verweis auf den damaligen Direktor der Division of Enforcement der SEC *Sporkin*, 61 N.C. L. Rev. (1983), 455.

nicht belangte[146] und sich somit als „zahnloser Tiger“ erwies[147]. Daran änderte zunächst auch die Tatsache wenig, dass die SEC als „Gegenleistung“ für die Einstellung der Ermittlungen mit einer Reihe von Corporations die Einrichtung mehrheitlich von independent Directors besetzter Ausschüsse vereinbarte, die künftig die Directors überwachen sollten.[148] Statt einer spürbaren Verbesserung der Corporate Governance mehrten sich Skandale um nicht verbuchte Zahlungen (sog. „Slash Funds“) einiger Unternehmen, die mit der Verstrickung in die „Watergate“-Affäre im Jahre 1976 sogar politische Dimensionen annahmen.[149] Da dieses Geld im Ringen um Aufträge auch an ausländische Politiker, Parteien und Offizielle floss, verabschiedete der US-Kongress im darauf folgenden Jahr den Foreign Corrupt Practices Act (FCPA)[150]. Dieser untersagte solch fragwürdige Zahlungen zwar nicht explizit, zwang die Unternehmen aber zur Offenlegung,[151] was einem Verbot praktisch gleichkam.

c. Erste private Regelwerke

Während der amerikanische Bundesgesetzgeber mit dem FCPA ein Lehrbuchbeispiel gesetzlich festgelegter Corporate Governance verabschiedete,[152] leiteten nun zunehmend auch private Institutionen Maßnahmen gegen die Missstände der jüngeren Vergangenheit ein. Nachdem 1977 bereits erst die NYSE und darauf auch NASDAQ mit Billigung der SEC die Einführung von mit unabhängigen Directors besetzten Audit Committees als verbindliche Voraussetzung für die Börsennotierung einführten,[153] handelte ein Jahr später der sog. Business Roundtable, eine Vereinigung von 180 CEOs großer amerikanischer Corporations, mit seiner Stellungnahme zur Rolle und Zusammensetzung des Board of Directors großer börsennotierter Gesellschaften[154].[155]

---

146 Vgl. *Sporkin*, 61 N.C. L. Rev. (1983), 455.

147 Zu Rolle und Ansehen der SEC im aktuellen Jahrzehnt siehe *v. Hein*, US-amerikanisches Gesellschaftsrecht, 291-292.

148 *Millstein*, 54 Bus. Law. (1999), 1057, 1061.

149 *Busbee*, 9-WTR L. & Bus. Rev. Am. (2003), 5, 10; *Zalecki*, 24 U. Tol. L. Rev. (1993), 831, 834.

150 15 U.S.C. ss 78a-78dd-1, 78dd-2, 78m(b), 78ff.

151 *Busbee*, 9-WTR L. & Bus. Rev. Am. (2003), 5, 10.

152 So etwa *Busbee*, 9-WTR L. & Bus. Rev. Am. (2003), 5, 10.

153 *Busbee*, 9-WTR L. & Bus. Rev. Am. (2003), 5, 14; *Millstein*, 54 Bus. Law. (1999), 1057, 1062.

154 *The Business Roundtable*, The Role and Composition of the Board of Directors of the Large Publicly Owned Corporation: Statement of the Business Roundtable, abgedruckt in 33 Bus. Law. (1978), 2083.

155 *Zalecki*, 24 U. Tol. L. Rev. (1993), 831, 834.

Diese Erklärung rief die Adressaten zu gesetzestreuem und verantwortungsbewusstem Handeln auf und betonte darüber hinaus die gewichtige Rolle der outside Directors bei der Ausschussarbeit und als Kontrolleure der inside Directors.[156] Im selben Jahr veröffentlichte die American Bar Association (ABA) ihr „Corporate Director's Guidebook",[157] das bis heute als Leitfaden im Bereich der Corporate Governance dient.[158] Das Guidebook erinnert an die Pflicht der Board-Mitglieder, bei der Unternehmenspolitik zum einen – in der amerikanischen Tradition des „shareholder value" – stets das Wohl der Anteileigner und zum anderen die Grenzen des Gesetzesrechts zu berücksichtigen.[159]

d. Zwischenfazit

Gerade diese beiden Werke, obgleich noch nicht mit den Kodices der Jahrtausendwende zu vergleichen, sind für die Entwicklungen im Corporate Governance Bereich von großer Bedeutung. Zum einen veranschaulichen sie die begonnene Verlagerung der Corporate Governance-Debatte von der staatlichen auf die private Ebene. Hatte sich vorher mit dem US-Kongress und der SEC praktisch ausschließlich die öffentliche Gewalt mit diesem Thema befasst, so nahmen sich nun auch Wirtschaftsverbände der Problematik an. Hiermit setzte auch ein Trend zur Selbstorganisation und -regulierung der Wirtschaft ein, der sich als wegweisend für die zukünftige Entwicklung erweisen sollte. Zum anderen drückten die genannten Veröffentlichungen erstmals ein klares Eingeständnis des vergangenen Fehlverhaltens und den Willen, solches in Zukunft zu vermeiden, aus.[160] Darüber hinaus wiesen sie auf die Unzulänglichkeiten des damaligen Gesetzesrechts hin – ein Punkt, der sich bis heute auch beispielsweise im bereits angesprochenen dispositiven Charakter des amerikanischen Aktienrechts bemerkbar macht. Insoweit kommen den Werken mitunter eine unter Demokratiegesichtspunkten fragwürdige „Lückenfüllerfunktion" zu. Vor allem aber stellten sie einen Wendepunkt

---

156 *Zalecki*, 24 U. Tol. L. Rev. (1993), 831, 834.

157 *Committee on Corporate Law of the American Bar Association*, Corporate Director's Guidebook, abgedruckt in 33 Bus. Law. (1978), 1595.

158 *Zalecki*, 24 U. Tol. L. Rev. (1993), 831, 834-835.

159 *Zalecki*, 24 U. Tol. L. Rev. (1993), 831, 835; zu Recht krit. zum „shareholder value" jüngst jeweils *Brown*, 82 N.Y.U. L. Rev. (2007), 1102, 1127; aus deutscher Sicht *Nagel*, NZG 2007, 166, 168 („Paradoxon"); ausführlich zur Diskussion in den USA nach den Unternehmenszusammenbrüchen jüngst *v. Hein*, US-amerikanisches Gesellschaftsrecht, 859-862, der davon ausgeht, dass eine Orientierung am „shareholder value" im Grundsatz nicht angezweifelt wird.

160 So auch *Zalecki*, 24 U. Tol. L. Rev. (1993), 831, 835, der die Veröffentlichung der beiden Werke zutreffend als "point of no return on the part of corporate America" interpretiert.

in der amerikanischen Corporate Governance dar – was weder Legislative noch Exekutive gelang, erreichte nun die US-Wirtschaft selber.

e. Restatementbewegung und „Principles of Corporate Governance"

Wiederum nur kurze Zeit später führte das American Law Institute (ALI) im Jahre 1981 diesen Trend mit der Einsetzung seines Corporate Governance Project fort.[161] Das ALI war bis zu diesem Zeitpunkt in erster Linie durch seine Restatements of the Law in Erscheinung getreten. Bei diesen Werken handelte es sich um Zusammenfassungen und Darstellungen des geltenden Rechts, insbesondere des Fallrechts, etwa im Vertragsrecht (Law of Contracts), Deliktsrecht (Torts) oder Gesellschaftskollisionsrecht (Conflicts of Law).[162] Nun aber stellte man fest, dass sich das Aktienrecht einschließlich des Bereichs Corporate Governance nicht für die Form eines Restatements eignete. Dies lag an dem Umstand, dass sich das geltende Corporate Law aus Fallrecht, Gesetzesrecht, Verfahrenrecht, Handelsbräuchen und privatem Satzungsrecht zusammensetzte, was die Schaffung eines Restatements, nachdem bereits erste Versuche in diese Richtung unternommen worden waren, als wenig sinnvoll erscheinen ließ.[163] Somit beschloss man, stattdessen ein Regelwerk, das in erster Linie die wichtigsten Regeln guter Corporate Governance enthielt, auszuarbeiten. Demgemäß veröffentlichte das ALI erste Entwürfe seines Werkes „The Principles of Corporate Governance: Analysis and Recommendations". Entsprechend der verschiedenen Rechtsquellen bieten die "Principles" einerseits einen Überblick über das geltende Recht, andererseits aber auch Empfehlungen bezüglich neuer Rechts- und Verfahrensvorschriften sowie einer sachgerechten Unternehmenspolitik.[164] Diese Empfehlungen und Anregungen richteten sich sowohl an die Gerichte als auch an den Gesetzgeber und die Corporations und gingen damit über die Werke des Business Roundtable und der ABA hinaus.

Diese beiden Verbände waren es dann auch, die die Veröffentlichung des ALI zumindest in bestimmten Teilbereichen kritisierten. Der Vorwurf lautete insbesondere, dass

---

161 *Busbee*, 9-WTR L. & Bus. Rev. Am. (2003), 5, 11; *Zalecki*, 24 U. Tol. L. Rev. (1993), 831, 835.

162 *Busbee*, 9-WTR L. & Bus. Rev. Am. (2003), 5, 11; *Eisenberg*, 48 Bus. Law. (1993), 1271, 1272; siehe dazu auch *Merkt/Göthel*, US-Gesellschaftsrecht, Rn 183, 219.

163 *Busbee*, 9-WTR L. & Bus. Rev. Am. (2003), 5, 11; *Eisenberg*, 48 Bus. Law. (1993), 1271, 1272.

164 Vgl. *Eisenberg*, 48 Bus. Law. (1993), 1271, 1272.

sich die Principles zu weit vom damaligen Recht wie auch dem Model Business Corporation Act[165] entfernten.[166] Business Roundtable und ABA nahmen die Principles sogar so ernst, dass sie „ad hoc Committees" einrichteten, die die weitere Entwicklungen in diesem Bereich beobachten sollten. Die geäußerte Kritik ist sicher auch in der Tatsache begründet, dass das ALI auch zu sensiblen Themen wie der Business Judgement Rule Stellung nahm[167] und sich darüber hinaus tatsächlich von seiner Restatement-Tradition entfernte. *Busbee* zweifelt sogar die Möglichkeit an, Regeln der Unternehmensführung und -kontrolle kodifizieren zu können.[168] Während dieser Einwand jedenfalls nach den positiven Erfahrungen der Kodexbewegungen in Europa eher übertrieben erscheint, mutet der Gedanke eines über 800 Seiten starken Regelwerkes, das nahezu ausschließlich privaten Charakter hat und damit jeder demokratischen Legitimation entbehrt, in der Tat seltsam an. Bei einer Bewertung berücksichtigt werden muss aber, dass dieses Werk im Zusammenhang der amerikanischen Rechtstradition steht, in der selbst private Gesetzesentwürfe wie der MBCA keine Seltenheit sind. Ungeachtet der Bedenken aber beschloss und veröffentlichte das ALI die Principles letztlich im Jahre 1994. Während ihre langfristigen Auswirkungen noch nicht feststehen, wird ihr Einfluss auf die US-amerikanische Judikatur hingegen als eher gering eingeschätzt.[169]

f. Höhepunkt privater Regelwerke in den 1990er Jahren

In die Zeit der Verabschiedung der Principles fiel die Veröffentlichung einer Reihe weiterer privater Corporate Governance Regelwerke – nach *Hopt* schossen diese gar „wie Pilze aus dem Boden"[170]. So trat im Jahre 1990 erneut der Business Roundtable mit seinem Werk „Corporate Governance and American Competitiveness" in Erscheinung, bevor mit dem Board of Directors von General Motors Mitte des Jahrzehnts erstmals das Verwaltungsorgan einer der größten amerikanischen Corporations mit ihren „Guidelines on Significant Corporate Governance Issues" Vorschläge für eine gute Unternehmensführung und –kontrolle machte.[171] Diesen Höhepunkt privater

165 *Busbee*, 9-WTR L. & Bus. Rev. Am. (2003), 5, 12.
166 Siehe *Zalecki*, 24 U. Tol. L. Rev. (1993), 831, 835 Fn 11 m.w.N.
167 Section 4.01(c) of the Principles; ausführlich dazu *Eisenberg*, 48 Bus. Law. (1993), 1271, 1281-1284.
168 *Busbee*, 9-WTR L. & Bus. Rev. Am. (2003), 5, 12.
169 *Merkt/Göthel*, US-Gesellschaftsrecht, Rn 219.
170 *Hopt*, in: FS Wiedemann, 2002, 1013, 1020.
171 Vgl. *Merkt/Göthel*, US-Gesellschaftsrecht, Rn 219 Fn 145.

Corporate Governance Initiativen rundeten 1996 die „Guidelines for Enhancing Professionalism of Board Members“ der National Association of Corporate Directors ab.

Unmittelbar nach der Jahrtausendwende griff dann auch wieder die SEC in die Corporate Governance Debatte ein. Anlass war der 1999 veröffentlichte Bericht des Blue Ribbon Committee „On Improving Effectiveness of Audit Committees“.[172] Diese Erklärung, die die zentrale Rolle des Prüfungsausschusses in den USA verdeutlicht,[173] enthielt im Wesentlichen zehn Empfehlungen zur Leistungssteigerung des Audit Committees, etwa durch die Besetzung mit unabhängigen und finanzkundigen Directors.[174] Der primäre Adressatenkreis bestand in der SEC und den zwei größten Wertpapierbörsen des Landes NYSE und NASDAQ. Jede dieser Institutionen setzte die an sie gerichteten Empfehlungen zügig um,[175] so dass diese nun für börsennotierte Corporations verbindlich wurden.[176]

g. Corporate Governance nach Enron

Durch die Unternehmenszusammenbrüche von Enron, WorldCom, etc. erhielt die Corporate Governance-Bewegung in den USA ihren letzten großen Impuls, für den sie allerdings einen hohen Preis bezahlen musste. Nachdem man glaubte, dem „Corporate Misbehaviour“ der 1970er Jahre endgültig Herr geworden zu sein, musste man schmerzlich feststellen, dass die ergriffenen Maßnahmen letztlich nicht ausreichten, zweifelhafte Entwicklungen in der Unternehmenspraxis erkennen oder gar verhindern zu können.

(1) Sarbanes-Oxley Act of 2002

Der amerikanische Bundesgesetzgeber reagierte auf die Besorgnis erregenden Wirtschaftsskandale der jüngeren Vergangenheit mit der Verabschiedung des Sarbanes-Oxley Act of 2002[177] (SOA), den US-Präsident *George W. Bush* bei der Unterzeich-

---

172 Dazu *Busbee*, 9-WTR L. & Bus. Rev. Am. (2003), 5, 14-15; *Merkt/Göthel*, US-Gesellschaftsrecht, Rn 601; ausführlich *Millstein*, 54 Bus. Law. (1999), 1057, 1063-1066.

173 Vgl. *Busbee*, 9-WTR L. & Bus. Rev. Am. (2003), 5, 14.

174 *Millstein*, 54 Bus. Law. (1999), 1057, 1063.

175 Zweifelnd noch *Millstein*, 54 Bus. Law. (1999), 1057, 1066.

176 *Busbee*, 9-WTR L. & Bus. Rev. Am. (2003), 5, 15.

177 Sarbanes-Oxley Act of 2002, Pub. L. No. 107-204, 116 Stat. 745 (2002); für eine detaillierte Zusammenfassung des Gesetzes zur Vereinbarkeit mit europäischem Recht siehe *Cardilli*, 27

nung als weitreichendste Reform der amerikanischen Unternehmenspraxis seit der Zeit *Franklin Delano Roosevelts* bezeichnete[178]. Das Gesetz will die vom US-Kongress verfolgten Ziele, also insbesondere den Schutz der Anleger, durch eine Novellierung des Securities and Exchange Act of 1934[179] erreichen. Diese Änderungen umfassen etwa die Überwachung von Wirtschaftsprüfungsunternehmen durch das neu geschaffene Public Company Accounting Oversight Board,[180] die Stärkung der Unabhängigkeit der Wirtschaftsprüfer[181] sowie die Ausweitung von Offenlegungs- und Prüfungspflichten[182]. Die Befolgung der neuen Vorschriften soll durch verschiedene Strafvorschriften[183] gewährleistet werden. Zentrale Norm im vorliegenden Zusammenhang ist sec. 301 SOA, die die Einführung eines Prüfungsausschusses, der aus independent Directors bestehe, verlangt. Hierbei wendet das Gesetz eine Technik an, die die SEC ermächtigt, die Wertpapierbörsen anzuweisen, Corporations, die gegen diese Anordnung verstoßen, vom Handel auszuschließen. Dieser Verpflichtung ist die SEC mit Verordnung vom 9. April 2003, die kurz darauf in Kraft trat, nachgekommen.[184]

(2) NYSE und NASDAQ

Die beiden größten Börsen des Landes haben den SOA im Jahre 2003 zum Anlass genommen, ihre Listing Standards grundlegend zu überarbeiten. Diese gehen in manchen Aspekten über die Vorschriften des Acts hinaus, so etwa beim Unabhängigkeitserfordernis für die Board-Mitglieder.[185] Auch führte insbesondere die NYSE weiterführende Regeln zur zwingenden Einführung bestimmter Ausschüsse, wie etwa Compensation und Nominating Committees, ein.[186] Diese Börsenordnungen, die nach amerikanischem Recht von der SEC genehmigt werden mussten,[187] stellen nicht nur eine wichti-

---

Fordham Int'l L.J. (2004), 785, 793-813; aus deutscher Sicht *Gruson/Kubicek*, AG 2003, 337-352, 393-406.

178 *United States Government*, President Bush Signs Corporate Corruption Bill, http://www.whitehouse.gov/news/releases/2002/07/20020730.html (Stand: 1.3.2009).

179 15 U.S.C. ss 78a et seq. (2000).

180 Sections 101-109 SOA.

181 Sections 201-209 SOA.

182 Sections 401-409 SOA.

183 Sections 801-1107 SOA.

184 *Gruson/Kubicek*, AG 2003, 337, 340.

185 Für Einzelheiten siehe unten C. III. 3.

186 §§ 303A.04, 303A.05 NYSE Listed Company Manual (2006); siehe dazu auch unten C. III. 3. b. (2).

187 Sections 6, 19(b), 23(a)(3) Securities Exchange Act; *Gruson/Kubicek*, AG 2003, 337, 343 Fn 69.

ge Ergänzung zum SOA dar, sondern in vielen Bereichen gleichzeitig auch die unmittelbarste Rechtsquelle verbindlicher Corporate Governance Vorschriften für börsennotierte Corporations.[188]

(3) Codes of Business/Conduct

Durch die angesprochenen Listing Standards sind public Corporations nun auch verpflichtet, einen Code of Business Conduct and Ethics (NYSE)[189] bzw. Code of Conduct (NASDAQ)[190] zu schaffen. Ein solcher Kodex soll seine Adressaten, also Directors, Officers und Arbeitnehmer der Gesellschaft, auf moralische Risiken bei der Tätigkeit hinweisen und Leitlinien für einen richtigen Umgang mit diesen zur Verfügung stellen.[191] Zwar sind die Corporations grundsätzlich frei bei der Gestaltung ihres Codes, die NYSE gibt in ihrem Listed Company Manual aber Empfehlungen, deren Verbindlichkeit nicht ganz eindeutig ist,[192] während NASDAQ auf die Voraussetzungen des Code of Ethics nach sec. 406 SOA verweist. Ausnahmen (Waivers) für Directors und Officers können nur vom Board (NASDAQ) gestattet werden und sind zu veröffentlichen.[193] Die Corporate Codes sind zwar für die Corporate Governance-Debatte wegen ihres individuellen Charakters nur von untergeordneter Bedeutung, können aber mitunter, etwa bei der Frage nach Wettbewerbsverboten von Directors,[194] wichtige Antworten geben.

Mit dem Sarbanes-Oxley Act of 2002 hat der US-Kongress das zweifellos bedeutendste Gesetzeswerk auf dem Bereich des Aktienrechts seit den Securities Laws der frühen 1930er Jahre verabschiedet. Gleichzeitig hat er damit ein komplexes Zusammenspiel

---

188 Für die Anwendbarkeit dieser Vorschriften auf ausländische Emittenten siehe etwa *Cardilli*, 27 Fordham Int'l L.J. (2004) 785-822; *Gruson/Kubicek*, AG 2003, 337, 345; *Sadlak*, 3 B.Y.U. Int'l L. & Mgmt. Rev. (2006) 1 und passim; *v. Hein*, US-amerikanisches Gesellschaftsrecht, 321-322.

189 § 303A.10 NYSE Listed Company Manual (2006).

190 Rule 4350(n) NASDAQ Stock Market Rules (2004).

191 So etwa Commentary zu § 303A.10 NYSE Listed Company Manual (2006): "However, such a code can focus the board and management on areas of ethical risk, provide guidance to personnel to help them recognize and deal with ethical issues (...) and help to foster a culture of honesty and accountability".

192 Commentary zu § 303A.10 NYSE Listed Company Manual (2006): "Each company may determine its own policies, but all listed companies *should* address the most important topics, including the following: (...)" (Hervorhebung hinzugefügt).

193 § 303A.10 NYSE Listed Company Manual (2006); Rule 4350(n) NASDAQ Stock Market Rules (2004).

194 Siehe dazu unten D. I. 4. b. (2).

von SEC, Wertpapierbörsen und public Corporations in Gang gesetzt und somit all diejenigen, die die Corporate Governance-Bewegung in den letzten drei Jahrzehnten entscheidend geprägt hatten, in den Kampf gegen die enttarnten Missstände in den Boards einbezogen.

3. Vergleichende Bewertung

Auch wenn die Corporate Governance-Bewegungen in Deutschland und in den Vereinigten Staaten einiges verbindet, gibt es doch beträchtliche Unterschiede. So fällt zunächst auf, dass die entsprechenden Entwicklungen in den USA sehr viel früher einsetzten als hierzulande. Dies mag insbesondere an der Tatsache liegen, dass der „Startschuss" in Gestalt mangelnden Pflichtbewusstseins in den Führungsorganen der Aktiengesellschaften, das sich etwa im Fall „Penn Central" bemerkbar machte, in Deutschland – wie ja auch im Rest Europas – ausblieb. Dies darf allerdings nicht darüber hinwegtäuschen, dass man sich des Themas Corporate Governance in Deutschland auch im internationalen Vergleich erst verhältnismäßig spät annahm.[195] So setzte die Kodexbewegung etwa in England schon zu Beginn der 1990er Jahre mit dem Cadbury Report von 1992 ein[196] und auch der französische Kodex von 2003 geht auf Berichte dortiger Wirtschaftsverbände aus dem vorausgegangenen Jahrzehnt zurück. Dennoch kann man die USA mit Recht als „Mutterland" der Kodexbewegung bezeichnen.

Darüber hinaus zeichnet sich die deutsche Kodexbewegung im Vergleich zur US-amerikanischen durch eine größere Homogenität aus. Während hierzulande mit den Berliner und Frankfurter Werken im Wesentlichen nur zwei private Kodices, deren Rolle sich auch nur auf eine Vorbildfunktion für den späteren DCGK beschränkte, von Bedeutung waren, wurden in den USA eine fast unüberschaubare Anzahl privater Regelwerke[197] verfasst und veröffentlicht. Auch sind mit der Bundesregierung, insbesondere dem BMJ, und der Regierungs- und später der Kodexkommission, freilich von der europäischen Rechtsfortbildung beeinflusst, nur wenige Stellen mit Ausarbeitung und Anpassung des Kodex und seiner Verankerung im deutschen Gesetzesrecht befasst. In den USA hingegen beeinflussen – abgesehen vom Kongress – mit der SEC den Wertpapierbörsen, privaten Wirtschaftsverbänden und Rechtsinstituten sowie in

---

195 Vgl. *v. Werder*, in: *Ringleb/Kremer/Lutter/v. Werder*, DCGK-Komm., Rn 6.

196 Dennoch wurde in England erst im Juli 2003 der Combined Code of Corporate Governance verabschiedet, siehe dazu *Leyens*, Information des Aufsichtsrats, 56-57.

197 Siehe nur die Nachweise bei *Merkt/Göthel*, US-Gesellschaftsrecht, Rn 219 Fn 145.

letzter Instanz den public Corporations selber wesentlich mehr Strömungen die Entwicklungen in diesem Bereich.[198] Das Resultat ist die Verteilung entsprechender Regeln auf eine Vielzahl von Werken anstelle eines Einheitskodex.

Neben dieser Heterogenität haben wohl auch insbesondere Zahl und Ausmaß der Unternehmenszusammenbrüche in den jüngeren amerikanischen Vergangenheit dazu beigetragen, dass sich das dortige System vom hiesigen auch durch einen höheren Grad an Verbindlichkeit unterscheidet. Deutsche Aktiengesellschaften sind bei ihrer Corporate Governance, von wenigen zwingenden Vorschriften des Aktienrechts abgesehen, grundsätzlich unabhängig: Sie können frei entscheiden, welchen Empfehlungen und Anregungen des DCGK sie folgen möchten und welchen nicht. Es ist ihnen, jedenfalls auf rechtlicher Ebene, unbenommen, diese gänzlich zu ignorieren und stattdessen z.B. einen eigenen Code of Best Practice aufzustellen.[199] Die einzige Pflicht im Hinblick auf den Kodex beschränkt sich auf die Entsprechenserklärung des § 161 AktG. Demgegenüber sind public Corporations insbesondere durch die im Einvernehmen mit der SEC erlassenen Listing Standards der Wertpapierbörsen in ihren Wahlmöglichkeiten wesentlich eingeschränkter. Gleiches gilt bei der Erstellung eines unternehmenseigenen Code of Business.[200] Unzweifelhaft ist in dieser Entwicklung ein gewisser Bruch mit der amerikanischen Wirtschaftstradition des „laissez faire"-Prinzips, welches nur ein absolutes Mindestmaß an staatlicher Einflussnahme auf die Belange der Unternehmen erlaubt und sicherlich auch den starken dispositiven Charakter der Corporation Statutes mitverantwortet hat, zu erkennen.

Trotz dieser Unterschiede sind auch gemeinsame Aspekte festzustellen. So gingen beiderseits des Atlantiks gerade in den Anfangsjahren der jeweiligen Bewegung entscheidende Impulse von privaten Institutionen aus. Leisteten in Deutschland die Grundsatzkommission Corporate Governance sowie der Berliner Initiativkreis wertvolle Vorarbeiten für den DCGK, so beeinflussten in den USA Business Roundtable, ABA und ALI wesentlich Anfänge und Verlauf der Corporate Governance Debatte. Diesem Umstand ist es wohl auch zu verdanken, dass sich in beiden Systemen unmit-

---

198 Zwar legt auch die Kodexkommission Wert auf Reaktionen aus der Wirtschaft, allerdings übten die privaten Regelwerke in den USA wesentlichen größeren Einfluss auf die Entwicklung aus, als dies in Deutschland der Fall war und bis heute ist.

199 Diese Alternative favorisierend *Bernhardt*, DB 2002, 1841, 1846 („Maßanzug statt Einheitsware!"); zu den möglichen wirtschaftlichen Konsequenzen einer Nichtbefolgung siehe oben B. IV. 1. d.

200 Beispielhaft § 303A.10 und Commentary NYSE Listed Company Manual (2006).

telbare gesetzliche Regelungen auf ein Minimum beschränken.[201] Überschneidungen gibt es darüber hinaus auch bei den thematischen Schwerpunkten. So spielen unter dem Gesichtspunkt der Unternehmenskontrolle (Monitoring) sowohl hierzulande als auch in den Vereinigten Staaten Zusammensetzung von Board und Ausschüssen vornehmlich mit unabhängigen Mitgliedern eine zentrale Rolle. Auch rückten zuletzt in beiden Ländern zunehmend Prüfungsausschuss (Audit Committee) und Wirtschaftsprüfer (Auditors) ins Blickfeld der Bewegungen.

Es ist also festzuhalten, dass sich beide Bewegungen, trotz nach wie vor bestehender Unterschiede, langsam annähern. Dennoch scheint eine echte Konvergenz beider Systeme schon im Hinblick auf das hohe Maß staatlicher Einflussnahme in den USA durch die SEC und die daraus resultierende Normstrenge eher zweifelhaft.

201 Dennoch ist in den USA mit der Kompetenzerweiterung der SEC eine stärker ausgeprägte staatliche Einflussnahme zu verzeichnen.

C. Die Unabhängigkeit des Aufsichtsrats-/Board-Mitglieds als allgemeines Postulat

Wie der bisherige Verlauf der Darstellung gezeigt hat, ist die Unabhängigkeit der Mitglieder des Überwachungsorgans und seiner Ausschüsse von zentraler Bedeutung sowohl in der deutschen wie auch in der amerikanischen Corporate Governance-Diskussion. Dennoch sind die angesprochenen Tendenzen nicht auf Europa und die USA beschränkt. Ähnliche Entwicklungen spielen sich beispielsweise auch im aufstrebenden asiatischen Raum ab. So hat im letzten Jahrzehnt etwa der japanische Gesetzgeber im Rahmen eines gesellschaftsrechtlichen Reformprozesses[202] die Rolle unabhängiger Direktoren und Wirtschaftsprüfer gestärkt.[203] Auch die chinesische Börsenregulierungsbehörde hat im August 2001 festgelegt, dass nach Ablauf einer zweijährigen Frist ein Drittel der Direktoren öffentlich gehandelter Gesellschaften unabhängig sein müssen.[204] Auch wenn diese Rechtskreise in der aktuellen Diskussion keinen derart breiten Raum einnehmen, wie dies etwa im Hinblick auf die angloamerikanische Corporate Governance seit längerem der Fall ist, zeigt sich doch, dass die Unabhängigkeit der Direktoren bzw. Aufsichtsratsmitglieder eine globales Phänomen des jungen Jahrtausends ist. Dieser Teil soll nun zunächst die geltende Rechtslage in der EU, Deutschland und den USA darstellen und anschließend diskutieren, inwieweit die Akzentuierung der Unabhängigkeit gerechtfertigt ist.

I. Empfehlung der Europäischen Kommission vom 15. Februar 2005

Wie es heute in anderen Rechtsgebieten schon Wirklichkeit ist, so ist auch die deutsche Corporate Governance vom europäischen Gemeinschaftsrecht beeinflusst. Im vorliegenden Zusammenhang geschah dies durch die Empfehlung der Europäischen Kommission vom 15. Februar 2005 „zu den Aufgaben von nicht geschäftsführenden Direktoren/Aufsichtsratsmitgliedern börsennotierter Gesellschaften sowie zu den Aus-

202 Siehe hierzu bereits oben B. III. 2. c.

203 *Clarke*, 32 Del. J. Corp. L. (2007), 73, 100-101 mit vorbildlicher Trennung der Begriffe "outside Director" und "independent Director".

204 *Clarke*, 32 Del. J. Corp. L. (2007), 73, 75; ausführlich zu den Entwicklungen in China *ders.*, 31 Del. J. Corp. L. (2006), 125-228.

schüssen des Verwaltungs-/Aufsichtsrats“[205]. Die Kommission konkretisierte darin ihren Aktionsplan „Modernisierung des Gesellschaftsrechts und Verbesserung der Corporate Governance in der EU“,[206] welcher seinerseits auf den Bericht der Hochrangigen Gruppe von Experten (High Level Group) auf dem Gebiet des Gesellschaftsrechts vom 4. November 2002[207] zurückgegangen war. Die EU-Empfehlung ergänzt die verschiedenen Richtlinien, die im Hinblick auf ihre Rolle bei der Rechtsangleichung in den Mitgliedstaaten bis heute als wichtigstes Mittel zur Umsetzung des europäischen Binnenmarkts angesehen werden[208]. Wegen der Bedeutung der Empfehlung für den DCGK soll sie im Folgenden in ihren wesentlichen Punkten dargestellt werden.

1. Zielsetzung

Ziel der Kommissionsempfehlung ist im Wesentlichen eine Verbesserung der Unternehmensleitung und -kontrolle börsennotierter Gesellschaften zum Schutz bereits vorhandener und potentieller Anleger.[209] Erreicht werden soll dieser Zweck nach Umsetzung durch die Mitgliedstaaten durch eine Reform der Regeln über die Zusammensetzung und Arbeitsweise des Verwaltungs- bzw. Aufsichtsrats mittels Stärkung der Unabhängigkeit seiner Mitglieder zu Gunsten einer effektiveren Kontrolle der Geschäftsführung börsennotierter Aktiengesellschaften.[210] Hauptanliegen in diesem Zusammenhang ist die Besetzung des Überwachungsorgans und seiner zentralen Ausschüsse mit einer ausreichenden Anzahl unabhängiger Mitglieder.[211] Unter Unabhängigkeit versteht die Empfehlung die Abwesenheit jeglicher signifikanter Interessenkonflikte,[212]

---

205 Kommission der Europäischen Gemeinschaften, Zu den Aufgaben von nicht geschäftsführenden Direktoren/Aufsichtsratsmitgliedern börsennotierter Gesellschaften sowie zu den Ausschüssen des Verwaltungs-/Aufsichtsrats, Empfehlung v. 15. Februar 2005, ABl. EU Nr. L 52 v. 25. Februar 2005.

206 Kommission der Europäischen Gemeinschaften, Modernisierung des Gesellschaftsrechts und Verbesserung der Corporate Governance in der EU – Aktionsplan, Mitteilung der Kommission an den Rat und das Europäische Parlament v. 21. Mai 2003, KOM(2003) 284 endg.

207 *High Level Group*, Bericht der Hochrangigen Gruppe von Experten (High Level Group) auf dem Gebiet des Gesellschaftsrechts über moderne gesellschaftliche Rahmenbedingungen in Europa, http://ec.europa.eu/internal_market/company/docs/modern/report_de.pdf (Stand: 1.3.2009); dazu *Leyens*, JZ 2007, 1061, 1063.

208 Vgl. *Teichmann*, Binnenmarktkonformes Gesellschaftsrecht, § 4 (Einleitung).

209 Vgl. Erwägungsgrund (6) der EU-Empfehlung.

210 Vgl. *Gofferje*, Unabhängigkeit, 86.

211 Ziff. 4, 5 der EU-Empfehlung.

212 Erwägungsgrund (7) der EU-Empfehlung.

was bei einem Verwaltungs- bzw. Aufsichtsratsmitglied dann der Fall sein soll, wenn es in keiner geschäftlichen, familiären oder sonstigen Beziehung zur Gesellschaft, deren Geschäftsleitung oder deren Mehrheitsgesellschafter steht, die einen Interessenkonflikt begründet, der sein Urteilsvermögen beeinflussen könnte[213].

2. Unabhängigkeitskriterien im Überblick

Obgleich die Europäische Kommission konstatiert, dass sich eine generalisierende Darstellung von Unabhängigkeitskriterien verbietet, da die entsprechenden Beziehungen und Umstände von Mitgliedstaat zu Mitgliedstaat und von Gesellschaft zu Gesellschaft bis zu einem gewissen Grad variieren könnten,[214] sieht sie in Anhang II der Empfehlung einen detaillierten Katalog von Bedingungen, die die Qualifizierung eines Mitglieds als unabhängig präzisieren. So darf ein unabhängiges Ratsmitglied etwa weder momentan noch in den letzten fünf Jahren mit der Geschäftsführung der Gesellschaft oder eines verbundenen Unternehmens beschäftigt (gewesen) sein,[215] grundsätzlich keine zusätzliche Vergütung erhalten,[216] zur Gesellschaft oder einem verbundenen Unternehmen keine bedeutende Geschäftsbeziehung unterhalten oder im letzten Jahr unterhalten haben[217] oder länger als drei Amtsperioden (höchstens zwölf Jahre) ein Mandat als Verwaltungs- oder Aufsichtsratsmitglied ausgeübt haben[218].

3. Kritische Stimmen

Dieser Kriterienkatalog ist nicht ohne Kritik geblieben. So bemängelt *Kremer*,[219] dass das Fehlen der „geistigen Unabhängigkeit" in den von der Empfehlung aufgezählten Situationen keinesfalls nachgewiesen sei. Auch ließen solch dezidierte Regelbeispiele den Kodexkommissionen der Mitgliedstaaten kaum noch Freiräume bei der Schaffung eigener Unabhängigkeitskriterien.[220] Diesem Kritikpunkt ist indes zu widersprechen.

---

213 Ziff. 13.1 der EU-Empfehlung; *Kort*, AG 2008, 137, 142; *Spindler*, ZIP 2005, 2033, 2039.

214 Anhang II Ziff.1 der EU-Empfehlung.

215 Anhang II Ziff.1 a) der EU-Empfehlung; dies entspricht hinsichtlich der gleichzeitigen Mitgliedschaft in Vorstand und Aufsichtsrat im Grundsatz der Inkompatibilitätsregel des § 105 Abs. I AktG.

216 Anhang II Ziff.1 c) der EU-Empfehlung.

217 Anhang II Ziff.1 e) der EU-Empfehlung; zum „interlocking directorate" siehe auch *Kort*, AG 2008, 137, 143; *Merkt/Göthel*, US-Gesellschaftsrecht, Rn 903.

218 Anhang II Ziff.1 h) der EU-Empfehlung.

219 *Kremer*, in: *Ringleb/Kremer/Lutter/v. Werder*, DCGK-Komm., Rn 1033.

220 *Kremer*, in: *Ringleb/Kremer/Lutter/v. Werder*, DCGK-Komm., Rn 1033.

Zwar können gemeinschaftsrechtliche Vorgaben, wie der EuGH entschieden hat,[221] von der deutschen Judikative bei der Urteilsfindung berücksichtigt werden, insbesondere wenn Rechtsnormen ausgelegt werden, die zur Durchführung der entsprechenden Empfehlung erlassen worden sind.[222] Allerdings ist zum einen die Empfehlung gem. Art. 249 Abs. V EG nicht verbindlich, so dass es weder eine Pflicht zur Umsetzung durch den nationalen Gesetzgeber noch eine mit dem Gebot richtlinienkonformer Auslegung vergleichbare Befolgungspflicht der Rechtsprechung gibt.[223] Zum anderen räumt die Kommission selber ein, dass die endgültigen Gesichtspunkte, nach denen sich die Unabhängigkeit bestimmen soll, auf einzelstaatlicher Ebene festzulegen seien[224]. Solange der Katalog in dieser Form also keine Richtlinienqualität erhält, sind die nationalen Kodexkommission, was sich ja auch in der Umsetzung der Empfehlung gezeigt hat,[225] in keiner Weise durch die Empfehlung eingeschränkt.

Schwerer wiegt hingegen die Kritik an der (Un-)Vereinbarkeit der von der Kommission ausgearbeiteten Empfehlungen mit der deutschen Rechtstradition und -tatsächlichkeit[226]. Anknüpfungspunkte sind insoweit vor allem Unterschiede zwischen dualistischem und monistischem System[227] sowie die hierzulande als legitim angesehene Eigentümerkontrolle im Konzern[228]. Für eine vertiefende Darstellung dieser Aspekte ist hier kein Raum. Insoweit sei allerdings angemerkt, dass für besagten Kriterienkatalog der auf das Vereinigungsmodell zugeschnittene britische Combined Code

---

221 EuGH, Slg. 1989, I-4407 Rn 18; 1993, I-363 Rn 18.

222 *Gofferje*, Unabhängigkeit, 88; *Habersack*, AG 2008, 98, 105; *Lieder*, NZG 2005, 569, 570.

223 *Lieder*, NZG 2005, 569, 570.

224 Anhang II Ziff.1 der EU-Empfehlung; Ziff. 13.2 der EU-Empfehlung ruft lediglich zur Berücksichtigung der Regelbeispiel nach Anhang II Ziff.1 auf.

225 Zum DCGK siehe unten C. II. 2. Einen Überblick über die Umsetzung der Empfehlung durch die Mitgliedsstaaten gibt der Kommissionsbericht vom 13.7.2007: Kommission der Europäischen Gemeinschaften, Bericht zur Umsetzung der Empfehlung zu den Aufgaben von nicht geschäftsführenden Direktoren/Aufsichtsratsmitgliedern börsennotierter Gesellschaften sowie zu den Ausschüssen des Verwaltungs-/Aufsichtsrats durch die EU-Mitgliedsstaaten, abrufbar in englischer Sprache unter http://ec.europa.eu/internal_market/company/docs/independence/sec20071022_en.pdf (Stand: 1.3.2009); dazu *Fischer zu Cramburg*, NZG 2007, 619; *Kort*, AG 2008, 137, 144; siehe unten C. I. 4.

226 Siehe dazu *BDI/Bankenverband/DAI/DIHK/GDV*, NZG 2004, 1052; *Hoffmann-Becking*, ZGR 2004, 355, 359-360; *Kremer*, in: *Ringleb/Kremer/Lutter/v. Werder*, DCGK-Komm., Rn 1033; *Lieder*, NZG 2005, 569, 570.

227 *BDI/Bankenverband/DAI/DIHK/GDV*, NZG 2004, 1052; *Lieder*, NZG 2005, 569, 570.

228 *Habersack*, ZHR 168 (2004), 373, 377-378; *ders.*, AG 2008, 98, 105-106; *Hoffmann-Becking*, ZGR 2004, 355, 359-360; *Hopt*, in: FS Canaris, Bd.II, 2007, 105, 117-118; *Kremer*, in: *Ringleb/Kremer/Lutter/v. Werder*, DCGK-Komm., Rn 1033; *Lieder*, NZG 2005, 569, 571; ausführlich hierzu *Gofferje*, Unabhängigkeit, 162-167.

Modell gestanden hat.[229] Dort besteht, wie oben gezeigt wurde,[230] wegen der Zusammenführung von Überwachenden und Überwachten in einem Organ ein höherer Bedarf nach – „geistiger“ – Unabhängigkeit als etwa im deutschen Trennungsmodell, so dass der von *Lieder*[231] geäußerte Gedanke einer übermäßigen Belastung dualistisch geführter Unternehmen durch die empfohlenen Regelbeispiele nicht von der Hand zu weisen ist.

Auch die kritische Bewertung der Vereinigung von Eigentum und Kontrolle durch die EU-Empfehlung ist vor dem Hintergrund der angelsächsischen Tradition zu sehen. Dort ist, wie *Berle* und *Means* für die amerikanische public Corporation schon zu Beginn der 1930er Jahre herausgefunden haben,[232] gerade die Trennung von Eigentum und Kontrolle („separation of ownership and control“) kennzeichnend. Eben diesen Unterschied, der nicht zwangsläufig eine Frage von „gut oder schlecht“ ist, relativiert die Europäische Kommission, wenn sie etwa die Beteiligung von Mehrheitsaktionären im Aufsichtsrat bzw. Board recht apodiktisch als „abzustellendes Übel“ einstuft. Darüber hinaus ist die in diesem Zusammenhang vorgebrachte Kritik auch im Hinblick auf das vorbildhafte deutsche Konzernrecht berechtigt.[233]

4. Rezeption in den EU-Mitgliedstaaten – Kommissionsbericht vom 13. Juli 2007

Die Europäische Kommission hat sich mit der Umsetzung der Empfehlung durch 21 der 27 EU-Mitgliedstaaten[234] in ihrem Bericht vom 13.7.2007[235] beschäftigt. Zwar stellt die Kommission eine klare Verbesserung der Corporate Governance-Strukturen

229 *Leyens*, JZ 2007, 1061, 1065; *Lieder*, NZG 2005, 569, 570; *Maul/Lanfferman*, DB 2004, 2407, 2409.

230 Siehe oben B. II. 2. a.; *Baums* (Hrsg.), Kommissionsbericht, Rn 55; *Kremer*, in: *Ringleb/Kremer/Lutter/v. Werder*, DCGK-Komm., Rn 1030.

231 *Lieder*, NZG 2005, 569, 570; darauf hinweisend auch *Gruber*, NZG 2008, 12, 13.

232 *Berle/Means*, Modern Corporation, 66-111.

233 So auch *Habersack*, ZHR 168 (2004), 373, 378; *ders.*, AG 2008, 98, 105-106; *Hoffmann-Becking*, ZGR 2004, 355, 360.

234 Bulgarien, Portugal, Rumänien, Spanien, die Tschechische Republik und Zypern fanden keine Berücksichtigung.

235 Kommission der Europäischen Gemeinschaften, Bericht zur Umsetzung der Empfehlung zu den Aufgaben von nicht geschäftsführenden Direktoren/Aufsichtsratsmitgliedern börsennotierter Gesellschaften sowie zu den Ausschüssen des Verwaltungs-/Aufsichtsrats durch die EU-Mitgliedsstaaten, http://ec.europa.eu/internal_market/company/docs/independence/sec20071022_en.pdf (nur in englischer Sprache abrufbar; Stand: 1.3.2009); dazu *Fischer zu Cramburg*, NZG 2007, 619; *Kort*, AG 2008, 137, 144.

in den vorausgegangenen Jahren fest, kritisiert aber gleichzeitig beispielsweise die nach wie vor in manchen Ländern nicht konsequent verwirklichte Trennung von Unternehmensleitung und -kontrolle, die insbesondere beim sofortigen Wechsel des Vorstandsvorsitzenden (CEO) in den Aufsichtsratsvorsitz virulent sei.[236]

Aus diesem Bericht geht ferner hervor, dass vor allem der hierzulande umstrittene[237] Kriterienkatalog zur Bestimmung der Unabhängigkeit in den meisten Mitgliedstaaten zumindest größtenteils umgesetzt wurde.[238] Ungeachtet dieser Frage lobt die Kommission die ausnahmslose Implementierung der Empfehlung, den Aufsichts- bzw. Verwaltungsrat mit einer ausreichenden Anzahl unabhängiger Mitglieder zu besetzen.[239] Auch übernahm die Mehrheit der Mitgliedstaaten, darunter Frankreich, Italien und das Vereinigte Königreich, die Empfehlungen bezüglich der Einrichtung bestimmter Ausschüsse.[240] Vergleichsweise wenig Beachtung fand indes die Empfehlung, dass Mitglieder des Prüfungsausschusses (Audit Committee) über die erforderlichen Fachkenntnisse verfügen sollen.[241]

Insgesamt zeigt sich die Kommission, trotz einiger Kritikpunkte bezüglich (noch) nicht umgesetzter Empfehlungen, zufrieden mit der Rezeption in der EU.

5. Fazit

Obschon die Empfehlung nicht ohne Mängel ist, so leistete sie dennoch einen wertvollen Beitrag im Bemühen um eine verbesserte Corporate Governance in Deutschland und den übrigen Mitgliedstaaten. So rückte sie auch hierzulande den „independent Director", der in den USA schon länger eine zentrale Rolle spielt,[242] stärker ins Blickfeld und trug hierdurch zur Annäherung der Corporate Governance-Bewegungen sowohl innerhalb Europas als auch zwischen Europa und den Vereinigten Staaten bei. Zu begrüßen ist auch die Entscheidung der Kommission, eine Empfehlung statt einer – ver-

---

236 Ziff. 2. des Kommissionsberichts; darüber hinaus kritisiert die Kommission in Ziff. 4.2.1. die Personalunion von CEO und Verwaltungsratsvorsitzenden, wie sie etwa in Frankreich praktiziert werden darf.

237 Zur Kritik siehe oben C. I. 3.; einen solchen Katalog befürwortend hingegen *Leyens*, Information des Aufsichtsrats, 317.

238 Ziff. 4.2.2. des Kommissionsberichts.

239 Ziff. 4.2.3. des Kommissionsberichts; einige Mitgliedstaaten wie Ungarn oder Finnland sehen sogar grundsätzlich eine Mehrheit unabhängiger Mitglieder vor.

240 Ziff. 4.2.4., Anhang III, Tabelle 3 des Kommissionsberichts.

241 Ziff. 4.2.6. des Kommissionsberichts.

242 Siehe oben B. III. 1. d.

bindlichen – Richtlinie auszusprechen. Dies hätte unweigerlich einen Bruch in der Corporate Governance-Tradition derjeniger Mitgliedstaaten herbeigeführt, die wie Deutschland die Kodexpflege einer regierungsfremden Kommission anvertraut hatten. Allerdings scheint das Europäische Parlament, das die Kommission im Jahre 2006 aufforderte, die Unabhängigkeit von Aufsichtsratsmitgliedern bzw. Direktoren künftig verbindlich zu regeln,[243] dies anders zu sehen. Diesem Ansatz ist nach dem soeben Gesagten aber zu widersprechen. Auch wenn eine Harmonisierung der Regeln guter Unternehmensführung und –kontrolle im Grundsatz zu begrüßen ist,[244] darf eine solche *nicht um jeden Preis* stattfinden, zumal der EG-Vertrag in Art. 3 Abs. I lit. h die Rechtsangleichung unter das Gebot der Erforderlichkeit für das Funktionieren eines gemeinsamen Marktes stellt[245]. Insbesondere kann eine Beteiligung der Öffentlichkeit, entgegen dem Standpunkt des Europäischen Parlaments, auch auf andere Weise gewährleistet werden.[246]

II. Das unabhängige Aufsichtsratsmitglied im deutschen Recht

1. Gesetzliche Vorschriften

a. Aktiengesetz

Das Aktiengesetz setzt die Unabhängigkeit des Aufsichtsrates als Kontroll- und Überwachungsorgan voraus,[247] regelt die Unabhängigkeit des Aufsichtsratsmitglieds – je-

[243] Entschließung des Europäischen Parlaments zu den jüngsten Entwicklungen und den Perspektiven des Gesellschaftsrechts, 2006/2051 (INI), Referenz T6-0295/2006, Nr. 23.

[244] So wohl auch *Hopt*, in: FS Wiedemann, 2002, 1013, 1030.

[245] Zum Merkmal der Erforderlichkeit *Teichmann*, Binnenmarktkonformes Gesellschaftsrecht, § 4 I. 1. c).

[246] So nimmt etwa in Deutschland die Geschäftsstelle der Regierungskommission Deutscher Corporate Governance Kodex Vorschläge zu Kodexänderungen und -anpassungen entgegen, *Ringleb*, in: *Ringleb/Kremer/Lutter/v. Werder*, DCGK-Komm., Rn 27. Es erscheint eher fraglich, ob die Ausarbeitung einer Richtlinie eine Öffentlichkeitsbeteiligung in höherem Maße ermöglicht. Auch hat sich die „gesetzgeberische Neutralität“ zu Gunsten der Möglichkeit einer Selbstorganisation der Wirtschaft in der Vergangenheit weitestgehend bewährt, so dass eine Beteiligung der Legislative, anders als das Europäische Parlament in seiner Entschließung behauptet, nicht zwingend wünschenswert erscheint. Letztlich ist dem Parlament auch in dem Punkt, dass (nur) durch eine Richtlinie „praxisgerechte Regelungen“ gefunden werden können, die Zustimmung zu versagen: Die durchweg hohen Befolgungsquoten sowie das Ansehen, das der DCGK und die europäischen Parallelwerke, insbesondere der britische Combined Code, in Wissenschaft und Wirtschaft genießen, sprechen für die Praxisnähe ihrer Empfehlungen und Anregungen.

[247] *Kehler*, Unabhängigkeit, 11.

denfalls bislang – aber nur sehr rudimentär. Hierbei handelt es sich zumeist um Inkompatibilitätsregeln wie § 105 AktG, der die grundsätzliche[248] Unvereinbarkeit von Vorstands- und Aufsichtsratszugehörigkeit vorsieht. Weitere Mandatsverbote enthält § 100 Abs. II AktG, der u.a. sog. Überkreuzverflechtungen zu vermeiden sucht, § 100 Abs. II S. 1 Nr. 3 AktG. Darüber hinaus räumt das Gesetz den Gesellschaften die Möglichkeit ein, in der Satzung weitere persönliche Voraussetzungen und damit auch Unabhängigkeitsregeln für die Anteilseignervertreter im Aufsichtsrat festzulegen.[249]

b. Im Besonderen: Bilanzierungsmodernisierungsgesetz (BilMoG)

In besonderem Maß erwähnenswert sind die Reformen, die die Große Koalition jüngst mit dem Bilanzierungsmodernisierungsgesetz (BilMoG) auf den Weg gebracht hat. Dieses Gesetz dient im vorliegenden Zusammenhang der Umsetzung der Richtlinie 2006/43/EG des Europäischen Parlaments und des Rates vom 17. Mai 2006[250] (sog. Abschlussprüferrichtlinie) und der Richtlinie 2006/46/EG des Europäischen Parlaments und des Rates vom 14. Juni 2006[251] (sog. Abänderungsrichtlinie). Primäres Ziel des BilMoG ist, wie sein Name bereits andeutet, die Weiterentwicklung des HGB-Bilanzrechts zur finanziellen Entlastung der Unternehmen.[252]

Darüber hinaus schafft es mit der Novellierung diverser Vorschriften des Aktiengesetzes Neuregelungen für kapitalmarktorientierte Gesellschaften i.S.d neu eingefügten § 264d HGB. Das Merkmal der Kapitalmarktorientierung basiert auf Art. 2 Nr. 13 der Abschlussprüferrichtlinie, der von „Unternehmen von öffentlichem Interesse" spricht. Gemeint sind nach dem Wortlaut § 264d HGB, der ersichtlich der Richtlinie ent-

---

248 Eine Ausnahme gilt nur bei Stellvertretung für fehlende oder verhinderte Vorstandsmitglieder für höchstens ein Jahr bei zulässiger wiederholter Bestellung, § 105 Abs. II AktG.

249 § 100 Abs. IV AktG; siehe dazu *Kremer*, in: *Ringleb/Kremer/Lutter/v. Werder*, DCGK-Komm., Rn 1034, der darauf hinweist, dass die Unternehmen in der Praxis nur sehr zurückhaltend von dieser Möglichkeit Gebrauch machen.

250 Richtlinie 2006/43/EG des Europäischen Parlaments und des Rates vom 17. Mai 2006 über Abschlussprüfungen von Jahresabschlüssen und konsolidierten Abschlüssen, zur Änderung der Richtlinien 78/660/EWG und 83/349/EWG des Rates und zur Aufhebung der Richtlinie 84/253/EWG des Rates, ABlEU Nr. L 157, S. 87.

251 Richtlinie 2006/46/EG des Europäischen Parlaments und des Rates vom 14. Juni 2006 zur Änderung der Richtlinien des Rates 78/660/EWG über den Jahresabschluss von Gesellschaften bestimmter Rechtsformen, 83/349/EWG über den konsolidierten Abschluss, 86/635/EWG über den Jahresabschluss und den konsolidierten Abschluss von Banken und anderen Finanzinstituten und 91/674/EWG über den Jahresabschluss und den konsolidierten Abschluss von Versicherungsunternehmen, ABl.EU Nr. L 224, S. 1.

252 Punkt A. der Einleitung des RegE BilMoG.

spricht, solche Gesellschaften, die einen organisierten Markt nach § 2 Abs. V WpHG durch von ihr ausgegebene Wertpapiere i.S.d. § 2 Abs. I S. 1 WpHG in Anspruch nehmen oder die Zulassung zum Handel an einem organisierten Markt beantragt haben.[253] Gesellschaften, die diese Merkmale aufweisen, insbesondere börsennotierte Unternehmen sowie Neuemittenten,[254] sind nach § 100 Abs. V AktG-E verpflichtet, über mindestens ein unabhängiges Aufsichtsratsmitglied mit Sachverstand auf den Gebieten der Rechnungslegung oder Abschlussprüfung zu verfügen.[255] Diesbezüglich ist zunächst anzumerken, dass der deutsche Gesetzgeber mit dieser Norm, abgesehen von § 6 Abs. IIa InvG, zum ersten Mal das Unabhängigkeitspostulat des Aufsichtsratsmitglieds aufgreift.[256] Allerdings definiert das BilMoG weder in dieser neuen Vorschrift noch an anderer Stelle das Merkmal das Unabhängigkeit; die Begründung des Regierungsentwurfs nimmt lediglich auf Erwägungsgrund (24) der Abschlussprüferrichtlinie Bezug, welcher wiederum auf den oben behandelten[257] Kriterienkatalog der Kommissionsempfehlung vom 15. Februar 2005 verweist. Aus diesem Umstand schließt *Habersack*,[258] dass § 100 Abs. V AktG-E im Lichte der in Anhang II der Empfehlung aufgelisteten Gesichtspunkte auszulegen sei. Dass sich dann allerdings aus den Diskrepanzen zwischen diesen Regelbeispielen und der wesentlich unbestimmteren Definition der Ziff. 5.4.2 S. 2 DCGK[259] ein beachtliches Konfliktpotential[260] ergeben kann, liegt auf der Hand. Zu denken ist auch an die Anfechtbarkeit von Wahlbeschlüssen, die die neuen Vorgaben ignorieren.[261] Man kann nur hoffen, dass die Rechtsprechung schnellstmöglich Gelegenheit erhält, zum Merkmal der Unabhängigkeit nach § 100 Abs. V AktG n.F. Stellung zu nehmen, um damit ein bemerkenswertes Versäum-

253 Zum nahezu wortlautgleichen Referentenentwurf jeweils *Gruber*, NZG 2008, 12; *Habersack*, AG 2008, 98, 99.

254 Vgl. die verkürzte Definition bei *Gruber*, NZG 2008, 12.

255 Ausführlich dazu *Gruber*, NZG 2008, 12, 12-14; *Ernst/Seidler*, ZGR 2008, 631, 666 präzisieren dieses Erfordernis in überzeugender Weise dergestalt, dass das entsprechende Mitglied beruflich mit Rechnungslegung bzw. Abschlussprüfung befasst war oder ist; krit. zur Person eines solchen Finanzexperten noch *Hopt/Leyens*, Board-Models in Europe, 2004, 2.1.2, abrufbar in englischer Sprache unter http://ssrn.com/abstract=487944 (Stand: 1.3.2009). Es erscheint indes fragwürdig, ob die Nominierung eines solchen Experten, wie *Hopt* und *Leyens* meinen, in der Tat an der mangelnden Fachkunde der Arbeitnehmervertreter scheitern dürfte. Richtlinien- und Gesetzgeber scheinen diese Bedenken jedenfalls nicht zu teilen.

256 *Habersack*, AG 2008, 98, 104.

257 Siehe oben C. I. 2.

258 *Habersack*, AG 2008, 98, 105.

259 Ausführlich hierzu siehe unten C. II. 2. b.

260 Man denke nur an die kritische Würdigung der Beteiligung des Mehrheitsaktionärs in Anhang II Ziff.1 d) der EU-Empfehlung, die nicht in den DCGK übernommen wurde; vgl. *Habersack*, AG 2008, 98, 105-106.

261 Darauf weist auch *Habersack*, AG 2008, 98, 106 hin.

nis des Gesetzgebers zu korrigieren. *Burwitz*[262] kritisierte jüngst die Entscheidung, Expertise in einem der beiden Bereiche – Rechnungslegung *oder* Abschlussprüfung – genügen zu lassen, da ein unabhängiger Finanzexperte alle relevanten Fragen sowohl mit dem Abschlussprüfer als auch mit dem Finanzvorstand besprechen können müsse. Dieser Einwand wirkt zunächst überzeugend, zumal Art. 41 Abs. I S. 3 der Abschlussprüferrichtlinie von „Rechnungslegung und/oder Abschlussprüfung" spricht, dürfte aber von geringer praktischer Relevanz sein, da der Jahresabschluss u.a. die Prüfung und Bestätigung von Informationen zur Rechnungslegung einschließt.

§ 107 Abs. III S. 2 AktG-E erwähnt nun explizit die Möglichkeit, einen Prüfungsausschuss zu bestellen.[263] Hintergrund eines solchen Ausschusses ist, wie bei anderen Ausschüssen auch, der Gedanke, dass ein kleines Gremium die ihm obliegenden Aufgaben schneller, konzentrierter und professioneller erfüllen kann, als der Gesamtaufsichtsrat und damit zur Effizienz- und Qualitätssteigerung der Aufsichtsratsarbeit beiträgt.[264] Richtet der Aufsichtsrat einer kapitalmarktorientierten Gesellschaft von einen solchen Ausschuss ein, so muss mindestens ein Mitglied die soeben genannten Voraussetzungen des § 100 Abs. V AktG-E erfüllen (§ 107 Abs. IV AktG-E). Die Vorschrift erinnert an die entsprechenden Regelungen in den Vereinigten Staaten,[265] die indes ein *ausschließlich* mit independent Directors besetztes Pendant vorsehen. Ein weiterer Unterschied besteht in der Tatsache, dass hierzulande die Einrichtung eines Prüfungsausschusses grundsätzlich freiwillig erfolgt[266] wodurch die Organisationsautonomie des Aufsichtsrats gewahrt bleibt[267].

Zuletzt sei die Neufassung des § 161 AktG erwähnt,[268] welche auf Art. 1 Nr. 7 der Abänderungsrichtlinie zurückzuführen ist[269]. Zum einen erweitert das BilMoG den per-

---

262 *Burwitz*, NZG 2008, 694, 699.

263 Dazu *Burwitz*, NZG 2008, 694, 699; *Kehler*, Unabhängigkeit, 66 spricht im Zusammenhang mit dem nahezu identischen Referentenentwurf zum BilMoG dennoch von der „grundsätzlichen Notwendigkeit" der Einrichtung eines Prüfungsausschusses.

264 *Ernst/Seidler*, ZGR 2008, 631, 667.

265 Section 407 SOA; § 303A.07(b) NYSE Listed Company Manual (2006); Rule 4350(d)(2)(A) NASDAQ Stock Market Rules (2004).

266 Siehe aber § 324 HGB-E, nach dem kapitalmarktorientierte Gesellschaften, die die Voraussetzungen des § 100 Abs. V AktG-E nicht erfüllen, zwingend einen Prüfungsausschuss einrichten müssen, der über zumindest ein unabhängiges und auf den Gebieten der Rechnungslegung oder Abschlussprüfung sachverständiges Mitglied verfügt.

267 Jeweils ohne Blick auf die US-amerikanische Rechtslage *Ernst/Seidler*, ZGR 2008, 631, 667; den Verzicht auf zwingende Regelungen begrüßend *Habersack*, AG 2008, 98, 106.

268 Eingehend jeweils *Theusinger/Liese*, DB 2008, 1419, 1422-1423; *Weber-Rey*, AG 2008, 345, 346-347; siehe auch *Burwitz*, NZG 2008, 694, 698, der von einer positiven Wirkung der neuen Publizitätspflichten im Bereich Corporate Governance ausgeht.

sönlichen Anwendungsbereich der Rechenschaftspflicht auf Gesellschaften, die ausschließlich andere Wertpapiere als Aktien zum Handel an einem organisierten Markt ausgegeben haben und deren Anteile mit Wissen der Gesellschaft über ein multilaterales Handelssystem nach § 2 Abs. III S. 1 Nr. 8 WpHG gehandelt werden. Zum anderen – und dies ist in der Praxis wesentlich bedeutender – müssen die Adressaten in ihrer Entsprechenserklärung nun auch etwaige Abweichungen von den Empfehlungen des Kodex begründen, § 161 Abs. I S. 1 AktG-E. Eine Empfehlung ähnlichen Inhalts spricht bislang schon Ziff. 3.10 DCGK aus. Jedoch wird erst durch die Pflicht zur Begründung etwaiger Abweichungen dem „comply or explain"-Prinzip zum endgültigen Durchbruch verholfen, nachdem man vorher treffender von „comply or disclose" („entsprich oder lege offen") sprechen musste.[270] Zwar tangiert diese Änderung das Unabhängigkeitspostulat des DCGK nur am Rande; dennoch wird man von einer Aufwertung desselben ausgehen können, sofern die betroffenen Gesellschaften das Begründungserfordernis ernst nehmen statt sich in leere Worthülsen zu flüchten.

c. Verfassungsrechtliche und sonstige gesetzliche Vorschriften

Des Weiteren finden sich im Grundgesetz Inkompatibilitätsvorschriften für den Bundespräsidenten,[271] sowie Bundeskanzler und Bundesminister[272]. Entsprechende Regelungen sehen auch die Landesverfassungen vor.[273] Auch ist es Mitarbeitern des Bundeskartellamts nicht gestattet, ein Aufsichtsratsmandat wahrzunehmen, § 51 Abs. V GWB.

Die zuletzt genannten einfachgesetzlichen bzw. verfassungsrechtlichen Vorschriften dienen zwar ebenfalls der Vermeidung von Interessenkonflikten, spielen aber in der Corporate Governance-Debatte um das unabhängige Aufsichtsratsmitglied praktisch

269 Art. 1 Nr. 7 der Abänderungsrichtlinie fügt in die Vierte Richtlinie 78/660/EWG des Rates vom 25. Juli 1978 aufgrund von Artikel 54 Absatz 3 Buchstabe g) des Vertrages über den Jahresabschluß von Gesellschaften bestimmter Rechtsformen, ABl.EU Nr. L 222, S. 11, einen neuen Art. 46a ein, welcher eine Begründungspflicht für die Adressaten, wie sie § 161 Abs. I S. 1 AktG-E enthält, im Hinblick auf die Erklärung zur Unternehmensführung vorsieht. Die Entsprechenserklärung nach § 161 Abs. I AktG-E ist gem. § 289a Abs. II Nr. 1 HGB-E Teil der Erklärung zur Unternehmensführung.

270 *Ringleb*, in: *Ringleb/Kremer/Lutter/v. Werder*, DCGK-Komm., Rn 47; *Weber-Rey*, AG 2008, 345, 346; eine entsprechende Novellierung forderte schon *Leyens*, Information des Aufsichtsrats, 119; *ders.*, JZ 2007 1061, 1064.

271 Art. 55 Abs. II GG.

272 Art. 66 GG; für Bundesminister können mit Zustimmung des Bundestages Ausnahmen erteilt werden, *Gofferje*, Unabhängigkeit, 78; *Pieroth*, in: *Jarass/Pieroth*, Art. 66 Rn 1.

273 So etwa Art. 57 S. 1 2.HS Bayr. LV.

keine Rolle. Aus diesem Grund wird von einer ausführlichen Darstellung abgesehen.[274]

2. Deutscher Corporate Governance Kodex

a. Die Kodexregeln zur Unabhängigkeit im Überblick

Wegen der geringen Zahl an gesetzlich normierten Unabhängigkeitsregeln kommt im vorliegenden Zusammenhang dem DCGK entscheidende Bedeutung zu.[275] Die zentrale Rolle spielt dabei Ziff. 5.4.2, die zuletzt auf Grund der EU-Empfehlung am 2. Juni 2005 durch die Kodexkommission geändert wurde[276]. Nach Satz 1 dieser Ziffer soll, um eine unabhängige Beratung und Überwachung des Vorstands durch den Aufsichtsrat zu gewährleisten, dem Aufsichtsrat eine nach seiner Einschätzung ausreichende Anzahl unabhängiger Mitglieder angehören. Satz 2 definiert das Merkmal der Unabhängigkeit dergestalt, dass ein Aufsichtsratsmitglied dann als unabhängig anzusehen ist, wenn es in keiner geschäftlichen oder persönlichen Beziehung zu der Gesellschaft oder deren Vorstand steht, die einen Interessenkonflikt begründet. Die Sätze 3 und 4 befassen sich mit Aufsichtsratsmandaten ehemaliger Vorstandsmitglieder sowie der Wahrnehmung von Organfunktionen und Beratungsaufgaben bei Konkurrenten des Unternehmens durch Aufsichtsratsmitglieder.[277]

Da die Unabhängigkeit der Aufsichtsratsmitglieder der präventiven Vermeidung von Interessenkonflikten dient,[278] ist Ziff. 5.4.2 DCGK im Zusammenhang mit einer Reihe anderer Kodexempfehlungen zu sehen. So sollen potentielle Interessenkonflikte bereits bei Vorschlägen zur Wahl zum Aufsichtsrat, also bereits vor Annahme des Mandats, berücksichtigt werden, Ziff. 5.4.1 S. 2 DCGK. Auch empfiehlt der Kodex die Offenlegung sämtlicher Interessenkonflikte nach Beginn der Mitgliedschaft im Aufsichtsrat

---

274 Insoweit sei auf die Ausführungen bei *Gofferje*, Unabhängigkeit, 72-79 verwiesen.

275 Ähnlich *Hopt/Roth*, in: Großkomm. AktG, § 100 Rn 193, die eine unzureichenden Sicherung der Unabhängigkeit durch die Vorschriften des deutschen Aktienrechts feststellen.

276 Überholt deshalb *Hopt/Leyens*, Board-Models in Europe, 2004, 2.1.2, abrufbar in englischer Sprache unter http://ssrn.com/abstract=487944 (Stand: 1.3.2009). Ein Überblick über die Änderungen des Kodex ist unter http://www.corporate-governance-code.de/ger/kodex/ aenderungen.html abrufbar (Stand: 1.3.2009).

277 Hierzu siehe unten D. II. 3. c. (1) (Ziff. 5.4.2 S. 3 DCGK) und D. I. 3. (Ziff. 5.4.2 S. 4 DCGK).

278 Ziff. 5.4.2 S. 2 DCGK; vgl. *Kremer*, in: *Ringleb/Kremer/Lutter/v. Werder*, DCGK-Komm., Rn 1036.

gegenüber diesem Gremium,[279] sowie die Information über aufgetretene Konflikte und deren Behandlung durch den Aufsichtsrat in seinem Bericht an die Hauptversammlung[280]. Wesentliche und dauerhafte Interessenkonflikte sollen schließlich zur Beendigung der Aufsichtsratsmitgliedschaft führen, Ziff. 5.5.3 S. 2 DCGK. *Kehler*[281] kritisiert in diesem Zusammenhang, dass sowohl in Ziff. 5.4.2 S. 2 DCGK als auch in Ziff. 5.5.2 bzw. 5.5.3 DCGK der Begriff „Interessenkonflikt" verwandt wird, da es sich im ersten Fall um potentielle, im zweiten Fall (Ziff. 5.5 DCGK) hingegen um tatsächliche Interessenkonflikte handele. Dies trifft nicht zu, da Ziff. 5.4.2 DCGK das Unabhängigkeitserfordernis nur dann nicht erfüllt ist, wenn ein solcher Interessenkonflikt bereits besteht („die einen Interessenkonflikt begründet"),[282] während Ziff. 5.5.2 DCGK das Potential von Konflikten zu vermeiden sucht („entstehen *können*")[283]. Wegen des klaren Wortlauts des Kodex erscheint eine Umformulierung, wie sie *Kehler*[284] fordert, nicht notwendig.

Darüber hinaus enthält der DCGK noch weitere Empfehlungen zur Unabhängigkeit des Aufsichtsratsmitglieds. Diese beziehen sich aber auf konkrete Sachverhalte, wie etwa die Vergütungsmodelle des Aufsichtsrats,[285] und werden aus diesem Grund sinnvollerweise in den entsprechenden Zusammenhängen behandelt. Jedenfalls ist insoweit festzuhalten, dass der Kodex spätestens seit den Änderung, die er durch die Umsetzung der Kommissionsempfehlung vom 15. Februar 2005 erfahren hat, ein komplexes System von Unabhängigkeitsregeln enthält.[286] Dieses Konzept will sowohl etwaige Konflikte präventiv verhindern – wie etwa durch deren Berücksichtigung vor der Wahl

---

279 Ziff. 5.5.2 DCGK; die Empfehlung erwähnt ausdrücklich solche Konflikte, die auf Grund einer Beratung oder Organfunktion des Aufsichtsratsmitglieds bei Kunden, Lieferanten, Kreditgebern oder sonstigen Geschäftspartnern entstehen können. Erfasst sind aber alle kurzfristigen einzelfallbezogenen sowie sämtliche dauerhaft wirkenden Interessenkonflikte eines Mitglieds, soweit diese nicht bereits nach den gesetzlichen Vorschriften wie etwa § 285 S. 1 Nr. 10 HGB offengelegt oder bereits dem Aufsichtsrat bekannt sind, siehe *Kremer*, in: *Ringleb/Kremer/Lutter/v. Werder*, DCGK-Komm., Rn 1126.

280 Ziff. 5.5.3 S. 1 DCGK.

281 *Kehler*, Unabhängigkeit, 77 mit der Begründung, dass auch derjenige als nicht unabhängig gelten solle, in dessen Person ein Interessenkonflikt begründet sein könne. Im Kodex findet diese Auslegung indes keine Stütze.

282 In diesem Punkt unterscheidet sich die Unabhängigkeitsdefinition der Ziff. 5.4.2 S. 2 DCGK von der EU-Empfehlung, welche ihrerseits in Ziff. 13.1 auf das Konfliktpotential abstellt; wie hier auch *Kremer*, in: *Ringleb/Kremer/Lutter/v. Werder*, DCGK-Komm., Rn 1039.

283 Hervorhebung hinzugefügt.

284 *Kehler*, Unabhängigkeit, 79.

285 Ziff. 5.4.6 Abs. II DCGK.

286 Vgl. *Kremer*, in: *Ringleb/Kremer/Lutter/v. Werder*, DCGK-Komm., Rn 1036, der von einem „ausgewogenen System" spricht. Die Frage, ob und inwieweit dieser Beurteilung gefolgt werden kann, kann erst am Ende dieser Untersuchung beantwortet werden.

– als auch Regeln zum sachgerechten Umgang mit Interessenkonflikten und ihrer Transparenz geben. Wie bereits angemerkt, kommt dabei den Sätzen 1 und 2 der Ziff. 5.4.2 grundlegende Bedeutung zu, so dass eine tiefere Darstellung dieser Empfehlungen und ihrer Problemkreise angebracht erscheint.

b. Ziff. 5.4.2 Sätze 1 und 2 DCGK als zentrale Empfehlungen

Liest man den Text dieser Kodexempfehlungen, so fällt zunächst der, insbesondere im Vergleich zur maßgeblichen Kommissionsempfehlung, bisweilen recht unbestimmte Wortlaut auf. Dieser Umstand ist gerade im deutschen Schrifttum auf Kritik gestoßen,[287] da viele Fragen trotz unlängst geänderten Kodex unbeantwortet bleiben, was unweigerlich eine beachtliche Rechtsunsicherheit bei den Unternehmen hervorruft. Diese Konsequenz ist allein schon deshalb unbefriedigend, weil sie sich mitunter negativ auf die Befolgungsquoten der Kodexempfehlungen auswirkt,[288] was wiederum nicht im Interesse einer verbesserten Corporate Governance liegen kann. In welchen Bereichen eine Konkretisierung wünschenswert ist und wie eine solche ggf. aussehen könnte, soll in den folgenden Abschnitten erörtert werden.

(1) Erfüllen Arbeitnehmervertreter das Unabhängigkeitserfordernis?

Ziff. 5.4.2 S. 1 DCGK empfiehlt eine „ausreichende Anzahl“ unabhängiger Mitglieder des Aufsichtsrats. Wie hoch diese Anzahl sein soll, hängt entscheidend von der Beantwortung der Frage ab, ob die Vertreter der Arbeitnehmer im Aufsichtsrat als unabhängig zu qualifizieren sind. Falls dies der Fall ist, so würde möglicherweise schon jeder (quasi-)paritätisch besetzte Aufsichtsrat über eine „ausreichende Anzahl“ unabhängiger Mitglieder verfügen.

Die Kommissionsempfehlung vom 25. Februar 2005 bezog zu dieser Frage noch klar Stellung. Danach darf ein Aufsichtsratsmitglied, um als unabhängig qualifiziert werden zu können, grundsätzlich nicht als Arbeitnehmer bei der Gesellschaft oder einer

---

287 So etwa bei *Hüffer*, ZIP 2006, 637, 639; *Leyens*, Information des Aufsichtsrats, 316-317; *Lieder*, NZG 2005, 569, 570 („in hohem Maße ausfüllungsbedürftig“); nachteilig wirken sich zusätzlich die wenigen zu erwartenden Konkretisierungsgelegenheiten der Rechtsprechung aus.

288 Beispielhaft hierzu *v. Werder/Talaulicar*, DB 2007, 869, 873, die die niedrigste Befolgungsquote (die der Ziff. 5.4.6 Abs. II S. 1 DCGK) auch mit einer „gewissen Verunsicherung“ in den Unternehmen erklären; Einzelheiten hierzu unten D. III. 4.

verbundenen Gesellschaft beschäftigt sein.[289] Eine Ausnahme von dieser Regel greift nur dann ein, wenn das betreffende Aufsichtsratsmitglied im Rahmen eines gesetzlich anerkannten Systems der Arbeitnehmervertretung, das einen angemessenen Schutz vor missbräuchlicher Entlassung und sonstiger ungerechter Behandlung bietet, in den Aufsichtsrat gewählt worden ist *und* nicht zu den Führungskräften der Gesellschaft gehört. Die erste Bedingung ist beim deutschen Mitbestimmungsmodell erfüllt: Die Benachteiligungsverbote des Mitbestimmungsrechts, namentlich § 26 MitbestG bzw. § 9 DrittelbG, bewirken ein Behinderungs- und Benachteiligungsverbot einschließlich eines relativen Kündigungsschutzes für Arbeitnehmer im Aufsichtsrat,[290] so dass insoweit von der Unabhängigkeit der deutschen Arbeitnehmervertreter im Sinne der Kommissionsempfehlung ausgegangen werden kann[291]. Damit ist, wie *Lieder*[292] feststellt, die Möglichkeit, dass die Vertreter der Arbeitnehmerschaft aus Furcht vor ungerechtfertigten Repressionen seitens des Managements ihre Überwachungsaufgabe nur unzureichend oder überhaupt nicht wahrnehmen, bestmöglich ausgeräumt. Hinsichtlich der zweiten Bedingung, des Ausschlusses von Führungspersonal[293], sieht das MitbestG vor, dass neben den Gewerkschaftsvertretern[294] ausschließlich Arbeitnehmer von der Belegschaft in den Aufsichtsrat gewählt werden können, § 7 Abs. II MitbestG. Die Arbeitnehmereigenschaft ist leitenden Angestellten[295] sowie Mitgliedern des Vorstandes[296] nach § 3 Abs. I MitbestG i.V.m. § 5 BetrVG ausdrücklich verwehrt. Anders

---

289 Anhang II Nr. 1 b) der EU-Empfehlung; gleiches gilt für den hier nicht einschlägigen Fall, dass ein solches Beschäftigungsverhältnis aktuell nicht mehr besteht, aber in den vergangenen drei Jahren bestanden hat.

290 *Henssler*, in: *Ulmer/Habersack/Henssler*, MitbestimmungsR, § 26 MitbestG Rn 1, 12, § 9 DrittelbG Rn 1.

291 A.A. *Kort*, AG 2008, 137, 144, der die Kommissionsempfehlung ohne nähere Begründung dergestalt interpretiert, dass die Arbeitnehmervertreter lediglich vom *Gebot* der Unabhängigkeit ausgenommen sind. Diese Auslegung ist allerdings mit dem Wortlaut der Ziff. 1 b) des Anhang II („es sei denn") kaum in Einklang zu bringen; vgl. auch *Langenbucher*, ZGR 2007, 571, 593, die darauf hinweist, dass die Arbeitnehmervertreter zwar streng genommen wegen ihres Arbeitsentgelts nach Anhang II Ziff. 1 c) der EU-Empfehlung als nicht unabhängig einzustufen wären, dann aber richtigerweise bemerkt, dass eine solche Sichtweise die evident speziellere Ziff. 1 b) unterlaufen würde.

292 *Lieder*, NZG 2005, 569, 571.

293 Welche Positionen genau als Führungskräfte gelten, definiert die Komissionsempfehlung nicht. Eindeutig ist aber insoweit, dass es sich dabei nicht nur um die Mitglieder des Vorstands handeln kann, da sie in Anhang I Ziff. 2.1 Nr. 1 a.E. von „Vorstandsmitgliedern oder sonstigen Führungskräften" spricht.

294 Siehe dazu unten C. II. 2. b. (2).

295 Dazu unten C. II. 2. b. (3).

296 Letztere dürfen schon wegen § 105 Abs. I AktG grundsätzlich nicht dem Aufsichtsrat angehören. Jedoch ist gem. § 3 Abs. I MitbestG i.V.m. §§ 5 Abs. II Nr. 1 BetrVG, 78 Abs. I AktG auch die Ausnahme nach § 105 Abs. II AktG ausgeschlossen.

sieht es allerdings im Anwendungsbereich des DrittelbG aus, da dort gem. § 4 Abs. II auch leitende Angestellte die Arbeitnehmerschaft vertreten dürfen, sofern mehr als zwei Arbeitnehmervertreter zu wählen sind.[297] Jedoch dürfte dieser Fall kaum Praxisrelevanz haben, da in drittelmitbestimmten Unternehmen regelmäßig nur drei- bis sechsköpfige Aufsichtsräte existieren und anstelle unternehmensinterner Arbeitnehmer auch Arbeitnehmer anderer Konzerngesellschaften, Gewerkschaftsvertreter oder Leiharbeitnehmer in den Aufsichtsrat entsandt werden können.[298]

Allerdings besteht immer noch der Konflikt, dass die Arbeitnehmervertreter in erster Linie die Interessen ihrer Wählerschaft im Auge haben, weniger dagegen das Unternehmensinteresse und seine Realisierung.[299] Dass dieser Umstand trotz der, wie *Kremer*[300] sie nennt, „deutschen Lösung" der Kommissionsempfehlung, die Unabhängigkeit dieser Aufsichtsratsmitglieder massiv in Frage stellt, liegt auf der Hand.

Nichtsdestotrotz erwähnt der DCGK die Arbeitnehmervertreter nicht explizit. Als Grund hierfür wird die Entscheidung angeführt, das Thema Mitbestimmung bei der Ausarbeitung des Kodex außer Acht zu lassen.[301] Allerdings trägt dieses Schweigen maßgeblich dazu bei, dass die Frage, ob die Vertreter der Arbeitnehmerschaft dem Unabhängigkeitspostulat gerecht werden, kontrovers diskutiert wird.

(a) Befürwortende Ansicht

Ein Teil der Literatur[302] vertritt die Auffassung, die Aufsichtsratsmitglieder, die auf Grund der unternehmerischen Mitbestimmung in den Aufsichtsrat gewählt wurden, als unabhängig im Sinne des DCGK einzustufen sind. Zwar stünden die Arbeitnehmervertreter wegen des Arbeitsverhältnisses in einer geschäftlichen Beziehung mit der Ge-

297 *Henssler*, in: *Ulmer/Habersack/Henssler*, MitbestimmungsR, § 4 DrittelbG Rn 13.

298 Zu alledem *Henssler*, in: *Ulmer/Habersack/Henssler*, MitbestimmungsR, § 4 DrittelbG Rn 13.

299 *v. Werder*, AG 2004, 166, 170 mit Betonung der mittel- und längerfristigen Konsequenzen dieser Gefahr; ähnlich kritisch *Lieder*, Aufsichtsrat im Wandel, 708-709; an der Unabhängigkeit zweifelnd *Kremer*, in: *Ringleb/Kremer/Lutter/v. Werder*, DCGK-Komm., Rn 1041; *Hüffer*, ZIP 2006, 637, 639.

300 *Kremer*, in: *Ringleb/Kremer/Lutter/v. Werder*, DCGK-Komm., Rn 1040.

301 *Gofferje*, Unabhängigkeit, 175 unter Berufung auf *Baums* (Hrsg.), Kommissionsbericht, Rn 3 und *Möllers*, NZG 2003, 697, 699; die Überzeugungskraft dieser Begründung mag im Hinblick auf die jährlichen Änderungen des DCGK und die ausdrückliche Erwähnung der Arbeitnehmervertreter in der EU-Empfehlung indes angezweifelt werden, zu dieser Frage siehe auch unten C. II. 2. b. (1) (d).

302 *Langenbucher*, ZGR 2007, 571, 593; *Lieder*, NZG 2005, 569, 571; *ders.*, Aufsichtsrat im Wandel, 709, der dort aber *de lege ferenda* von der Abhängigkeit der Arbeitnehmervertreter ausgeht; *Spindler*, ZIP 2005, 2033, 2040.

sellschaft, so dass sie insoweit die Unabhängigkeitsdefinition der Ziff. 5.4.2 S. 2 DCGK nicht erfüllen.[303] Allerdings dürfe diese Kodexbestimmung keinesfalls dergestalt interpretiert werden, dass die Vertreter der Arbeitnehmerschaft per se als nicht unabhängig einzustufen seien. Eine andere Auslegung würde, wie *Lieder*[304] meint, einen „unerträglichen Normenwiderspruch“ bedeuten und, wie *Spindler*[305] kritisch anmerkt, das geltende Mitbestimmungsrecht aushebeln, was „evident absurd“ sei. Dies gelte umso mehr, als sowohl die EU-Empfehlung vom 25. Februar 2005 als auch die auf sec. 301 SOA basierende Verordnung der SEC jeweils von der Unabhängigkeit der Arbeitnehmervertreter ausgingen, sofern diese hinreichend durch gesetzliche Maßnahmen – in Deutschland also §§ 26 MitbestG, 9 DrittelbG[306] – vor repressiven Maßnahmen durch die Unternehmensleitung geschützt seien.[307] Aus den vorstehenden Gründen sei also der Anwendungsbereich der Ziff. 5.4.2 S. 2 DCGK insoweit zu reduzieren, dass Arbeitnehmer trotz des Bestehens einer geschäftlichen Beziehung zur Gesellschaft als unabhängig zu qualifizieren seien.

(b) Ablehnende Ansicht

Demgegenüber hält der überwiegende Teil des Schrifttums,[308] der allerdings großteils aus der Zeit vor der Kodexänderung von 2005 stammt, die Arbeitnehmervertreter für nicht unabhängig. Diese verbinde mit der Gesellschaft eine Geschäftsbeziehung in Gestalt des Arbeitsverhältnisses, welches typischerweise auch einen Interessenkonflikt begründet, da diese trotz der Verpflichtung, das Wohl der Gesellschaft in den Vordergrund zu stellen (§§ 116 S. 1, 93 Abs. I S. 2 AktG), oftmals den Interessen der Arbeitnehmer Vorrang einräumen.[309] Auch seien sie wie der zu kontrollierende Vorstand an einem positiven Erscheinungsbild der Gesellschaft in der Öffentlichkeit bzw. bei möglichen Investoren interessiert, vor allem, wenn sie und/oder Teile der Angestellten Be-

303 *Spindler*, ZIP 2005, 2033, 2040.
304 *Lieder*, NZG 2005, 569, 571; *ders.*, Aufsichtsrat im Wandel, 709.
305 *Spindler*, ZIP 2005, 2033, 2040.
306 Siehe dazu oben C. II. 2. b. (1).
307 *Lieder*, NZG 2005, 569, 571; *ders.*, Aufsichtsrat im Wandel, 709.
308 *Bernhardt*, BB 2004, 2430, 2481; *Hopt/Roth*, in: Großkomm. AktG, § 100 Rn 90-92, 138-140, 194; *Krause*, WM 2003, 762, 769; *Neubürger*, in: *Hommelhoff/Hopt/v. Werder* (Hrsg.), Handbuch Corporate Governance, 177, 191; *Schwalbach*, AG 2004, 186, 187; unklar *Kremer*, in: *Ringleb/Kremer/Lutter/v. Werder*, DCGK-Komm., Rn 1041.
309 *Hopt/Roth*, in: Großkomm. AktG, § 100 Rn 138; *Neubürger*, in: *Hommelhoff/Hopt/v. Werder* (Hrsg.), Handbuch Corporate Governance, 177, 191.

legschaftsaktien halten oder an Aktienoptionsplänen[310] teilhaben.[311] An dieser Annahme könnten auch die erwähnten Ausnahmeregelungen der Europäischen Kommission und der SEC nichts ändern. Letztere habe lediglich einen Konflikt mit der nationalen Rechtsordnung zu vermeiden versucht, nicht aber Einfluss auf die Einordnung der Arbeitnehmervertreter als (nicht) unabhängig nehmen wollen.[312] Auch die Kommissionsempfehlung wolle die Annahme der Unabhängigkeit der Arbeitnehmervertreter nur nicht präkludieren, verweise sie in Ziff. 13.1 doch primär auf die Existenz einer Beziehung zur Gesellschaft, die einen Interessenkonflikt begründet, der das Urteilsvermögen beeinflussen könnte.[313] Darüber hinaus könne die Unabhängigkeit nicht aus dem *relativen* Kündigungsschutz nach §§ 26 MitbestG, 9 DrittelbG abgeleitet werden.[314] Auch haben, worauf *Hopt/Roth*[315] hinweisen, andere europäische Länder wie Finnland, Schweden und die Niederlande in ihren Corporate Governance Kodices der Unabhängigkeit von Arbeitnehmern eine Absage erteilt. Nicht zuletzt deshalb dürfe also hierzulande nichts anderes gelten.

(c) Vermittelnde Ansicht

Darüber hinaus hat sich insbesondere im jüngeren Schrifttum eine vermittelnde Ansicht entwickelt, die im Wesentlichen auf *Vetter* zurückgeht.[316] Hiernach sollen die Arbeitnehmer weder als unabhängig noch als nicht unabhängig qualifiziert werden,[317] sondern bei der Bestimmung der ausreichenden Anzahl schlichtweg unberücksichtigt bleiben. Hierfür sprächen zunächst systematische Gesundheitspunkte: Die beiden auf Ziff. 5.4.2 DCGK folgenden Regelungen der Ziffern 5.4.3 und 5.4.4 könnten sich

---

[310] Hierzu siehe unten D. III. 3. b.

[311] *Krause*, WM 2003, 762, 769.

[312] *Hopt/Roth*, in: Großkomm. AktG, § 100 Rn 91, 194: Ausnahme nur aus Gründen der „internationalen comity" (Höflichkeit); *Langenbucher*, ZGR 2007, 571, 593; a.A. *Lieder*, NZG 2005, 569, 571; *ders.*, Aufsichtsrat im Wandel, 709.

[313] *Hopt/Roth*, in: Großkomm. AktG, § 100 Rn 91; a.A. *Lieder*, NZG 2005, 569, 571; *ders.*, Aufsichtsrat im Wandel, 709.

[314] *Hopt/Roth*, in: Großkomm. AktG, § 100 Rn 92; a.A. *Lieder*, NZG 2005, 569, 571; *ders.*, Aufsichtsrat im Wandel, 709.

[315] *Hopt/Roth*, in: Großkomm. AktG, § 100 Rn 92 Fn 367 m.w.N.

[316] *Vetter*, BB 2005, 1689, 1691; *Habersack*, AG 2008, 98, 105; *Hüffer*, ZIP 2006, 637, 639; *ders.*, AktG, § 100 Rn 2b; i.E. auch *Leyens*, Information des Aufsichtsrats, 322; *Gofferje*, Unabhängigkeit, 177; *Kehler*, Unabhängigkeit, 161.

[317] A.A. *Leyens*, Information des Aufsichtsrats, 319, der die Arbeitnehmervertreter als nicht unabhängig qualifiziert, sie aber bei der Bestimmung der ausreichenden Anzahl nicht berücksichtigen will.

nämlich nur auf die Seite der Anteilseigner beziehen, so dass eine Reduktion des Anwendungsbereiches auch bei Ziff. 5.4.2 S. 2 geboten sei.[318] Da sich der Kodex nicht mit Fragen der Mitbestimmung beschäftigen sollte, müsse er auch bei der Frage der Unabhängigkeit der Aufsichtsratsmitglieder die Arbeitnehmervertreter ausklammern.[319] Auch die Bezugnahme der Kommissionsempfehlung auf das „gesetzlich anerkannte System der Arbeitnehmervertretung",[320] die das deutsche Mitbestimmungsmodell abdecken solle, stütze, wie *Hüffer*[321] meint, diese Ansicht.

(d) Stellungnahme

Die zuletzt genannte Literaturmeinung mag zwar auf den ersten Blick als gelungene Problemlösung erscheinen, um ein – jedenfalls vermeintlich – zufrieden stellendes Ergebnis zu erzielen, kann nach genauerem Hinsehen allerdings in keiner Hinsicht überzeugen. Zunächst ist die insbesondere von *Gofferje*[322] vertretene Annahme, der Kodex schweige stets zu Fragen der Mitbestimmung, ein Irrtum. Zwar ist es richtig, dass die Baums-Kommission auf Anweisung der Bundesregierung genuin mitbestimmungsrechtliche Fragen ausklammern sollte.[323] Daraus lässt sich aber keine vollkommene Nichtbeachtung der Mitbestimmung folgern: Wie schon ausführlich in der Präambel, so nimmt der Kodex etwa in Ziff. 3.6 – seit seiner Einführung im Jahre 2002 – explizit zur Arbeitnehmermitbestimmung Stellung. Auch der Blick auf seine Systematik erlaubt entgegen *Hüffer* keine andere Schlussfolgerung. So kann der Kodex, gerade wegen der soeben erwähnten Anweisung der Bundesregierung[324] und der vorrangigen gesetzlichen Vorschriften, keine Empfehlungen etwa zur Wahl der Arbeitnehmervertreter[325] aussprechen, so dass sich die Ziffern 5.4.3 und 5.4.4 *notwendigerweise* nur auf die Seite der Anteilseignervertreter beziehen können. Dass demgegenüber Ziff. 5.4.2 S. 1 DCGK auf den *gesamten* Aufsichtsrat Bezug nimmt, bestätigt auch der Wortlaut, der pauschal vom „Aufsichtsrat" spricht und nicht nur von der Seite der Anteilseigner.

---

318 *Hüffer*, ZIP 2006, 637, 639; *Gofferje*, Unabhängigkeit, 177.

319 *Gofferje*, Unabhängigkeit, 177.

320 Anhang II Ziff.1 b) 2.HS der EU-Empfehlung.

321 *Hüffer*, ZIP 2006, 637, 639.

322 *Gofferje*, Unabhängigkeit, 175, 177.

323 *Baums* (Hrsg.), Kommissionsbericht, Rn 3; *Möllers*, NZG 2003, 697, 699; krit. dazu jüngst *Peltzer*, in: FS Priester, 2007, 573, 589; zu beachten ist auch, dass die Baums-Kommission nicht mit der Ausarbeitung des Kodex betraut war, siehe dazu oben B. IV. 1. b.

324 Widersprüchlich somit *Gofferje*, Unabhängigkeit, 177.

325 Diese ist im Wesentlichen in §§ 10-17 MitbestG, §§ 5-12 DrittelbG geregelt.

Dieselbe Formulierung verwendet der Kodex beispielsweise auch in Ziff. 5.5.2 für den Adressaten der Offenlegung von Interessenkonflikten. Auch dort ist anerkanntermaßen der *Gesamt*aufsichtsrat gemeint.[326] Gleiches gilt grundsätzlich auch für die übrigen Empfehlungen und Anregungen des fünften Abschnitts, soweit sich eine Anwendbarkeit wegen des Eingreifens in die Mitbestimmung wie bei den oben genannten Ziffern nicht ohnehin verbietet. Ein solcher Grund für eine Differenzierung bei Ziff. 5.4.2 S. 2 DCGK ist nicht aber ersichtlich.

Gegen die vermittelnde Ansicht spricht zudem, dass nur eine Gesamtbetrachtung des Gremiums eine Einstufung der Zahl der unabhängigen Mitglieder als (nicht) ausreichend ermöglicht. So kann eine Zahl, die bei zehn Mitgliedern ausreichend erscheint,[327] bei 20 Mitgliedern zu gering sein.[328] Darüber hinaus ergeben sich bei Befolgung dieser Auffassung auch Schwierigkeiten bei der Besetzung der Ausschüsse. Sollte der deutsche Gesetzgeber – was unter Berücksichtigung aktueller gemeinschaftsrechtlicher Entwicklungen,[329] der Tendenzen des BilMoG,[330] des internationalen Trends[331] alles andere als unwahrscheinlich erscheint – oder die Kodexkommission, etwa durch eine Verschärfung der Ziff. 5.3.2 DCGK, mehrheitlich oder ausschließlich mit unabhängigen Mitgliedern besetzte Ausschüsse nach amerikanischen Vorbild verlangen, so erscheint es im Hinblick auf die Unternehmenspraxis, Ausschüsse paritätisch zu besetzen,[332] wenig sinnvoll, einer Qualifizierung der Arbeitnehmervertreter als (nicht) unabhängig aus dem Wege zu gehen. Dementsprechend ist diese Mindermeinung abzulehnen.

---

326 Siehe *Kremer*, in: *Ringleb/Kremer/Lutter/v. Werder*, DCGK-Komm., Rn 1129; *Möllers*, NZG 2003, 697, 699.

327 Hierzu unten C. II. 2. b. (5) (b).

328 Diesen Aspekt lässt insbesondere *Hüffer*, ZIP 2006, 637, 639 außer Acht.

329 Siehe Entschließung des Europäischen Parlaments zu den jüngsten Entwicklungen und den Perspektiven des Gesellschaftsrechts, 2006/2051 (INI), Referenz T6-0295/2006, Nr. 23, nach der das Europäische Parlament die Kommission auffordert, u.a. die Unabhängigkeit von Direktoren durch Richtlinien zu lösen.

330 Zum BilMoG siehe oben C. II. 1. b.

331 Eine Besetzung etwa des Audit Committee ausschließlich mit independent Directors sehen § 303A.07(b) NYSE Listed Company Manual (2006) sowie Rule 4350(d)(2)(A) NASDAQ Stock Market Rules (2004) vor, siehe oben C. III. 3. b. (2).; in die gleiche Richtung geht auch die EU-Empfehlung in Anhang I Ziff.2.1 Nr.2 für den Nominierungsausschuss, Anhang I Ziff.3.1 Nr.2 für den Vergütungsausschuss und Anhang I Ziff.4.1 für den Prüfungsausschuss.

332 So *Habersack*, ZHR 168 (2004), 373, 376; *Schiessl*, AG 2002, 593, 601; die jeweils auch auf die Entscheidung des BGH in BGHZ 122, 342 („Hamburg-Mannheimer") eingehen, nach der eine Besetzung eines Ausschusses ohne Arbeitnehmervertreter diese diskrimieren kann.

Gleiches gilt im Ergebnis auch für die Ansicht, die die Arbeitnehmervertreter generell als nicht unabhängig qualifiziert. Zwar trifft es zu, dass Ziff. 13.1 der EU-Empfehlung auf das Vorhandensein einer Beziehung zur Gesellschaft abstellt, die einen Interessenkonflikt begründet, der das Urteilsvermögen beeinflussen könnte. Auch erscheint es schon im Hinblick auf die Rechtsprechung des EuGH zur Rechtswirkung von gemeinschaftsrechtlichen Empfehlungen[333] angebracht, diese bei der Auslegung des Kodex zu berücksichtigen. Allerdings handelt es sich hierbei um eine ausfüllungsbedürftige Generalklausel. Dies sieht offenbar auch die Kommission nicht anders, wenn sie der Empfehlung einen recht präzisen Kriterienkatalog anhängt, um das Unabhängigkeitspostulat zu konkretisieren. Gerade dort werden, wie schon oben festgestellt wurde, (deutsche) Arbeitnehmervertreter aber *expressis verbis* als unabhängig eingestuft. Es erscheint sinnwidrig, diese Präzisierung bei der Auslegung des DCGK zu ignorieren und, wie *Hopt/Roth*,[334] auf die grundlegende Generalklausel zu rekurrieren. Auch die Harmonisierung europäischer Corporate Governance-Regeln in diesem Zusammenhang gebietet ein solches Vorgehen nicht.

Doch auch im Hinblick auf Wortlaut und *ratio* der Ziff. 5.4.2 DCGK überzeugt die Qualifizierung der Arbeitnehmervertreter als *nicht* unabhängig nicht. So subsumiert die Literatur teils explizit, teils implizit das zwischen Arbeitnehmervertreter und Gesellschaft bestehende Arbeitsverhältnis meist ohne nähere Begründung unter den Begriff der „geschäftlichen Beziehung" i.S.d. Ziff. 5.4.2 S. 2 DCGK.[335] Es erscheint indes fraglich, ob dem zugestimmt werden kann. So kann ein Arbeitsverhältnis schon unter Berücksichtigung des gewöhnlichen Sprachgebrauchs kaum als „Geschäftsbeziehung" bezeichnet werden. Welcher Arbeitnehmer würde sagen, dass er zu seinem Arbeitgeber eine geschäftliche Beziehung unterhält? Stattdessen liegt es näher, eine solche nur zwischen der Gesellschaft einerseits und etwa Lieferanten oder Kunden andererseits – Geschäftspartnern eben – zu vermuten.[336] Das sieht offenbar auch die Europäische Kommission so, die in ihrer Empfehlung vom 25. Februar 2005 das bedeutende Geschäftsverhältnis unabhängig von der Frage der Arbeitnehmervertreter behandelt[337]. Für diese Vermutung spricht auch der Umstand, dass der Kodex nicht nur eine ge-

---

333 EuGH, Slg. 1989, I-4407 Rn 18; 1993, I-363 Rn 18; siehe hierzu oben C. I. 3.

334 *Hopt/Roth*, in: Großkomm. AktG, § 100 Rn 91.

335 Ausdrücklich etwa *Gofferje*, Unabhängigkeit, 175; *Lieder*, NZG 2005, 569, 571; *Spindler*, ZIP 2005, 2033, 2040.

336 In diese Richtung geht auch der Vorschlag von *Gofferje*, Unabhängigkeit, 176-177, der diese, wie er sie nennt, „enge" Auslegung dann aber ergebnisorientiert ablehnt; zur Qualifizierung von Beratungsverträgen als Geschäftsbeziehung siehe unten D. IV. 3. c.

337 Anhang II Ziff.1 e) der EU-Empfehlung.

schäftliche Beziehung zur Gesellschaft, sondern auch zum Vorstand als unabhängigkeitsgefährdend einstuft. Ein Arbeitsvertrag besteht jedoch nur zwischen Arbeitnehmer und Gesellschaft, nicht aber zwischen Arbeitnehmer und Vorstand.[338] So lässt auch der Sachzusammenhang darauf schließen, das Arbeitsverhältnis nicht als Geschäftsbeziehung zu qualifizieren. Hierbei handelt es sich nicht, wie *Gofferje*[339] meint, um eine *enge*, sondern vielmehr um eine realitätsnahe und wortlautorientierte Auslegung der „geschäftlichen Beziehung".

Nichts anderes gilt auch im Hinblick auf Sinn und Zweck von Ziff. 5.4.2 DCGK, nämlich die Gewährleistung einer unabhängigen Beratung und Überwachung des Vorstands durch den Aufsichtsrat[340]. So soll die Mitbestimmung ja gerade auch der Kooperation von Arbeit und Kapital sowie der Optimierung des Arbeitnehmerschutzes dienen.[341] Um diese Ziele zu erreichen, ist bei der Aufsichtsratsarbeit eine gewisse Orientierung an den Belangen der Belegschaft unerlässlich. Bei sachgerechter Gewichtung von Unternehmensinteressen einerseits und Wohl der Arbeitnehmerschaft andererseits ist eine Gefährdung der oben genannten *ratio* des Unabhängigkeitspostulats aber nicht zu erwarten. Aus diesem Grund kann man vernünftigerweise nicht davon ausgehen, der DCGK suche die von der deutschen Rechtsordnung ja gerade als legitim anerkannte Beachtung von Arbeitnehmerinteressen zu vermeiden.[342]

Somit ist festzuhalten, dass unter Berücksichtigung von Wortlaut und Zweck der Ziff. 5.4.2 S. 2 DCGK die Arbeitnehmervertreter trotz etwaiger Interessenkonflikte mangels Bestehen einer geschäftlichen *oder persönlichen* Beziehung zur Gesellschaft oder ih-

338 Es mag eingeräumt werden, dass z.B. Kaufverträge auch üblicherweise zwischen Lieferanten/Kunden einserseits und Gesellschaft andererseits bestehen. Allerdings sind solche Geschäfte im vorliegenden Zusammenhang zumindest theoretisch zwischen Aufsichtsrats- und Vorstandsmitgliedern denkbar.

339 *Gofferje*, Unabhängigkeit, 176.

340 Ziff. 5.4.2 S. 1 DCGK.

341 *Martens*, JuS 1983, 329, 330-331; *K. Schmidt*, Gesellschaftsrecht, § 16 IV 1. d).

342 In diese Richtung geht auch die leidenschaftliche Argumentation bei *Lieder*, NZG 2005, 569, 571; *ders.*, Aufsichtsrat im Wandel, 709; *Spindler*, ZIP 2005, 2033, 2040; siehe dazu auch die Kritik bei *Leyens*, JZ 2007, 1061, 1067, der zu Bedenken gibt, „dass es auch im mitbestimmten Aufsichtsrat mit der Überwachungsverantwortung unvereinbar ist, wenn einzelne Mitglieder oder ganze Bänke ihre Rolle als Interessenvertreter statt als Kontrolleure und Berater des Vorstands auffassen". Dieser Aussage *Leyens'* ist nach der hier vertretenen Auffassung aber nur dann zuzustimmen, sofern Kontroll- und Beratungstätigkeit gegenüber der Interessenvertretung auf ein unvertretbares Maß zurücktreten, da die Verteidigung der Belange von Anteilseignern einerseits und Arbeitnehmern andererseits ja gerade ein Ziel der betrieblichen Mitbestimmung ist.

rem Vorstand als unabhängig einzustufen sind.[343] Diese Feststellung vermeidet auch Diskrepanzen mit der Kommissionsempfehlung vom 25. Februar 2005. Entgegen einer unverhältnismäßig ergebnisorientierten Literaturansicht[344] entstehen hierbei auch keinerlei Probleme bei der Bestimmung der ausreichenden Anzahl unabhängiger Mitglieder, wie sie Ziff. 5.4.2 S. 1 DCGK fordert: Legt man diese entsprechend höher fest als bei einer Einstufung der Arbeitnehmervertreter als nicht unabhängig, ist es keinesfalls „ein Leichtes" für den Aufsichtsrat, dieser Empfehlung zu entsprechen.[345]

Doch sei eingeräumt, dass bezüglich der vorliegenden Thematik eine klarere Sprache des Kodex wünschenswert wäre. Die unternehmerische Mitbestimmung, insbesondere die quasi-paritätische nach dem MitbestG nimmt in der deutschen Unternehmenskultur einen beachtlichen Raum ein, der das Schweigen des DCGK auch im Hinblick auf die EU-Empfehlung wenig angemessen erscheinen lässt. Aus diesem Grund sollte die Kodexkommission bei ihren nächsten Reformberatungen das offenbar bestehende Bedürfnis nach einer präziseren Unabhängigkeitsdefinition nicht unberücksichtigt lassen. Dies würde den Unternehmen auch die Befolgung des – durch das BilMoG vollständig umgesetzten – „comply or explain"-Prinzips in ihrer Entsprechenserklärung nach § 161 AktG n.F. erleichtern und damit auch das Vertrauen der Anleger in eine vernünftige Corporate Governance stärken.

(2) Erfüllen Gewerkschaftsvertreter das Unabhängigkeitserfordernis?

Einen weit weniger bedeutende Rolle spielt in der Literatur die Frage, ob Gewerkschaftsvertreter, die im Aufsichtsrat mitbestimmter Unternehmen sitzen, das Unabhängigkeitspostulat erfüllen.[346] Nach Maßgabe des § 7 Abs. II MitbestG ist ihre Präsenz in Aufsichtsräten, die der quasi-paritätischen Mitbestimmung unterliegen, zwingend. Bei

---

343 So i.E. auch *Habersack*, ZHR 168 (2004), 373, 376 (vor der Kodexänderung); *Lieder*, NZG 2005, 569, 571; *ders.*, Aufsichtsrat im Wandel, 709, der dort aber *de lege ferenda* von der Abhängigkeit der Arbeitnehmervertreter ausgeht; *Spindler*, ZIP 2005, 2033, 2040; dies schließt freilich nicht aus, dass die Existenz einer geschäftliche oder persönliche Beziehung, die nicht auf den Arbeitsvertrag zurückgeht, aber Potential für einen Interessenkonflikt aufweist, einer Einstufung eines Arbeitnehmervertreters als unabhängig im Wege steht.

344 *Gofferje*, Unabhängigkeit, 177.

345 Dies verkennt *Gofferje*, Unabhängigkeit, 177.

346 Hierzu *Gofferje*, Unabhängigkeit, 177-179; *Hopt/Roth*, in: Großkomm. AktG, § 100 Rn 90; *Hüffer*, ZIP 2006, 637, 639; *Krause*, WM 2003, 762, 769-770 zur Einstufung als independent Directors; *Lieder*, Aufsichtsrat im Wandel, 708-709; auch unter Bezugnahme auf die US-amerikanische Rechtslage *Schiessl*, AG 2002, 593, 601.

Gesellschaften, die vom Anwendungsbereich des DrittelbG erfasst sind, ist die Besetzung des Aufsichtsrats mit Gewerkschaftsvertretern zumindest möglich.[347]

Anknüpfungspunkte für Zweifel an ihrer Unabhängigkeit sind nach *Habersack*[348] insoweit die „natürliche“ Gegnerschaft zwischen Gewerkschaft und arbeitgebender Gesellschaft bei Tarifverhandlungen und das Streikrecht, welches nach Art. 9 Abs. III GG sogar Verfassungsrang genießt. Gerade diese Aspekte haben auch in der jüngeren Vergangenheit tatsächlich zu mitunter bemerkenswerten Spannungen in der deutschen Unternehmenspraxis geführt. Prominentester Fall in diesem Zusammenhang ist wohl der des Vorsitzenden der Vereinigten Dienstleistungsgewerkschaft (ver.di) *Frank Bsirske* vom Ende des Jahres 2002.[349] Dieser rief als stellvertretender Aufsichtsratsvorsitzender der Lufthansa AG die Belegschaft erfolgreich zum Streik auf. Dieses Verhalten, das der Gesellschaft im Ergebnis einen beachtlichen finanziellen Schaden zufügte, stieß schon im Hinblick auf die Pflicht der Aufsichtsratsmitglieder, stets das Wohl des Unternehmens im Auge zu behalten (§§ 116 S. 1, 93 Abs. I S. 2 AktG), größtenteils auf heftige Kritik[350] und gab gleichzeitig der Diskussion um die Unabhängigkeit von Gewerkschaftsvertretern neue Nahrung.

In konsequenter Fortführung des oben Gesagten kann hier aber kein anderes Ergebnis richtig sein. Gewerkschaftsvertreter unterhalten als solche unstreitig keine geschäftliche Beziehung zur Gesellschaft. In Ermangelung einer Beziehung, die über das reine Aufsichtsratsmandat hinausgeht und einen Interessenkonflikt nach Ziff. 5.4.2 S. 2 DCGK begründet, sind sie also als unabhängig i.S.d. Kodex zu qualifizieren.[351] Sollte man dieses Ergebnis beispielsweise wegen der soeben geschilderten Erfahrungen für unangebracht erachten,[352] so ist dies nur ein weiterer Hinweis für eine Konkretisie-

347 *Henssler*, in: *Ulmer/Habersack/Henssler*, MitbestimmungsR, § 4 DrittelbG Rn 13.

348 *Habersack*, ZIP 2006, 445, 449; diesen zitierend *Gofferje*, Unabhängigkeit, 178.

349 Diese Parallele zieht auch *Habersack*, ZIP 2006, 445, 449 Fn 51; dazu auch *Lieder*, Aufsichtsrat im Wandel, 708 mit zahlreichen Nachweisen zu den verschiedenen Reaktionen auf *Bsirskes* Verhalten; zur Person *Bsirske* siehe auch unten D. III. 7. a.

350 Siehe *Lieder*, Aufsichtsrat im Wandel, 708 Fn 177.

351 So auch *Gofferje*, Unabhängigkeit, 179; *Schiessl*, AG 2002, 593, 601; wohl auch *Lieder*, Aufsichtsrat im Wandel, 709; zweifelnd *Hüffer*, ZIP 2006, 637, 639; a.A. *Hopt/Roth*, in: Großkomm. AktG, § 100 Rn 90, die den Kodexwortlaut indes völlig außer Acht lassen.

352 In diese Richtung *Krause*, WM 2003, 762, 769, der unternehmensexterne Gewerkschaftsvertreter als „Sachwalter des Kapitalmarkts“ wähnt.

rungsaufgabe der Kodexkommission. Der Kodex in seiner geltenden Fassung erlaubt hingegen keine andere Schlussfolgerung.[353]

(3) Erfüllen leitende Angestellte das Unabhängigkeitserfordernis?

Nach § 15 Abs. I S. 2 MitbestG muss dem quasi-paritätisch mitbestimmten Aufsichtsrat (mindestens[354]) ein leitender Angestellter angehören. Eine vergleichbare Regelung trifft § 36 Abs. III S. 2 i.V.m. § 6 Abs. IV SEBG für die *Societas Europaea*. Diese Sitzgarantie dient dem Minderheitenschutz, da diesem Teil der Belegschaft, der nun als eigenständige Gruppe auf Arbeitnehmerseite anerkannt ist,[355] nach dem Gruppenproporz eigentlich kein Sitz im Aufsichtsrat zustünde.[356]

Im vorliegenden Zusammenhang stellt sich nun die Frage, wie es um ihre Unabhängigkeit steht. *Krause*,[357] der diese Thematik, soweit ersichtlich, bisher als einziger aufgegriffen hat, geht jedenfalls für die Rechtslage vor der Kodexänderung des Jahres 2005 nicht von einer hinreichenden Unabhängigkeit der leitenden Angestellten aus. So rangierten bei dieser Gruppe bisweilen die eigenen Verdienst- und Aufstiegsperspektiven vor den Anlegerinteressen – ein Umstand, der eine effektive Kontrolle des Vorstands negativ beeinflusse.[358] Dies mag zutreffen, ist jedoch mit der Unabhängigkeitsdefinition der Ziff. 5.4.2 S. 2 DCGK zu vereinbaren, da die leitenden Angestellten, wie auch der Rest der Arbeitnehmerschaft, mit dem Unternehmen grundsätzlich nur der Arbeitsvertrag und somit nach dem oben Festgestellten keine unabhängigkeitsgefährdende geschäftliche oder gar persönliche Beziehung zu Gesellschaft bzw. Vorstand verbindet.

(4) Zwischenergebnis

Es ist also festzuhalten, dass die Vertreter der Arbeitnehmerseite, seien es leitende Angestellte, sonstige Arbeitnehmer des Unternehmens oder Gewerkschaftsvertreter als unabhängig i.S.d. DCGK anzusehen sind, wenn und soweit sie keine sonstige Bezie-

---

353 Anderes könnte allerdings für die EU-Empfehlung gelten, da diese in Ziff. 13.1, worauf *Gofferje*, Unabhängigkeit, 178-179 hinweist, auch „sonstige Beziehungen" mit der Potential für Interessenkonflikte als unabhängigkeitsgefährendend deklariert.

354 *Henssler*, in: *Ulmer/Habersack/Henssler*, MitbestimmungsR, § 15 MitbestG Rn 29.

355 *Krause*, WM 2003, 762, 769.

356 *Henssler*, in: *Ulmer/Habersack/Henssler*, MitbestimmungsR, § 15 MitbestG Rn 26-29.

357 *Krause*, WM 2003, 762, 769.

358 *Krause*, WM 2003, 762, 769.

hung zur Gesellschaft oder Vorstand verbindet, die einen Interessenkonflikt begründet.[359] Obwohl sie also die Definition der Ziff. 5.4.2 S. 2 DCGK erfüllen, sind aber, wie bereits erwähnt, mitunter Zweifel an ihrer Unabhängigkeit unter Corporate Governance-Gesichtspunkten laut geworden, die in erster Linie an die bisweilen konfliktträchtige Interessenlage anknüpfen.[360] Dies wirft letztlich die Frage auf, ob der Regierungskommission eine taugliche Unabhängigkeitsdefinition gelungen ist, zumal diese offenbar (zuviel) Raum für Interpretationen lässt.

So fordert *Leyens*[361] einen präzisen Katalog von Unabhängigkeitskriterien, wie ihn zuerst der britische Combined Code eingeführt hat. Dies würde zweifelsohne der Transparenz dienen und damit auch eine Steigerung der Rechtssicherheit bewirken. Auch mag ein solcher Katalog mit der angloamerikanischen Konzeption einer „rules based“, also kasuistischen Kodexstruktur vereinbar sein, würde aber in der deutschen Corporate Governance-Tradition, die von unbestimmten Rechtsbegriffen und Verfahrensempfehlungen („principles based“)[362] geprägt ist, einen Fremdkörper darstellen und damit einen Systembruch bewirken. Auch würden sie, was *Leyens* verkennt, dualistisch geführte Unternehmen unverhältnismäßig schwer belasten, da bei diesen, anders als bei monistischen Gesellschaften, die Trennung von Geschäftsführung und Kontrolle bereits institutionell verwirklicht ist.[363] Vor allem aber darf man nicht übersehen, dass ein Katalog von Regelbeispielen dem Aufsichtsrat kaum noch Spielräume bei der Bestimmung eigener Kriterien lassen würde.[364] Es erscheint durchaus zweifelhaft, ob ein solcher Katalog hinreichend auf die unterschiedlichen Charakteristika deutscher Aktiengesellschaften Rücksicht nehmen könnte.

---

359 So ist es etwa denkbar, dass ein(e) Arbeitnehmervertreter(in) mit einem Mitglied des Vorstands verheiratet ist und somit in einer persönlichen Beziehung zum Vorstand steht, die einen Interessenkonflikt begründen könnte; vgl. auch *Langenbucher*, ZGR 2007, 571, 593 im Bezug auf die EU-Empfehlung.

360 So etwa *Kremer*, in: *Ringleb/Kremer/Lutter/v. Werder*, DCGK-Komm., Rn 1041 allgemein für Arbeitnehmervertreter; *Habersack*, ZIP 2006, 445, 449 bezüglich der Gewerkschaftsvertreter; *Krause*, WM 2003, 762, 769 für leitende Angestellte.

361 *Leyens*, Information des Aufsichtsrats, 317, der auch auf ähnliche Regelbeispiele des italienischen und des französischen Kodex hinweist; weniger präzise *ders.*, JZ 2007, 1061, 1065.

362 Zu den Begriffen „rules based“ und „principles based“ *Ringleb*, in: *Ringleb/Kremer/Lutter/v. Werder*, DCGK-Komm., Rn 21.

363 Vgl. *Gruber*, NZG 2008, 12, 13.

364 In diese Richtung *Kremer*, in: *Ringleb/Kremer/Lutter/v. Werder*, DCGK-Komm., Rn 1033.

Dennoch ist die weitreichende Unbestimmtheit der Unabhängigkeitsdefinition nach Ziff. 5.4.2 S. 2 DCGK nicht von der Hand zu weisen.[365] Die Kodexkommission sollte im Rahmen ihrer nächsten Beratungen eine Konkretisierung in Erwägung ziehen.

(5) Wie hoch ist die „ausreichende Anzahl" unabhängiger Aufsichtsratsmitglieder?

Ziff. 5.4.2 S. 1 DCGK empfiehlt, um eine unabhängige Beratung und Überwachung des Vorstands zu ermöglichen, eine ausreichende Anzahl unabhängiger Mitglieder des Aufsichtsrats. Damit stimmt sie in diesem Bereich mit der Kommissionsempfehlung vom 25. Februar 2005 überein,[366] nachdem der vorausgehende Aktionsplan der Europäischen Kommission noch eine *mehrheitliche* Besetzung des Aufsichtsrats mit unabhängigen Mitgliedern forderte[367]. Nachdem oben bereits festgestellt wurde, dass leitende Angestellte, sonstige unternehmensangehörige Arbeitnehmer sowie die Gewerkschaftsvertreter grundsätzlich als unabhängig i.S.d. DCGK zu qualifizieren sind und bei der Bestimmung der ausreichenden Anzahl Berücksichtigung finden müssen, ist nun zu klären, wie hoch diese Anzahl sein soll, um die vom Kodex gestellten Ziele erreichen zu können.

(a) Meinungsstand

Wegen der evidenten Unbestimmtheit der Empfehlung in diesem Punkt überrascht es nicht, dass sich in der Literatur eine Vielzahl von mal mehr, mal weniger präzisierenden Vorschlägen entwickelt hat. Der überwiegende Teil des Schrifttums ist sich insoweit einig, dass mindestens ein Mitglied des Aufsichtsrats das Unabhängigkeitspostulat erfüllen muss.[368] Da man eine kleinere Zahl schwerlich als ausreichend bezeichnen kann, ist mit dieser Feststellung indes wenig gewonnen. So wird dann auch weiterführend mitunter nach Größe und „Art" des Aufsichtsrats, insbesondere nach Umfang der

365 Kritisch auch *Hüffer*, ZIP 2006, 637, 639; *Leyens*, Information des Aufsichtsrats, 316-317; *Lieder*, NZG 2005, 569, 570.

366 Ziff. 4 der EU-Empfehlung.

367 Ziff. 3.1.3. des Aktionsplans.

368 Auf die Aktionärsseite bezogen jeweils *Hüffer*, ZIP 2006, 637, 641; *Kremer*, in: *Ringleb/Kremer/Lutter/v. Werder*, DCGK-Komm., Rn 1041; *Vetter*, BB 2005, 1689, 1691; allgemein *Lieder*, NZG 2005, 569, 572.

Unternehmensmitbestimmung, differenziert.[369] Teilweise als Ergänzung hierzu schlagen manche Stimmen eine Ausrichtung an Existenz und Stellung eines Mehrheitsaktionärs[370] oder, wie *Hüffer*,[371] am Ausmaß der Eigentümerorientierung vor.

(b) Stellungnahme

Wenig überzeugend ist, jedenfalls in ihrer pauschalen Formulierung, die Ansicht von *Lieder*,[372] ein einziges unabhängiges Aufsichtsratsmitglied als ausreichend im Sinne des DCGK und der gleichlautenden EU-Empfehlung anzusehen. Gerade in mittleren und größeren Aufsichtsräten erscheint dies kaum genügend, um eine hinreichend unabhängige Überwachung und Beratung des Vorstandes zu gewährleisten. Dies gilt wegen der unterschiedlichen Interessengewichtung auch dann, wenn man die Arbeitnehmervertreter hinzurechnet.

Stattdessen ist, wie dies ja auch weite Teile der Literatur betonen, auf die Eigenarten jeder Gesellschaft und ihres Aufsichtsorgans Rücksicht zu nehmen. Unterschiede in Größe, Ausprägung der Mitbestimmung, Konzernstruktur und Eigentümerorientierung wurden bereits genannt und verbieten die Festlegung starrer Regelzahlen. Darüber hinaus ist *von Werder/Wieczorek*[373] zuzustimmen, die die angemessene Zahl auch an Hand von Faktoren wie Abhängigkeitsprofil des Aufsichtsrats, also etwa Affinitäten zu Vorstand oder Interessengemeinschaften, und strukturellen Einflussmöglichkeiten der unabhängigen Mitglieder[374] bestimmen wollen. Demnach erscheint es sachgerecht, bei einem Drittel unabhängiger Mitglieder der Anteilseignerseite von einer ausreichenden Anzahl zu sprechen, *sofern* dies mit den eben genannten Aspekten zu vereinbaren ist *und* sämtliche Arbeitnehmervertreter die Unabhängigkeitsdefintion der Ziff. 5.4.2 S. 2 DCGK erfüllen.

---

369 *Hüffer*, ZIP 2006, 637, 641; *Kremer*, in: *Ringleb/Kremer/Lutter/v. Werder*, DCGK-Komm., Rn 1041, die im paritätisch besetzten Aufsichtsrat jeweils zumindest eine Mehrheit von unabhängigen Mitgliedern fordern; so auch *Leyens*, Information des Aufsichtsrats, 322-323, der eine Mehrheit aber als ausreichend erachtet.

370 *Kremer*, in: *Ringleb/Kremer/Lutter/v. Werder*, DCGK-Komm., Rn 1041; *Vetter*, BB 2005, 1689, 1691, der dann ein unabhängiges Mitglied in der Regel als ausreichend erachtet; *v. Werder/Wieczorek*, DB 2007, 297, 302; kritisch hierzu mit beachtlichen Argumenten *Leyens*, Information des Aufsichtsrats, 321-322.

371 *Hüffer*, ZIP 2006, 637, 641.

372 *Lieder*, NZG 2005, 569, 572; grundsätzlich kritisch zu diesem Vorschlag auch *Hüffer*, ZIP 2006, 637, 641 Fn 32; *ders.*, AktG, § 100 Rn 2b.

373 *v. Werder/Wieczorek*, DB 2007, 297, 302.

374 Zu nennen ist beispielsweise die Ausschussarbeit.

Letztlich ist aber bei der Festlegung der ausreichenden Anzahl unabhängiger Mitglieder, wie dies auch der Kodex tut, an die Eigenverantwortung des Aufsichtsrats zu appellieren. Ein Kriterienkatalog nach dem Vorbild der Kommissionsempfehlung[375] kann dabei als Richtschnur dienen, allerdings sollte er nicht zur Selbstbindung des Aufsichtsrats führen, sondern stattdessen genug Raum für Ausnahmen in die eine oder in die andere Richtung bieten Im Interesse einer guten Corporate Governance maßgeblich ist aber stets das von Ziff. 5.4.2 S. 1 DCGK vorgegebene Ziel: Die unabhängige Überwachung und Beratung des Vorstandes durch den Aufsichtsrat. Erst wenn die Erreichung dieses Ziels möglich ist, befolgt die Gesellschaft diese Empfehlung.

(6) In welchem Verfahren bestimmt der Aufsichtsrat die Zahl?

Die Bestimmung der ausreichenden Anzahl unabhängiger Mitglieder obliegt zunächst dem Aufsichtsrat im Rahmen eines Selbsteinschätzungsrechts.[376] Ähnlich wichtig wie diese Festlegung ist das Verfahren, in dem der Aufsichtsrat über diese Zahl und die notwendigerweise vorausgehende Bestimmung der genauen Unabhängigkeitsvoraussetzungen beschließt. Dennoch gibt die Kodex-Empfehlung auf diese Frage, die auch im Schrifttum nur einen geringen Raum einnimmt, keine Antwort. *Hüffer*[377] befürwortet in Anwendung des § 108 Abs. I AktG ein formelles Beschlussverfahren. Zwar bilde der Aufsichtsrat in der vorliegenden Angelegenheit keinen Willen, sondern eine Meinung; hierfür gebe es aber kein spezielles Verfahren, so dass § 108 Abs. I AktG einschlägig sei.[378] Dagegen hält *Kremer*[379] unter Verzicht auf eine nähere Begründung eine ausdrückliche Beschlussfassung für nicht erforderlich. Dem ist jedoch entgegenzuhalten, dass das Aktienrecht, abgesehen von § 108 Abs. I AktG, in der Tat keine Feststellungsmöglichkeit vorsieht.[380] Die Bestimmung der ausreichenden Anzahl ist zwar keine Willenserklärung, aber doch etwa mit einer (sonstigen) Erklärung zu vergleichen, die anerkanntermaßen auf einem Beschluss beruhen muss, sofern Adressat oder Bezugspunkt, wie hier, nicht der Vorstand ist[381]. Vor allem aber wegen der Wichtigkeit der Entscheidung – greift sie doch unter Umständen durch die Beendigung des

375 Dafür *Spindler*, ZIP 2004, 2033, 2040; dagegen *Fischer*, BB 2006, 337, 339; *Kremer*, in: *Ringleb/Kremer/Lutter/v. Werder*, DCGK-Komm., Rn 1041.
376 *Hüffer*, ZIP 2006, 637, 640.
377 *Hüffer*, ZIP 2006, 637, 640; so auch *Kehler*, Unabhängigkeit, 179.
378 *Hüffer*, ZIP 2006, 637, 640.
379 *Kremer*, in: *Ringleb/Kremer/Lutter/v. Werder*, DCGK-Komm., Rn 1041.
380 Vgl. *Hopt/Roth*, in: Großkomm. AktG, § 108 Rn 15.
381 *Hopt/Roth*, in: Großkomm. AktG, § 108 Rn 15, 18.

Aufsichtsratsmandats spätestens zur nächsten Wahl durch die Hauptversammlung erheblich in die Zusammensetzung des Gremiums ein – ist ein formelles Beschlussverfahren zu fordern. Aus demselben Grund sind auch die Arbeitnehmervertreter bei der Beschlussfassung grundsätzlich stimmberechtigt.[382] Ein Ausschluss derselben wäre auch unvereinbar mit der höchstrichterlichen Rechtsprechung, nach der alle Aufsichtsratsmitglieder, ungeachtet der Seite, der sie zugehören, die gleichen Rechte und Pflichten haben[383].

Kritisch zu sehen ist auch die Ansicht, die die Beschlussfassung einem Aufsichtsratsausschuss anvertrauen will.[384] Zunächst sei eingeräumt, dass die Einschätzung der Unabhängigkeit und der angemessenen Anzahl unabhängiger Mitglieder nicht vom Ausnahmekatalog des § 107 Abs. III S. 2 AktG erfasst ist[385]. Es könnte allerdings ein Fall eines ungeschriebenen Delegationsverbots vorliegen. Ein solches ist insbesondere bei Fragen der Selbstorganisation des Aufsichtsrates gegeben.[386] Danach muss der Aufsichtsrat „seine Tätigkeit so organisieren, dass er die ihm obliegenden Pflichten mit gebotener Sorgfalt ausreichend wahrnehmen und die ihm zustehenden Rechte im gebotenen Umfang angemessen ausüben kann".[387] Zwar ginge es zu weit, zwangsläufig das Gegenteil in Bezug auf einen nicht ausreichend mit unabhängigen Mitgliedern besetzten Aufsichtsrat anzunehmen, so dass ein ungeschriebenes Delegationsverbot sowohl im Hinblick auf dessen restriktiven Charakter wie auch zur Vermeidung der Umkehrung des Regel-Ausnahme-Prinzips nach § 107 Abs. III AktG ausscheidet. Auch wären verbindliche Corporate Governance-Regeln wegen des „comply or

---

382 A.A. *Hüffer*, ZIP 2006, 637, 640; *ders.*, AktG, § 100 Rn 2b; *Vetter*, BB 2005, 1689, 1691, die aber jeweils auch die Arbeitnehmervertreter bei der Bestimmung der ausreichenden Anzahl unberücksichtigt lassen wollen, was oben, C. II. 2. b. (1) (d), abgelehnt wurde. Insofern ist auch ein Hinweis auf § 124 Abs. III S. 4 AktG, wie ihn die soeben genannten Autoren äußern, nicht zielführend: Der Beschluss über die ausreichende Anzahl unabhängiger Aufsichtsratsmitglieder muss nicht mit dem über den Beschlussvorschlag für die Wahl des Aufsichtsrats durch die Hauptversammlung – nur diesen meint § 124 Abs. III S. 4 AktG – identisch sein, zumal die Aufsichtsratsmitglieder für bis zu fünf Jahre gewählt werden können (§ 102 Abs. 1 AktG), die Entsprechenserklärung aber jährlich abzugeben ist (§ 161 AktG). Da die Bestimmung der Zahl unabhängiger Mitglieder sowohl Auswirkungen auf die Seite der Anteilseignervertreter als auch auf die der Arbeitnehmervertreter haben kann, erscheint es konsequent, beide Seiten an der Beschlussfassung *über diese Zahl* teilhaben zu lassen. Wie hier offenbar auch *Kremer*, in: *Ringleb/Kremer/Lutter/v. Werder*, DCGK-Komm., Rn 1041, der eine formlose Entscheidungsfindung befürwortet.

383 BGHZ 64, 325, 330-331; BGHZ 83, 151, 154-155; dazu *Habersack*, in: MünchKomm-AktG Bd.2, Vor § 95 Rn 14; *Hopt/Roth*, in: Großkomm. AktG, § 108 Rn 88.

384 *Hüffer*, ZIP 2006, 637, 640; *Kehler*, Unabhängigkeit, 179.

385 So argumentieren *Hüffer*, ZIP 2006, 637, 640; *Kehler*, Unabhängigkeit, 179.

386 *Hopt/Roth*, in: Großkomm. AktG, § 107 Rn 396.

387 *Semler*, in: MünchKomm-AktG Bd.3, 2.Aufl., § 111 Rn 64.

explain"-Grundsatzes systemfremd, ohne gesetzliche Grundlage gar rechtswidrig. Dennoch darf man im Bemühen um eine gute Corporate Governance nicht unberücksichtigt lassen, dass die Unabhängigkeit einen beachtlichen Beitrag zu vernünftiger Unternehmensführung und –kontrolle leisten kann[388]. Die Wertungen nicht nur des deutschen und amerikanischen, sondern auch beispielsweise des chinesischen und japanischen[389] Gesetzgebers sowie der Europäischen Kommission bestätigen dies. Wie schon oben erwähnt, ist ferner darauf hinzuweisen, dass die Entscheidungen im Zusammenhang mit dem Unabhängigkeitspostulat maßgeblichen Einfluss auf die Zusammensetzung zumindest der Anteilseignerseite haben können. Dieser Umstand erlaubt durchaus einen Vergleich zu Selbstorganisationsfragen. Demnach sollten sich verantwortungsvolle Aufsichtsräte, schon wegen der Gefahr so genannter „run-away-committees", also Ausschüsse, denen auch solche Entscheidungen anvertraut werden, die wegen ihrer großen Bedeutung für die Gesellschaft dem Gesamtgremium vorbehalten bleiben sollten,[390] gegen die Möglichkeit eines Ausschusses entscheiden und die entsprechenden Beschlüsse im Plenum fassen.

(7) Was ist genau unter einer „persönlichen Beziehung" zu verstehen?

Neben der bereits thematisierten[391] Geschäftsbeziehung sieht Ziff. 5.4.2 S. 2 DCGK auch eine persönliche Beziehung eines Aufsichtsratsmitglieds zur Gesellschaft oder ihrem Vorstand als unabhängigkeitsgefährdend an. Welche Beziehungen unter dieses Merkmal fallen, definiert der Kodex hingegen nicht. Die Europäische Kommission wählte in ihrer Empfehlung aus dem Jahre 2005 eine nur unwesentlich präzisere Bezeichnung, als sie in Ziff.1 i) des Anhang II enge Familienangehörige eines geschäftsführenden Direktors bzw. Vorstandsmitglieds oder von Personen, die sich in einer der dort vorstehenden Positionen befinden, als grundsätzlich nicht hinreichend unabhängig bezeichnet und auch in Ziff. 13.1 nur pauschal die „familiäre Beziehung" nennt.

Zur näheren Bestimmung der persönlichen Beziehung i.S.d. Ziff. 5.4.2 S. 2 DCGK schlägt Spindler[392] einen Vergleich mit anderen Rechtsinstitutionen, namentlich den Zeugnisverweigerungsrechten im Zivil- und Strafprozess (§ 383 ZPO, § 52 StPO) oder

388 Ausführlich zur Frage nach Pro und Contra des Unabhängigkeitspostulats oben C. IV. 2.
389 Zu den Reformen in Asien siehe oben B. III. 2. c.
390 Zum Begriff *Merkt/Göthel*, US-Gesellschaftsrecht, Rn 598.
391 Siehe oben C. II. 2. b. (1) (d).
392 *Spindler*, ZIP 2005, 2033, 2042; ähnlich *Kehler*, Unabhängigkeit, 155.

auch dem Personenkreis des § 89 Abs. III AktG vor. Demnach erfasse der Kodex grundsätzlich nur eine direkte Verwandtschaft in erster Linie sowie Ehegatten oder eheähnliche Lebensgemeinschaften, wobei Ausnahmen möglich seien.[393] In eine etwas andere Richtung argumentiert *Lieder*,[394] der eine hinreichende Unabhängigkeit zwar bis zu einer Verwandtschaft dritten Grades, sowie bei Ehepartnern bzw. gleichgeschlechtlichen Lebenspartnerschaften gefährdet sieht, allerdings primär auf das persönlich-emotionale Näheverhältnis zwischen Aufsichtsratsmitglied und Bezugsperson abstellen will.

In der Tat können verwandtschaftliche Verhältnisse erster Anhaltspunkt für eine unabhängigkeitsgefährdende persönliche Beziehung sein, zumal diese regelmäßig auch ein Näheverhältnis begründen, das Zweifel an einer hinreichend neutralen Überwachung rechtfertigt. Während auch bei verwandtschaftlichen Beziehungen, gerade bei entfernteren Verbindungen, aber eine andere Beurteilung angebracht erscheinen kann, hat der Aufsichtsrat gleichermaßen etwa freundschaftliche Verhältnisse oder eheähnliche Lebensgemeinschaften kritisch auf ihre Kompatibilität mit Ziff 5.4.2 S. 2 DCGK zu überprüfen. Wie die Erfahrungen aus der Vergangenheit gezeigt haben, weisen gerade Freundschaften bisweilen eine erhöhte Gefahr von Interessenkonflikten auf, die einer guten Corporate Governance abträglich sind. Insofern erscheint das von *Lieder* vorgeschlagene Heranziehen des persönlich-emotionalen Näheverhältnisses sachgerecht.

Jedenfalls ist festzuhalten, dass sich eine pauschale Betrachtungsweise verbietet.[395] Insofern ist die vom Kodex verwendete Begrifflichkeit durchaus angemessen, lässt sie doch dem Aufsichtsrat genügend Raum über das Konfliktpotential bestehender persönlicher Beziehungen seiner Mitglieder individuell zu entscheiden.

---

393 *Spindler*, ZIP 2005, 2033, 2042, der das Konfliktpotential der Empfehlung im Hinblick auf familienorientierte Gesellschaften kritisiert, siehe dazu auch *Gofferje*, Unabhängigkeit, 172 m.w.N. Die Erfahrungen, die man etwa durch den Adelphia-Zusammenbruch – einer Corporation bei der die Gründerfamilie sowohl im Management als als im Board of Directors sowie zentralen Ausschüssen vertreten war – machen musste, zeigen allerdings, dass gerade eine (übertriebene) Familienorientierung zu erheblichen Mängeln unter Corporate Governance-Aspekten führen kann, siehe dazu *Schwarz/Holland*, ZIP 2002, 1661, 1664-1665 und unten D. V. 4.

394 *Lieder*, NZG 2005, 569, 572.

395 Ein wenig missverständlich daher der von *Spindler*, ZIP 2005, 2033, 2042 vorgeschlagene Rückgriff auf gesetzliche Vorschriften, die den jeweiligen Personenkreis ja verbindlich festlegen, wobei *Spindler* letztlich explizit eine verallgemeinernde Beurteilung ablehnt; a.A. *Kehler*, Unabhängigkeit, 155, die auf § 41 ZPO rekurriert und diesen modifiziert.

(8) Zusammenfassung

Ziff. 5.4.2 DCGK steht in der deutschen Corporate Governance-Tradition, die von der Verwendung unbestimmter Begriffe geprägt ist und damit dem Aufsichtsrat erhebliche Spielräume bei der Befolgung der Empfehlungen und Anregungen des Kodex lässt. Dieser Abschnitt sollte bei der sachgerechten Auslegung der grundlegenden Empfehlungen zur Unabhängigkeit des Aufsichtsratsmitglieds helfend zur Seite stehen.

Zunächst wurde festgestellt, dass die Vertreter der Arbeitnehmer, seien es leitende Angestellte, sonstige unternehmensangehörige Arbeitnehmer oder Gewerkschaftsvertreter mangels Geschäftsbeziehung zwischen ihnen und der Gesellschaft oder ihrem Vorstand als unabhängig anzusehen sind. Dies gilt freilich nur, soweit keine – im Falle der beiden erstgenannten Gruppen – über den Arbeitsvertrag hinausgehende unabhängigkeitsgefährdende Beziehung hinausgeht. Trotz dieses Ergebnisses sollte die Regierungskommission im Rahmen ihrer nächsten Reformberatungen eine Präzisierung der Definition in Erwägung ziehen.

Bei der Bestimmung der ausreichende Anzahl der unabhängigen Aufsichtsratsmitglieder ist der gesamte Aufsichtsrat zu berücksichtigen. Angemessen erscheint ein Anteil von einem Drittel unabhängiger Anteilseignervertreter, wobei dann sämtliche Arbeitnehmervertreter das Unabhängigkeitserfordernis erfüllen müssen und die Eigenarten von Gesellschaft und Aufsichtsrat in die Erwägungen einfließen sollen. Der Gesamtaufsichtsrat entscheidet hierüber durch Beschluss (§ 108 Abs. I AktG). Von der Entscheidungsfindung durch einen Ausschuss sollte er absehen.

Die persönliche Beziehung i.S.d. Ziff. 5.4.2 S. 2 DCGK bestimmt sich in erster Linie nach dem persönlich-emotionalen Näheverhältnis zwischen Aufsichtsratsmitglied und Bezugsperson unter besonderer Würdigung des Verwandtschaftsverhältnisses.

III. Der independent Director im US-amerikanischen Recht

Wie bereits erwähnt, kann die Diskussion um den independent Director in den USA auf eine wesentlich längere Tradition verweisen, als dies bei der Paralleldebatte hierzulande und im übrigen Europa der Fall ist. Wie hier, erhielt sie aber auch in den Vereinigten Staaten kurz nach Beginn dieses Jahrtausends einen neuen Impuls durch die Zusammenbrüche einiger der größten Corporations des Landes. Diese, allen voran der des texanischen Energieversorgers Enron, waren, wie sich wenig später herausstellte, in erheblichen Maße in der mangelhaften Unabhängigkeit der Verantwortlichen begründet – völlig zu Recht stellte *Leyens*[396] systemvergleichend „konzeptionelle Schwächen“ des Vereinigungsmodells beim Umgang mit Interessenkonflikten fest, da die Kompetenzakkumulation zum Machtmissbrauch einlade. Aus diesem Grund leitete der US-Kongress die Ausarbeitung eines umfangreichen Gesetzeswerkes, des späteren Sarbanes-Oxley Act of 2002, ein, um eine Wiederholung der Ereignisse der jüngsten Vergangenheit u.a. durch eine Stärkung der Unabhängigkeit der Directors zu verhindern. Eine zentrale Rolle in diesem Bemühen spielen zum einen die staatliche Securities and Exchange Commission (SEC) und zum anderen die privaten Wertpapierbörsen. In diesem Abschnitt sollen die grundlegenden Regelungen behandelt werden, bevor in den darauf folgenden Teilen näher auf die spezielleren Vorschriften eingegangen wird.

1. Sarbanes-Oxley Act of 2002

Der Public Company Accounting Reform and Investor Protection Act of 2002, kurz: Sarbanes-Oxley Act, legte den Grundstein für eine bislang einzigartige Stärkung der Rolle des independent Director. Grundstein deshalb, weil der Act selbst die Materie nur grob regelt und sich für die Konkretisierung einer Delegierung an die SEC und, in einer zweiten Stufe, den Börsen, insbesondere der NYSE und NASDAQ, bedient. Er ergänzt in diesem Zusammenhang den Securities Exchange Act of 1934, welcher seinerzeit als Reaktion auf die Große Depression erlassen wurde.

Die Unabhängigkeit des Board-Mitglieds regelt der SOA im Wesentlichen nur in Bezug auf das nun zwingend vorgeschriebene Audit Committee, also den Prüfungsausschuss. Dieser Ausschuss ist nach sec. 301 SOA mit Aufgaben hinsichtlich der Auswahl, Vergütung und Überwachung des Wirtschaftsprüfers betraut und spielt damit eine zentrale Rolle bei der Kontrolle des Managements[397]. Die Vorschrift, die sec. 10A Securities Exchange Act einen neuen Absatz (m) hinzufügt, sieht hinsichtlich der Zusammensetzung des Audit Committee vor, dass es ausschließlich mit unabhängigen Board-Mitgliedern besetzt sein darf. Um als unabhängig in diesem Sinne zu gelten, darf dem Director grundsätzlich kein Beratungshonorar, abgesehen von dem, das er in

---

[396] *Leyens*, RabelsZ 67 (2003), 57, 89.
[397] *Merkt/Göthel*, US-Gesellschaftsrecht, Rn 599.

seiner Tätigkeit als Board- bzw. Ausschussmitglied erhält, gezahlt werden.[398] Ferner darf er an der Gesellschaft oder einem verbundenen Unternehmen in keiner anderen Weise beteiligt sein.[399]

Diese Regelungen spiegeln die Lehren wieder, die man besonders aus dem Enron-Zusammenbruch gezogen hatte. Dort hatte das Audit Committee, wie der Untersuchungsausschuss des US Senats nachweisen konnte, kaum Kontakt zur beauftragten Wirtschaftsprüfungsgesellschaft Arthur Andersen.[400] Dieses Unternehmen hatte Enron über seine Prüfungstätigkeit hinaus noch in vielen anderen Aspekten beraten („integrated audit"), was letztlich zu einer Vermischung der Aufgaben führte und auch dazu, dass Arthur Andersen seine eigene Beratungstätigkeit überprüfte,[401] was sicher nicht im Interesse einer neutralen und effektiven Corporate Governance sein kann, beim Enron-Board aber keine nennenswerte Aufmerksamkeit erregt hatte. Vergleichbare Defizite in der Prüfungsausschussarbeit offenbarten sich nach dem Zusammenbruch des Telekommunikationsanbieters Adelphia. Dort bestand das Audit Committee ausschließlich aus Mitgliedern der Gründerfamilie, die außerdem noch im Management und im Board of Directors tätig war.[402] Derartige personelle Verflechtungen werden durch die genannten Vorschriften des Securities Exchange Act in Zukunft verhindert.

Section 10A (m)(1)(A) Securities Exchange Act n.F. sieht vor, dass die SEC die Wertpapierbörsen durch Verordnung binnen einer bestimmten Frist anweist, den Handel von Aktien einer Corporation, die gegen die soeben genannten Auflagen verstößt, zu untersagen.

Im Schrifttum bisweilen vernachlässigt werden Regelungen an anderer Stelle, die die Unabhängigkeit der Board-Mitglieder fördern sollen. So sieht etwa sec. 402 SOA ein weitreichendes Verbot von Kreditgewährung durch die Gesellschaft an Directors vor und stellt damit wie auch die soeben dargelegten Bestimmungen eine Reaktion auf

---

398 Section 10A(m)(3)(B)(i) Securities Exchange Act; dazu auch *Clarke*, 32 Del. J. Corp. L. (2007), 73, 86-87.

399 Section 10A(m)(3)(B)(ii) Securities Exchange Act.

400 *United States Senate, Committee on Governmental Affairs, Permanent Subcommittee on Investigations* "The Role of the Board of Directors in Enron's Collapse", 2002, 57, http://www.senate.gov/~gov_affairs/070902enronboardreport.pdf (Stand: 1.3.2009).

401 *United States Senate, Committee on Governmental Affairs, Permanent Subcommittee on Investigations* "The Role of the Board of Directors in Enron's Collapse", 2002, 57-58, http://www.senate.gov/~gov_affairs/070902enronboardreport.pdf (Stand: 1.3.2009); zur Vergütung von Arthur Anderson durch Enron und die daraus resultierenden Probleme siehe auch *Coffee*, 89 Cornell L. Rev. (2004) 269, 281.

402 *Schwarz/Holland*, ZIP 2002, 1661, 1664-1665; zur kritischen Würdigung von persönlichen Beziehungen durch den DCGK siehe oben C. II. 2. b. (7).

entsprechende Missstände dar, die maßgeblich zu den Unternehmensskandalen in den USA beitrugen. Auf diese Vorschriften wird sinnvollerweise im jeweiligen Zusammenhang näher einzugehen sein.[403]

2. SEC Rule 10A-3

Die SEC kam der Anordnung des amerikanischen Gesetzgebers im Jahre 2003 mit ihrer Rule 10A-3[404] nach. Diese präzisiert zunächst die von sec. 301 SOA aufgestellten Unabhängigkeitskriterien. So umfasst das Verbot einer ausschuss- bzw. boardfremden Vergütung auch Arbeitnehmer- oder Managemententgelte, die weder direkt an den jeweiligen Director noch indirekt, also an einen engen Angehörigen, gezahlt werden dürfen.[405] Die zweite Unabhängigkeitsdefintion des Acts, nämlich das Gebot, dass kein Ausschussmitglied eine „affiliated person" der Gesellschaft oder eines verbundenen Unternehmens sein dürfe, konkretisiert die SEC dergestalt, dass Personen, die unmittelbar oder mittelbar durch eine oder mehrere Zwischenstationen die Gesellschaft oder ein verbundenes Unternehmen kontrolliert oder von diesen kontrolliert wird, von einer Mitgliedschaft im Audit Committee ausgeschlossen sind.[406] Hierunter fallen ausdrücklich Directors, executive Officers und Partner.

Anordnungsgemäß verpflichtete die SEC die nationalen Börsen, ihre Listing Standards wenn nötig an die neuen Vorgaben anzupassen und der SEC zur Prüfung und Billigung vorzulegen.[407]

3. NYSE und NASDAQ

Die beiden größten und bedeutsamsten Wertpapierbörsen der Vereinigten Staaten, die New York Stock Exchange und die Computerbörse NASDAQ, nahmen die Verordnung der SEC zum Anlass, ihre Notierungsbedingungen (Listing Standards) grundlegend zu überarbeiten. Die Erfahrungen aus den Unternehmenszusammenbrüchen, die ja noch nicht lange zurücklagen, hatten gerade unter dem Unabhängigkeitsaspekt er-

---

403 Zu sec. 402 SOA siehe unten D. V. 4. b. (1).

404 *Securities and Exchange Commission*, Rule 10A-3, SEC Release Nos. 33-8220; 34-47654; IC-26001.

405 SEC Rule 10A-3 A. 2.; falls das Ausschussmitglied zugleich Aktionär der Gesellschaft ist, sind Dividendenzahlungen aber zulässig.

406 SEC Rule 10A-3 A. 3.; als Obergrenze dient eine Beteiligung von 10%.

407 SEC Rule 10A-3 F. 1.

hebliche Mängel in der Corporate Governance börsennotierter Corporations zu Tage gefördert.[408] Da sich, wie gezeigt, sowohl der amerikanischen Gesetzgeber mit dem Sarbanes-Oxley Act als auch darauf basierend die SEC in ihrer Verordnung nur der Unabhängigkeit der Mitglieder des Audit Committee widmen, kommt den Listing Standards zentrale Bedeutung in der aktuellen Corporate Governance-Debatte zu.

a. Die Listing Standards vor den Reformen

Die in letzter Instanz von der SEC geforderte Unabhängigkeit der Prüfungsausschussmitglieder hatte insbesondere die NYSE schon seit längerem in ihren Listing Standards verankert.[409] Allerdings definierte die Börse das Merkmal der Unabhängigkeit weniger restriktiv als dies der Sarbanes-Oxley Act und vor allem die SEC in ihrer Rule 10A-3 taten. So durften independent Directors als Mitglieder des bereits seit 1977 verbindlich vorgeschriebenen Audit Committee[410] lediglich keine Beziehung zur Gesellschaften unterhalten, die ihre Unabhängigkeit von derselben und dem Management behindern könnte.[411] Diese letztlich wenig aufschlussreiche Definition erfuhr eine Präzisierung in der Hinsicht, dass eine solche unabhängigkeitsbehindernde Beziehung insbesondere in einem Arbeitsverhältnis, einer näher bestimmten Geschäftsbeziehung oder in einer engen familiären Beziehung zwischen Director einerseits und Corporation bzw. Officer der Corporation oder eines verbundenen Unternehmens andererseits besteht, wobei das Board im Einzelfall hiervon abweichen konnte.[412] Auch überließen es, mangels entgegenstehender gesetzlicher Regelung, die früheren Listing Standards dem Audit Committee selbst, seine Kompetenzen in einer Geschäftsordnung (formal charter) zu bestimmen.[413]

Zusammenfassend lässt sich also festhalten, dass die Rolle der independent Directors, abgesehen von ihrer Präsenz im Prüfungsausschuss, nicht eindeutig definiert war.

---

408 Siehe nur *United States Senate, Committee on Governmental Affairs, Permanent Subcommittee on Investigations* "The Role of the Board of Directors in Enron's Collapse", 2002, 54-57, http://www.senate.gov/~gov_affairs/070902enronboardreport.pdf (Stand: 1.3.2009); allgemein *Schwarz/Holland*, ZIP 2002, 1661, 1664-1665.

409 *Clarke*, 32 Del. J. Corp. L. (2007), 73, 87.

410 *Busbee*, 9-WTR L. & Bus. Rev. Am. (2003), 5, 14.

411 § 303.01(B)(2)(a) NYSE Listed Company Manual (2002); siehe auch *Clarke*, 32 Del. J. Corp. L. (2007), 73, 87, der einen "informative contrast" zwischen früheren und jetzigen Listing Standards ausmacht.

412 § 303.01(B)(3) NYSE Listed Company Manual (2002).

413 § 303.01(B)(1) NYSE Listed Company Manual (2002); heute ist der Aufgabenbereich durch sec. 301 SOA verbindlich festgelegt; siehe dazu oben C. III. 1.

Clarke[414] begründet dies mit dem Umstand, dass die Unabhängigkeit vor Verabschiedung des Sarbanes-Oxley Act noch keinen derart breiten Raum einnahm.

b. Die Listing Standards nach den Reformen

Im Juni 2002, also bereits einen Monat vor der Unterzeichnung des Sarbanes-Oxley Act durch Präsident *Bush, Jr.*, legte das New York Stock Exchange Corporate Accountability and Listing Standards Committee dem Board of Directors der NYSE einen Bericht mit Empfehlungen für eine Reform der Notierungsbedingungen vor.[415] Die vorgeschlagenen Reformen sollten in erster Linie die Rolle des independent Director ausweiten sowie diesen näher präzisieren und darüber hinaus die Eigenverantwortung der Corporations zu Gunsten einer verbesserten unternehmensinternen Corporate Governance stärken.[416] Sie diente in diesen Aspekten letztlich als Vorbild für die Listing Standards, die die NYSE im Jahre 2004 mit Genehmigung der SEC[417] verabschiedete. Die neuen Regelungen, die basierend auf der exterritorialen Wirkung des Sarbanes-Oxley Acts grundsätzlich auch für ausländische Emmitenten gelten,[418] sollen im Folgenden näher untersucht werden. Ergänzend werden auch die NASDAQ Stock Market Rules aus demselben Jahr herangezogen.

(1) Definition des independent Director

Wie bereits oben angemerkt, sind angloamerikanische Corporate Governance Kodices, zu denen auch die Listing Standards der US-Börsen gehören, traditionell „rules based". Dies bedeutet, dass sie, verglichen mit etwa dem „principles based" DCGK, meist über präzisere, auf Regelbeispielen aufbauenden Bestimmungen verfügen, statt

414 *Clarke*, 32 Del. J. Corp. L. (2007), 73, 87.

415 *New York Stock Exchange Corporate Accountability and Listing Standards Committee*, Report (2002), http://www.nyse.com/pdfs/corp_govreport.pdf (Stand: 1.3.2009); siehe auch *Fogel/Geier*, 32 Del. J. Corp. L. (2007), 33, 41.

416 *New York Stock Exchange Corporate Accountability and Listing Standards Committee*, Report (2002), 1-3, http://www.nyse.com/pdfs/corp_govreport.pdf (Stand: 1.3.2009).

417 Eine Genehmigung der SEC ist gem. ss 6, 19(b), 23(a)(3) Securities Exchange Act erforderlich; siehe auch *Gruson/Kubicek*, AG 2003, 337, 343 Fn 69.

418 § 303A.00 NYSE Listed Company Manual (2006) (unter "Foreign Private Issuers"); dem entsprechend Rule 4350(a)(1) NASDAQ Stock Market Rules (2004); ausführlich *Cardilli*, 27 Fordham Int'l L.J. (2004) 785-822; *Sadlak*, 3 B.Y.U. Int'l L. & Mgmt. Rev. (2006) 1; siehe auch *v. Hein*, US-amerikanisches Gesellschaftsrecht, 321-322 mit Kritik zur konkreten Ausgestaltung.

unbestimmte Rechtsbegriffe zu verwenden.[419] Insofern überrascht es nicht, dass sowohl das Regelwerk der NYSE als auch sein Pendant von NASDAQ die Voraussetzungen des independent Director recht konkret definieren und damit dem Board bei seiner Einschätzung[420] hilfreich sein können.

(a) Generalklausel

Nach § 303A.02(a) NYSE Listed Company Manual darf ein Director, um als unabhängig zu gelten, keine wesentliche Beziehung zur Corporation unterhalten, und zwar weder unmittelbar noch mittelbar, also als Partner, Anteilseigner oder Officer einer mit der Corporation in Kontakt stehenden Gesellschaft.[421] In eine ähnliche Richtung geht NASDAQ, wonach ein independent Director kein Angestellter oder Officer der Corporation oder eines verbundenen Unternehmen sein darf und auch sonst in keiner Beziehung stehen darf, die nach der Meinung des Boards die Ausübung des unabhängigen Urteilsvermögens des Directors behindern würde.[422]

(b) Regelbeispiele

Bei den soeben genannten Bestimmungen handelt es sich indes nur um Allgemeindefinitionen, die in ihrem recht vagen Wortlaut an Ziff. 5.4.2 S. 2 DCGK[423] erinnern. Deutlichere Konturen erhält der Begriff des independent Directors hingegen erst durch eine Aufzählung von Fallbeispielen, die die beiden amerikanischen Wertpapierbörsen für unabhängigkeitsgefährdend halten. So ist ein Director dann nicht unabhängig, wenn er Angestellter oder enger Familienangehöriger eines Officer ist oder in den vergangenen drei Jahren gewesen ist[424] oder in dem gleichen Zeitraum von der Gesellschaft oder einem verbundenen Unternehmen mehr als 100 000 US-Dollar pro Jahr

---

419 Vgl. *Ringleb*, in: *Ringleb/Kremer/Lutter/v. Werder*, DCGK-Komm., Rn 21, der in Fn 57 auch auf Konvergenztendenzen in diesem Bereich eingeht.

420 Nach den Listing Standards muss das Board die Unabhängigkeit des Directors jeweils positiv feststellen, siehe 303A.02(a) NYSE Listed Company Manual (2006); Rule 4350(c)(1) NASDAQ Stock Market Rules (2004).

421 Nach dem offiziellen Kommentar zu dieser Regelung sind davon u.a. Beziehungen geschäftlicher, beratender oder familiärer Art erfasst, ausdrücklich nicht aber der Besitz von Gesellschaftsanteilen.

422 Rule 4200(a)(15) NASDAQ Stock Market Rules (2004).

423 Dazu ausführlich oben C. II. 2. b.

424 § 303A.02(b)(i) NYSE Listed Company Manual (2006); ähnlich Rule 4200(a)(15)(A) NASDAQ Stock Market Rules (2004).

zusätzlich zu seiner Vergütung als Board-Mitglied erhalten hat[425]. Darüber hinaus werden beispielsweise Beziehungen zum Wirtschaftsprüfer der Gesellschaft[426] oder einem Mitglied des Vergütungsausschusses einer anderen Corporation[427] im Hinblick auf die Unabhängigkeit des Directors kritisch betrachtet.

Wie die Empfehlung der Europäischen Kommission vom 15. Februar 2005 und der DCGK,[428] erfassen die amerikanischen Listing Standards mit ihren Unabhängigkeitskriterien, von denen soeben nur die praxisrelevantesten angesprochen wurden, nicht nur direkte, sondern generell auch persönliche bzw. familiäre Beziehungen. Dies leuchtet ein, ist doch die so genannte „Vetternwirtschaft" alles andere als ein neues Phänomen. So musste die US-Wirtschaft mit dem Zusammenbruch des Telekommunikationsanbieters Adelphia unlängst schmerzhafte Erfahrungen mit einer zu großen Machtkonzentration in Familienhand machen.[429] Allerdings, und dies stellt einen beachtenswerten Unterschied zu den beiden anderen genannten Werken dar, belassen es die amerikanischen Börsen nicht bei der bloßen Bezugnahme, sondern grenzen den erfassten Personenkreis ausdrücklich ein. So versteht NASDAQ unter einem Familienmitglied den Ehepartner, Eltern, Kinder und Geschwister und zwar sowohl blutsverwandt, als auch adoptiert oder angeheiratet, sowie jeden, der mit dem fraglichen Director im selben Haushalt lebt.[430] Die NYSE geht einen Schritt weiter und erfasst darüber hinaus noch Schwiegereltern und –kinder sowie Stiefgeschwister.[431]

(c) Stellungnahme

Da die Unabhängigkeitsregeln sowohl in den USA wie auch hierzulande der Vermeidung von Interessenkonflikten dienen und damit eine unabhängige Entscheidungsfindung fördern sollen, überrascht es nicht, dass sich die grundlegenden Definitionen von NYSE und NASDAQ einerseits und DCGK andererseits sehr ähneln. Insoweit erin-

---

425 § 303A.02(b)(ii) NYSE Listed Company Manual (2006); Rule 4200(a)(15)(B) NASDAQ Stock Market Rules (2004), wobei dort die Gehaltsobergrenze nur 60 000 US-Dollar beträgt; siehe dazu die Kritik sogleich C. III.3. b. (1) (c).

426 § 303A.02(b)(iii) NYSE Listed Company Manual (2006); Rule 4200(a)(15)(F) NASDAQ Stock Market Rules (2004).

427 § 303A.02(b)(iv) NYSE Listed Company Manual (2006); Rule 4200(a)(15)(E) NASDAQ Stock Market Rules (2004).

428 Siehe oben C. II. 2. b. (7).

429 Zu diesem Fall *Schwarz/Holland*, ZIP 2002, 1661, 1664-1665; siehe auch unten D. V. 4.

430 Rule 4200(a)(14) NASDAQ Stock Market Rules (2004).

431 Commentary zu § 303A.02(b) NYSE Listed Company Manual (2006), allerdings ohne Bezugnahme auf Blutsverwandschaft, Adoption oder Heirat.

nern erstgenannte an die „principles based“ Vorschriften kontinentaleuropäischer Bauart, so dass sie als Beispiel für eine leichte Konvergenz im Bereich kodifizierter Corporate Governance-Regeln dienen können.[432]

Ihrer angloamerikanischen Tradition gerecht werden die Listing Standards dann allerdings mit der Aufzählung bisweilen sehr präziser Regelbeispiele, die einer Qualifizierung eines Directors als unabhängig grundsätzlich entgegenstehen. Hierbei lassen sich, gerade bei den praxisrelevantesten Bestimmungen, weitestgehend Übereinstimmungen zwischen NYSE und NASDAQ feststellen. Ob und inwieweit ein solcher Kriterienkatalog, wie ihn nach den Vorgaben der Kommissionsempfehlung von 2005 die meisten Mitgliedstaaten in ihre nationalen Kodices übernommen haben,[433] sinnvoll und wünschenswert ist, wurde bereits oben diskutiert.[434] Abgesehen davon erscheinen die meisten Unabhängigkeitskriterien sachgerecht. Kritisch zu würdigen sein dürfte aber die Einführung einer Obergrenze von 100 000 US-Dollar (NYSE)[435] bzw. 60 000 US-Dollar (NASDAQ)[436] für zusätzliche Vergütungen. Zum einen besteht, wie oft bei starren Regelzahlen, eine Umgehungsgefahr, die den Effekt dieses Kriteriums in Frage stellt. So könnte das Board versucht sein, die Vergütung für das Board-Mandat entsprechend anzuheben, um den Director nicht dem Verdikt mangelnder Unabhängigkeit auszusetzen. Zum anderen aber erscheint insbesondere der von der NYSE festgesetzte Betrag zu hoch gegriffen. Die Unabhängigkeit eines Directors, der, im Extremfall, 100 000 US-Dollar jährlich etwa für seine Beratungstätigkeit von der Corporation erhält, dürfte gerade nach den Erfahrungen des Enron-Zusammenbruchs[437] mehr als zweifelhaft sein. Die Wertpapierbörsen sollten aus diesem Grund die Obergrenze niedriger

---

432 Vgl. *Ringleb*, in: *Ringleb/Kremer/Lutter/v. Werder*, DCGK-Komm., Rn 21 Fn 57, der Konvergenztendenzen an Hand des Sarbanes-Oxley Act ausmacht.

433 Neben Deutschland hat soweit ersichtlich nur die Slowakei auf eine Übernahme verzichtet; Estland, Malta und Österreich haben den Katalog teilweise übernommen; für einen Überblick siehe Annex II des Kommissionsberichts vom 13. Juli 2007.

434 Siehe oben C. II. 2. b. (4).

435 § 303A.02(b)(ii) NYSE Listed Company Manual (2006).

436 Rule 4200(a)(15)(B) NASDAQ Stock Market Rules (2004); zu diesen Obergrenzen siehe auch unten D. IV. 5.

437 Enron, immerhin eine der damals größten Corporations des Landes, zahlte etwa seinem Board-Mitglied *Lord John Wakeham* im Jahre 2000 allein für seine Beratungstätigkeit 72 000 US-Dollar - ein Betrag, der vom Untersuchungsausschuss des US-Senats bereits als höchstgradig unabhängigkeitsgefährdend eingeschätzt wurde, siehe *United States Senate, Committee on Governmental Affairs, Permanent Subcommittee on Investigations* “The Role of the Board of Directors in Enron’s Collapse”, 2002, 54-55, http://www.senate.gov/~gov_affairs/070902enronboardreport.pdf (Stand: 1.3.2009); allgemein zu Beratungshonoraren siehe unten D. IV. 4. a.

ansetzen, beispielsweise bei 30 000 US-Dollar, womit zumindest die zuletzt genannten Bedenken minimiert würden.

Anlass zur Kritik gibt auch der von NYSE und NASDAQ jeweils genannte Personenkreis, der unter das Kriterium des Familienmitglieds fällt. Nach dem bereits oben[438] im Bezug auf den DCGK Gesagten erscheint es zu eng, allein auf die Verwandten abzustellen. Zwar erfassen die Definitionen nach den Listing Standards[439] immerhin auch Personen, die mit dem Director im selben Haushalt leben, so dass etwa auch eheähnliche Lebensgemeinschaften eingeschlossen sind. Dennoch lassen die Bestimmungen etwa entferntere Verwandte (z.B. Onkel/Neffe) oder Freundschaften außer Betracht. Ein zumindest impliziter Bezug auf das oben angesprochene persönlich-emotionale Näheverhältnis fehlt ganz.[440] Hier besteht Nachbesserungsbedarf für die amerikanischen Wertpapierbörsen. Ggf. bietet sich ein generalisierender Zusatz an, um dem Board mehr Spielraum bei seiner Entscheidung zu geben und damit letztlich einen höheres Maß an Unabhängigkeit zu erreichen.

(2) Rolle des independent Director

Sowohl NYSE als auch NASDAQ sehen die mehrheitliche Besetzung des Board mit independent Directors vor.[441] Gerade die überwiegende Besetzung mit unabhängigen Mitgliedern nach der soeben diskutierten Definition soll laut der offiziellen Kommentierung zu den NYSE Listing Standards die Qualität der Kontrolle durch das Board steigern und das Potential schädigender Interessenkonflikte reduzieren. Eine Ausnahme von dieser Regel ist nur für Controlled Corporations zulässig, also solche, bei denen mehr als die Hälfte der Anteile von einem Aktionär, einer bestimmten Gruppe von Aktionären oder einer anderen Gesellschaft gehalten werden.[442] Hieraus lässt sich schließen, dass das Unabhängigkeitspostulat, jedenfalls in der US-amerikanischen Wahrnehmung, dem Schutz der Anteilseigner vor dem Management und nicht vor anderen Aktionären dient, denn wenn ein Mehrheitsaktionär die Möglichkeit hat, das

---

438 Siehe oben C. II. 2. b. (7).

439 Commentary zu § 303A.02(b) NYSE Listed Company Manual (2006); Rule 4200(a)(14) NASDAQ Stock Market Rules (2004).

440 So auch *o.N.*, 117 Harv. L. Rev. (2004), 2181, 2198 mit Verweis auf die aktuelle Rechtsprechung des Delaware Chancery Court.

441 § 303A.01 NYSE Listed Company Manual (2006); Rule 4350(c)(1) NASDAQ Stock Market Rules (2004).

442 § 303A.00 NYSE Listed Company Manual (2006) (unter "Controlled Companies"); Rule 4350(c)(5) NASDAQ Stock Market Rules (2004).

Management nach Belieben (neu) zu besetzen, muss er vor diesem naturgemäß nicht geschützt werden.[443] Der Minderheitenschutz wird dabei in den Augen der Börsen beispielsweise durch die in den einzelstaatlichen Corporation Laws fixierten Treuepflichten (fiduciary duties) hinreichend gewährleistet.[444] Dieser Gedanke ist nachvollziehbar, doch mag die Praktikabilität dieser Regelung unter Berücksichtigung möglicherweise wechselnder Mehrheitsverhältnisse fraglich erscheinen.

Neben der Zusammensetzung des gesamten Boards regeln die Listing Standards auch die Präsenz von independent Directors in den Ausschüssen. So dürfen Nominierungs- (Nominating/Corporate Governance Committee),[445] Vergütungs- (Compensation Committee)[446] und Prüfungsausschuss (Audit Committee)[447] von an der NYSE gehandelten Corporations ausschließlich mit unabhängigen Board-Mitgliedern besetzt sein. Dies gilt grundsätzlich auch unter den NASDAQ Listing Standards, allerdings sind hier Ausnahmen unter besonderen Umständen, die die Mitgliedschaft eines nicht unabhängigen Directors rechtfertigen, zulässig.[448] Trotz des offensichtlich restriktiven Charakters dieser Ausnahmeregelungen ist zu erkennen, dass hinsichtlich der Ausschussarbeit die independent Directors nach den NYSE-Bestimmungen eine etwas größere Bedeutung haben, als dies nach den NASDAQ-Rules der Fall ist. Hinzu kommt, dass bei den letzteren Vergütung bzw. Nominierung von Officers nicht zwingend von den entsprechenden Ausschüssen festgelegt werden müssen, sondern auch von der Mehrheit der unabhängigen Mitglieder des Board bestimmt werden können.[449]

---

443 *Clarke*, 32 Del. J. Corp. L. (2007), 73, 94; *Fogel/Geier*, 32 Del. J. Corp. L. (2007), 33, 42.

444 *Clarke*, 32 Del. J. Corp. L. (2007), 73, 94.

445 § 303A.04(a) NYSE Listed Company Manual (2006).

446 § 303A.05(a) NYSE Listed Company Manual (2006).

447 § 303A.06 NYSE Listed Company Manual (2006) i.V.m. SEC Rule 10A-3 i.V.m. sec. 10A(m)(3)(A) Securities Exchange Act.

448 Rule 4350(c)(3)(C) NASDAQ Stock Market Rules (2004) für den Vergütungsausschuss; Rule 4350(c)(4)(C) NASDAQ Stock Market Rules (2004) für den Nominierungsausschuss; Rule 4350(d)(2)(B) NASDAQ Stock Market Rules (2004) für den Prüfungsausschuss, sofern der fragliche Director die Unabhängigkeitskriterien der SEC Rule 10A-3 erfüllt; ungenau *Merkt/Göthel*, US-Gesellschaftsrecht, Rn 602, 604, die pauschal von der Erfordernis einer nur mehrheitlich unabhängigen Besetzung sprechen.

449 Rule 4350(c)(3)(A)(i), (B)(i) NASDAQ Stock Market Rules (2004) für Vergütungsfragen; Rule 4350(c)(4)(A)(i) NASDAQ Stock Market Rules (2004) für Nominierungsangelegenheiten.

(3) Sonstige Unabhängigkeitsbestimmungen

Die Listing Standards von NYSE und NASDAQ enthalten zusätzlich noch weitere Bestimmungen, die zur unabhängigen Entscheidungsfindung durch das Board beitragen sollen, ohne dabei explizit auf den independent Director zu rekurrieren. Beispielhaft sind die Bestimmungen zur Beteiligung von Board-Mitgliedern an Aktienoptionsplänen zu nennen.[450] Da sich dieser Abschnitt aber primär mit den grundlegenden Regelungen beschäftigen soll, sei insoweit auf die unten folgenden Teile der Darstellung verwiesen.

4. Codes of Business/Conduct, Corporate Governance Guidelines

Gemäß den soeben besprochenen Listing Standards müssen die an den Wertpapierbörsen notierten Corporations über einen eigenen Corporate Governance Kodex verfügen.[451] Ein zentrales Themengebiet, dem sich diese Regelwerke widmen sollen, ist die Vermeidung von Interessenkonflikten in den Reihen des Boards,[452] so dass die Relevanz dieser Codes im Zusammenhang mit der Unabhängigkeitsdebatte auf der Hand liegt[453]. Explizite Erwähnung in diesem Bereich finden in den NYSE Listing Standards etwa Kredite, die ein Director von der Corporation erhält.[454] Einen weiteren wichtigen Regelungskomplex bildet etwa die Ausgestaltung eines Wettbewerbsverbots von Board-Mitgliedern.[455]

Darüber hinaus sind die Corporations, deren Anteile an der NYSE gehandelt werden, angehalten, individuelle Corporate Governance Guidelines einführen.[456] Diese sollen

---

450 Rule 4350(i)(1)(A) NASDAQ Stock Market Rules (2004).

451 § 303A.10 NYSE Listed Company Manual (2006); vgl. dazu die praktisch wortlautidentische Recommendation 10 in *New York Stock Exchange Corporate Accountability and Listing Standards Committee*, Report (2002), 20-22, http://www.nyse.com/pdfs/corp_govreport.pdf (Stand: 1.3.2009); Rule 4350(n) NASDAQ Stock Market Rules (2004).

452 Commentary zu § 303A.10 NYSE Listed Company Manual (2006); Rule 4350(n) NASDAQ Stock Market Rules (2004) i.V.m. sec. 406(c)(1) SOA.

453 Dennoch finden diese Regelwerke in der Literatur, soweit ersichtlich, nahezu keinerlei Aufmerksamkeit.

454 Commentary zu § 303A.10 NYSE Listed Company Manual (2006) (unter "Conflicts of interest").

455 Commentary zu § 303A.10 NYSE Listed Company Manual (2006) (unter "Corporate Opportunities"); siehe dazu etwa den *Code of Business Conduct for Non-Employee Directors of The Coca-Cola Company and Subsidiaries*, abrufbar in englischer Sprache unter http://www.thecoca-colacompany.com/ourcompany/pdf/COBC_Non-Employee_Directors.pdf (Stand: 1.3.2009), unter "Conflicts of Interest"; ausführlich hierzu unten D. I. 4. b. (2).

456 § 303A.09 NYSE Listed Company Manual (2006).

u.a. Qualifikationsstandards, Aufgabenbereichen und der Vergütung von Directors[457] behandeln.[458] Auch enthalten sie mitunter eigene Unabhängigkeitsstandards, die sich allerdings in mancherlei Hinsicht mit denen der Listing Standards überschneiden.[459]

Die Studie wird diese individuellen Kodices an verschiedenen Stellen in die Darstellung einbeziehen.

IV. Die Rezeption des Unabhängigkeitspostulats in der Literatur

Im bisherigen Verlauf dieser Untersuchung wurden in erster Linie die positiven Aspekte des unabhängigen Aufsichtsrats- bzw. Board-Mitglieds hervorgehoben. Da gerade die Unternehmenszusammenbrüche in den Vereinigten Staaten, wenn auch nicht ausschließlich, so doch in einem Besorgnis erregenden Maße in der mangelnden Neutralität der Verantwortlichen begründet waren, erscheint es nur logisch, diesem Umstand in Zukunft Rechnung zu tragen, um eine Wiederholung der Ereignisse zu vermeiden. Dass der Ruf nach mehr Unabhängigkeit in den Aufsichtsgremien aber nicht nur wünschenswerte Konsequenzen nach sich ziehen kann, wird in der aktuellen Corporate Governance-Debatte bisweilen vernachlässigt. Der nun folgende Abschnitt soll sich unter Berücksichtigung der kritischen Stimmen mit dem Für und Wider des Unabhängigkeitspostulats befassen und beide Seiten gegeneinander abwägen.

1. Kritisches Schrifttum

Insbesondere amerikanische Beobachter[460] äußern mitunter Vorbehalte gegen die mitunter so genannte „Fetishization"[461] der Unabhängigkeit. Diese Stimmen stützen ihre Kritik oftmals auf entsprechende empirische Untersuchungen. Aus diesem Grund erscheint es sinnvoll, sich mit diesen Studien genauer auseinanderzusetzen.

---

457 Dazu unten D. III. 5. d. (4).

458 Commentary zu § 303A.09 NYSE Listed Company Manual (2006).

459 Siehe etwa *Lockheed Martin Corporate Governance Guidelines*, abrufbar in englischer Sprache unter http://www.lockheedmartin.com/investor/corporate_governance/corporate_governance_guidelines.html (Stand: 1.3.2009), unter „Categorical Standards of Independence".

460 Grundlegend *Bhagat/Black*, 54 Bus. Law. (1999), 921, 951-953; jüngst *Fogel/Geier*, 32 Del. J. Corp. L. (2007), 33, 70; *Rodrigues*, 33 J. Corp. L. (2008), 447, 495; kritisch zum SOA *Romano*, 114 Yale L.J. (2005), 1521, 1602.

461 *Rodrigues*, 33 J. Corp. L. (2008), 447, 451.

a. Empirische Studie von *Fogel/Geier*

Die im Jahre 2007 veröffentlichte Studie der beiden US-Amerikaner *Fogel* und *Geier*[462] beurteilte die Qualität eines (nicht) mehrheitlich mit independent Directors besetzten Boards an Hand der Höhe der Dividenden. Da einer Mehrheit von unabhängigen Board-Mitgliedern das vermeintlich bessere Corporate Governance-Konzept sei, so *Fogel* und *Geier*, so müsse sich diese Theorie, sofern sie zutreffe, ja beim finanziellen Ertrag für die Anteileigner bemerkbar machen.[463] Um dies zu verifizieren, untersuchten sie die Dividende von 254 öffentlich gehandelten Corporations kleinerer, mittlerer und großer Größe aus 50 Industriezweigen im Vergleich zum Netto-Gewinn des Unternehmens.[464] Daraufhin überprüften sie in jeder Industriesparte die Gesellschaften, die jeweils das beste und das schlechteste Ergebnis aus Anlegersicht aufwiesen, auf die Zusammensetzung ihrer Boards.[465] Sollten die Stimmen in der Corporate Governance-Debatte, die eine stärkere Rolle der independent Directors fordern bzw. gefordert hatten, Recht behalten, so müssten Gesellschaften, deren Board im Untersuchungszeitraum mehrheitlich mit independent Directors besetzt waren, das für die Aktionäre vorteilhafteste Verhältnis von Reingewinn und Dividendenhöhe aufweisen.

Das Ergebnis der Untersuchung bestätigte diese Hypothese allerdings nicht: Die Gesellschaften, die in jeder Sparte am besten abschnitten, besaßen jeweils in etwa denselben Anteil unabhängiger Board-Mitglieder, wie die Corporations, die das schlechteste Resultat erzielten.[466] Hieraus lasse sich schließen, dass es jedenfalls für den Anleger, der ja in erster Linie finanzielle Vorteile aus seiner Investition ziehen möchte, keinen Unterschied mache, ob ein Board mehrheitlich mit unabhängigen Mitgliedern besetzt ist oder ob dies nicht der Fall ist. Da sich die Rolle der independent Directors auf die eines Schiedsrichters in Konfliktsituationen beschränken sollte, sollten sie, nach *Fogel* und *Geier*, nur eine Minderheit im Board darstellen.[467]

---

462 *Fogel/Geier*, 32 Del. J. Corp. L. (2007), 33-72.

463 *Fogel/Geier*, 32 Del. J. Corp. L. (2007), 33, 51.

464 *Fogel/Geier*, 32 Del. J. Corp. L. (2007), 33, 51.

465 Für eine detaillierte Beschreibung des Gangs der Studie siehe *Fogel/Geier*, 32 Del. J. Corp. L. (2007), 33, 52.

466 *Fogel/Geier*, 32 Del. J. Corp. L. (2007), 33, 52-53.

467 *Fogel/Geier*, 32 Del. J. Corp. L. (2007), 33, 70.

b. Empirische Studie von *Bhagat/Black*

Während sich die soeben dargelegte Studie von *Fogel/Geier* nur auf ein Kriterium, nämlich das Verhältnis Netto-Gewinn zu Dividende, einging, bezog die wegweisende Untersuchung von *Bhagat* und *Black*[468] gleich eine Reihe von Parametern, wie Anteilseignerschaft unabhängiger Directors sowie Board- und Unternehmensgröße ein.[469] Auch entspricht die Anzahl der beobachteten Corporation mit 957[470] fast dem Vierfachen der Anzahl der von *Fogel/Geier* überprüften Gesellschaften. *Bhagat/Black* stellten im Rahmen ihrer Studie fest, dass eine Mehrheit von unabhängigen Board-Mitgliedern sich sogar nachteilig auf die Leistung des Unternehmens und dessen Wachstum auswirke.[471] Dementsprechend könne es sinnvoll sein, wenn das Board mit einer angemessenen Zahl von inside Directors besetzt ist.[472] Deren Präsenz könne sich vorteilhaft bei der Qualität der Unternehmensstrategie bemerkbar machen und wegen ihrer Anteilseignerschaft würden diese die Geschicke der Gesellschaft besonders sorgfältig überwachen,[473] zumal „[i]ndependent directors often turn out to be lapdogs rather than watchdogs“[474].

c. Stellungnahme

Diese beiden Studien, die nur eine kleine Auswahl empirischer Untersuchungen mit ähnlichen Ergebnissen darstellen,[475] lassen das Unabhängigkeitspostulat zweifellos in einem anderen Licht erscheinen. Gerade der von *Fogel/Geier* in den Mittelpunkt gerückte shareholder value, also das (finanzielle) Wohl der Aktionäre,[476] ist ein zentrales und legitimes Anliegen insbesondere des amerikanischen Aktienrechts[477] und sollte in

---

468 *Bhagat/Black*, 54 Bus. Law. (1999), 921-963; dazu auch *Clarke*, 32 Del. J. Corp. L. (2007), 73, 76; *Fogel/Geier*, 32 Del. J. Corp. L. (2007), 33, 55-56; *Gofferje*, Unabhängigkeit, 49-50; *Rodrigues*, 33 J. Corp. L (2008), 447, 461-462.

469 *Bhagat/Black*, 54 Bus. Law. (1999), 921, 944.

470 *Bhagat/Black*, 54 Bus. Law. (1999), 921, 945.

471 *Bhagat/Black*, 54 Bus. Law. (1999), 921, 945.

472 *Bhagat/Black*, 54 Bus. Law. (1999), 921, 945, 950.

473 *Bhagat/Black*, 54 Bus. Law. (1999), 921, 951.

474 Unabhängige Directors erweisen sich oft eher als Schoßhunde denn als Wachhunde, *Bhagat/Black*, 54 Bus. Law. (1999), 921, 922.

475 Für weitere Untersuchungen siehe etwa die Nachweise bei *Fogel/Geier*, 32 Del. J. Corp. L. (2007), 33, 55 Fn 97; vgl. auch *Gofferje*, Unabhängigkeit, 49-50.

476 Zum Begriff siehe *Merkt/Göthel*, US-Gesellschaftsrecht, Rn 63.

477 Siehe etwa *Busbee*, 9-WTR L. & Bus. Rev. Am. (2003) 5, 6; nach *v. Hein*, US-amerikanisches Gesellschaftsrecht, 862 haben hieran auch die Unternehmenszusammenbrüche wie der von Enron nicht geändert.

der aktuellen Corporate Governance-Debatte nicht unberücksichtigt bleiben. Es erscheint jedoch zweifelhaft, dieses Kriterium als einziges zur Beurteilung von Für und Wider des Rufs nach mehr Unabhängigkeit in den Aufsichtsgremien heranzuziehen. Schließlich ist zentrales Anliegen einer Förderung der Unabhängigkeit ja gerade Verhinderung einer Wiederholung der Unternehmensskandale der jüngeren Vergangenheit und nicht primär eine Maximierung des shareholder value. Es ist also weder verwunderlich noch in nennenswertem Maße Besorgnis erregend, dass die ergriffenen Maßnahmen nicht gerade zur Erreichung eines Ziels beitragen, das sie sich gar nicht gesetzt haben.[478] Ob und inwieweit aber durch ein Mehr an Unabhängigkeit eine Verbesserung der Überwachungsfunktion durch die (kurz- und mittelfristige) Vermeidung von Interessenkonflikten mit dem (langfristigen) Ziel der Verhinderung weiterer Unternehmenszusammenbrüche erreicht wird, kann durch empirische Untersuchungen schwerlich festgestellt werden. Insoweit ist klar, dass viele der Missstände, die etwa im Enron-Board zu verzeichnen waren,[479] nach den neuen Listing Standards nicht mehr ohne weiteres denkbar sind. Auch aus diesem Grund ist *Fogel* und *Geier* zu widersprechen: Anleger haben selbstverständlich ein finanzielles Interesse am wirtschaftlichen Überleben ihrer Corporation und dem damit verhinderten Wertverlust ihrer Aktien,[480] so dass das Unabhängigkeitspostulat – jedenfalls reflexartig – doch dem shareholder value zu Gute kommt.

Doch die genannten Studien leiden, wie alle ungefähr in derselben Zeit durchgeführten Untersuchungen, noch an einem weiteren Mangel: Sie beziehen sich allesamt auf einen Zeitraum, der vor den Unternehmenszusammenbrüchen und somit auch vor den Corporate Governance-Reformen der jüngeren Vergangenheit lag.[481] *Fogel/Geier* begründen dies mit der größeren Flexibilität, die die Nomierungsausschüsse seinerzeit bei der

---

[478] In diese Richtung auch *Lund*, 39 Conn. L. Rev. (2006) 119, 123, der dies im Zusammenhang mit der Vergütung von Board-Mitgliedern feststellt.

[479] Siehe dazu *United States Senate, Committee on Governmental Affairs, Permanent Subcommittee on Investigations* "The Role of the Board of Directors in Enron's Collapse", 2002, 55-56, http://www.senate.gov/~gov_affairs/070902enronboardreport.pdf (Stand: 1.3.2009).

[480] Der Wert der Enron-Aktie ist im Zusammenhang mit dem Niedergang des Unternehmens innerhalb von zwölf Monaten von über 80 US-Dollar auf 61 US-Cents gefallen, siehe *Fox*, Enron, 285; vgl. *Nagel*, NZG 2007, 166, 168; *Schwarz/Holland*, ZIP 2002, 1661, 1665.

[481] Die Studie von *Fogel/Geier*, 32 Del. J. Corp. L. (2007), 33-72 bezieht sich auf das Jahr 2000, die von *Bhagat/Black*, 54 Bus. Law. (1999), 921-963 gar auf den Zeitraum zwischen 1985 und 1995; in ähnlicher Weise, wenn auch in anderem Zusammenhang, greift *v. Hein*, US-amerikanisches Gesellschaftsrecht, 749 die Aussagekraft solcher Studien an, die vor Inkrafttreten des Sarbanes-Oxley Act enstanden.

Auswahl von Kandidaten für das Board hatten,[482] doch dürfte klar sein, dass sich die Ergebnisse dieser Zeit nur sehr bedingt auf die Situation der jetzigen Zeit übertragen lassen. So stuften *Fogel* und *Geier* pauschal all jene Directors als unabhängig ein, die keinerlei Verbindungen zur Gesellschaft unterhielten bzw. in der Vergangenheit unterhalten haben und weniger als ein Prozent der Anteile der Corporation hielten.[483] Insofern hält sich die Aussagekraft ihrer Studie, wie auch die aller anderen aus der Zeit vor 2002, im Hinblick auf die heutigen, ungleich komplexeren Kriterien, freilich in Grenzen.

Empirische Untersuchungen, die einen Zusammenhang zwischen dem Anteil unabhängiger Board-Mitglieder und dem Unternehmenserfolg (nicht) feststellen konnten, dürfen bei einer Gesamtwürdigung des Unabhängigkeitspostulats nicht außer Acht gelassen werden. Allerdings gibt es bislang, soweit ersichtlich, keine Studie, die sich an den neuen Kriterien der amerikanischen Listing Standards und/oder den europäischen Corporate Governance-Kodices orientiert. Auch dürfte sich nach dem oben Gesagten eine Messung des mit diesem Regelwerken erzielten Erfolgs äußerst schwierig gestalten. Jedenfalls ist bei der Bewertung bereits vorhandener Untersuchungen Vorsicht geboten.[484]

2. Für und Wider der Unabhängigkeit

Dass die erwähnten Studien keine endgültige Antwort auf die Frage nach Vor- und Nachteilen des Unabhängigkeitspostulats geben können, bestätigt auch der Umstand, dass es zahlreiche Untersuchungen gibt, die sehr wohl einen positiven Einfluss eines mehrheitlich unabhängig besetzen Aufsichtsorgan feststellen konnten. Beispielhaft seien in diesem Zusammenhang die des Committee of Sponsoring Organizations of the Treadway Commission (COSO)[485] oder die von *Millstein/MacAvoy*[486] genannt.[487]

---

482 *Fogel/Geier*, 32 Del. J. Corp. L. (2007), 33, 52.

483 *Fogel/Geier*, 32 Del. J. Corp. L. (2007), 33, 52.

484 Dies verkennend *Gofferje*, Unabhängigkeit, 47-50, der die Ergebnisse kommentarlos darstellt; die mangelnde Aussagekraft empirischer Untersuchung erklärt *Beecher-Monas*, 86 Or. L. Rev. (2007), 373, 391-392 mit abweichenden Unabhängigkeitsdefinitionen.

485 Abrufbar in englischer Sprache unter http://www.coso.org/publications/FFR_1987_1997.pdf (Stand: 1.3.2009); nach dieser Studie sei es wahrscheinlicher, dass Unternehmen mit einem hohen Anteil von inside Directors Opfer von Betrügereien würden.

486 *Millstein/MacAvoy*, 98 Colum. L. Rev. (1998), 1283, 1318.

487 Für eine größere Auswahl siehe *Gofferje*, Unabhängigkeit, 47-49; *Merkt/Göthel*, US-Gesellschaftsrecht, Rn 76; *Rodrigues*, 33 J. Corp. L. (2008), 447, 461 Fn 70. Allerding sei

Doch gibt es unabhängig von solchen Erhebungen eine Reihe von Aspekten, die für bzw. gegen ein Mehr an Unabhängigkeit in den Aufsichtsgremien beiderseits des Atlantik sprechen.

a. Informationsfluss und –verarbeitung

So kann sich nach *Leyens*[488] ein Mangel an Unabhängigkeit negativ auf die Informationsvermittlung durch den Vorstand auswirken. Dies erkenne man schon daran, dass wegen der Befürchtung, Vertreter von Banken oder Wettbewerbern könnten ihr Wissen missbräuchlich verwenden, besonders sensible Unternehmensinterna gar nicht erst dem Aufsichtsrat mitgeteilt würden. Solche „faktischen Informationsschranken" entstünden auch innerhalb des Gremiums, was der Qualität der Informationsverarbeitung schade.[489] Allerdings ließen sich gerade im Hinblick auf die Verarbeitung der Informationen auch positive Aspekte feststellen.[490] So könnten etwa Bankenvertreter ihren professionellen Sachverstand insbesondere in Krisenzeiten einbringen.[491] Auch könnten sich die Erfahrungen von Vorständen aus Konkurrenzunternehmen als für die Gesellschaft nützlich erweisen, zumal diese der Schaffung kartellrechtlich zulässiger Allianzen dienlich sein können. Es ist also insoweit festzuhalten, dass der Effekt eines unabhängig besetzten Aufsichtsorgans auf die Informationsvermittlung und –verarbeitung ambivalent ist. Allerdings darf man nicht die Möglichkeit außer Acht lassen, etwaige Informationsdefizite durch externe Berater auszugleichen, wie es in der heutigen Unternehmenspraxis nicht unüblich ist.[492] Zwar wäre dies mit höheren Kosten für das Unternehmen verbunden, allerdings würde ein solche finanzieller Mehraufwand im Hinblick auf eine nachhaltige Corporate Governance keinen zu hohen Preis bedeuten.

---

auch hier angemerkt, dass sich diese Analysen auf einen Zeitraum beziehen, der vor den im Jahre 2002 eingeleiteten Corporate Governance-Reformen liegt.

488 *Leyens*, Information des Aufsichtsrats, 310.

489 *Leyens*, Information des Aufsichtsrats, 310.

490 *Leyens*, Information des Aufsichtsrats, 310-311.

491 Ausführlich zu Vor- und Nachteilen von Bankenvertretern im Aufsichtsrat *Lieder*, Aufsichtsrat im Wandel, 710-712.

492 Zu den nicht unbedenklichen Beratungsverträgen zwischen Aufsichtsratsmitglied und Gesellschaft siehe unten D. IV.

b. Vertrauensschutz und Stärkung des Kapitalmarkts

Ferner darf man annehmen, dass eine möglichst stark ausgeprägte Unabhängigkeit des Aufsichtsrats das Vertrauen der Investoren in eine neutrale und effektive Überwachung des Vorstandes fördert, somit dem Kapitalmarkt dient und damit interne und externe Corporate Governance[493] miteinander verknüpft. Sie ist folglich geradezu exemplarisch für die Zielsetzung des DCGK, der ja zum einen die Qualität der unternehmensinternen Kontrolle steigern und zum anderen den Standort Deutschland durch die Stärkung des Vertrauens gerade der Anleger attraktiver machen will[494]. Diesen Punkt greift auch die Europäische Kommission in ihrer Empfehlung vom 15. Februar 2005 auf, wenn sie betont, dass eine Stärkung der Unabhängigkeit dem Schutz der Investoren und sonstiger Stakeholder dient[495].

c. Eigeninteresse und Überwachungseffizienz

Allerdings müssen mangelnde Unabhängigkeit und eine qualitativ hochwertige Unternehmenskontrolle keine Gegensätze sein. Wie schon oben im Zusammenhang mit der Studie von *Bhagat/Black* angesprochen, erscheint es einleuchtend, dass Mitglieder des Aufsichtsrats bzw. des Boards, die beispielsweise ein finanzielles Eigeninteresse am Wohlergehen der Gesellschaft haben und damit grundsätzlich als nicht-unabhängig einzustufen sind, ihre Aufgabe besonders sorgfältig wahrnehmen, um selbst keinen finanziellen Schaden zu erleiden.[496] Allerdings besteht bei diesen Voraussetzungen auch die Gefahr, dass dieselben Verantwortlichen aus denselben Motiven gerade unvernünftige Entscheidungen treffen, die zwar ihren eigenen Interessen dienen, denen der Anleger und beispielsweise der Belegschaft aber gerade schaden.[497]

---

493 Zu diesem Begriffspaar *Hopt/Roth*, in: Großkomm. AktG, § 95 Rn 19 m.w.N.; ausführlich *Hopt*, in: FS Wiedemann, 2002, 1013, 1022-1025; *ders.*, in: *Hommelhoff/Hopt/v. Werder* (Hrsg.), Handbuch Corporate Governance, 29, 34-36; siehe auch *Teichmann*, Binnenmarktkonformes Gesellschaftsrecht, § 9 I. 2.

494 Präambel des DCGK; siehe auch *Hopt/Roth*, in: Großkomm. AktG, § 95 Rn 21; *v. Werder*, in: *Ringleb/Kremer/Lutter/v. Werder*, DCGK-Komm., Rn 83.

495 Erwägungsgrund (7) der EU-Empfehlung.

496 Vgl. oben C. IV. 2. c.; *Bhagat/Black*, 54 Bus. Law. (1999), 921, 951.

497 Virulent wird dieser Gedanke etwa im Zusammenhang mit Aktienoptionsprogrammen. So könnten die entprechenden Directors bzw. Aufsichtsratsmitglieder versucht sein, den Aktienkurs im Rahmen ihrer Möglichkeiten kurzfristig in die Höhe zu treiben und dann ihre Aktien zu verkaufen, wenn sich Schwierigkeiten für die Gesellschaft ergeben. Siehe dazu ausführlich unten D. III. 2. b.; vgl. auch *Schwarz/Holland*, ZIP 2002, 1661, 1665.

d. Fazit

Wie gesehen ist die Unabhängigkeit des Aufsichtsrats- bzw. Board-Mitglieds durchaus ein „zweischneidiges Schwert“. Sowohl Kritiker als auch Befürworter dieses Postulats haben jeweils gewichtige Argumente auf ihrer Seite. Empirische Untersuchungen, sofern man sie zur aktuellen Diskussion überhaupt hinzuziehen möchte,[498] erlauben isoliert betrachtet ebenfalls kein eindeutiges Urteil.

Ohne die Nachteile des Unabhängigkeitsansatzes zu verkennen, so dürften aber doch die Vorteile überwiegen. Betrachtet man die Missstände in den Aufsichtsgremien, die die Unternehmensskandale in Europa und den USA zumindest mitverursachten, so erscheinen die ergriffenen Maßnahmen geeignet, eine Wiederholung dieser Geschehnisse zu vermeiden. Inwieweit sie noch verbesserungsbedürftig sind, werden erst die nachfolgenden Teile dieser Darstellung zeigen. Insoweit sei allerdings der Hinweis angebracht, dass weder die jeweiligen Stellen, seien es etwa die amerikanischen Wertpapierbörsen oder die deutsche Regierungskommission, noch die Anhänger des Unabhängigkeitspostulats im akademischen Schrifttum eine *ausschließliche* Besetzung der Aufsichtsgremien mit unabhängigen Mitgliedern fordern. Dies lässt Raum für Mandate solcher Mitglieder, bei denen persönlicher Sachverstand oder anderweitige Aspekte wie ein legitimes Maß an Eigentümerkontrolle einen Verzicht auf ihre Unabhängigkeit im Einzelfall rechtfertigen. Gerade die Definition des DCGK in Ziff. 5.4.2 S. 2 ermöglicht eine solche Besetzungspolitik. Eine hohe Zahl von nicht unabhängigen Mitgliedern hinterlässt jedenfalls einen „faden Beigeschmack“, der zweifelsohne nicht im Interesse der Ziele einer – mit den Worten des DCGK – transparenten und nachvollziehbaren Corporate Governance sein kann. Die Erfahrung hat gezeigt, dass ein Verstoß gegen das Unabhängigkeitsgebot zwar nicht zwangsläufig schädlich ist, aber doch einer guten Unternehmensführung- und kontrolle in vielerlei Hinsicht abträglich sein kann. Aus diesem Grund sollten moderne Aktiengesellschaften diesem Gebot nur aus transparenten, nachvollziehbaren Gesichtspunkten zuwiderhandeln.

---

498 Zu den Zweifeln an der Verwertbarkeit, die unabhängig vom Ergebnis der jeweiligen Studie gelten, siehe oben C. IV. 1. c.; so i.E. auch *Beecher-Monas*, 86 Or. L. Rev. (2007), 373, 391-392.

D. Einzelfragen der Unabhängigkeit

I. Wettbewerber im Aufsichtsrat

Nur wenige andere Themen werden in der aktienrechtlichen Literatur derart kontrovers diskutiert wie die Aufsichtsratsmitgliedschaft von Vertretern konkurrierender Unternehmen.[499] Mit dem OLG Schleswig erhielt jüngst auch die Rechtsprechung Gelegenheit, sich zu diesem Streitpunkt zu äußern.[500] Sowohl die Kommissionsempfehlung vom 15. Februar 2005 als auch der DCGK haben sich dieses Themas im Rahmen der aktuellen Corporate Governance-Diskussion angenommen. Der nun folgende Teil soll die entsprechenden Empfehlungen wie auch die hierzu vertretenen Meinungen diskutieren, bevor er einen etwaigen Handlungsbedarf vor dem Hintergrund der Situation in den Vereinigten Staaten von Amerika erörtert.

1. Problemaufriss

Bei der Diskussion um die Frage, wie mit der Präsenz eines Vertreters, meist eines Vorstandsmitglieds, eines mit der Gesellschaft in Wettbewerb stehenden Unternehmens im Aufsichtsrat umzugehen ist, stellt eine klassische Problematik in der Corporate Governance-Debatte dar.[501] Wie so oft, wenn der Ruf nach einer möglichst guten Unternehmensführung und –überwachung ertönt, können die Vertreter der unterschiedlichen Ansichten stichhaltige Argumente für sich in Anspruch nehmen.

So steht einerseits der Nutzen besonderer Fachkenntnisse, Fähigkeiten und Erfahrungen, die das fragliche Aufsichtsratsmitglied im Rahmen seines Hauptamts beim Konkurrenten erworben hat, außer Frage.[502] Dieses Wissen kann der Gesellschaft etwa bei der Bewältigung wirtschaftlicher Schieflagen helfen oder wichtige Impulse bei einer

---

499 Siehe dazu *Drygala*, in: *K. Schmidt/Lutter*, AktG Bd.I, § 100 Rn 16-17; *Gofferje*, Unabhängigkeit, 170-171, 251-252; *Habersack*, in: MünchKomm-AktG Bd.2, § 100, Rn 58-59; *Hoffmann-Becking*, ZGR 2004, 358-359; *Hopt*, ZGR 2004, 1, 11; *ders./Roth*, in: Großkomm. AktG, § 100 Rn 73-85; *Kremer*, in: *Ringleb/Kremer/Lutter/v. Werder*, DCGK-Komm., Rn 1046-1049; *Lenz*, EWiR 2004, 949, 950; *Lieder*, Aufsichtsrat im Wandel, 712-714; *Lutter*, in: FS Beusch, 1993, 509, 515-523; *ders./Krieger*, Rechte und Pflichten des Aufsichtsrats, Rn 20-22; *ders./Kirschbaum*, ZIP 2005, 103, 104-105; *Reichert/Schlitt*, AG 1995, 241, 244-248; *Spindler*, ZIP 2005, 2033, 2042; *Wirth*, ZGR 2005, 327, 343-347; zur amerikanischen Rechtslage *Merkt/Göthel*, US-Gesellschaftsrecht, Rn 914-916, siehe dazu unten D. I. 4.

500 OLG Schleswig, DB 2004, 1306 = BB 2004, 1187 = ZIP 2004, 1143 = AG 2004, 453 = NZG 2004, 669; dazu *Lenz*, EWiR 2004, 949; *Lutter/Kirschbaum*, ZIP 2005, 103.

501 Vgl. *Lutter/Kirschbaum*, ZIP 2005, 103, 104.

502 *Lieder*, Aufsichtsrat im Wandel, 713.

Neuorientierung der Unternehmenspolitik geben. *Lieder*[503] erwähnt darüber hinaus die Möglichkeit der gegenseitigen Entsendung von Vertretern der Geschäftsführung in den Aufsichtsrat als Mittel der personellen Abstimmung zu Gunsten beider beteiligten Gesellschaften.

Im Hinblick auf die Rolle des betreffenden Aufsichtsratsmitglieds als neutrale Überwachungsfigur bedeutsamer sind aber die Gefahren, die sich fast zwangsläufig aus einem Doppelmandat bei miteinander im Wettbewerb stehenden Unternehmen ergeben. Eine zentrale Rolle spielt dabei die Befürchtung, dass sensible Unternehmensinterna durch das Aufsichtsratsmitglied missbräuchlich, also insbesondere bei seiner Arbeit im Konkurrenzunternehmen, verwendet werden.[504] Aus diesem Grund sei eine unvereingenommene, offene Diskussion im Gremium nicht mehr möglich, was eine effektive Aufsichtsratsarbeit behindere, ja vielfach sogar unmöglich mache.[505] Schon im Vorfeld der Beratungen im Aufsichtsrat bestünde die Gefahr, dass der Vorstand zum Schutz von wichtigen Informationen eine übermäßig restriktive Informationspolitik betreibe, so dass sensible, aber überwachungsrelevante Daten gar nicht erst in den Aufsichtsrat gelangen.[506] In rechtsdogmatischer Sicht macht *Lutter*[507] deutlich, dass das betreffende Aufsichtsratsmitglied nunmehr Treu- und Förderpflichten gegenüber beiden Unternehmen erfüllen müsse – ein Umstand, der letztlich zu einem unauflösbaren Interessenkonflikt in dieser Person führe.

Demnach ist also festzustellen, dass die Wahrnehmung eines Aufsichtsratsmandats durch einen Vertreter eines Konkurrenzunternehmens sowohl Vor- also auch Nachteile in sich birgt. Im Hinblick auf die Unabhängigkeit des fraglichen Aufsichtsratsmitglieds drängen sich aber unverkennbare und schwer wiegende Zweifel auf. Insofern

---

503 *Lieder*, Aufsichtsrat im Wandel, 713.

504 Darauf hinweisend *Gofferje*, Unabhängigkeit, 128; *Lieder*, Aufsichtsrat im Wandel, 713; *Reichert/Schlitt*, AG 1995, 241, 244.

505 *Gofferje*, Unabhängigkeit, 128; *Kremer*, in: *Ringleb/Kremer/Lutter/v. Werder*, DCGK-Komm., Rn 1047; *Lieder*, Aufsichtsrat im Wandel, 713; am energischsten *Lutter*, in: FS Beusch, 1993, 509, 510; *ders.*, ZHR 159 (1995), 287, 303; *ders./Krieger*, Rechte und Pflichten des Aufsichtsrats, Rn 21, der das vielerorts zitierte Beispiel des DaimlerChrysler- (nun nur noch Daimler-) Aufsichtsrats nennt, welcher schwerlich die Modellpolitik der C-Klasse oder E-Klasse erörtern könne, wenn ein „Mann von BMW" dabeisitzt.

506 *Lieder*, Aufsichtsrat im Wandel, 713; nach *Leyens*, Information des Aufsichtsrats, 310, besteht dieses Problem stets im Zusammenhang mit dem Unabhängigkeitspostulat, siehe dazu oben C. IV. 2. a.

507 *Lutter*, in: FS Beusch, 1993, 509, 510; *ders.*, ZHR 159 (1995), 287, 303; *ders./Krieger*, Rechte und Pflichten des Aufsichtsrats, Rn 21.

erscheint es sinnvoll, sich die geltende Rechtslage und die hierzu entstandenen Ansicht zu vergegenwärtigen.

2. Gesetzeslage

a. Gesetzliche Vorschriften in direkter Anwendung

(1) Inkompatibilitätsvorschriften

Die gesetzlichen Inkompatibilitätsregelungen, insbesondere die des AktG, wurden bereits oben in der gebotenen Kürze dargelegt.[508] Eine zentrale Rolle in diesem Zusammenhang spielt § 105 AktG, welcher die grundsätzliche Unvereinbarkeit von Vorstandszugehörigkeit und Aufsichtsratsmandat vorschreibt. Entsprechende Vorschriften hinsichtlich der Mitgliedschaft im Aufsichtsrat einer konkurrierenden Gesellschaft fehlen hingegen. Hieraus darf man indes nicht schließen, dass sich der Gesetzgeber nicht mit der in Rede stehenden Problematik auseinandergesetzt hätte.[509] Im Rahmen der Beratungen zum KonTraG Mitte der 1990er Jahre hatten insbesondere die Bundestagsfraktionen von SPD und Bündnis 90/Die Grünen ein gesetzliches Verbot der Aufsichtsratsmitgliedschaft in Konkurrenzunternehmen gefordert.[510] In eine ähnliche Richtung ging auch ein Vorschlag des Bundesrats.[511] Diese Entwürfe wurden jedoch vom Gesetzgeber nicht umgesetzt, so dass das AktG zu dieser Frage bislang schweigt.

(2) Transparenzvorschriften

Oft übersehen werden jedoch die gesetzlichen Regelungen, die zumindest der Transparenz entsprechender Situationen dienen. So ist nach § 124 Abs. III S. 3 AktG, der zuletzt durch das KonTraG geändert wurde,[512] beim Vorschlag zur Wahl zum Aufsichtsrat der ausgeübte Beruf des Kandidaten anzugeben. Ferner sieht § 125 Abs. I S. 3 1.HS

---

508 C. II. 1.

509 A.A. nach wie vor *Lutter/Krieger*, Rechte und Pflichten des Aufsichtsrats, Rn 21-22; ausführlich zu *Lutters* Ansicht unten D. I. 2. b. (2).

510 Nachgewiesen bei *Hopt/Roth*, in: Großkomm. AktG, § 100 Rn 74 Fn 286; *Drygala*, in: *K. Schmidt/Lutter*, AktG Bd.I, § 100 Rn 16; eingehend auch *Reichert/Schlitt*, AG 1995, 241, 252-253.

511 „Entwurf eines Gesetzes zur Steigerung der Effizienz in Aufsichtsräten und zur Begrenzung der Machtkonzentration bei Kreditinstituten infolge von Unternehmensbeteiligungen", BT-Dr 13/9716; Siehe *Hopt/Roth*, in: Großkomm. AktG, § 100 Rn 76.

512 *Hüffer*, AktG, § 124 Rn 16; *Kubis*, in: MünchKomm-AktG Bd.4, § 124 Rn 57; nunmehr ist nicht mehr der erlernte, sondern der tatsächlich ausgeübte Beruf anzugeben, um der Hauptversammlung das Eignungsurteil zu erleichtern.

AktG, der seine Existenz ebenfalls dem KonTraG verdankt, vor, dass bei börsennotierten Gesellschaften zusätzlich Angaben zur Mitgliedschaft des Kandidaten in anderen gesetzlich zu bildenden Aufsichtsräten beizufügen sind; nach dem 2.HS der Vorschrift *sollen* darüber hinaus Angaben zur Mitgliedschaft in vergleichbaren in- und ausländischen Kontrollgremien von Wirtschaftsunternehmen beigefügt werden. Nach der Begründung zum Regierungsentwurf[513] sind hierunter beispielsweise Beiräte, Verwaltungsräte, Gesellschafterausschüsse oder Boards nach angloamerikanischem Vorbild zu verstehen.[514]

Diese Vorschriften können zwar die Entstehung von Interessenkonflikten nicht präventiv verhindern, wohl aber der Hauptversammlung vor der Wahl ein autonomes Eignungsurteil ermöglichen[515] und damit, zumindest reflexartig, die Zahl möglicher Konfliktsituationen nachhaltig reduzieren.

b. Gesetzliche Vorschriften in analoger Anwendung

(1) Befürwortende Ansicht

Im Schweigen des Gesetzes zur Aufsichtsratsmitgliedschaft von Wettbewerbern sieht eine literarische Mindermeinung, die im Wesentlichen auf *Lutter* zurückgeht, Raum für eine analoge Anwendbarkeit der §§ 100, 105, 250 AktG.[516] Als Ausgangspunkt dieser Überlegungen dient insoweit die Annahme, dass die Präsenz des Vertreters eines konkurrierenden Unternehmens einen Interessenkonflikt begründe, der die pflichtgemäße Wahrnehmung des Mandats durch dieses Mitglied „per se, von vornherein und auf Dauer" unmöglich mache.[517] Aus diesem Grund sei eine mit der den gesetzlich normierten Inkompatibilitätsvorschriften vergleichbare Interessenlage gegeben, die eine entsprechende Anwendung derselben rechtfertige,[518] da der Gesetzgeber die vorliegende Regelungslücke nicht erkannt bzw. nicht bewusst offen gelassen habe und

513 Abgedruckt in ZIP 1997, 2059; konkretisierend dazu *Mülbert/Bux*, WM 2000, 1665, 1671-1676 mit zahlreichen Beispielen aus dem europäischen Ausland.

514 Vgl. *Kubis*, in: MünchKomm-AktG Bd.4, § 125 Rn 19; zu § 125 Abs. I S. 3 2.HS AktG siehe auch unten D. I. 5.

515 Vgl. *Langenbucher*, ZGR 2007, 571, 600.

516 *Lutter*, in: FS Beusch, 1993, 509, 518; *ders.*, ZHR 159 (1995), 287, 303; *ders./Krieger*, Rechte und Pflichten des Aufsichtsrats, Rn 22; *Quack*, in: FS Ritter, 1997, 745, 749; differenzierend jeweils *Decher*, ZIP 1990, 277, 287 (Wettbewerbsverbot nur bei direkten personellen Verflechtungen); *Reichert/Schlitt*, AG 1995, 241, 244-248 (Wettbewerbsverbot nur bei leitenden Angestellten oder Organmitgliedern des Konkurrenzunternehmens).

517 *Lutter*, in: FS Beusch, 1993, 509, 515 (Hervorhebungen entfernt).

518 *Lutter*, in: FS Beusch, 1993, 509, 515-516.

somit auch deren Planwidrigkeit gegeben sei.[519] Selbst wenn man einer Analogie nicht folgen wolle, sei jedenfalls die Annahmeerklärung nach dem Wahlgang unwirksam, da das designierte Aufsichtsratsmitglied auf Grund seiner Wahl in einem Sonderverhältnis zur Gesellschaft stünde, welches wegen der besonderen Loyalitätspflichten gebiete, die Wahl im Hinblick auf den bevorstehenden permanenten und unauflösbaren Interessenkonflikt abzulehnen.[520]

(2) Ablehnende Ansicht

Diese Argumentation wird vom herrschenden Schrifttum[521] sowie der Rechtsprechung[522] völlig zu Recht abgelehnt. Zunächst einmal führt die Mindermeinung insofern zu untragbaren Ergebnissen, als die Gesellschaft auf unbestimmte Zeit nicht weiß, ob das Mitglied rechtmäßig gewählt wurde oder nicht.[523] Hinzu komme, dass etwaige Aufsichtsratsbeschlüsse durch Anfechtungs- bzw. Nichtigkeitsklagen angreifbar wären, was letztlich zu einer massiven Rechtsunsicherheit führe.[524] Auch sei das Kriterium der Konkurrenzsituation zu unbestimmt, um hiermit sachgerechte Ergebnisse erzielen zu können.[525] Dies räumt auch die Mindermeinung im Grundsatz ein, verweist dann aber auf den organisationsrechtlichen Charakter dieser Frage, so dass eine Konkurrenzsituation dann vorläge, wenn beide Unternehmen ganz oder teilweise in demselben Marktsegment tätig seien.[526] Da dies aber nach *Lutter*[527] daran zu bestimmen sei, ob sich die Gesellschaft ohne *wesentliche* Änderung ihres Geschäftsfelds aus diesem Segment zurückziehen könne, kann man kaum von einer echten Präzisierung des

---

519 *Lutter*, in: FS Beusch, 1993, 509, 518; *Reichert/Schlitt*, AG 1995, 241, 247.

520 *Lutter*, in: FS Beusch, 1993, 509, 518-520; *Reichert/Schlitt*, AG 1995, 241, 247.

521 *Dreher*, JZ 1990, 896, 898; *Drygala*, in: *K. Schmidt/Lutter*, AktG Bd.I, § 100 Rn 17; *Gofferje*, Unabhängigkeit, 136-137; *Habersack*, in: MünchKomm-AktG Bd.2, § 100 Rn 58; *Hopt/Roth*, in: Großkomm. AktG, § 100 Rn 79-82; *Hüffer*, ZIP 2006, 637, 638; *ders.*, AktG, § 103 Rn 13 b; *Langenbucher*, ZGR 2007, 571, 585; *Lenz*, EWiR 2004, 949, 950; *Lieder*, Aufsichtsrat im Wandel, 712; KK/*Mertens*, § 100 Rn 11; *Wirth*, ZGR 2005, 327, 345; wohl auch *Kremer*, in: *Ringleb/Kremer/Lutter/v. Werder*, DCGK-Komm., Rn 1047.

522 OLG Schleswig, DB 2004, 1306 = BB 2004, 1187 = ZIP 2004, 1143 = AG 2004, 453 = NZG 2004, 669; dazu *Lenz*, EWiR 2004, 949; *Lutter/Kirschbaum*, ZIP 2005, 103.

523 *Wirth*, ZGR 2005, 327, 345.

524 *Wirth*, ZGR 2005, 327, 345.

525 *Dreher*, JZ 1990, 896, 899; *Gofferje*, Unabhängigkeit, 134; *Hopt/Roth*, in: Großkomm. AktG, § 100 Rn 80; in diese Richtung auch *Hüffer*, AktG, § 103 Rn 13b, der auf den unklaren Personenkreis („ganze Leitungsebene?“) hinweist.

526 *Lutter*, in: FS Beusch, 1993, 509, 514.

527 *Lutter*, in: FS Beusch, 1993, 509, 514 (Hervorhebung hinzugefügt); Entsprechendes gilt auch für das Kriterium der „teilweisen“ Überschneidung der Marktsegmente.

Begriffs „Konkurrenzsituation“ sprechen. Auch wird zutreffend betont, dass das AktG mangels eines dem § 88 AktG entsprechenden Wettbewerbsverbots für Aufsichtsratsmitglieder personelle Verflechtungen unter Konkurrenzunternehmen gerade hinnehme.[528] Dieser Einwand wird durch das „beredte Schweigen“ des Gesetzesgebers bestätigt, der im Vorfeld des KonTraG den Stimmen, die ein Wettbewerbsverbot für Aufsichtsratsmitglieder forderten, eine ebenso klare wie bewusste Absage erteilt hat.[529] Aus diesem Grund fehlt es bereits an einer *planwidrigen* Regelungslücke, und damit an einer notwendige Voraussetzung für eine Analogie zu §§ 100, 105, 250 AktG.[530]

Im Übrigen erscheint auch die Verfassungsmäßigkeit der Gegenansicht gleich in zweierlei Hinsicht zweifelhaft. So weist *Hüffer*[531] darauf hin, dass im Falle der Annahme eines ungeschriebenen Wettbewerbsverbots das Konkurrenzunternehmen zu einem „Aktionär minderen Rechts“ mache, welcher zwar Aktien erwerben, nicht aber durch einer Beteiligung an der Aufsichtsratsarbeit an der Unternehmensleitung teilhaben dürfe. Insofern liegt ein Eingriff in das Eigentumsrecht nach Art. 14 Abs. I GG (ggf. i.V.m. Art. 19 Abs. III GG) auf der Hand, dessen Rechtfertigung nach den Wertungen, die der Gesetzgeber im Rahmen des KonTraG vorgenommen hat, höchst fragwürdig erscheint. Soweit ersichtlich unbeachtet blieb bislang auch die Tatsache, dass die Mindermeinung im Ergebnis die Berufsfreiheit des designierten Aufsichtsratsmitglieds ohne eine eindeutige Rechtsgrundlage beschränken will, was einen Verstoß gegen das Grundrecht aus Art. 12 Abs. I GG nahe legt. Ausweislich des Wortlauts darf die Berufsausübung nur durch Gesetz oder auf Grund eines Gesetzes geregelt werden – eine taugliche gesetzliche Grundlage[532] fehlt aber gerade. Zwar kann eine solche nach der Rechtsprechung des Bundesverfassungsgerichts auch im Wege der Rechtsfortbildung hergeleitet werden;[533] allerdings besteht diese Möglichkeit grundsätzlich nur dann, wenn Gesetze veraltet sind und auf Grund dessen mit dem Verständnis der aktuellen Zeit nicht mehr vereinbar sind[534]. Dies wird man im Hinblick auf die Reformen, die der Gesetzgeber erst mit dem KonTraG umgesetzt hat, nicht annehmen können.

---

528 *Hopt/Roth*, in: Großkomm. AktG, § 100 Rn 81.

529 *Drygala*, in: *K. Schmidt/Lutter*, AktG Bd.I, § 100 Rn 16; *Gofferje*, Unabhängigkeit, 136; *Habersack*, in: MünchKomm-AktG Bd.2, § 100 Rn 58; *Hopt/Roth*, in: Großkomm. AktG, § 100 Rn 82.

530 Ganz und gar unverständlich also warum insbesondere *Lutter* bis heute auf der Richtigkeit einer Analogie besteht.

531 *Hüffer*, AktG, § 103 Rn 13b.

532 Siehe dazu *Jarass*, in: *Jarass/Pieroth*, Art. 12 Rn 20.

533 BVerfGE 98, 49, 59-60; *Jarass*, in: *Jarass/Pieroth*, Art. 12 Rn 21.

534 BVerfGE 98, 49, 59-60.

Mithin ist mit der herrschenden Meinung ein ungeschriebenes Wettbewerbsverbot für Aufsichtsratsmitglieder klar abzulehnen. Stattdessen bleibt es bei den allgemeinen Regeln, nach denen ein Aufsichtsratsmitglied, das einen Wettbewerber vertritt, in konkreten Konfliktsituationen einem Stimmverbot (nach h.M.[535] gem. § 34 BGB analog) oder gar einem Teilnahmeverbot unterliegt.[536] Im Falle eines dauerhaft nicht lösbaren Interessenkonflikts kann das Mitglied verpflichtet sein, das Amt niederzulegen;[537] im Falle einer Weigerung besteht die Möglichkeit einer gerichtlichen Abberufung gem. § 103 Abs. III AktG. Diese Regelungen erlauben einen flexiblen und letztlich sachgerechteren Umgang mit etwaigen Interessenkonflikten als ein Verbot der Amtswahrnehmung. Im Übrigen besteht bei der aktuellen Gesetzeslage, wie gezeigt, keine Alternative zu dieser Lösung.

3. Deutscher Corporate Governance Kodex

Obgleich das deutsche Gesetzesrecht nach herrschender und zutreffender Ansicht eine Mitgliedschaft im Aufsichtsrat eines Konkurrenzunternehmens nicht untersagt, ist eine solche, wie oben dargelegt,[538] unter Corporate Governance-Gesichtspunkten nicht ohne Gefahren für die zu überwachende Gesellschaft. Während die EU-Empfehlung von 2005 in diesem Zusammenhang *expressis verbis*[539] lediglich zur Aufmerksamkeit mahnte,[540] empfiehlt Ziff. 5 4.2 S. 4 DCGK, dass Aufsichtsratsmitglieder keine Organfunktion oder Beratungsaufgaben bei wesentlichen Wettbewerbern des Unternehmens ausüben sollen. Die Empfehlung weist zwar nach einer repräsentativen Untersuchung

---

535 Statt vieler *Leyens*, Information des Aufsichtsrats, 312.

536 OLG Schleswig, DB 2004, 1306 = BB 2004, 1187 = ZIP 2004, 1143 = AG 2004, 453 = NZG 2004, 669; vgl. *Hopt/Roth*, in: Großkomm. AktG, § 100 Rn 73; KK/*Mertens*, § 116 Rn 32; *Langenbucher*, ZGR 2007, 571, 585; *Leyens*, Information des Aufsichtsrats, 312-315; *Peltzer*, NZG 2002, 10, 15; *Wirth*, ZGR 2005, 327, 346.

537 Dies entspricht der Empfehlung der Ziff. 5.5.3 S. 2 DCGK.

538 D. I. 1.

539 *Gofferje*, Unabhängigkeit, 170 erwähnt bewertungslos die Möglichkeit, die Tätigkeit bei einem Konkurrenten unter eine „sonstige Beziehung" nach Ziff. 13.1 der EU-Empfehlung zu subsumieren. Diese Auslegung erscheint jedoch wenig überzeugend, da die Beziehung ja in erster Linie zum Konkurrenten und nicht den genannten Bezugsgruppen (Gesellschaft, Merheitsaktionär, Geschäftsführung) besteht und diese auch nicht im Katalog des Anhang II (siehe dazu oben C. I. 2.) näher präzisiert wird.

540 Erwägungsgrund (7) der EU-Empfehlung: „[I]n diesem Zusammenhang sollte entsprechende Aufmerksamkeit namentlich jenen Gefahren gewidmet werden, die aus der Tatsache herrühren, dass ein Vertreter im Verwaltungs-/Aufsichtsrat enge Verbindungen mit einem Konkurrenten des Unternehmens hat."

durch *von Werder* und *Talaulicar*[541] eine der höchsten Befolgungsquoten des fünften Abschnitts auf, ist jedoch nicht in allen Aspekten so eindeutig, wie diese Tatsache den Eindruck erwecken mag. Daher erscheint es sinnvoll, diese Kodexempfehlung eingehender zu betrachten, zumal erst dann die erlangten Zahlen richtig einzuschätzen sind

a. Wettbewerbssituation

Zunächst ist fraglich, wer zu den Wettbewerbern i.S.d. Ziff. 5.4.2 S. 4 DCGK gehört. Dabei liegt es nahe, die wettbewerbsrechtliche unternehmensbezogene Begriffsbestimmung heranzuziehen, nach der ein Unternehmen mit all denjenigen im Wettbewerb steht, die dieselbe Ware oder Leistung auf einem Markt anbieten und ihm damit den Abschluss von Geschäften mit Dritten streitig machen[542].[543] Damit steht zunächst fest, dass der Kodex insoweit die Unabhängigkeit eines Aufsichtsratsmitglieds in Frage stellt, das Organfunktion und/oder Beratungsaufgaben[544] bei einem solchen Unternehmen ausübt. Allerdings muss der Wettbewerb auch tatsächlich stattfinden – potentieller Wettbewerb ist von Ziff. 5.4.2 S. 4 DCGK nicht erfasst.[545] Auch gibt der Kodex mit der Formulierung „Wettbewerber des *Unternehmens*" eine Konzernbetrachtung vor, d.h. Konkurrenzsituationen innerhalb eines Konzerns bleiben unberücksichtigt.[546]

b. Wesentlichkeit

Die Kodexempfehlung erfasst jedoch nicht jede konzernexterne Wettbewerbssituation, sondern ausweislich seines Wortlauts nur Tätigkeiten bei „wesentlichen" Wettbewerbern. Unter Anbetracht der evidenten Unbestimmtheit dieses Merkmals überrascht es

541 Siehe *v. Werder/Talaulicar*, DB 2008, 825, 828: DAX: 100%, TecDAX: 85,7%, MDAX: 96,6%, SDAX: 96,0%, Prime Standard: 96,4%, General Standard: 85,4%, insgesamt: 93,8%; an der Studie beteiligten sich 28 (93,3%) der DAX-, 7 (23,3%) der TecDAX-, 30 (60%) der MDAX-, 25 (50%) der SDAX-, 57 (25,9%) der Prime Standard- sowie 48 (18,6%) der General Standard-Gesellschaften, *dies.*, DB 2008, 825.

542 *Köhler*, in: *Hefermehl/Köhler/Bornkamm*, UWG, Einl. UWG Rn 1.4.

543 So auch *Langenbucher*, ZGR 2007, 571.

544 Dazu sogleich D. I. 3. c.

545 *Kremer*, in: *Ringleb/Kremer/Lutter/v. Werder*, DCGK-Komm., Rn 1051.

546 Vgl. *Gofferje*, Unabhängigkeit, 171; krit. hierzu *Kremer*, in: *Ringleb/Kremer/Lutter/v. Werder*, DCGK-Komm., Rn 1051, der Pobleme bei der Bestimmung des (wesentlichen) Wettbewerbers bei diversifizierten Konglomeraten sieht. Dieser Einwand ist berechtigt, doch kann der Kodex nur so den hierzulande nicht unüblichen Konzernstrukturen und den Wertungen des Konzernrechts (§§ 311 ff AktG) gerecht werden; zum Unternehmensbegriff *Beisel/Klumpp*, Unternehmenskauf, 4-6 mit Kritik zu den Definitionsversuchen der Rechtsprechung.

nicht, dass sich eine Präzisierung als äußerst schwierig gestaltet und in der Corporate Governance-Debatte eine Vielzahl von Konkretisierungsvorschlägen entstanden ist.

(1) Meinungsstand

Schiessl[547] sieht diesbezüglich nur offensichtliche Wettbewerbssituationen erfasst, also etwa die Präsenz eines DaimlerChrysler[548]-Vorstandsmitglieds im BMW-Aufsichtsrat. Dem ist insoweit zuzustimmen, als entsprechende Situationen fraglos von der Empfehlung vermieden werden sollen. Jedoch erscheint fraglich, ob der Kodex im Hinblick auf ein sinnvolles Maß an Unabhängigkeit wirklich nur derart eindeutige Konflikte ausschließen will.[549] *Kremer*[550] greift diesen Gedanken auf und stellt auf den Konzernumsatz ab: Sobald etwa 1/3 oder 1/4 desselben durch den Wettbewerb des Unternehmens betroffen sei, sei der Anwendungsbereich der Ziff. 5.4.2 S. 4 DCGK eröffnet. Wieder andere[551] ziehen eine Betrachtung der Kerngeschäftsfelder der Unternehmen heran, da nur so den Gefahren für den freien Wettbewerb und für die Leistungsfähigkeit der Gesellschaft wirksam begegnet werden könne. Jüngst schlug *Langenbucher*[552] eine Orientierung am Wettbewerbsrecht vor. So sei nach dem dort herrschenden Bedarfsmarktkonzept maßgeblich, ob ein Kunde die Produkte beider Unternehmen als zur Deckung seines Bedarfs miteinander austauschbar erachtet.[553] Ein solcher Maßstab sei im vorliegenden Zusammenhang wegen der unterschiedlichen Schutzrichtungen von Wettbewerbs- und Aktienrecht jedoch nur als „untere Schwelle" angemessen, so dass eine unabhängigkeitsgefährdende Wettbewerbssituation auch dann gegeben sein könne, wenn dies aus wettbewerbsrechtlicher Sicht noch nicht der Fall sei.[554]

---

547 *Schiessl*, AG 2002, 593, 598.

548 Seit 2008: Daimler.

549 In diese Richtung auch *Langenbucher*, ZGR 2007, 571, 572.

550 *Kremer*, in: *Ringleb/Kremer/Lutter/v. Werder*, DCGK-Komm., Rn 1052.

551 *Hopt/Roth*, in: Großkomm. AktG, § 100 Rn 181; ohne Kodexbezug jeweils auch *Krebs*, Interessenkonflikte, 269-270; *Reichert/Schlitt*, AG 1995, 241, 246; *Semler*, in: FS Peltzer, 2001, 489, 497-498; *ders.*, in: MünchKomm-AktG Bd.3, § 100 Rn 161; *Vetter*, NZG 2008, 121, 125-126.

552 *Langenbucher*, ZGR 2007, 571, 572-573.

553 *Langenbucher*, ZGR 2007, 571, 572; zum Bedarfsmarktkonzept BGH, GRUR 2002, 228, 829; *Köhler*, in: *Hefermehl/Köhler/Bornkamm*, UWG, § 2 Rn 64.

554 *Langenbucher*, ZGR 2007, 571, 573.

(2) Stellungnahme

Obgleich *Langenbucher* den Begriff des Kerngeschäftsfelds für zu unscharf hält,[555] erscheint fraglich, ob sich bei Befolgung ihres Vorschlags große praktische Unterschiede zu besagter Konzeption ergeben, zumal sie ihr Modell ja selber – freilich zu Recht – den Bedürfnissen guter Corporate Governance anpasst. *Gofferje*, der die Hinzuziehung des Kerngeschäftsfelds in gleicher Weise kritisiert,[556] will den Unternehmen bei ihren Erwägungen völlig freie Hand lassen, solange die Überlegungen hinreichend transparent gemacht werden. Hierin ist unschwer ein Widerspruch zu sehen, denn mittelfristig ist durch ein solches Vorgehen für die Präzisierung des „wesentlichen Wettbewerbers“ nach Ziff. 5.4.2 S. 4 DCGK nichts hinzugewonnen[557] – im Gegenteil, gibt doch der Begriff des Kerngeschäftsfelds besagtem Merkmal mehr Konturen als eine völlige Liberalisierung. Stattdessen dient eine Orientierung am Kerngeschäftsfeld dem Aufsichtsrat bei der Befolgung der Kodexempfehlung als hilfreiches Werkzeug ohne ihn übermäßig einzuengen. Auch kann so die vom Kodex gewollte Einschränkung des Kreises der Wettbewerber bestmöglich umgesetzt werden.

c. Organfunktion und Beratungsaufgaben

Leichter gestaltet sich wieder die genaue Definition der von Ziff. 5.4.2 S. 4 DCGK als unabhängigkeitsgefährdend eingestuften Tätigkeitsbereiche. Unter Organfunktion sind zweifelsohne Vorstands- und Aufsichtsratszugehörigkeit zu verstehen. Bei anderen Rechtsformen als Aktiengesellschaften ist die Mitgliedschaft in Geschäftsführungsorganen bzw. obligatorischen Aufsichtsgremien[558] maßgeblich.[559]

Unter Beratungsaufgaben fallen nach *Kremer*[560] Beratungsverträge zwischen den Aufsichtsratsmitglied und dem wesentlichen Wettbewerber[561] sowie Beiratsmitgliedschaf-

555 *Langenbucher*, ZGR 2007, 571, 572.

556 *Gofferje*, Unabhängigkeit, 171.

557 An gleicher Stelle stellt *Gofferje* die längerfristige Konkretisierung des Bergiffes des wesentlichen Wettbewerbers ähnlich einem Handelsbrauch in Aussicht. Dies erscheint als Akt der Selbstorganisation der Wirtschaft zwar durchaus wünschenswert, im Hinblick auf die unterschiedlichen Gegebenheiten deutscher Aktiengesellschaften und dem variierenden Auffassungen guter Corporate Governance indes zweifelhaft.

558 Nach § 77 BetrVG 1952 für eine GmbH mit mehr als 500 bis einschließlich 2000 Arbeitnehmern, § 1 Abs. I Nr. 2 MitbestG für eine GmbH mit mehr als 2000 Arbeitnehmern, § 1 Abs. II MontanMitbestG für eine GmbH in der Montanindustrie mit mehr als 1000 Arbeitnehmern, § 2 MitbestErgG, 3 KAG.

559 *Kremer*, in: *Ringleb/Kremer/Lutter/v. Werder*, DCGK-Komm., Rn 1050.

560 *Kremer*, in: *Ringleb/Kremer/Lutter/v. Werder*, DCGK-Komm., Rn 1050.

ten, sofern sich die Beratung auf Fragen der Unternehmensprüfung oder –überwachung beziehen. Letztgenannte Einschränkung leuchtet indes nicht ein. Da der Wortlaut der Empfehlung generalisierend von „Beratungsaufgaben" spricht, sollten hierunter auch Beratungstätigkeiten jeglicher Art fallen, auch etwa auch solche rechtlicher Natur oder Angelegenheiten der Unternehmensfinanzierung oder – im vorliegenden Zusammenhang besonders sensiblen – Produktpolitik. In diesen Bereich können sich mindestens ebenso schwere Interessenkonflikte ergeben wie in denen der „engeren" Corporate Governance Im Interesse eines sachgerechten Unabhängigkeitspostulats erübrigen sich also Differenzierungen nach dem Gegenstand der Beratungsaufgaben.

d. Fazit

Die Empfehlung der Ziff. 5 4.2 S. 4 DCGK ist sowohl im Schrifttum[562] als auch, wie die recht hohe Befolgungsquote von durchschnittlich fast 94% zeigt,[563] bei deutschen Aktiengesellschaften auf breite Zustimmung gestoßen. Positiv bewertet wird dabei insbesondere die Möglichkeit der Unternehmen, entsprechende Konflikte flexibel handhaben zu können statt einer starren gesetzlichen Inkompatibilitätsvorschrift Folge leisten zu müssen.[564]

In der Tat scheint im vorliegenden Zusammenhang eine obligatorische Unvereinbarkeit, wie etwa der von Aufsichtsratsmandat und Vorstandszugehörigkeit nach § 105 AktG, wenig sinnvoll. Schon die Schwierigkeiten bei der Präzisierung des Wesentlichkeitsmerkmals[565] zeigen, dass es kaum möglich ist, den Unternehmen eine brauchbare gesetzliche Inkompatibilitätsvorschrift aufzuerlegen. Erschwerend hinzu treten Unschärfen beim Begriff des Wettbewerbers. Auch erscheint es zumindest zweifelhaft, ob man den Unternehmen zwingend die oben dargelegten[566] Vorteile der Aufsichtsratspräsenz von Konkurrenten nehmen sollte. Ob die geltende Regelungstechnik von gesetzlichen Transparenzvorschriften einerseits und Kodexempfehlung andererseits

---

561 Zu Beratungsverträgen zwischen dem Aufsichtsratsmitglied und „seiner" Gesellschaft siehe ausführlich unten G.

562 Siehe nur *Gofferje*, Unabhängigkeit, 252; *Hopt/Roth*, in: Großkomm. AktG, § 100 Rn 181; *Kremer*, in: *Ringleb/Kremer/Lutter/v. Werder*, DCGK-Komm., Rn 1049.

563 *v. Werder/Talaulicar*, DB 2008, 825, 828; bemerkenswert ist insbesondere die hundertprozentige Befolgungsquote unter den DAX-Unternehmen.

564 *Hopt/Roth*, in: Großkomm. AktG, § 100 Rn 181.

565 Dazu oben D. I. 3. b.

566 D. I. 1.

hinreichend gelungen ist, kann jedoch erst nach einem Blick auf die US-amerikanische Rechtslage abschließend beantwortet werden.

4. Rechtslage in den USA

a. Situation vor den Reformen

Vor den Corporate Governance-Reformen, die der Kongress im Jahre 2002 in die Wege leitete, spielte das Thema des „competing director" in den USA praktisch keine Rolle. Da die Corporation Statutes zu dieser Frage schwiegen, kam einer Entscheidung des Tennessee Supreme Court in *International House of Talent, Inc v. Alabama*[567] von 1986 zentrale Bedeutung zu. Damals entschied das Gericht, dass ein Director eines Konzertveranstalters, der noch dazu die Hälfte der Anteile hielt, mit der Übernahme des Managements einer Country Music Band im eigenen Namen gegen seine Treuepflichten (Fiduciary Duties) verstieß und folglich der Gesellschaft zum Schadensersatz verpflichtet war. Zwar war die klagende Gesellschaft eine close Corporation,[568] allerdings galt bereits damals unabhängig von der Frage, ob es sich um eine close oder public Corporation handelt, der Grundsatz, dass ein Director nicht mit der Gesellschaft konkurrieren darf, wenn der Gesellschaft aus diesem Engagement wahrscheinlich einen Schaden erleidet[569].

b. Situation nach den Reformen

Obgleich die Wirtschaftsskandale wie Enron nicht im Zusammenhang mit der gleichzeitigen Tätigkeit eines Board-Mitglieds für einen Konkurrenten des Unternehmens standen, gerieten in der Folgezeit auch Wettbewerbsverbote für Directors wieder in den Blickpunkt der Corporate Governance-Debatte. Zwar machten weder der Sarbanes-Oxley Act noch die auf diesem basierende SEC-Verordnung eine Aussage zum Umgang mit der Board-Präsenz von Vertretern eines Wettbewerbers, doch bezogen die Wertpapierbörsen in ihren Listing Standards zu diesem Problemkreis Stellung.

---

567 712 S.W.2d 78 (Tenn. 1986); dazu *Acchiardo*, 17 Mem. St. U. L. Rev. (1987), 597-607.

568 Zum Begriff siehe oben B. II. 2. b.

569 *Lincoln Stores v. Grant*, 34 N.E.2d 704 (Mass. 1941); *Merkt/Göthel*, US-Gesellschaftsrecht, Rn 914.

(1) Listing Standards

So fordern sowohl NYSE als auch NASDAQ von den gelisteten Gesellschaften einen individuellen Code of Business Conduct and Ethics (NYSE)[570] bzw. Code of Conduct (NASDAQ)[571].[572] Während NASDAQ den Gesellschaften einen weitgehenden Freiraum bei der inhaltlichen Gestaltung dieses Kodex lässt,[573] weist die NYSE die dort notierten Corporations ausdrücklich an, in diesem Code u.a. ein Wettbewerbsverbot für Directors vorzusehen[574].

(2) Unternehmensinterne Codes

Obwohl die Anweisung, anders als etwa die Unabhängigkeitskriterien,[575] wohl nicht verbindlich ist,[576] ist sie, jedenfalls im Grundsatz, von den meisten Corporations umgesetzt worden. So untersagen beispielsweise die Walt Disney Company,[577] die Sears Holdings Corporation[578] sowie das größte Versicherungsunternehmen der Vereinigten Staaten MetLife[579] ihren Directors ausnahmslos jeden Wettbewerb mit der Gesellschaft. Die Coca-Cola Company[580] und der Öllieferant Exxon Mobil[581] verwenden in

---

570 § 303A.10 NYSE Listed Company Manual (2006).

571 Rule 4350(n) NASDAQ Stock Market Rules (2004).

572 Siehe dazu oben B. IV. 2. g. (3).

573 Rule 4350(n) NASDAQ Stock Market Rules (2004) schreibt lediglich den Adressatenkreis des Code (Angestellte, Directors, Officers) sowie seine Veröffentlichung vor und verweist im Übrigen lediglich auf sec. 406(c) SOA, welche ihrerseits nur die Zielsetzung eines „Code of Ethics“ (etwa aufrichtiges Verhalten und vollständige Bekanntmachung von Geschäftsberichten) darlegt.

574 Commentary zu § 303A.10 NYSE Listed Company Manual (2006).

575 Siehe dazu oben C. III. 3.

576 Unter “Corporate Opportunities” formuliert der Commentary zu § 303A.10 NYSE Listed Company Manual (2006) hinsichtlich notwendiger Regelungsbereiche: “Employees, officers and directors *should* be prohibited from (…) (c) competing with the company.” (Hervorhebungen hinzugefügt).

577 *Code of Business Conduct and Ethics for Directors of the Walt Disney Company and Affiliated Companies*, abrufbar in englischer Sprache unter http://corporate.disney.go.com/corporate/codes_of_conduct.html (Stand: 1.3.2009), unter “Use of Corporate Information, Opportunities and Assets”.

578 *Code of Conduct for the Board of Directors of Sears Holdings Corporation*, abrufbar in englischer Sprache unter http://www.searsholdings.com/govern/board.htm (Stand: 1.3.2009), unter “Use of Corporate Information, Opportunities and Assets”.

579 *Directors' Code of Business Conduct and Ethics*, abrufbar in englischer Sprache unter http://www.metlife.com/Applications/Corporate/WPS/CDA/PageGenerator/0,4132,P4063,00.html (Stand: 1.3.2009), unter “Corporate Opportunities”.

580 *Code of Business Conduct for Non-Employee Directors of The Coca-Cola Company and Subsidiaries*, abrufbar in englischer Sprache unter http://www.thecoca-

ihren Kodices weniger strikte Formulierungen, folgen jedoch auch der Anordnung der NYSE.

Allerdings lassen einige Gesellschaften unter bestimmten Bedingungen auch Ausnahmen vom grundsätzlichen Wettbewerbsverbot ihrer Board-Mitglieder zu. So sind etwa die Directors von Delta Air Lines von diesem Verbot befreit, wenn die „disinterested Directors", also das Board unter Ausschluss des betroffenen Directors, entscheiden, dass sich die Geschäftsfelder der Unternehmen nicht überschneiden.[582] Freilich hat diese Ausnahmeregelung nur deklaratorischen Charakter, da es sich im Falle einer Genehmigung durch das Board bei dem anderen Unternehmen ja gar nicht um einen Wettbewerber handeln dürfte. Ein Board-Mitglied des Softwareproduzenten Real muss zunächst die Erlaubnis des „General Counsel" einholen, bevor er oder sie für ein Konkurrenzunternehmen tätig wird.[583]

Es bleibt jedoch mehr als zweifelhaft, ob die jeweiligen Gremien entsprechende Ausnahmegenehmigungen in der Praxis wirklich erteilen. Zwar ist allgemein anerkannt, dass sich ein an sich pflichtwidrig verhaltender Director durch Einholung einer formgültigen Genehmigung durch das Board oder die Generalversammlung vor den sonst üblichen Konsequenzen, also gemeinhin Schadensersatzzahlungen, schützen kann[584]. Allerdings wird es trotz der oben[585] erörterten Vorteile, die ein solches Engagement mit sich bringen kann, eher selten sein, dass eine Corporation ein Tätigwerden eines ihrer Directors etwa im Board eines Konkurrenzunternehmen, jedenfalls in Ermange-

---

colacompany.com/ourcompany/pdf/ COBC_Non-Employee_Directors.pdf (Stand: 1.3.2009), unter "Conflicts of Interest": "Directors should not compete with The Coca-Cola Company.".

581 *Code of Ethics and Business Conduct*, abrufbar in englischer Sprache unter www.exxonmobil.com/ corporate/files/corporate/investor_governance_ethics.pdf (Stand: 1.3.2009), unter "Conflicts of Interest Policy": "Directors (…) are expected to refrain from competing with the Corporation.".

582 *Code of Business Conduct and Ethics for the Board of Directors*, abrufbar in englischer Sprache unter http://images.delta.com.edgesuite.net/delta/pdfs/codeofethics_directors_021004.pdf (Stand: 1.3.2009), unter "2. Corporate Opportunities".

583 *Code of Business Conduct and Ethics*, abrufbar in englischer Sprache unter http://files.shareholder.com/downloads/RNWK/0x0x31576/c8254077-2358-4a97-8fba-26cab298bd45/Code_Business_Conduct_ Ethics.pdf (Stand: 1.3.2009), unter "Conflicts of Interest".

584 *Merkt/Göthel*, US-Gesellschaftsrecht, Rn 914, die in Fn 230 ihrerseits auf § 5.06 der Principles of Corporate Governance des American Law Institute verweisen; allgemein zu diesem Werk siehe oben B. IV. 2. e.

585 D. I. 1.

lung eines gegenseitigen „quid pro quo“,[586] zulässt. Dementsprechend kann man davon ausgehen, dass die von manchen Codes vorgesehenen Abweichungsmöglichkeiten keine allzu große praktische Relevanz haben werden.

5. Gegenüberstellung und Stellungnahme

Wie gesehen, ähneln sich die deutsche und die US-amerikanische Rechtslage im Bereich des Wettbewerbsverbots für Board- bzw. Aufsichtsratsmitglieder sehr. Beide Systeme verzichten auf verbindliche gesetzliche Regelungen, die ein Engagement bei einem Konkurrenzunternehmen untersagen. Stattdessen steht es den Unternehmen grundsätzlich frei, die Materie selbst zu regeln. Gerade hier zeigen sich aber leichte Abweichungen. Während deutsche Aktiengesellschaften in ihrer Entscheidung, ob sie der entsprechenden Kodexempfehlung folgen oder nicht, völlig frei sind, stehen US-Corporations, jedenfalls die deren Anteile an der NYSE gehandelt werden, wegen der verhältnismäßig engen Vorgaben durch die Listing Standards unter einem beachtlichen Implementierungsdruck. Insofern ist, wie bereits oben angedeutet, wegen der Formulierung des Commentary zu § 303A.10 NYSE Listed Company Manual (“[D]irectors *should* be prohibited from (…) (c) competing with the company.”) allerdings nicht ganz klar, wie verbindlich diese Anweisung letztlich ist. Unter Anbetracht der Abweichungen beispielsweise in den Kodices von Delta Air Lines und Real spricht aber vieles für den Charakter einer unverbindlichen Empfehlung, wie sie auch der DCGK in Ziff. 5.4.2 S. 4 ausspricht. Auch ergeben sich Probleme bei der genauen Bestimmung dessen, was unter „compete“ zu verstehen ist. Handelt es sich dabei nur um geschäftsführende Aufgaben oder sind auch überwachende Tätigkeiten erfasst? Allgemein ist aber wohl von jeglichem Tätigwerden für einen Konkurrenten auszugehen. In dieser Hinsicht scheint die präzisere Wortwahl des DCGK vorzugswürdig.

Auch unter Transparenzgesichtspunkten weisen beide Konzeptionen Ähnlichkeiten auf. Deutsche börsennotierte Gesellschaften müssen Abweichungen von der Kodexempfehlung gem. § 161 Abs. AktG bekannt geben und – nach Verabschiedung des BilMoG[587] – begründen. Vom Begründungserfordernis abgesehen, trifft die gleich Verpflichtung auch amerikanische Corporations, die Abweichungen von ihrem Code

---

[586] Also beispielsweise einer entsprechenden Entsendung eines Directors des Wettbewerbers zur Schaffung kartellrechtlich zulässiger Allianzen, wie sie *Leyens*, Information des Aufsichtsrats, 310-311 anspricht.

[587] Zu dieser durch das BilMoG neu eingeführten Begründungspflicht siehe oben C. II. 1. b.

of Conduct unverzüglich den Aktionären bekannt geben müssen.[588] Entsprechende Aufklärungspflichten vor der Wahl fehlen in den USA aber. Dies ist wegen der oben angesprochenen Möglichkeit, auf diese Weise Interessenkonflikten vorzubeugen, verwunderlich. Allerdings sollten gerade diese Pflichten auch im deutschen Aktienrecht noch stärker ausgestaltet werden. So erscheint es, auch um den gesellschaftsrechtlichen und rechtstatsächlichen Entwicklungen Rechnung zu tragen, zweckmäßig, die Soll-Vorschrift des § 125 Abs. I S. 3 2.HS AktG hinsichtlich der Bekanntgabe einer etwaigen Mitgliedschaft in mit obligatorischen Aufsichtsräten vergleichbaren in- und ausländischen Kontrollgremien von Wirtschaftsunternehmen in eine verbindliche Regelung zu ändern. Eine entsprechende Regelung sieht seit Inkrafttreten des KonTraG auch § 285 S. 1 Nr. 10 HGB für die Pflichtangaben im Anhang zum Jahresabschluss vor. Dies würde für die Unternehmen auch keinen nennenswerten Mehraufwand bedeuten, aber durch eine bessere Aufklärung von potentiellen Interessenkonflikten zu deren Vermeidung beitragen. Auch könnte der Gesetzgeber damit angemessen auf die zunehmende Internationalisierung der Wirtschaft[589] reagieren, zumal das Potential für Interessenkonflikten unabhängig davon, ob der Kandidat einem in- oder ausländischen Aufsichtsgremium angehört, jedenfalls bei international agierenden Unternehmen, durchaus vergleichbar ist. Eine solche Neufassung des § 125 Abs. I S. 3 2.HS AktG würde sich darüber hinaus auch positiv auf die Befolgungsquote der Ziff. 5.4.2 S. 4 DCGK auswirken.[590]

Im Unterschied zu den gesetzlichen Transparenzvorschriften besteht im Übrigen aber auch unter Berücksichtigungen der Situation in den USA kein Nachbesserungsbedarf.[591] Wegen der großen Ähnlichkeit der einschlägigen Regelungen besteht gleichzeitig auch kein Raum für weitere Konvergenzen. Wie in den Vereinigten Staaten sollte es auch hierzulande weiterhin der Selbstorganisation der Unternehmen überlassen bleiben, ob sie einen Kandidaten trotz oder wegen der Tätigkeit bei einem Konkurrenten in den Aufsichtsrat aufnehmen oder hierauf verzichten. Unter Corporate Gover-

---

588 Commentary zu § 303A.10 NYSE Listed Company Manual (2006).

589 Diesen Aspekt greift auch der DCGK auf, der in Ziff. 5.4.1 S. 2 empfiehlt, bei Vorschlägen zur Wahl von Aufsichtsratsmitgliedern u.a. die internationale Tätigkeit des Unternehmens zu berücksichtigen.

590 Diese ist mit durchschnittlich fast 94% zwar bereits recht hoch, doch die Quoten um die 85% bei jeweils TecDax und General Standard erscheinen durchaus steigerungsfähig, siehe *v. Werder/Talaulicar*, DB 2008, 825, 828.

591 So jeweils ohne Blick auf die US-amerikanische Rechtslage i.E. auch *Gofferje*, Unabhängigkeit, 252; *Hopt/Roth*, in: Großkomm. AktG, § 100 Rn 181; *Kremer*, in: *Ringleb/Kremer/Lutter/v. Werder*, DCGK-Komm., Rn 1049; *Lieder*, Aufsichtsrat im Wandel, 714; unter Transparenzgesichtspunkten *Langenbucher*, ZGR 2007, 571, 586.

nance-Aspekten spricht vieles gegen eine entsprechende Mandatierung.[592] Wegen der geschilderten Unwägbarkeiten erscheint ein starres gesetzliches Verbot indes nicht zielführend. Sowohl der deutsche Gesetzgeber im Vorfeld des KonTraG als offenbar auch der amerikanische Kongress haben dies erkannt und auf solche Regelungen verzichtet. Ziff. 5.4.2 S. 4 DCGK einerseits und die entsprechenden Vorgaben insbesondere der NYSE Listing Standards andererseits verdeutlichen aber, dass eine Aufsichtsrats- bzw. Board-Mitgliedschaft eines Wettbewerbers in höchstem Maße zweifelhaft und möglichst zu vermeiden ist.

II. Wechsel vom Vorstand in den Aufsichtsrat

Auf eine gewisse Tradition in der deutschen Unternehmenskultur kann inzwischen der übergangslose Wechsel eines ehemaligen Vorstandsmitglieds in den Aufsichtsrat derselben Gesellschaft verweisen. Dementsprechend wird die Übernahme eines solchen Mandats mal mehr, mal weniger treffend als „gängige Praxis",[593] „beharrlich fortgeführter Brauch"[594] oder gar als „krönender Abschluss einer erfolgreichen Topmanagerkarriere"[595] bezeichnet. Besondere Brisanz erlangt das Thema, wie noch zu sehen sein wird, wenn der Vorstandsvorsitzende nach Ende seiner Amtszeit in den Aufsichtsrat gewählt wird und dort gleich den Vorsitz übernimmt.

1. Pro und Contra des Ämtertausches

Wie schon der soeben abgehandelte Problemkreis des Doppelmandats, so bringt auch der übergangslose Wechsel eines Vorstandsmitglieds in den Aufsichtsrat sowohl Vor- als auch Nachteile mit sich. Da diese für einen sachgerechten Umgang mit dieser Praxis[596] nicht zu unterschätzen sind, erscheint es sinnvoll, Für und Wider des Ämtertausches eingehend zu erörtern.

---

592 Siehe dazu ausführlich oben D. I. 1.

593 *Wirth*, ZGR 2005, 327, 339.

594 *Lange*, NZG 2004, 265, 266.

595 *Rode*, BB 2006, 341.

596 Zur Häufigkeit des Ämtertausches in der deutschen Wirtschaft siehe unten D. II. 3. b.

a. Vorteile

Zunächst liegt die ausgeprägte Sachkenntnis des ehemaligen Vorstandsmitglieds auf der Hand.[597] Auch kennt das ausscheidende Vorstandsmitglied das Unternehmen genau, was gemeinhin als förderlich für die Qualität der Aufsichtsratsarbeit angesehen wird.[598] Dies leuchtet ein, sind doch Kenntnisse der innerbetrieblichen Vorgänge gerade im Bereich der Geschäftsführung für eine möglichst effiziente Unternehmensüberwachung unerlässlich. In gleichem Maße trägt die Aufsichtsratsmitgliedschaft zur Kontinuität in der Geschäftspolitik bei, da plötzliche Strategiewechsel durch ein vollständiges neues Führungspersonal vermieden werden.[599] Ferner verweist *Lange*[600] auf eine Verbesserung der Zusammenarbeit von Vorstand und Aufsichtsrat, wenn Mitglieder beider Organe ein gutes persönliches Verhältnis zueinander pflegen. Schon im Vorfeld einer Wahl in den Aufsichtsrat kann sich die Aussicht auf eine solche „Beförderung" leistungssteigernd auf das Vorstandsmitglied auswirken.[601]

b. Nachteile

Mit manchen der genannten Aspekte gehen aber auch Gefahren für eine vernünftige Aufsichsratsarbeit einher. Zwar ist richtig, dass das Wohlergehen der Gesellschaft durch Brüche in der Unternehmenspolitik bisweilen Schaden nehmen kann; allerdings kann ein Strategiewechsel in mindestens ebenso vielen Fällen notwendig sein, etwa um auf Veränderungen des Marktes zu reagieren. Die hierfür erforderliche Flexibilität ist durch eine Aufnahme eines ehemaligen Vorstandsmitglieds in den Aufsichtsrat durchaus gefährdet.[602] Hervorgehoben wird auch die Möglichkeit des neuen Aufsichtsratsmitglieds, eigene Fehler, die in der Zeit als Vorstandsmitglied gemacht wurden,

---

597 *Dörner*, in: FS Röhricht, 2005, 809, 815; *Hüffer*, ZIP 2006, 637, 642; *Kort*, AG 2008, 137, 146-147; *Kremer*, in: *Ringleb/Kremer/Lutter/v. Werder*, DCGK-Komm., Rn 1062; *Lange*, NZG 2004, 265, 266; *Nagel*, NZG 2007, 166, 168; *Rode*, BB 2006, 341, 342; *Wirth*, ZGR 2005, 327, 340.

598 *Dörner*, in: FS Röhricht, 2005, 809, 815; *Hüffer*, ZIP 2006, 637, 642; *Kort*, AG 2008, 137, 146-147; *Kremer*, in: *Ringleb/Kremer/Lutter/v. Werder*, DCGK-Komm., Rn 1043; *Lange*, NZG 2004, 265, 266; *Nagel*, NZG 2007, 166, 168; *Rode*, BB 2006, 341, 342; *Wirth*, ZGR 2005, 327, 340; *Lieder*, Aufsichtsrat im Wandel, 715; weist darauf hin, dass diese Gedanken bereits in der Weimarer Republik vorhanden waren.

599 *Lange*, NZG 2004, 265, 266; *Rode*, BB 2006, 341, 342.

600 *Lange*, NZG 2004, 265, 266.

601 *Lange*, NZG 2004, 265, 266.

602 *Kremer*, in: *Ringleb/Kremer/Lutter/v. Werder*, DCGK-Komm., Rn 1043; *Lange*, NZG 2004, 265, 267; *Lieder*, NZG 2005, 569, 572-573; *ders.*, Aufsichtsrat im Wandel, 717; *Rode*, BB 2006, 341, 342.

verschleiern zu können und damit der Überwachungseffizienz zu schaden.[603] Dieser Kritikpunkt steht im engen Zusammenhang mit dem Vorwurf, ehemaligen Vorstandsmitgliedern mangele es auch nach Beendigung ihrer Tätigkeit im Vorstand in der Regel an der für eine sachgerechte Aufsichtsratsarbeit notwendige Objektivität sowie an einer wünschenswerten Distanz zur Geschäftsführung.[604] So könnte das ehemalige Vorstandsmitglied versucht sein, seine alten Kontakte zur übermäßigen Einflussnahme auf die Unternehmenspolitik zu missbrauchen.[605] Konkret gefährdet sei insbesondere auch die Durchsetzbarkeit etwaiger Schadensersatzansprüche der Gesellschaft gegen (ehemalige) Vorstandsmitglieder, da der Aufsichtsrat gem. § 112 AktG die Gesellschaft diesen gegenüber vertritt.[606]

c. Sonderproblem: Wechsel des Vorstandsvorsitzenden in den Aufsichtsratsvorsitz

Die bisher genanten Aspekte gelten sowohl für den Wechsel eines beisitzenden Vorstandsmitglieds in den Aufsichtsrat als auch für den eines Vorstandsvorsitzenden in den Aufsichtsratsvorsitz. Allerdings erlangen im letzten Fall insbesondere die geäußerten Bedenken gegen eine Ämterrochade besondere Relevanz. Dies liegt zum einen an den Kompetenzen, die in erster Linie das AktG dem Aufsichtsratsvorsitzenden einräumt[607]. So beruft er beispielsweise gem. § 110 Abs. I AktG die Sitzungen ein, bereitet diese vor und leitet sie auch. Im vorliegenden Zusammenhang nicht zu unterschätzen ist auch das exklusive und dementsprechend kontrovers diskutierte[608] Recht, ausschussfremde – und womöglich auch unbequeme – Mitglieder von der Teilnahme an den Ausschusssitzungen auszuschließen (§ 109 Abs. II AktG). Nicht unberücksichtigt bleiben darf in diesem Zusammenhang auch das Zweitstimmrecht des Vorsitzenden mitbestimmter Aufsichtsräte nach § 29 Abs. II MitbestG. Dieses gibt dem Aufsichtsratsvorsitzenden in Patt-Situationen eine weitere Stimme.

---

603 *Kremer*, in: *Ringleb/Kremer/Lutter/v. Werder*, DCGK-Komm., Rn 1062; *Lieder*, NZG 2005, 569, 572; *ders.*, Aufsichtsrat im Wandel, 717; *Rode*, BB 2006, 341, 342.

604 *Dörner*, in: FS Röhricht, 2005, 809, 814; *Lange*, NZG 2004, 265, 267; *Lieder*, Aufsichtsrat im Wandel, 717; *Vetter*, BB 2005, 1689, 1692; *Wirth*, ZGR 2005, 327, 340; in diese Richtung auch *Hüffer*, ZIP 2006, 637, 642.

605 *Kremer*, in: *Ringleb/Kremer/Lutter/v. Werder*, DCGK-Komm., Rn 1062; *Lieder*, Aufsichtsrat im Wandel, 717; *Rode*, BB 2006, 341, 342.

606 *Lange*, NZG 2004, 265, 267; *Rode*, BB 2006, 341, 342.

607 Ausführlich zu diesen siehe *Lutter/Krieger*, Rechte und Pflichten des Aufsichtsrats, Rn 553-561.

608 Zum Streitstand hinsichtlich Ausmaß und Grenzen des Ausschließungsrechts siehe *Hopt/Roth*, in: Großkomm. AktG, § 109 Rn 63-68.

Zum anderen hat der Vorsitzende aber auch unabhängig von seinen gesetzlichen Rechten eine Reihe von Möglichkeiten, auf die Aufsichtsratsarbeit Einfluss auszuüben. So empfiehlt der DCGK in Ziff. 5.2 Abs. III, dass der Aufsichtsratsvorsitzende quasi als „Bindeglied" zwischen den beiden Leitungsorganen fungieren soll.[609] Damit liegen die faktischen Möglichkeiten, auf den Informationsfluss zwischen Vorstand und Aufsichtsrat einzuwirken, auf der Hand.[610] Hinzu kommt der Einfluss auf die personelle Zusammensetzung zumindest der Anteilseignerseite und des Vorstands.[611]

Es leuchtet ein, dass in Anbetracht dieser Umstände einer persönlichen Unabhängigkeit vom Vorstand entscheidende Bedeutung zukommt und etwaige Gefahren für eine neutrale Unternehmenskontrolle entsprechend schwerer wiegen[612]. So könnte der neue Vorsitzende versucht sein, Vorstand und Aufsichtsrat sowie seine Ausschüsse im Rahmen seiner Möglichkeiten mit Gefolgsleuten zu besetzen.[613] *Lieder*[614] befürchtet aus diesem Grund gar die Aufhebung der funktionalen Trennung dieser beiden Gesellschaftsorgane. Im Bereich der Informationsvermittlung könnte er diese nach seinem Willen lenken, um Fehler aus der Vergangenheit zu vertuschen und damit zur Perpetuierung derselben beitragen.[615] Letztlich soll der Aufsichtsratsvorsitzende nach der Empfehlung der Ziff. 5.2 Abs. II S. 1 DCGK auch den Vorsitz des Personalausschusses innehaben.[616] Hierdurch wird gleichzeitig auch ein erhöhter Einfluss auf Vorstandsangelegenheiten gewährleistet. Es dürfte offensichtlich sein, dass sich eine mangelnde Distanz zu den ehemaligen Kollegen gerade dort besonders negativ auswirken kann.

d. Stellungnahme

Sowohl die genannten Vorteile des Ämtertausches als auch die dagegen vorgebrachten Bedenken sind ernst zu nehmen. Zunächst ist hierbei festzuhalten, dass dieser mit der Verbesserung der Zusammenarbeit von Vorstand und Aufsichtsrat die Erreichung ei-

---

609 Krit. hierzu *Peltzer*, in: FS Priester, 2007, 573, 586-587.

610 Vgl. *Lutter/Krieger*, Rechte und Pflichten des Aufsichtsrats, Rn 556.

611 *Lange*, NZG 2004, 265, 267.

612 *Lieder*, Aufsichtsrat im Wandel, 717 spricht von einer „Potenzierung".

613 *Lange*, NZG 2004, 265, 267-268; *Lieder*, Aufsichtsrat im Wandel, 717-718.

614 *Lieder*, Aufsichtsrat im Wandel, 718.

615 Vgl. *Kort*, AG 2008, 137, 147; *Lange*, NZG 2004, 265, 268; *Lieder*, Aufsichtsrat im Wandel, 718, der die Bildung eines „Informationsmonopols" befürchtet.

616 Dazu *Kremer*, in: *Ringleb/Kremer/Lutter/v. Werder*, DCGK-Komm., Rn 967. Dieser Empfehlung folgen alle 28 DAX-Unternehmen, die an der aktuellen Studie von *v. Werder* und *Talaulicar* teilgenommen haben, siehe *dies.*, DB 2008, 825, 828.

nes der ausdrücklichen Ziele des DCGK, der diesem Themenkomplex im dritten Abschnitt eingehend behandelt, fördert. Dieser Bezug wurde in der Literatur, soweit ersichtlich, noch nicht hergestellt, sollte aber bei einer Gesamtwürdigung unter Corporate Governance-Aspekten nicht außer Acht gelassen werden. Dagegen eher zweifelhaft erscheint jedenfalls ein *verallgemeinernder* Gedanke an eine Vermeidung eines abrupten Strategiewechsels in der Unternehmenspolitik[617]. Zwar mag ein solcher Bruch im Einzelfall auftreten, doch dürfte dies eher die Ausnahme und nicht die zwingende Konsequenz der Wahl unternehmensexterner Aufsichtsratsmitglieder oder gar eines Aufsichtsratsvorsitzenden, der „von außen" kommt, sein.

Überhaupt leiden viele der im Schrifttum – sowohl für als auch gegen die Ämterrochade – geäußerten Aspekte unter mangelnder Differenzierung. In besonderen Maße gilt dies für die Befürchtungen, ein in den Aufsichtsratsvorsitz wechselndes Vorstandsmitglied könne wegen der ihm zustehenden Rechte und Möglichkeiten mehr oder minder problemlos den Personalbestand der Führungsorgane nach seinem Belieben zusammenstellen[618]. Zwar ist richtig, dass gerade der Aufsichtsratsvorsitzende gesteigerten Einfluss auf entsprechende Personalentscheidungen nehmen kann. Allerdings obliegt die Wahl der Aktionärsvertreter der Hauptversammlung (§ 119 Abs. I Nr. 1 AktG), so dass das Gesetz bereits einen gewissen Schutz vor „Vetternwirtschaft" vorsieht. Dies gilt erst recht bei der Beteiligung eines Mehrheitsaktionärs, der ja in erster Linie Personen *seines* Vertrauens in die Führungsorgane entsenden will. Auch die Regeln zur Mitbestimmung beschränken die Möglichkeiten des Aufsichtsratsvorsitzenden, die Besetzung von Vorstand und Aufsichtsrat von sachfremden Erwägungen bzw. persönlichen Sympathien abhängig zu machen.

Auch ist keinesfalls gesagt, dass ein ehemaliges Vorstandsmitglied zwingend versucht, vergangene Fehlleistungen zu verbergen. Auch wenn diese Gefahr fraglos besteht, so dürfte schon im Hinblick auf eine mögliche Haftung im Falle eines vorsätzlichen Verbergens (§§ 116 S. 1, 93 AktG) im Regelfall davon auszugehen sein, dass sich das jetzige Aufsichtsratsmitglied redlich verhält.[619] Wie *Kremer*,[620] offenbar als einziger,

617 Einen solchen erwarten jeweils *Lange*, NZG 2004, 265, 266; *Rode*, BB 2006, 341, 342.

618 Hiervor warnen jeweils *Lange*, NZG 2004, 265, 267-268; *Lieder*, Aufsichtsrat im Wandel, 717-718.

619 Dies gilt umsomehr, als die so genannte Business Judgment Rule eine Haftung für Fehlentscheidungen in vielerlei Hinsicht beschränkt. Dieser Sorgfaltsmaßstab, der seine Wurzeln im US-amerikanischen Recht hat, wurde zunächst von der höchstrichterlichen Rechtsprechung (grundlegend BGHZ 135, 244, 253 = NJW 1997, 1926 „ARAG") anerkannt und ist heute in § 93 Abs. I S. 2 AktG sowie Ziff. 3.8 S. 2 DCGK fixiert; ausführlich zur Rezeption der Business

deutlich macht, kommt es stets auf den Einzelfall an – eine pauschalisierende Betrachtungsweise verbietet sich.

Nichtsdestotrotz sprechen gewichtige Aspekte sowohl für als auch gegen den Wechsel eines Vorstandsmitglieds in den Aufsichtsrat bzw. Aufsichtsratsvorsitz ohne dass ein abschließendes Urteil in die eine oder andere Richtung erlaubt ist. Dieses Zwischenergebnis ist bei der folgenden Erörterung stets zu berücksichtigen.

2. Gesetzeslage

a. Gesetzliche Vorschriften in direkter Anwendung

Die einzige Vorschrift, die Bezug auf die Mitgliedschaft in beiden Führungsorganen nimmt, ist § 105 AktG. Dieser regelt ausweislich seines Wortlauts in Abs. I indes nur die grundsätzlich Inkompatibilität von *gleichzeitiger* Vorstands- und Aufsichtsratszugehörigkeit. Nicht erfasst ist hingegen nach unstrittiger und zutreffender Auffassung der hier in Rede stehende Fall der sukzessiven Mitgliedschaft in beiden Organen.[621] Demnach ist dem Gesetz, jedenfalls in direkter Anwendung, kein Verbot eines Wechsels vom Vorstand in den Aufsichtsrat zu entnehmen.

Judgment Rule in den USA und Deutschland *v. Hein*, US-amerikanisches Gesellschaftsrecht, 913-933; siehe auch *Leyens*, JZ 2007, 1061, 1064. Zu weitgehend im vorliegenden Zusammenhang insoweit *Gofferje*, Unabhängigkeit, 254, der, recht apodiktisch, eine unbefangene Kontrolle für ausgeschlossen hält; zum Eingreifen des Haftungsprivilegs bei Interessenkonflikten im Aufsichtsrat *Lutter*, in: FS Canaris, Bd.II, 2007, 245, 251-255. Allgemein zur Haftungsfrage in Fällen des Ämterwechsels *Lieder*, NZG 2005, 569, 573; *ders.*, Aufsichtsrat im Wandel, 720, wo allerdings jeweils von einer „Haftungs*verschärfung*" (Hervorhebungen hinzugefügt) die Rede ist. Diese Terminologie ist zumindest ungenau, da der Kodex mangels Gesetzesqualität keine haftungsverschärfende oder –begründende Wirkung haben kann. Sollte man den Begriff dennoch verwenden wollen, so darf dieser mit der h.M. allein an die ehemalige Vorstandstätigkeit und den hierdurch veränderten Sorgfaltsmaßstab anknüpfen; zutreffend deshalb *Lange*, NZG 2004, 265, 269 m.w.N.

620 *Kremer*, in: *Ringleb/Kremer/Lutter/v. Werder*, DCGK-Komm., Rn 1043: „*Im Einzelfall kann* die Bestellung eines ehemaligen Vorstandsmitgliedes problematisch sein (…)" (Hervorhebungen hinzugefügt).

621 *Drygala*, in: *K. Schmidt/Lutter*, AktG Bd.I, § 105 Rn 4; *Habersack*, in: MünchKomm-AktG Bd.2, § 105 Rn 9; *Hopt/Roth*, in: Großkomm. AktG, § 105 Rn 19; *Hüffer*, AktG, § 105 Rn 2; *Wirth*, ZGR 2005, 327, 341.

b. Gesetzliche Vorschriften in analoger Anwendung

(1) Entsprechende Anwendbarkeit der §§ 105 Abs. I AktG, 319 Abs. II S. 1 Nr. 2 HGB a.F. nach *Lange*

Lange[622] hat vorgeschlagen, die §§ 105 Abs. I AktG, 319 Abs. II S. 1 Nr. 2 HGB a.F. auf die Frage nach der Zulässigkeit der Ämterrochade analog anzuwenden. Anknüpfungspunkt ist insoweit der Gedanke, dass § 105 Abs. I AktG nicht personenbezogen, sondern gegenstandsbezogen zu verstehen sei. Demnach wolle die Vorschrift nicht nur die Personenidentität von Überwachenden (Aufsichtsrat) und Überwachtem (Vorstand) vermeiden, sondern auch den Fall, dass die überwachte Tätigkeit früher oder später in die Überwachungskompetenz des Handelnden fällt.[623] Diese *ratio* stünde auch hinter § 319 Abs. II S. 1 Nr. 2 HGB a.F., der es einem Wirtschaftsprüfer bzw. vereidigtem Buchprüfer untersagte, als Abschlussprüfer für eine Kapitalgesellschaft tätig zu werden, deren Aufsichtsratsmitglied, gesetzlicher Vertreter oder Arbeitnehmer er in den drei Jahren vor seiner Bestellung war.[624] Die damit bezweckte „Unabhängigkeit, Unparteilichkeit und Unbefangenheit" des Überwachenden sei auch im vorliegenden Fall zu gewährleisten, was eine analoge Anwendung rechtfertige.[625] Eine Karenzzeit (cooling-off Periode) von drei Jahren würde also auch für das ausscheidende Vorstandsmitglied gelten.

622 *Lange*, NZG 2004, 265, 268-270.
623 *Lange*, NZG 2004, 265, 268.
624 *Lange*, NZG 2004, 265, 268-269. In der heutigen, durch das BilReG 2004 geänderten Fassung stellt die Vorschrift in vergleichbarer Weise auf Gründe, insbesondere Beziehungen geschäftlicher, finanzieller oder persönlicher Art, ab, nach denen die Besorgnis der Befangenheit besteht, so dass *Lange* seine Argumentation, abgesehen vielleicht von der Bezugnahme auf die dreijährige Karenzzeit, wohl noch aufrecht halten würde.
625 *Lange*, NZG 2004, 265, 269.

(2) Stellungnahme

Dieser Vorschlag ist mit der ganz h.M.[626] entschieden abzulehnen. Selbst wenn man mit *Lange* eine Regelungslücke annehmen möchte, so erscheint deren Planwidrigkeit doch in höchstem Maße fragwürdig. Hätte der Gesetzgeber die Ämterrochade entweder ganz verbieten oder erst nach Ablauf einer Karenzzeit zulassen wollen, so hätte er dies wohl spätestens im Zuge des BilMoG,[627] das ja insbesondere auf eine Stärkung der Unabhängigkeit von Aufsichtsratsmitgliedern abzielt, getan. Gestützt wird dieser Einwand durch reformgeschichtliche Erwägungen: So beschränkte sich der Gesetzgeber stets darauf, nur übermäßig tief greifende Interessenkonflikte durch ausdrückliche, zwingende Unvereinbarkeitsregeln zu verbieten.[628] Diese haben abschließenden Charakter, zumal andernfalls eine Umkehrung des Regel-Ausnahme-Prinzips droht. Darüber hinaus erscheint der Verweis auf den systemfremden § 319 Abs. II HGB, der in seiner neuen Fassung nicht einmal mehr eine cooling-off Periode vorsieht, willkürlich.[629]

Hinzu kommt, dass im Falle eines wie auch immer ausgestalteten Bestellungsverbots ehemaliger Vorstandsmitglieder die einschlägigen Kodexempfehlungen der Ziff. 5.4.2 S. 3 DCGK bzw. Ziff. 5.4.4 DCGK[630] nicht nur gänzlich sinnlos, sondern, wie womöglich auch ein entsprechendes Handeln der Unternehmen, sogar rechtswidrig[631] wären.

Nach alledem erscheint eine Analogie zu § 105 Abs. I AktG nicht überzeugend. Im Einklang mit der ganz h.M. ist somit festzuhalten, dass der Wechsel vom Vorstand in den Aufsichtsrat aktienrechtlich nicht zu beanstanden ist.[632]

---

626 LG München I, NZG 2004, 626, 627-628 = AG 2004, 330, 331; LG München I, AG 2005, 623, 624-625; *Drygala*, in: *K. Schmidt/Lutter*, AktG Bd.I, § 105 Rn 4; *Gofferje*, Unabhängigkeit, 183; *Habersack*, in: MünchKomm-AktG Bd.2, § 105 Rn 9; *Hopt/Roth*, in: Großkomm. AktG, § 105 Rn 23; *Hüffer*, ZIP 2006, 637, 642; *ders.*, AktG, § 105 Rn 2; *Lieder*, Aufsichtsrat im Wandel, 715; *Rode*, BB 2006, 341, 343; *Wirth*, ZGR 2005, 327, 341; unklar *Kort*, AG 2008, 137, 147.

627 Ausführlich zum BilMoG siehe oben C. II. 1. b.

628 *Lieder*, Aufsichtsrat im Wandel, 715; auch *Wirth*, ZGR 2005, 327, 342 geht von einer bewussten Entscheidung des Gesetzgebers gegen ein Bestellungsverbot aus.

629 Ähnlich *Drygala*, in: *K. Schmidt/Lutter*, AktG Bd.I, § 105 Rn 4 Fn 9.

630 Zu diesen Empfehlungen siehe sogleich D. II. 3.

631 Dies würde auch dem Auftrag an die Regierungskommission Corporate Governance-Regeln innerhalb des gelten Rechts zu schaffen (siehe oben B. IV. 1. c.), widersprechen.

632 Für Stimm- und Teilnahmeverbote gelten die allgemeinen Regeln, die bei Interessenkonflikten einschlägig sind, siehe dazu oben D. I. 2. b. (2); vgl. auch *Lange*, NZG 2004, 265, 269; dazu *Gofferje*, Unabhängigkeit, 184-185.

c. Perspektiven, im Besonderen: VorstAG

Zwar präkludiert das aktuelle Gesetzrecht den Ämterwechsel weder in direkter noch in entsprechender Anwendung, andererseits steht keinesfalls fest, dass dies auch in Zukunft noch der Fall sein wird. So hat im Jahre 2006 das Europäische Parlament in erster Linie auf Initiative des EVP-Abgeordneten *Lauk* (gleichzeitig Präsident des Wirtschaftsrates der CDU) die Europäische Kommission aufgefordert, auf entsprechende gesetzliche Regelungen hinzuwirken.[633] Dahingehende Tendenzen auf nationaler Ebene, die vom Vorsitzenden der CDU-Bundestagsfraktion *Kauder* angestoßen wurden, scheiterten seinerzeit allerdings am Widerstand des Bundesjustizministeriums.[634]

Dies änderte sich Anfang des Jahres 2009 mit Beginn der Arbeiten am Gesetz zur Angemessenheit der Vorstandsvergütung (VorstAG). Flankiert von einer ähnlichen Gesetzesinitiative, die das Land Nordrhein-Westfalen in den Bundesrat einbrachte,[635] griff die Große Koalition mit der Einsetzung der Arbeitsgruppe „Managementvergütung“ die bisweilen aggressive Stimmung in der Bevölkerung[636] in Folge der Wirtschaftskrise der jüngeren Vergangenheit auf und setzte sich angesichts der vielerseits geäußerten Kritik das primäre Ziel, die Vorstandsvergütung gesetzlich zu reglementieren. Obgleich diese Krise nur periphär auf mangelhafter Corporate Governance beruhte,[637] tangiert das VorstAG auch diesen Bereich mit der geplanten Einführung einer zweijährigen für den Wechsel vom Vorstand in den Aufsichtsrat börsennotierer Unternehmen, es sei denn, die Wahl erfolgt auf Vorschlag von Aktionären, die mindestens 25% der Stimmrechte an der Gesellschaft halten (§ 100 Abs. II S. 1 Nr. 4 AktG-E). Mit letztgenanntem Opt-Out, das rechtstechnisch an die Vermeidung der Offenlegung der Vorstandsvergütung nach dem VorstOG[638] (§§ 286 Abs. V, 285 S. 1 Nr. 9 lit. a) HGB) erinnert, reagierte die Bundesregierung auf Proteste, insbesondere aus der Wirtschaft, die sich gegen die vormals geplante Regelung einer zwingenden dreijährigen Karenzzeit vor der Mitgliedschaft im Prüfungsausschuss oder einem ähnlichen Gremi-

---

633 Siehe *Fischer zu Cramburg*, NZG 2007, 619.

634 *Fischer zu Cramburg*, NZG 2007, 619.

635 Gesetz zur Stärkung der Aufsichts- und Kontrollrechte in Aktiengesellschaften, BR-Dr 211/09; nach Auskunft des zuständigen Landesministeriums für Wirtschaft, Technologie und Mittelstand wird der Entwurf nicht mehr vor den Bundestagswahlen im September 2009 in den Bundestag eingebracht werden. Über ein späteres Einbringen wird unter Berücksichtigung der dann herrschenden Mehrheitsverhältnisse im Bundestag entschieden.

636 *Jahn*, GWR 2009, 135; rückblickend ähnlich *Seibert*, WM 2009, 1489 („Neiddebatte“).

637 So jüngst auch *Seibert*, WM 2009, 1489.

638 Gesetz über die Offenlegung der Vorstandsvergütung v. 3.8.2005, BGBl. I 2005, 2267.

um des Aufsichtsrates richteten[639]. Ziel der neuen Regelung ist es, Familienaktionären und anderen Großaktionären die Möglichkeit einzuräumen, zeitnah eine hinreichende Kontrolle über das eigene Vermögen auszuüben bzw. von einem verdienten ehemaligen Vorstandsmitglied ausüben zu lassen.[640]

Sowohl die Idee einer Karenzzeit (cooling-off Periode), wie sie bereits in der jüngeren Zeit verschiedentlich vertreten wurde,[641] als auch die Möglichkeit der Abweichung hiervon, werden im bislang noch recht überschaubarem Schrifttum zwar nur am Rande behandelt, stoßen dort aber auf grundsätzliche Zustimmung[642]. Mit Recht weisen einige Autoren aber auch auf den bereits im Laufe der Lesungen im Bundestag aus den Reihen der Opposition[643] kritisierten „Hintertürcharakter" der Ausnahmeregelung[644] sowie auf die praktische Relevanz in Konzernkonstellationen[645] hin, die die Ausnahme jedenfalls in diesen nicht selten anzutreffenden Fällen zur Regel machen könnten. In der Tat bleibt abzuwarten, ob die Entscheidung des Gesetzgebers, wie *Thüsing* annimmt,[646] Großaktionäre zur eingehenden Prüfung etwaiger Interessenkonflikte zwingt, schließlich soll ein beabsichtigter Wechsel auch bislang schon der Hauptversammlung besonders begründet werden[647].

Ob und inwieweit der Wertung des Gesetzgebers gefolgt werden kann, lässt sich indes erst nach einem Blick auf den DCGK sowie die Rechtslage in den Vereinigten Staaten abschließend beantworten.

3. Deutscher Corporate Governance Kodex

Allerdings ist mit der Erkenntnis, dass die Ämterrochade mit den Bestimmung des geschriebenen Gesetzesrechts in Einklang steht, noch nicht viel über den sachgerechten

---

[639] *DIHK*, NZG 2009, 538, 539; diese Kritik, die die Gefahren der Ämterrochade mit keinem Wort erwähnt, ist im Ergebnis als zu einseitig zu werten: Gerade wegen der Bedeutung dieser Ausschüsse (vgl. unten D. IV. 5.) und der damit verbundenen gesteigerten Einflussnahme, welches ein erhöhtes Maß an Unabhängigkeit erfordert, erscheint es keinesfalls „sachfremd", für diese strengere Regelungen als für die „einfache" Aufsichtsratsmitgliedschaft zu schaffen; *Seibert*, WM 2009, 1489, 1492.

[640] BT-Dr 16/13433 S. 18.

[641] Siehe unten D. II. 3. c. (1) (b).

[642] *Seibert*, WM 2009, 1489, 1492; *Thüsing*, AG 2009, 517, 528; vorsichtig *Jahn*, GWR 2009, 135, 137.

[643] Plenarprotokoll 16/227 v. 18. Juni 2009, 25142.

[644] *Jahn*, GWR 2009, 135, 137.

[645] *Fleischer*, NZG 2009, 801, 806.

[646] *Thüsing*, AG 2009, 517, 528.

[647] Ziff. 5.4.4 S. 2 DCGK; zur Befolgungsquote siehe D. II. 3. b.

Umgang unter Corporate Governance-Aspekten ausgesagt. Wie schon oben bei der Erörterung von Für und Wider dieser Unternehmenspraxis dargelegt wurde, ist der übergangslose Ämtertausch durchaus kritisch zu bewerten.

Diesen Gedanken griff schon die Europäische Kommission in ihrer Empfehlung vom 15. Februar 2005 auf. Hiernach soll der Vorstandsvorsitzende nicht sofort den Posten des Aufsichtsratsvorsitzenden übernehmen, um „seine Fähigkeit zur objektiven Wahrnehmung seiner Aufsichtsfunktionen nicht (zu) beeinträchtigen."[648] In Konkretisierung dieses Vorschlags bestimmt sie im Kriterienkatalog,[649] dass ein unabhängiges Aufsichtsratsmitglied – weder momentan noch in den vergangenen fünf Jahren – kein Vorstandsmitglied der Gesellschaft oder eines verbundenen Unternehmens (gewesen) sein darf.[650] Der sofortige Wechsel des Vorstandsvorsitzenden in den Aufsichtsratsvorsitz soll von Informationen über die getroffenen Schutzvorkehrungen begleitet sein.[651]

a. Die Kodexregelungen im Überblick

Auch die Regierungskommission reagierte auf die Gefahren, die einem Ämtertausch immanent sind. Sie modifizierte den DCGK im Jahre 2005 dergestalt, dass sich nun drei Empfehlungen und eine Anregung diesem Themenkomplex widmen. Zum einen sieht Ziff. 5.4.2 S. 3 DCGK vor, dass dem Aufsichtsrat nicht mehr als zwei ehemalige Mitglieder des Vorstands angehören sollen. Zum anderen empfiehlt Ziff. 5.4.4 DCGK in Satz 1, dass der Wechsel des bisherigen Vorstandsvorsitzenden in den Aufsichtsratsvorsitz oder in den Vorsitz eines Aufsichtsratsausschusses nicht die Regel sein soll. Nach Satz 2 soll eine entsprechende Absicht in der Hauptversammlung besonders begründet werden. Wie die Kommissionsempfehlung nimmt also auch der deutsche Kodex sowohl zu dem Fall eines „einfachen" Wechsels vom Vorstand in den Aufsichtsrat Stellung, als auch zu dem eines „qualifizierten" Wechsels des Vorstandsvorsitzenden in den Aufsichtsrats- bzw. Aufsichtsratsausschussvorsitz. Flankiert werden die soeben dargestellten Empfehlungen von der Anregung nach Ziff. 5.3.2 S. 3 DCGK. Hiernach

648 Ziff. 3.2 der EU-Empfehlung.

649 Ausführlich zu diesem siehe oben C. I. 2.

650 Anhang II Ziff. 1 a) der EU-Empfehlung; das Verbot der gleichzeitigen Mitgliedschaft in Vorstand und Aufsichtsrat derselben Gesellschaft ergibt sich im Grundsatz bereits aus § 105 Abs. I AktG; krit. zu diesem Punkt der EU-Empfehlung *Gofferje*, Unabhängigkeit, 186.

651 Ziff. 3.2 der EU-Empfehlung.

sollte kein ehemaliges Vorstandsmitglied den Vorsitz des Prüfungsausschuss des Aufsichtsrats ausüben.

b. Rechtstatsächlichkeit

Die Aufnahme dieser Empfehlungen ermöglicht nun auch eine Feststellung der rechtstatsächlichen Häufigkeit eines Ämtertausches in der heutigen Praxis börsennotierter Gesellschaften an Hand der entsprechenden Befolgungsquoten. So gaben im Rahmen einer aktuellen Untersuchung durch *von Werder* und *Talaulicar* sämtliche der sich beteiligenden[652] DAX-, TecDAX-, MDAX- und SDAX-Unternehmen sowie 98,2% der Prime Standard- und 93,8% der General Standard-Unternehmen (insgesamt: 97,9%) an, der Empfehlung der Ziff. 5.4.2 S. 3 DCGK, nach der nicht mehr als zwei ehemalige Vorstandsmitglieder dem Aufsichtsrat angehören sollen, zukünftig zu folgen.[653] Nicht ganz so hoch ist mit insgesamt 87,3% die Befolgungsquote der Ziff. 5.4.4 S. 1 DCGK, die von einem regelmäßigen Wechsel des Vorstandsvorsitzenden in den Aufsichtsrats- bzw. Ausschussvorsitz abrät.[654] Bemerkenswert dabei ist, dass „nur“ 75% der teilnehmenden DAX-Unternehmen einen regelmäßigen Ämtertausch des Vorstandsvorsitzenden künftig nicht mehr praktizieren wollen. Der Begründungsempfehlung der Ziff. 5.4.4 S. 2 DCGK wird künftig mit insgesamt 86,1% von vergleichbar vielen der teilnehmenden Unternehmen entsprochen.[655] Der Anteil der DAX-Unternehmen ist mit 95,8% aber wesentlich höher. Entsprechendes gilt für die Anregung nach Ziff. 5.3.2 S. 3 DCGK, der 89,3% der DAX-Unternehmen und die mit 81,8% aller an der Studie teilnehmenden Gesellschaften die mit deutlichem Abstand höchste aller Befolgungsquoten der Anregungen des fünften Kodexabschnitts aufweist.[656]

---

652 Es beteiligten sich 28 (93,3%) der DAX-, 7 (23,3%) der TecDAX-, 30 (60%) der MDAX-, 25 (50%) der SDAX-, 57 (25,9%) der Prime Standard- sowie 48 (18,6%) der General Standard-Gesellschaften, *v. Werder/Talaulicar*, DB 2008, 825.

653 *v. Werder/Talaulicar*, DB 2008, 825, 828.

654 *v. Werder/Talaulicar*, DB 2008, 825, 828: DAX: 75,0%, TecDAX: 100%, MDAX: 96,6%, SDAX: 82,6%, Prime Standard: 90,9%, General Standard: 85,1%.

655 *v. Werder/Talaulicar*, DB 2008, 825, 828: DAX: 95,8%, TecDAX: 100%, MDAX: 92,0%, SDAX: 87,0%, Prime Standard: 80,9%, General Standard: 79,5%.

656 *v. Werder/Talaulicar*, DB 2008, 825, 831: DAX: 89,3%, TecDAX: 83,3%, MDAX: 93,1%, SDAX: 89,5%, Prime Standard: 78,6%, General Standard: 65,7%.

Mit diesem – durchweg hohen – Zahlen dürfte klar sein, dass die Ämterrochade, die im Übrigen bereits in der Weimarer Republik vollzogen wurde,[657] jedenfalls heute nicht mehr die „gängige Praxis“ ist, die sie womöglich noch vor einigen Jahren war. Insofern ist auch den Stimmen[658] zu widersprechen, die dies, zumeist unter Bezugnahme auf ältere Untersuchungen, heute noch behaupten. Die Befolgungsquoten der Kodexempfehlungen zeigen stattdessen, dass die Zahl ehemaliger Vorstandsmitglieder bzw. –vorsitzender in deutschen Aufsichtsräten immer kleiner wird. Ein Automatismus hinsichtlich des Ämterwechsels existiert heute nicht mehr.[659]

c. Die Kodexempfehlungen im Einzelnen

(1) Ziff. 5.4.2 S. 3 DCGK

Der DCGK empfiehlt in Ziff. 5.4.2 S. 3, dass dem Aufsichtsrat nicht mehr als zwei ehemalige Mitglieder des Vorstands angehören. Ob und inwieweit diese Empfehlung gelungen ist, soll nun erörtert werden.

(a) Nicht mehr als zwei ehemalige Vorstandsmitglieder

Nachdem Satz 1 noch recht unbestimmt von einer *ausreichenden* Zahl (unabhängiger Mitglieder)[660] spricht, bestimmt die in Rede stehende Empfehlung präzise die Höchstzahl der Aufsichtsratsmitglieder, die ehemals dem Vorstand angehörten. Die Regierungskommission knüpft mit dieser Konkretisierung an den Berliner Vorgängerkodex[661] an, der im Regelfall allerdings nur höchstens *ein* früheres Vorstandsmitglied empfahl.[662]

In diesem Zusammenhang fällt weiter auf, dass Ziff. 5.4.2 S. 3 DCGK nicht auf die Aufsichtsratsgröße Bezug nimmt. So beträgt die empfohlene Höchstzahl einstiger Vorstandsmitglieder unabhängig von der Gesamtgröße des Gremiums stets zwei. Dies ü-

657 *Lieder*, Aufsichtsrat im Wandel, 715.

658 Siehe nur *Rode*, BB 2006, 341 („gängige Unternehmenspraxis“); *Wirth*, ZGR 2005, 327, 339 („gängige Praxis“); zuletzt mit identischem Wortlaut auch *Gofferje*, Unabhängigkeit, 186.

659 Zutreffend jüngst *Kremer*, in: *Ringleb/Kremer/Lutter/v. Werder*, DCGK-Komm., Rn 1062.

660 Hervorhebungen hinzugefügt; ausführlich hierzu oben C. II. 2. b. (5).

661 Siehe oben B. IV. 1. a.

662 Nachgewiesen bei *Hopt/Roth*, in: Großkomm. AktG, § 100 Rn 188; der Frankfurter Kodex riet von einem regelmäßigen Wechsel vom Vorstand in den Aufsichtsrat ab, verzichtete aber auf eine Höchstzahl.

berrascht, bedenkt man, dass die Größe des Gesamtaufsichtsrates einer mitbestimmungsfreien bzw. dem DrittelbG unterliegenden Gesellschaft zwischen drei und 21 Mitgliedern variieren kann (§ 95 AktG) und sich die Empfehlung notwendigerweise nur auf die Seite der Anteilseigner – eine frühere Vorstandstätigkeit der Arbeitnehmervertreter ist freilich nicht denkbar – beziehen kann.

Alternativ hierzu wäre ein Höchst*anteil* von einem Drittel[663] der Anteilseignervertreter vorstellbar. Auf den ersten Blick lassen sich hierdurch nachvollziehbarere Ergebnisse erzielen als durch die Festlegung einer starren Höchstzahl. Der Nachteil einer solchen Regelung liegt aber auf der Hand: Schon bei einem Aufsichtsrat, der aus mehr als sechs Arbeitnehmervertretern besteht, erscheint eine Zahl von mehr als zwei ehemaligen Vorstandsmitglieder nach einer Abwägung von Nutzen einerseits und Gefahren andererseits unverhältnismäßig hoch. Gerade bei einem Zusammenwirken mehrerer etwa zur Vertuschung früherer Fehlleistungen potenzieren sich die Bedenken gegen einen Ämterwechsel. Aufsichtsräte, die nur mit der Mindestzahl besetzt sind, dürften unter deutschen börsennotierten Gesellschaften eher die Ausnahme sein. Die hohe Entsprechensquote[664] bestätigt auch die Praxisnähe dieser Höchstzahl. Dementsprechend besteht in dieser Hinsicht kein Nachbesserungsbedarf.[665]

(b) Zeitrahmen

Problematischer erscheint hingegen der Umstand, dass der Kodex keine zeitliche Einschränkung hinsichtlich der früheren Vorstandstätigkeit vornimmt, so dass jeder, der ehemals im Vorstand der Gesellschaft oder, im Falle von Verschmelzung oder Umwandlung, einer Vorgängergesellschaft tätig war, in den Anwendungsbereich von Ziff. 5.4.2 S. 3 DCGK fällt.[666] Darüber hinaus sind auch Personen erfasst, die etwa nach Beendigung der Vorstandstätigkeit beruflich über einen längeren Zeitraum anderweitig engagiert waren und nun als Aufsichtsratmitglied zu ihrer früheren Gesellschaft zurückkehren. Insbesondere im deutschen und internationalen Konzernwesen dürfte eine

---

663 Ein Anteil in dieser Höhe wäre wegen des Gebots der Dreiteilbarkeit nach § 95 S. 3 AktG auch am besten umsetzbar.

664 Siehe hierzu oben D. II. 3. b.

665 A.A. *Gofferje*, Unabhängigkeit, 254, der die Höchstzahl von zwei ehemaligen Vorstandsmitgliedern ohne Bezugnahme auf die Größe des Aufsichtsrats offenbar für zu hoch hält, sich dann aber für eine Sperrfrist ausspricht.

666 Krit. hierzu auch *Kremer*, in: *Ringleb/Kremer/Lutter/v. Werder*, DCGK-Komm., Rn 1044.

derartige Konstellation[667] durchaus nicht unüblich sein. In solchen Fällen greifen die geäußerten Bedenken hinsichtlich eine mangelnden Unabhängigkeit freilich nicht mehr oder zumindest nicht mehr in einem Ausmaß, das mit dem eines sofortigen Wechsels in den Aufsichtsrat vergleichbar wäre. Diese Aspekte werfen die Frage auf, inwieweit die Restriktionen dieser Kodexempfehlung angemessen sind.

Eine Reihe von Autoren schlagen in diesem Zusammenhang die Einführung einer Karenzzeit (cooling-off Periode) vor.[668] Während *Wirth*[669] bereits ein bis zwei Jahre für ausreichend hält, befürworten die meisten dieser Stimmen eine Sperrzeit von zwei bis drei Jahren[670]. *Rode*[671] fordert, wie die Kommissionsempfehlung, gar eine fünfjährige cooling-off Periode. Teile der Literatur lassen in diesem Zusammenhang aber eine klare Differenzierung zwischen dem Wechsel eines beisitzenden Vorstandsmitglieds und dem des Vorsitzenden in den Aufsichtsratsvorsitz vermissen.[672] Dies erscheint im Hinblick auf die stärkeren Bedenken in letzterem Fall fragwürdig.

Grundsätzlich erscheint die Einführung einer gewissen Sperrfrist zwischen Beendigung der Vorstandstätigkeit und Antritt des Aufsichtsratsmandats sinnvoll. Durch sie wird weitestgehend vermieden, dass sich das fragliche Mitglied bei der Unternehmenskontrolle begründet durch eine mangelnde Distanz zur Geschäftsleitung von sachfremden Erwägungen leiten lässt und damit der Qualität der Aufsichtsratsarbeit schadet. Allerdings besteht jedenfalls bei einer zu lang bemessenen Karenzzeit stets die Gefahr, dass Kenntnisse und Erfahrungen nicht mehr oder nur noch sehr begrenzt nutzbar gemacht werden können und damit gerade die Vorzüge einer Ämterrochade

---

667 Unzulässig ist nur die Mitgliedschaft eines gesetzlichen Vertreters eines abhängigen Unternehmens im Aufsichtsrat der herrschenden Gesellschaft, § 100 Abs. II S. 1 Nr. 2 AktG.

668 Siehe *Hüffer*, ZIP 2006, 637, 642-643; *Lange*, NZG 2004, 265, 268-269, der eine solche Karenzzeit allerdings schon de lege ferenda ableitet; *Nagel*, NZG 2007, 166, 168; *Rode*, BB 2006, 341, 343 Fn 28; *Vetter*, BB 2005, 1689, 1693; *Wirth*, ZGR 2005, 327, 342; jüngst *Gofferje*, Unabhängigkeit, 254; krit. hierzu im Hinblick auf Ziff. 5.4.4 DCGK *Lieder*, Aufsichtsrat im Wandel, 719.

669 *Wirth*, ZGR 2005, 327, 342.

670 *Gofferje*, Unabhängigkeit, 254: Zwei bis drei Jahre; *Hüffer*, ZIP 2006, 637, 643: Zwei Jahre als „Kompromisslösung"; *Nagel*, NZG 2007, 166, 168: Mindestens zwei Jahre; *Vetter*, BB 2005, 1689, 1693: Zwei bis drei Jahre jedenfalls beim Wechsel des Vorsitzenden unter Verweis auf Ziff. 22 des Swiss Code of Best Practice, die sich allerdings nur auf Ausschussmitglieder bezieht.

671 *Rode*, BB 2006, 341, 343 Fn 28.

672 Exemplarisch etwa *Vetter*, BB 2005, 1689, 1693, der jede Art von Wechsel unter Ziff. 5.4.4 DCGK subsumiert, obgleich sich diese Empfehlung ersichtlich nur auf den Wechsel in den Aufsichtsrats- bzw. Ausschussvorsitz bezieht; ähnlicher Kritik ist auch *Gofferje*, Unabhängigkeit, 254-255 ausgesetzt.

entwertet werden.[673] Um einen Kompromiss zwischen Vermeidung von Nachteilen für die Gesellschaft und Erhalt der Vorteile zu erreichen, erscheint in der Tat eine cooling-off Periode von zwei Jahren erforderlich, aber auch ausreichend.

Rode[674] rechtfertigt seinen Vorschlag einer fünfjährigen Sperrzeit mit der Möglichkeit, sich das Wissen ehemaliger Vorstandmitglieder in der Zwischenzeit durch Beratungsverträge nutzbar zu machen. Eine entsprechende Unternehmenspraxis ist insbesondere in Japan üblich, wo „Elder Statesmen" die Gesellschaft in einem Advisory Council auf konsulentenvertraglicher Basis beraten.[675] Dabei darf allerdings nicht übersehen werden, dass diese Praxis mit zusätzlichen Kosten für das Unternehmen verbunden ist. Darüber hinaus besteht die Gefahr, dass diese Berater letztlich doch zum Aufsichtsratsmitglied „durch die Hintertür" werden. Auch erscheint die Vereinbarkeit eines ganzen Beratungsgremiums mit der Hauptversammlungsautonomie höchst fragwürdig, so dass die besseren Argumente für eine nur zweijährige Karenzzeit sprechen.[676]

In konsequenter Fortführung des oben Gesagten sollte es allerdings wie bisher möglich sein, den Aufsichtsrat mit zwei Mitgliedern zu besetzen, deren Vorstandstätigkeit weniger als zwei Jahre zurückliegt, ohne mit dieser Besetzungspolitik gegen die Regeln guter Corporate Governance zu verstoßen. Die oben geführte Diskussion hat ergeben, dass die Zahl unter Berücksichtigung des großen Nutzens, die ihre Kenntnisse und Erfahrungen der Gesellschaft bringen können, vertretbar erscheint. Eine hinreichend unabhängige Kontrolle des Vorstandes wird durch die einschlägigen Stimm- und Teilnahmeverbote gewährleistet. Gleichzeitig werden dabei zur Vermeidung der oben erwähnten Problemfälle die Restriktionen der Kodexempfehlung nach Ziff. 5.4.2 S. 3 DCGK in zeitlicher Hinsicht auf ein vernünftiges Maß beschränkt. Zwar könnte man hiergegen einwenden, dass es dann den Unternehmen möglich ist, den Aufsichtsrat bzw. die Anteilseignerseite theoretisch ausnahmslos mit früheren Vorstandsmitgliedern zu besetzen. Allerdings sollte nicht übersehen werden, dass der Ämtertausch nach Ablauf dieser zweijährigen Frist entschieden weniger attraktiv ist, als ein sofortiger Wechsel. Im Übrigen belegt die hohe Befolgungsquote, die Ziff. 5.4.2 S. 3 DCGK bereits heute aufweist, dass die Ämterrochade längst kein unverzichtbares Mittel guter Corporate Governance (mehr) ist.

---

673 Zutreffend *Hüffer*, ZIP 2006, 637, 643; *Wirth*, ZGR 2005, 327, 342.
674 *Rode*, BB 2006, 341, 343.
675 *Lange*, NZG 2004, 265, 268.
676 Zu den Nachteilen gesellschaftexterner Berater siehe unten D. IV. 1. a.

Dementsprechend sollte die Regierungskommission im Rahmen ihrer jährlichen Beratungen erwägen, die Empfehlung dahingehend zu ändern, dass dem Aufsichtsrat nicht mehr als zwei ehemalige Vorstandsmitglieder angehören sollten, deren Vorstandstätigkeit weniger als zwei Jahre zurückliegt.

(c) Anregung zum Ämtertausch?

Überlegenswert wäre insoweit auch eine weitergehende Novellierung, die einen Ämterwechsel nach Ablauf dieser zweijährigen Sperrfrist anregt. Eine solche Anregung ginge aber letztlich zu weit. Mit der Möglichkeit, bereits jetzt zwei ehemalige Vorstandmitglieder in den Aufsichtsrat aufzunehmen, ohne sich hierfür gem. § 161 AktG. rechtfertigen zu müssen, kommt die Regierungskommission den Unternehmen bereits in einem zwar vertretbaren, aber im europäischen Vergleich einzigartigen Maße entgegen. Letztlich ist auch davon auszugehen, dass die Vorteile einer Ämterrochade in deutschen Unternehmen hinreichend bekannt sind, ohne dass es einer dahingehenden Kodexanregung bedarf. Gerade nach Umsetzung der soeben vorgeschlagenen Ergänzung steht es den Gesellschaften ohnehin völlig frei, eine angemessene Zahl ehemaliger Vorstandsmitglieder in den Aufsichtsrat zu wählen. Eine entsprechende Anregung ist also abzulehnen.

(d) Fazit

Die Empfehlung der Ziff. 5.4.2 S. 3 DCGK ist im Grundsatz gelungen. Mit der Möglichkeit, zwei ehemalige Vorstandsmitglieder in den Aufsichtsrat wählen können, ohne sich dem Vorwurf schlechter Corporate Governance auszusetzen, hat die Regierungskommission einen sinnvollen Kompromiss zwischen Vor- und Nachteilen der Ämterrochade gefunden. Problematisch ist indes der vollständige Verzicht auf eine zeitliche Einschränkung dieser Restriktion. Hier besteht Handlungsbedarf. Eine Karenzzeit von zwei Jahren erscheint angemessen, um den Gefahren des Ämterwechsels wirksam begegnen zu können. Allerdings würde auch diese Option den Aufsichtsrat nicht von dem Gebot befreien, den Vorschlag zur Wahl eines früheren Vorstandsmitglieds in den Aufsichtsrat sorgfältig zu prüfen und hiervon abzusehen, sofern im Einzelfall gewichtige Gründe gegen eine Nominierung sprechen.

(2) Ziff. 5.4.4 DCGK

Die Regelung wurde von der Regierungskommission am 2. Juni 2005 neu beschlossen.[677] Nach Satz 1 dieser Empfehlung soll der Wechsel des bisherigen Vorstandsvorsitzenden oder eines Vorstandsmitglieds in den Aufsichtsratsvorsitz oder den Vorsitz eines Aufsichtsratsausschusses nicht die Regel sein. Satz 2 empfiehlt die besondere Begründung einer entsprechenden Absicht vor der Hauptversammlung. Vor einer Stellungnahme zu den beiden Empfehlungen sollen zunächst die einzelnen Merkmale erörtert werden.

(a) Betroffener Personenkreis

Zunächst ist klarzustellen, wer genau von den beiden Empfehlungen nach Ziff. 5.4.4 DCGK erfasst ist. Zum einen spricht der Wortlaut vom „bisherigen Vorstandsvorsitzenden". Damit ist klar, dass nur der *sofortige* Wechsel aus dem Vorstands- in den Aufsichtsratsvorsitz gemeint ist. Theoretisch könnte also auch ein Aufsichtsrat der Empfehlung nachkommen, indem er für kurze Zeit einen Interimsvorstandsvorsitzenden ernennt,[678] und diese Ernennung dann beispielsweise gleichzeitig mit der Wahl zum Aufsichtsrat durch die Hauptversammlung widerruft. Allerdings ist ein Widerruf der Ernennung nur in den engen Grenzen des § 84 Abs. III AktG möglich. Auch erscheint es wahrscheinlicher, dass eine Gesellschaft eher auf ein Befolgen der Empfehlung verzichtet, als diesen recht umständlichen Weg zu gehen.[679]

Zusätzlich rät Ziff. 5.4.4 S. 1 DCGK vom regelmäßigen Wechsel eines Vorstandsmitglieds in den Aufsichtsratsvorsitz oder in den Vorsitz eines Aufsichtsratsausschusses ab. Auch hier ist nur der unmittelbare Wechsel in den Aufsichtsrat nach vorhergehender Beendigung der Vorstandstätigkeit zu verstehen.

Festzuhalten ist insoweit, dass sich die Regierungskommission damit klar gegen eine Karenzzeit vor Antritt des Aufsichtsrats, wie sie Anhang II Nr.1 a) der EU-Empfehlung vorgesehen hatte,[680] entschieden hat.[681] Stattdessen schränkt der Kodex

[677] *Kremer*, in: *Ringleb/Kremer/Lutter/v. Werder*, DCGK-Komm., Rn 1061.
[678] § 84 Abs. II AktG.
[679] Zumal die Befolgungsquote von Ziff. 5.4.4 S. 1 DCGK mit nur 75% der DAX-Unternehmen ohnehin recht gering ist, siehe *v. Werder/Talaulicar*, DB 2008, 825, 828.
[680] Eine zweijährige cooling-off Periode sieht etwa auch Ziff. 55 des ÖCGK vor.

die Restriktion insoweit ein, als er empfiehlt, einen entsprechenden Wechsel *nicht regelmäßig* zu praktizieren.

(b) Kein regelmäßiger Wechsel

Wie soeben festgestellt, präkludiert Ziff. 5.4.4 S. 1 DCGK den Wechsel in die Position des Aufsichtsrats- bzw. Ausschussvorsitzenden also nicht im vornherein, sondern empfiehlt, dass ein solcher „nicht die Regel" sein soll. Auffällig ist insoweit erneut die Unbestimmtheit dieser Wortwahl.[682] Diese erklärt sich mit dem Ziel der Empfehlung, nämlich der Vermeidung eines Automatismus bei Wechsel vom Vorstand in den Aufsichtsrat.[683] Dennoch fragt sich, ab wann ein regelmäßiger Wechsel anzunehmen ist. Wie bei einer derart unbestimmten Formulierung nicht anders zu erwarten, gestaltet sich eine allgemeingültige Präzisierung äußerst schwierig. Unter Berücksichtigung des allgemeinen Sprachgebrauchs ist mit *Hopt* und *Roth*[684] insoweit davon auszugehen, dass dies bei einem zweimaligen Wechsel noch nicht der Fall ist.[685] Zu weit ginge es aber, einen ausnahmslosen Wechsel im Sinne einer „Unternehmenstradition" zu fordern. Der Respekt vor dem Wortlaut der Empfehlung erfordert letztlich wohl einen Blick auf die letzten drei bis vier Amtsinhaber. Überwiegt dabei unter Mitberücksichtigung des aktuellen Aufsichtsrats- bzw. Ausschussvorsitzenden die Zahl ehemaliger Vorstandsvorsitzender, liegt die Annahme eines Regelfalls zumindest nahe.

---

681 Siehe auch *Kremer*, in: *Ringleb/Kremer/Lutter/v. Werder*, DCGK-Komm., Rn 1064; *Lieder*, NZG 2005, 569, 572; die Entscheidung der Regierungskommission begrüßend *ders.*, Aufsichtsrat im Wandel, 719.

682 Vgl. *Hopt/Roth*, in: Großkomm. AktG, § 107 Rn 472.

683 Siehe *Lieder*, NZG 2005, 569, 573; *ders.*, Aufsichtsrat im Wandel, 718 jeweils m.w.N.; vgl. auch *Kremer*, in: *Ringleb/Kremer/Lutter/v. Werder*, DCGK-Komm., Rn 1064, der anmerkt (Rn 1062), dass es einen solchen Automatismus bereits heute nicht mehr gäbe. Dieser Einwand erscheint im Hinblick auf die Entsprechensquoten berechtigt; siehe dazu siehe *v. Werder/Talaulicar*, DB 2008, 825, 828 und oben D. II. 3. b.

684 *Hopt/Roth*, in: Großkomm. AktG, § 107 Rn 472.

685 A.A. jeweils *Vetter*, BB 2005, 1689, 1693; *Gofferje*, Unabhängigkeit, 186 Fn 1027, der das von *Hopt/Roth* genannte Beispiel aufgreift und in höchstem Maße ergebnisorientiert darauf hinweist, dass so möglicherweise eine Gesellschaft über Jahrzehnte von einem ehemaligen Vorstandsvorsitzenden als Aufsichtsratsvorsitzenden überwacht werden könne; dies mag zwar zutreffen, allerdings spricht dieser Extremfall nicht für die Annahme eines regelmäßigen Wechsels, sondern ist vielmehr im Hinblick auf den Wortlaut der Kodexempfehlung hinzunehmen, zumal eine (unerwünschte) Ämterrochade nicht durch ihre einmalige Wiederholung zu einem Regelfall wird und der Kodex nicht an eine bestimmte Amtsdauer anknüpft. Entgegen *Gofferje* handelt es sich bei dem Beispiel allenfalls um ein Argument gegen die Empfehlung in ihrem aktuellen Wortlaut, nicht aber um einen Grund für die Annahme eines Regelfalls.

(c) Begründungserfordernis

Sollte sich der Aufsichtsrat doch dafür entscheiden, ein früheres Vorstandsmitglied zu seinem Vorsitzenden oder dem eines seiner Ausschüsse zu wählen, so soll er diese Absicht vor der Hauptversammlung besonders begründen, Ziff. 5.4.4 S. 2 DCGK. Hiermit wurde die Regierungskommission der EU-Empfehlung gerecht, die einen entsprechenden Ämterwechsel durch Informationen über getroffene Schutzvorkehrungen begleitet sehen will[686]. Dementsprechend muss der Aufsichtsrat bei der Begründung auf den Ausnahmecharakter des Wechsels eingehen und unter Abwägung mit den Gesichtspunkten, die für etwaige unabhängige Kandidaten sprechen, darlegen, dass ein solcher Wechsel für die Gesellschaft in besonderem Maße nützlich ist.[687] Die Einberufung einer außerordentlichen Hauptversammlung ist schon im Hinblick auf den Wortlaut nicht erforderlich.[688] Will eine Gesellschaft von dieser Empfehlung abweichen, muss sie wiederum diese Abweichung nach § 161 Abs. I AktG-E begründen.

(d) Stellungnahme

Die soeben erörterten Empfehlungen sind im Schrifttum auf teilweise recht heftige Kritik gestoßen. So ist nach *Vetter*[689] die Empfehlung nach Ziff. 5.4.4 S. 1 DCGK wegen der Unbestimmtheit des Merkmals der Regelmäßigkeit „weder in der Sache überzeugend noch in der konkreten Anwendung praktikabel.“ Aus dem gleichen Grund befürchtet *Rode*,[690] dass sich die Regelung als „weitestgehend wirkungslos“ erweisen werde, da kaum vorstellbar sei, dass sich Unternehmen ohne weiteres dem Verdikt einer regelmäßigen Ämterrochade aussetzen würden.

Die Qualität der Kodexempfehlung hängt zunächst von der Beantwortung der Frage ab, ob ein Wechsel insbesondere in den Aufsichtsratsvorsitz unter Corporate Governance-Gesichtspunkten überhaupt vollzogen werden sollte. Auf die oben[691] dargelegten Vorzüge und Nachteile einer solchen Praxis kann insoweit in vollem Umfang verwiesen werden. Nachdem oben allerdings die Ansicht vertreten wurde, dass der Wech-

686 Ziff. 3.2 der EU-Empfehlung.
687 *Hopt/Roth*, in: Großkomm. AktG, § 107 Rn 473.
688 *Kremer*, in: *Ringleb/Kremer/Lutter/v. Werder*, DCGK-Komm., Rn 1066.
689 *Vetter*, BB 2005, 1689, 1693.
690 *Rode*, BB 2006, 341, 342.
691 D. II. 1.

sel eines (beisitzenden) Vorstandsmitglieds in den Aufsichtsrat in bestimmten Grenzen – Beachtung der Höchstzahl, andernfalls Einhaltung einer zweijährigen Karenzzeit – durchaus mit den Grundsätzen guter Corporate Governance zu vereinbaren ist, könnte hier ein anderes Ergebnis gerechtfertigt sein. Anknüpfungspunkt im Zusammenhang mit einem Wechsel in die Vorsitzendenposition ist die mit den zahlreichen Einflussmöglichkeiten des Vorsitzenden divergierende Gewichtung von Vorteilen und Gefahren einer solchen Praxis. So liegt die Vermutung nahe, dass sich bei einem Wechsel in den Stuhl des Vorsitzenden die Gefahren einer solchen Praxis stärker bemerkbar machen als die Vorzüge. Nur beispielhaft seien hier die Möglichkeiten zur Einflussnahme auf die Informationsvermittlung zwischen den beiden Leitungsorganen zu nennen, die der DCGK selbst durch seine Empfehlungen nach Ziff. 5.2 Abs. III stärkt. Eine wertende Gesamtbetrachtung spricht also für den vollständigen Verzicht eines solch „qualifizierten" Wechsels.

Auch eine Sperrfrist erscheint im vorliegenden Zusammenhang wenig sachgerecht. Zum einen dürfte anzunehmen sein, dass ein Vorsitzender über dauerhaftere Netzwerke verfügt als ein beisitzendes Mitglied, so dass diese Verbindungen auch nach einer längeren Sperrfirst noch bestehen. Zum anderen ist zu bedenken, dass im Falle eines Vorsitzendenwechsels das Abwarten einer Abkühlungsperiode oftmals entweder zum Erreichen der Altersgrenze[692] führen dürfte oder zumindest zu dem Umstand, dass das Amt nur noch kurze Zeit ausgeübt werden könnte.[693]

Eine Empfehlung, den Wechsel in den Aufsichtsratsvorsitz nicht zu vollziehen, würde auch die bestehenden Probleme bei der Bestimmung des Regelfalls[694] lösen. Zwar ist eine gewisse Flexibilität bei der Befolgung der Kodexempfehlungen grundsätzlich begrüßenswert; allerdings darf ein solcher Spielraum nicht bewirken, dass kaum Klarheit über die Frage herrscht, ob eine Gesellschaft der Empfehlung tatsächlich folgt oder ob sie dies in ihrer Entsprechenserklärung – womöglich sogar ohne Vorsatz – zu Unrecht angibt.

Nach alledem sprechen die besseren Gründe für eine Änderung der Ziff. 5.4.4 DCGK dahingehend, einen Wechsel zumindest des Vorstandsvorsitzenden in den Aufsichtsratsvorsitz nicht zu praktizieren.[695] Solange die Regierungskommission sich zu der

---

692 Ziff. 5.4.1 S. 2 DCGK.

693 So auch *Kremer*, in: *Ringleb/Kremer/Lutter/v. Werder*, DCGK-Komm., Rn 1064.

694 Siehe dazu oben D. II. 3. c. (2) (b).

695 So auch *Bender/Vater*, DStR 2003, 1807, 1808; *Dörner*, in: FS Röhricht, 2005, 809, 815; *Rode*, BB 2006, 341, 342.

vorgeschlagenen Anpassung des Kodex an vorzugswürdige Corporate Governance-Aspekte nicht entschließen kann, existiert mit der Empfehlung zur Begründung nach Ziff. 5.4.4 S. 2 DCGK allerdings ein wirksames Mittel, um den Wechsel in den Aufsichtsrats- bzw. Ausschussvorsitz auf Ausnahmefälle zu beschränken[696]. Vollzieht die Gesellschaft den Ämterwechsel, so muss sie den Aktionären und damit dem Kapitalmarkt überzeugend begründen, warum sie diesen für unbedenklich hält, was sich schon vor dem Hintergrund der erheblichen Gefahren als äußerst schwierig erweisen dürfte.[697] Entschließt sich die Gesellschaft in diesem Falle gar, der Empfehlung zur besonderen Begründung nicht folgen zu wollen, so muss sie in ihrer Entsprechenserklärung nach § 161 Abs. I AktG-E wiederum darlegen, aus welchem Grund sie der Hauptversammlung ihre Motive für die Wahl des Vorsitzenden vorenthalten hat. Es ist kaum vorstellbar, dass dies in nachvollziehbarer Weise gelingt.[698] Darüber hinaus erscheint eine negative Kapitalmarktreaktion wegen mangelhafter Corporate Governance wahrscheinlich.

(3) Ziff. 5.3.2 S. 3 DCGK

Letztlich soll die Anregung nach Ziff. 5.3.2 S. 3 DCGK, nach der kein ehemaliges Vorstandsmitglied Vorsitzender der Prüfungsausschusses des Aufsichtsrats sein sollte, in der gebotenen Kürze Erwähnung finden.

In der Literatur wird diese Regelung bisweilen kritisiert, da etwa der ehemalige Finanzvorstand regelmäßig über wichtige Kenntnisse verfüge und auch mit den Interna des Unternehmen vertraut sei.[699] Diese Argumentation erinnert stark an die Gründe, die für das Institut der Ämterrochade im Allgemeinen sprechen,[700] und ist dementsprechend den gleichen Einwänden ausgesetzt. Insbesondere findet die Anregung ihre Berechtigung in der Vermeidung der Überprüfung solcher Sachverhalte, an denen das ehemalige Vorstandsmitglied in dieser Eigenschaft selber mitgewirkt hat.[701] Allerdings

---

696 Diese Empfehlung begrüßen unabhängig von der Bewertung eines Ämterwechsels auch *Hüffer*, ZIP 2006, 637, 642; *Rode*, BB 2006, 341, 343.

697 Dies gilt zumindest für den Wechsel in den Aufsichtsratsvorsitz; beim Wechsel in den Vorsitz eines Ausschusses dürfte eine andere Beurteilung angebracht sein, zumal der Vorsitzender des zentralen Prüfungsausschusses nach Ziff. 5.2 Abs. II S. 2 nicht zugleich Aufsichtsratsvorsitzender sowie nach Ziff. 5.3.2 S. 3 DCGK kein ehemaliges Vorstandsmitglied sein sollte.

698 Ähnlich zweifelnd *Rode*, BB 2006, 341, 343.

699 *Kremer*, in: *Ringleb/Kremer/Lutter/v. Werder*, DCGK-Komm., Rn 995.

700 Siehe oben D. II. 1. a.

701 Dies räumt auch *Kremer*, in: *Ringleb/Kremer/Lutter/v. Werder*, DCGK-Komm., Rn 995 ein.

darf nicht außer Acht gelassen werden, dass sich der Kodex nicht pauschal gegen eine Mitgliedschaft im Prüfungsausschuss ausspricht, sondern lediglich gegen die Ausübung des Vorsitzes und dies auch nur in Form einer Anregung, nicht als Empfehlung. Will sich eine Gesellschaft die Kenntnisse eines einstigen Vorstandsmitglied in diesem Ausschuss nutzbar machen, so kann sie dieses Ziel auch über die Position des Beisitzers erreichen. Dementsprechend sollte es die Regierungskommission bei der Regelung der Ziff. 5.3.2 S. 3 DCGK belassen. Die oben dargestellten hohen Befolgungsquoten[702] zeigen insbesondere, dass es einer Hochstufung zu einer Empfehlung nicht bedarf[703].

d. Zwischenergebnis

Obwohl die Regelungen des DCGK hinsichtlich einer Ämterrochade unter deutschen Aktiengesellschaften weitestgehend auf breite Akzeptanz stoßen, können diese nur im Ansatz als gelungen bezeichnet werden.

Ziff. 5.4.2 S. 3 DCGK empfiehlt zu Recht, nicht mehr als zwei ehemalige Vorstandsmitglieder in den Aufsichtsrat aufzunehmen, verzichtet dabei allerdings auf eine zeitliche Begrenzung. Die Restriktionen dieser Empfehlung sollten indes nur für solche Mitglieder gelten, deren Vorstandstätigkeit nicht bereits zwei Jahre zurückliegt. Der Auffassung, die sich generell gegen eine Aufsichtsratsmitgliedschaft vor Ablauf einer bestimmten Sperrfrist ausspricht, kann diese Darstellung nicht folgen.

Ziff. 5.4.4 DCGK empfiehlt in Satz 1 von einem regelmäßigen Wechsel in den Stuhl des Aufsichtsrats- und Ausschussvorsitzenden abzusehen und legt den Unternehmen in Satz 2 eine besondere Begründung eines dennoch geplanten Wechsels vor der Hauptversammlung nahe. Zwar erscheint das Begründungserfordernis hinreichend geeignet, der Empfehlung nach Satz 1 Wirkung zu verschaffen; dennoch sollte sich der Kodex gänzlich gegen einen Wechsel in den Aufsichtsratsvorsitz aussprechen, um eine hinreichend unabhängige Überwachung des Vorstands durch das Gesamtgremium, insbesondere aber durch den Vorsitzenden des Kontrollorgans, zu gewährleisten.

Grundsätzlich zu respektieren ist aber das Recht der Wirtschaft zur flexiblen Selbstorganisation in diesem Bereich. Gesetzliche Vorschriften sind mit der ganz h.M. folgerichtig abzulehnen. Gerade vor dem Hintergrund anfänglicher Reglementierungsten-

702 D. II. 3. b.
703 So auch *Kremer*, in: *Ringleb/Kremer/Lutter/v. Werder*, DCGK-Komm., Rn 995.

denzen[704] bleibt zu hoffen, dass sowohl Europäisches Parlament und Europäische Kommission einerseits als auch der nationale Gesetzgeber andererseits auch in Zukunft von verbindlichen Regeln absehen.

4. Rechtslage in den USA

Neue Impulse erhält die Corporate Governance-Debatte hierzulande möglicherweise durch einen Blick über den Atlantik. Die dortige Situation wird bisweilen zum Anlass genommen, eine Liberalisierung des Ämtertausches wegen der unterschiedlichen Unternehmensverfassungen – angloamerikanischen Board-System einerseits und deutschen Trennungsmodell andererseits – zu verteidigen.[705] In diesem Zusammenhang zumeist außer Acht gelassen werden indes die aktuellen Entwicklungen, die in den Vereinigten Staaten in den letzten Jahren zu verzeichnen waren. Der nun folgende Abschnitt soll auch diese Tendenzen beleuchten.

a. Diskussionsansatz

Während sich die Diskussion hierzulande, wie gesehen, auf den Wechsel von einem Gesellschaftsorgan (Vorstand) in ein anderes (Aufsichtsrat) bezieht, geht es in den USA wegen der Existenz nur *eines* Leitungsorgans, dem Board of Directors, in erster Linie um Positionswechsel und –kombinationen innerhalb dieses Organs. Dabei ist es zunächst nicht unüblich, dass inside Directors, also solche, die mit der Corporation in einem Beschäftigungsverhältnis stehen und auf Grund dessen insbesondere in der Geschäftsführung tätig sind,[706] nach Beendigung dieses Dienstverhältnisses im Board als outside Directors fungieren[707]. Auch entspricht es bislang der amerikanischen Wirtschaftstradition, dass ehemalige CEOs (Chief Executive Officers) und CFOs (Chief Financial Officers) nach dem Ausscheiden aus dem Management als Directors im Board tätig sind.[708] Zuletzt gibt es gar die Möglichkeit, dass der CEO in Personalunion

---

704 Siehe oben D. II. 2. c. und *Fischer zu Cramburg*, NZG 2007, 619.

705 So etwa *Claussen/Bröcker*, AG 2000, 481, 490; siehe dazu auch *Lieder*, Aufsichtsrat im Wandel, 715-716.

706 Zum Begriff *Vagts*, Corporation Law, 210; *Eisenberg*, Corporations, 156.

707 Vgl. *Lieder*, Aufsichtsrat im Wandel, 715-716.

708 *Fanto*, 58 Fla. L. Rev. (2006), 859, 906, der meint "In public firms, there are really no such outsiders" (In Publikumsgesellschaften gibt es solche outside Directors einfach nicht).

das Amt des Chairman of the Board, also Vorsitzenden des Boards, ausübt.[709] Gerade diese letzte Konstellation erregte in der amerikanischen Corporate Governance-Debatte zuletzt eine gewisse Aufmerksamkeit. Bevor auf diese Diskussion eingegangen wird, erscheint es sinnvoll, insbesondere die Rolle des Chairman in der geschichtlichen Entwicklung des Corporate Law in der gebotenen Kürze zu betrachten.

b. Situation vor den Corporate Governance-Reformen

Vor der Jahrtausendwende spielte der Positionswechsel innerhalb des Boards und auch die Kombination von CEO und Chairman praktisch keine Rolle. Dies lag zum einen daran, dass sich die Corporation Statutes der Bundesstaaten nicht in nennenswertem Maße mit der Rolle des Board-Vorsitzenden oder den persönlichen Voraussetzungen für die Tätigkeit als Director befassten[710]. Zum anderen gab es auch kaum Fälle, die sich diesem Thema widmeten.[711] So fasste der Civil Court von New York City beispielsweise die Rolle des Chairman im Jahre 1973 folgendermaßen zusammen:

> "In some [corporations, the chairman's office] is held by a chief executive officer who has relinquished day-by-day operations to a younger man while still holding the reins of power; in others it is held by a retired chief executive officer whose counsel and advice are still valued; in still others it provides a formula for dividing up between two relatively equal principals the control of the corporation."[712]

Es ist also festzuhalten, dass die Gesellschaften völlig frei darüber entscheiden konnten, wie sie die Kompetenzen im Board verteilen und welche Personen die verschiede-

---

709 *American Express Co. v. Lopez*, 72 Misc.2d 648, 340 N.Y.S.2d 82 (Civ.Ct.1973); *Eisenberg*, Corporations, 164; *Merkt/Göthel*, US-Gesellschaftsrecht, Rn 582.

710 Dies ist jedenfalls im Delaware General Corporation Law bis heute der Fall; dort erscheint der Begriff der „chairperson of the board" nur in sec. 158, die dem Aktionär das Recht einräumt, ein beispielsweise vom Board-Vorsitzenden unterschriebenes Zertifikat über seine Anteile zu verlangen.

711 *Eisenberg*, Corporations 164.

712 *American Express Co. v. Lopez*, 72 Misc.2d 648, 340 N.Y.S.2d 82 (Civ.Ct.1973), nachgewiesen bei *Eisenberg*, Corporations, 164. Deutsche Übersetzung: "In manchen Gesellschaften übt ein CEO das Amt des Vorsitzenden aus, der das Tagesgeschäft einem Jüngeren anvertraut hat, aber immer noch die Verantwortung trägt; in anderen übt es ein pensionierter CEO aus, dessen Rat immer noch geschätzt wird; in wieder anderen sieht es eine Teilung der Kontrolle über die Gesellschaft zwischen zwei relativ gleichberechtigten Vorsitzenden vor."

nen Aufgaben erledigten. Dementsprechend wenig Aufmerksamkeit erregte das Thema in der Literatur.

c. Situation nach den Corporate Governance-Reformen

Dies änderte sich mit den spektakulären Unternehmenszusammenbrüchen kurz nach Beginn des neuen Jahrtausends. Ab sofort rückten auch die Unabhängigkeit der Directors vom Management sowie eine mögliche Trennung des Amts des Chairman of the Board von dem des CEO in den Blickpunkt der US-amerikanischen Corporate Governance-Debatte. Da der Sarbanes-Oxley Act zu dieser Thematik schweigt, kommt in diesem Zusammenhang erneut den privaten Regelwerken besondere Bedeutung zu.

(1) NYSE und NASDAQ Listing Standards

Die beiden größten Wertpapierbörsen der USA bestimmen, dass ein Director, um als independent qualifiziert werden zu können, weder momentan noch in den vergangenen drei Jahren ein Angestellter der Corporation (gewesen) sein darf.[713] Im Falle der NASDAQ-Rules schließt dies auch ein Engagement bei einem mit der Gesellschaft verbundenen Unternehmen ein. Als „Angestellter“ (Employee) zählen auch Officers – also grundsätzlich auch CEOs und CFOs[714] – und inside Directors. Somit lässt sich insoweit feststellten, dass die Trennung von Überwachenden und Überwachten unter börsennotierten Corporations zwar nicht vollständig, aber jedenfalls hinsichtlich der independent Directors vorgesehen ist. Da diese ja die Mehrheit des Boards ausmachen müssen,[715] ist nun zumindest für ein gewisses Maß an Unabhängigkeit gesorgt, zumal die non-management Directors regelmäßig ohne das Management tagen müssen[716].

---

713 § 303A.02(b)(i) NYSE Listed Company Manual (2006); Rule 4200(a)(15)(A) NASDAQ Stock Market Rules (2004).

714 Dies erkennt man schon daran, dass laut Commentary zu § 303A.02(b)(i) NYSE Listed Company Manual (2006) eine Tätigkeit als *Interims* Chairman oder CEO nicht erfasst sind.

715 § 303A.01 NYSE Listed Company Manual (2006); Rule 4350(c) NASDAQ Stock Market Rules (2004).

716 § 303A.03 NYSE Listed Company Manual (2006); vergleichbar Rule 4350(c)(2) NASDAQ Stock Market Rules (2004), wonach regelmäßig "executive sessions", also Board-Sizungen unter Ausschluss der non-independent Directors stattfinden müssen.

(2) Conference Board

Obgleich die Listing Standards, jedenfalls im Hinblick auf independent Directors, die Inkompatibilität von Board-Mitgliedschaft und Beschäftigungsverhältnis mit der Corporation regeln, nehmen sie zu der oben angesprochenen Vereinigung des Chairman of the Board und CEO, also des „Vorsitzenden" des Managements, keine Stellung. Zwar darf der Boardvorsitzende nach dem oben Gesagten nicht gleichzeitig CEO sein oder dieses Amt in den vergangenen drei Jahren ausgeübt haben, wenn er als unabhängig gelten soll. Allerdings muss der Chairman nicht unabhängig sein, solange die mehrheitlich unabhängige Besetzung des Gremiums auch ohne seine eigene Unabhängigkeit im Sinne der Listing Standards gewährleistet ist.

Dennoch ist eine Vereinigung der beiden Funktionen in einer Person kritisch zu betrachten. Wie schon oben im Zusammenhang mit der deutschen Ämterrochade angesprochen, erscheint es höchst zweifelhaft, gerade den Vorsitz von Überwachenden und Überwachten gleichzeitig auszuüben. Erschwerend kommt nach der US-amerikanischen Rechtslage hinzu, dass die Corporations selbst über die Kompetenzen des Chairman of the Board entscheiden können, ohne dabei gesetzlichen Schranken unterworfen zu sein. Aus diesem Grund hat sich im Jahre 2003 die Commission on Public Trust and Private Enterprise des Conference Boards, einem weltweit agierenden Wirtschaftsverband, in ihren „Findings and Recommendations" zum Thema Corporate Governance für eine personelle Trennung der beiden Ämter ausgesprochen[717]. Darüber hinaus soll der Vorsitzende des Boards unabhängig sein. Alternativ hierzu könnte der Chairman zwar auch ein non-independent Director sein, sollte dann im Übrigen aber vom Management unabhängig und nicht den Weisungen des CEO unterworfen sein.

Die Empfehlungen der Commission des Conference Board, die in der amerikanischen Tradition privater Corporate Corvernance-Regelwerke[718] stehen, sind für die Corporations zwar nicht verbindlich. Dennoch sind sie der bislang größte Schritt hin zu einer Trennung der Vorsitzenden von Board und Management.

---

717 *Conference Board, Commission on Public Trust and Private Enterprise*, Findings and Recommendations (2003), 29, abrufbar in englischer Sprache unter http://www.conference-board.org/pdf_free/SR-03-04.pdf (Stand: 1.3.2009).

718 Zu anderen Werken siehe oben B. IV. 2.

(3) Rezeption

Obwohl eine striktere Trennung von Directors und Management im Allgemeinen sowie Board-Vorsitz und CEO-Amt im Besonderen ein deutliches Mehr an unabhängiger Überwachung gewährleisten würde, haben die entsprechenden Maßnahmen sowohl in der Literatur wie auch in der amerikanischen Wirtschaft bisher wenig Anklang gefunden.

(a) Kritische Stimmen

So bemängelt etwa der amerikanische Wirtschaftswissenschaftler *Jeffrey Sonnenfeld*,[719] dass die Vorschläge des Conference Board zur personellen Trennung von Chairman und CEO jedweden Beweises einer Leistungssteigerung des Board of Directors entbehren.[720] Auch sei der „Split CEO/Board Chairman Myth" insofern wenig nachvollziehbar, als die Unternehmen, die beiderseits des Atlantik in der jüngeren Vergangenheit auf Grund erheblichen Missmanagements zusammenbrachen (z.B. Enron, WorldCom) oder wie Royal Ahold, Mannesmann oder die Deutsche Telekom zumindest erhebliche Schäden erlitten, im Vorfeld durchweg eine solche Ämtertrennung praktiziert hatten, ohne dass diese die Ereignisse hätte verhindern können.[721]

Widerspruch ernten die Empfehlungen des Conference Board auch aus den eigenen Reihen. So lehnt aus dem zuletzt genannten Grund auch die dissenting opinion des Commissioners *John H. Biggs* die Idee einer konsequenten Ämtertrennung ab.[722] Es sei ironisch, dass gerade Enron und WorldCom personenverschiedene Boardvorsitzen-

---

719 *Sonnenfeld*, 18 Academy of Management Executive (2004), 108, 109, abrufbar in englischer Sprache unter http://www.sec.gov/spotlight/dir-nominations/sonnenfeld012004.pdf (Stand: 1.3.2009).

720 Diese Argumentation erinnert stark an die anderer US-amerikanischer Autoren, die dem Unabhängigkeitspostulat insbesondere auf Grund mangelnder empirischer Erkenntnisse ablehnend gegenüberstehen; zu Recht kritisch hierzu *Olsen/Adams*, 59 Bus. Law. (2004), 421, 447; siehe auch oben C. IV. 1.

721 *Sonnenfeld*, 18 Academy of Management Executive (2004), 108, 109, abrufbar in englischer Sprache unter http://www.sec.gov/spotlight/dir-nominations/sonnenfeld012004.pdf (Stand: 1.3.2009).

722 *Conference Board, Commission on Public Trust and Private Enterprise*, Findings and Recommendations (2003), 35, abrufbar in englischer Sprache unter http://www.conference-board.org/pdf_free/SR-03-04.pdf (Stand: 1.3.2009); erwähnenswert ist, dass *Biggs* den Angaben über die Zusammensetzung des Committees zufolge ehemals selbst gleichzeitig Präsident, Board-Vorsitzender und CEO von TIAA-CREF war.

de und CEOs aufweisen konnten, auch wenn diese nicht unabhängig waren.[723] Erreicht werden könne eine hinreichend unabhängige Überwachung in gleichem Maße durch zeit- und kostenschonendere Methoden, namentlich der Besetzung des Vorsitzes des Nominierungsausschusses mit einem independent Director,[724] der darüber hinaus die Sitzungen seiner unabhängigen Kollegen leitet und den CEO mit den nötigen Informationen versorgt.[725]

(b) Unternehmenspraxis

Auch die amerikanischen Corporations reagierten äußerst zurückhaltend bei der Umsetzung der erörterten Empfehlungen. Wie eine stichprobenartige Untersuchung der Boards großer an NYSE bzw. NASDAQ notierter Corporations durch den *Verfasser* ergeben hat, ist die Ausübung der Ämter von Chairman und CEO in Personalunion nach wie vor noch durchaus häufig anzutreffen. So ist beispielsweise *Rex W. Tillerson* sowohl als Chairman of the Board als auch CEO der Exxon Mobil Corporation tätig. Entsprechendes gilt für *C. Robert Henrikson*, der darüber hinaus noch Präsident des Versicherungsunternehmens MetLife ist. Auch eine Ämterrochade „nach deutschem Vorbild" ist keine Seltenheit: Den Board-Vorsitz der Disney Corporation hat mit *John E. Pepper* ihr ehemaliger CEO inne und *Neville Isdell* führt nach einem so genannten „leadership succession plan" nun das Board of Directors der Coca-Cola Company, nachdem er sein Amt als CEO unmittelbar zuvor niedergelegt hatte. Auch Delta Airlines lehnen eine konsequente Trennung des Führungspersonals ausdrücklich ab, entsprechen den Empfehlungen des Conference Board aber insofern, als sie in ihren Corporate Governance Guidelines für den Fall einer Personalunion einen als Presiding Director fungierenden outside Director vorsehen, der die Sitzungen leitet, an denen der CEO nicht teilnimmt, und außerdem noch weitere Aufgaben wahrnimmt.

Auch hinsichtlich der NASDAQ-Unternehmen ergibt sich kein anderes Bild. So sitzt beispielsweise in den Boards von amazon.com, Cisco und Symantec jeweils der CEO

723 *Conference Board, Commission on Public Trust and Private Enterprise*, Findings and Recommendations (2003), 35, abrufbar in englischer Sprache unter http://www.conference-board.org/pdf_free/SR-03-04.pdf (Stand: 1.3.2009).

724 Die ausschließlich unabhängige Besetzung dieses Ausschusses mit independent Directors ist für an der NYSE notierte Corporations nunmehr Pflicht, § 303A.04(a) NYSE Listed Company Manual (2006); siehe hierzu auch oben C. III. 3. b. (2).

725 *Conference Board, Commission on Public Trust and Private Enterprise*, Findings and Recommendations (2003), 35, abrufbar in englischer Sprache unter http://www.conference-board.org/pdf_free/SR-03-04.pdf (Stand: 1.3.2009).

auf dem Stuhl des Vorsitzenden. Da auch die unternehmensinternen Codes[726] zu dieser Frage schweigen,[727] ist auch unklar, inwieweit eine etwaige Ämtertrennung in anderen Gesellschaften wirklich auf Corporate Governance-Gesichtspunkte bzw. gar die Empfehlungen des Conference Board zurückzuführen ist oder andere Gründe hat.

Festzustellen bleibt indes, dass ein beachtlich großer Teil amerikanischer public Corporations in vermeintlich bewährter Tradition das Amt des Board-Vorsitzes und das des CEO, also des „Vorsitzenden" des Managements, nach wie vor in ein und derselben Person vereinen, statt dem Unabhängigkeitspostulat insbesondere nach dem Vorbild des Conference Board zu entsprechen.

(c) Stellungnahme

Obgleich eingeräumt sei, dass die Position des Board-Chairman wegen der unterschiedlichen Ausgestaltung seiner Kompetenzen[728] nicht vollumfänglich mit der eines deutschen Aufsichtsratsvorsitzenden zu vergleichen ist, kann die im Schrifttum geäußerte Kritik an der Ämtertrennung nicht überzeugen. Gegen den Gedanken, die Qualität des Unabhängigkeitspostulats mehr oder minder ausschließlich an Hand empirischer Untersuchungen nachzuweisen, hat sich diese Darstellung bereits an anderer Stelle ausgesprochen.[729] Zweifelhaft erscheint auch der Erfolg des von *Higgs* geäußerten und von der NYSE mittlerweile umgesetzten Vorschlags, allein die Unabhängigkeit des Vorsitzenden des Nominierungsausschusses zu stärken. Auch der Hinweis, eine Trennung von Board-Vorsitz und Tätigkeit als CEO habe schon in der Vergangenheit „Corporate Misbehaviour" nicht effektiv verhindern können, geht fehl. Wie schon *Clarke*[730] in ähnlichem Zusammenhang treffend anmerkt: „anecdotal examples of failure do not prove the absence of success"[731]. Wieviel Schaden von Unternehmen durch einen hinreichend unabhängigen Board-Vorsitzenden abgewendet werden konnte, lässt sich schwerlich in Dollar und Cent ermitteln. Auch ist klar, dass die Ämtertrennung – wie auch der Ruf nach Unabhängigkeit in anderen Corporate Governance-

726 Zu diesem siehe oben B. IV. 2. g. (3).

727 Dies ist auch nicht verwunderlich, da es sich bei der vorliegenden Problematik ja nicht um eine Frage richtigen Verhaltens durch das individuelle Board-Mitglied handelt.

728 Vgl. *Eisenberg*, Corporations, 164, der anmerkt, dass der Board-Vorsitz oftmals schlichtweg mit dem Amt des CEO verbunden sei.

729 Siehe oben C. IV. 1. c.; so i.E. auch *Beecher-Monas*, 86 Or. L. Rev. (2007), 373, 391-392.

730 *Clarke*, 32 Del. J. Corp. L. (2007), 73, 75.

731 Übersetzung: „Vereinzelte Beispiele des Scheiterns belegen nicht das Ausbleiben von Erfolg".

Aspekten – keinesfalls den Anspruch erhebt, „Patentrezept" gegen unternehmerisches Fehlverhalten zu sein.[732] Die Verantwortung liegt in letzter Instanz bei jedem einzelnen Chairman.

Folgerichtig erscheint auch die US-amerikanische Unternehmenstradition einer gleichzeitigen oder sukzessiven Ausübung von Board-Vorsitz und CEO-Tätigkeit sehr bedenklich. Dies gilt umso mehr für die Corporations, in denen der Chairman of the Board über weitreichendere Kompetenzen verfügt als die übrigen Directors. Solche Möglichkeiten zur Einflussnahme auf die Board- und Ausschussarbeit sowie die Informationsvermittlung zwischen Management und (unabhängigen) Directors müssen vor Missbrauch geschützt werden. Allerdings sind auch die positiven Aspekte insbesondere einer Tätigkeit als Board-Vorsitzenden nach Beendigung des CEO-Amts anzuerkennen. Wie *Olsen* und *Adams*,[733] die einer Ämtertrennung im Übrigen durchaus aufgeschlossen gegenüberstehen, betonen, kann sich die Nähe zwischen CEO und Boardvorsitzenden durchaus förderlich auf Aspekte des Informationsflusses und der präventiven Konsultation auswirken.

d. Fazit

Es fragt sich also, inwieweit die aktuelle Rechtslage in den USA zu zufrieden stellenden Ergebnissen führt. Zunächst ist in diesem Zusammenhang festzuhalten, dass nur die Gesellschaften, die an der NYSE bzw. NASDAQ notiert sind, wegen des Gebots eines mehrheitlich unabhängigen Boards verpflichtet sind, über eine Mehrzahl von Directors zu verfügen, die nicht im Management tätig sind und eine solche Tätigkeit auch nicht in den vergangenen drei Jahren ausgeübt haben.[734] Je nach Wertpapierbörse ist damit auch die Mitgliedschaft in bestimmten Ausschüssen des Boards ausgeschlossen, sofern ein solcher Ausschuss nur mit independent Directors besetzt werden

---

732 Insoweit zutreffend, wenn auch mit kritischem Hintergrund *Sonnenfeld*, 18 Academy of Management Executive (2004), 108, 110, abrufbar in englischer Sprache unter http://www.sec.gov/spotlight/dir-nominations/sonnenfeld012004.pdf (Stand: 1.3.2009): "Although an independent board of directors has many advantages, it is clearly not a panacea".

733 *Olsen/Adams*, 59 Bus. Law. (2004), 421, 447, allerdings auch hier eine richtige Einschränkung dahingehend, dass dies nur der Fall sein könne, wenn der ehemalige CEO keine alleinige Entscheidungsbefugnis hatte, sondern in der Führungsabteilung stattdessen eine gemeinsame Entscheidungsfindung im Vordergrund steht.

734 § 303A.02(b)(i) NYSE Listed Company Manual (2006); Rule 4200(a)(15)(A) NASDAQ Stock Market Rules (2004).

darf.[735] Insoweit ist eine gewisse Unabhängigkeit der Mehrheit des Boards von der zu überwachenden Geschäftsführung sowohl im Gesamtgremium als auch in Bereichen der Ausschussarbeit gewährleistet.

Problematischer erscheint hingegen die Möglichkeit, nach wie vor, den Stuhl des Board-Vorsitzenden mit dem CEO der Corporation zu besetzen. Entsprechende Vorschläge, dies zu ändern, haben, wie dargelegt, in der Literatur, vor allem aber in der US-amerikanischen Wirtschaft bislang wenig Anklang gefunden. Auch die Listing Standards sehen eine solche Ämtertrennung nicht vor. Dies mag auf den ersten Blick überraschen, da das Unabhängigkeitspostulat ja in anderen Bereichen mitunter äußerst detailliert umgesetzt wurde.[736] Verständlich erscheint diese Regelungslücke aber im Hinblick auf die amerikanische Wirtschaftstradition, die die personelle Verknüpfung von Board-Vorsitz und CEO-Tätigkeit seit jeher anerkennt. Diese Tradition gilt es zunächst zu respektieren, zumal sich, jedenfalls in der jüngeren Vergangenheit, kein Wirtschaftsskandal hierauf zurückführen lässt.

Die Achtung vor diesem Brauch verpflichtet jedoch nicht zur kritiklosen Akzeptanz. Auf die Gefahren desselben wurde bereits oben hingewiesen. Nach einer Abwägung dieser Bedenken einerseits und der festgestellten Vorzüge sowie des Umstandes, dass sich ein Kombination der Ämter bislang in gewissen Maße bewährt hat, andererseits, erscheint eine obligatorische Ämtertrennung etwa durch eine entsprechende Anpassung der Listing Standards eher unverhältnismäßig. Dennoch sollten Boards solcher Corporations, die sich für eine Personalunion entscheiden, vergleichbar mit den Vorschlägen des Conference Board und dem Swiss Code of Best Practice,[737] einen independent – nicht nur outside – Director zum Stellvertreter wählen, der insbesondere Einberufung, Vorbereitung und Leitung der Sitzungen übernimmt, an denen nur die unabhängigen Board-Mitglieder, also unter Ausschluss des Chairman/CEO, teilnehmen. Ein solcher Schutzmechanismus würde die Gefahren dieser Praxis entschärfen ohne einen Systembruch zu bewirken und sollte, um eine effektive Umsetzung zu gewährleisten, von den Wertpapierbörsen verbindlich vorgesehen werden. Sollte sich dieser Vorschlag in der Praxis bewähren, erscheint in einem nächsten Schritt auch ein

---

735 Beispielhaft § 303A.07(b) i.V.m. § 303A.02 NYSE Listed Company Manual (2006) (Audit Committee); dementsprechend sollten sich zumindest an der NYSE notierte Unternehmen stets der Tatsache bewusst sein, dass ein als CEO tätiger Board-Chairman stets von der Mitarbeit in den vorgeschriebenen Committees ausgeschlossen ist.

736 Man denke nur an den Katalog der Unabhängigkeitskriterien nach § 303A.02 NYSE Listed Company Manual (2006) bzw. Rule 4200(a)(15) NASDAQ Stock Market Rules (2004).

737 Ziff. 18 Abs. II Swiss Code of Best Practice.

Wandel zu einer konsequenten Ämtertrennung, wie sie etwa der britische Combined Code vorsieht,[738] denkbar und wünschenswert. Letztlich bewirkt nur eine solche eine möglichst effektive und hinreichend unabhängige Überwachung des Managements.

5. Gegenüberstellung und Stellungnahme

Das deutsche Recht sieht in § 105 AktG die grundsätzliche Inkompatibilität von Vorstands- und Aufsichtsratszugehörigkeit vor und sorgt damit für die personelle Trennung von Aufsichts- und Geschäftsführungsorgan sowie die Unabhängigkeit der Überwachenden von den Überwachten. Den übergangslosen Wechsel vom Vorstand in den Aufsichtsrat verbietet das AktG nach herrschender und zutreffender Ansicht hingegen nicht. Hier empfiehlt aber der DCGK in Ziff. 5.4.2 S. 3 und Ziff. 5.4.4 – vereinfacht ausgedrückt – von einer solchen Ämterrochade, insbesondere vom Wechsel in den Aufsichtsratsvorsitz, in der Regel abzusehen und eine Nichtbefolgung ggf. besonders zu begründen. Deutsche Aktiengesellschaften steht es aber nichtsdestotrotz offen, ausgeschiedenen Vorstandsmitglieder in den Aufsichtsrat wählen zu lassen und Ihnen dort sogar den Vorsitz zu überlassen.

Das amerikanische Recht geht einen anderen Weg. Es überlässt jeder Corporation die Entscheidung, welcher Anteil des Boards von executive bzw. inside Directors, also meist solchen, die für die Gesellschaft geschäftsführend tätig sind, besetzt wird. Eine Ausnahme hiervon sehen die Listing Standards der Wertpapierbörsen NYSE und NASDAQ vor. Danach muss die Mehrheit der Directors von dort notierten Corporations vom Management unabhängig sein, d.h. sie dürfen an der Geschäftsführung nicht als Angestellter mitwirken und dies grundsätzlich auch nicht in den letzten drei Jahren getan haben. Hinzu kommt im Fall der NYSE der Ausschluss von der Mitarbeit in Ausschüssen, da ein Director andernfalls nicht als independent zu qualifizieren ist. Dieses Postulat erstreckt sich indes nicht auf den Chairman of the Board, so dass dieser auch gleichzeitig oder innerhalb der dreijährigen Sperrfrist für das Management tätig (geworden) sein darf. Der *Verfasser* konnte zeigen, dass amerikanische Corporations von dieser Freiheit bislang noch regen Gebrauch machen, obgleich insbesondere

[738] Ziff. A.2.1, A.2.2 Combined Code; möglich wäre etwa eine Empfehlung zum Verzicht der Vereinigung von Board-Vorsitz und CEO-Amt in einer Person in den Listing Standards; eine vergleichbare Empfehlung enthalten diese ja auch hinsichtlich eines Wettbewerbsverbots von Board-Mitgliedern, siehe dazu oben D. I. 4. b. (1).

das Conference Board unter Corporate Governance-Gesichtspunkten von dieser Praxis abrät.

Es fällt also auf, dass sich die Regelungsstrenge der beiden Rechtskreise beinahe diametral zueinander verhält. Während hierzulande die gleichzeitige Ausübung von Geschäftsführungs- und Aufsichtsratstätigkeit grundsätzlich verboten ist, ist diese in den USA zulässig. Einschränkungen finden sich allein in den Listing Standards. Die in diesem Zusammenhang im Vordergrund stehende *sukzessive* Tätigkeit ist in Deutschland indes erlaubt – allein der Kodex plädiert gegen diese Praxis.[739] Nach den amerikanischen Börsenordnungen hingegen ist der Mehrheit der Board-Mitglieder, den independent Directors, ein Engagement im Management im Laufe der vergangenen drei Jahre verbindlich untersagt.

Da allerdings auch die Gefahren eines Wechsels in den Aufsichtsrat für eine hinreichend neutrale und vom Vorstand unabhängigen Corporate Governance ein striktes Verbot, wie oben dargelegt wurde, nicht, auch nicht für einen Teil der Anteilseignerseite, rechtfertigen können, kann die „amerikanische Lösung" vorliegend kein Vorbild sein. Anderes gilt lediglich im Grundsatz hinsichtlich der cooling-off Periode, wobei diese nur zwei Jahre betragen und deren Einhaltung auf freiwilliger Basis im Rahmen einer modifizierten Ziff. 5.4.2 S. 3 DCGK erfolgen sollte. Noch weniger überzeugen kann in konsequenter Fortführung des oben Gesagten ein auch nur ausnahmsweise erfolgter Wechsel in den Aufsichtsratsvorsitz, wie er in vergleichbarer Weise auch in den Vereinigten Staaten durch Übernahme der Board-Chairmanship nach Beendigung der CEO-Tätigkeit praktiziert wird. Die Regierungskommission sollte nach der hier vertretenen Auffassung in diesem Bereich Klarheit schaffen und damit gleichzeitig die sprachlichen Unschärfen der Ziff. 5.4.4 S. 1 DCGK („nicht die Regel") korrigieren. In gleicher Weise seien die US-Wertpapierbörsen aufgerufen, auf eine Einschränkung der entsprechenden Wirtschaftstradition hinzuwirken, freilich nur nach angemessener Beachtung derselben. Weiterer Raum für Konvergenztendenzen besteht in diesem Zusammenhang nicht.

739 Das VorstAG will indes eine zweijährige Karenzzeit einführen, von der nur dann abgwichen werden kann, es sei denn Wechsel soll auf Grund eines Vorschlags erfolgen, der von Aktionären stammt, die mindestens 25% der Stimmrechte an der Gesellschaft halten, siehe dazu oben D. II. 2. c.

III. Erfolgsabhängige Vergütung von Aufsichtsratsmitgliedern

Der Gedanke, Aufsichtsratsmitglieder durch eine zumindest teilweise variable Vergütung am Unternehmenserfolg teilhaben zu lassen, ist nicht neu und im deutschen Aktienrecht bereits gesetzlich verankert[740]. In den letzten Jahren mehrten sich indes Stimmen, die die Vereinbarkeit einer solchen Praxis mit den Regeln guter Corporate Governance in Frage stellen[741]. Sowohl die höchstrichterliche Rechtsprechung[742] als auch der Gesetzgeber[743] schränkten unlängst die Möglichkeiten, die Mitglieder des Aufsichtsrats erfolgsabhängig zu bezahlen, ein. Nichtsdestotrotz empfiehlt der DCGK bislang eine partiell erfolgsorientierte Vergütung[744]. Der nun folgende Abschnitt geht auf diesen Konflikt ein, bevor unter Berücksichtigung der amerikanischen Situation mögliche Lösungsalternativen erörtert werden.

1. Vergütungsschemata

Erfolgsorientierte[745] Vergütungssysteme sehen neben einem Honorar in fester Höhe einen weiteren Anteil vor, der sich zumeist nach dem Erfolg der Gesellschaft[746] bemisst. In der Praxis gibt es verschiedene Modelle eines solchen Vergütungsschemas.

a. Orientierung am Jahresgewinn (§ 113 Abs. III AktG)

Das Gesetz selbst sieht in § 113 Abs. III AktG die Möglichkeit vor, den Aufsichtsrat anteilig am Jahresgewinn der Gesellschaft zu beteiligen. Allerdings zieht das Gesetz dieser Option enge Grenzen was zu ihrer geringen praktischen Relevanz beiträgt[747].

---

740 § 113 Abs. III AktG.

741 Mit unterschiedlicher Vehemenz *Bischof*, BB 2006, 2627, 2633; *Gofferje*, Unabhängigkeit, 257-258; *Habersack*, ZHR 168 (2004), 373, 380; *Hopt/Roth*, in: Großkomm. AktG, § 113 Rn 150; *Marsch-Barner*, in: FS Röhricht, 2005, 401, 416; *Nagel*, NZG 2007, 166, 168-169; *Peltzer*, NZG 2004, 509, 511-512; *ders.*, in: FS Priester, 2007, 573, 581; *Meyer/Ludwig*, ZIP 2004, 940, 944; *Vetter*, AG 2004, 234, 236.

742 BGHZ 158, 122 = AG 2004, 265 = DB 2004, 696 = NJW 2004, 1109 = ZIP 2004, 613 („Mobilcom"); dazu *Habersack*, ZGR 2004, 721; *Meyer/Ludwig*, ZIP 2004, 940; *Peltzer*, NZG 2004, 509; *Vetter*, AG 2004, 234.

743 Durch § 221 Abs. IV AktG n.F., siehe dazu unten D. III. 3. c.

744 Ziff. 5.4.6 Abs. II DCGK, siehe dazu ausführlich unten D. III. 4.

745 Zu den hier nicht relevanten *leistungs*bezogenen Honorierungskonzepten siehe *Bischof*, BB 2006, 2627, 2628; *Kremer*, in: *Ringleb/Kremer/Lutter/v. Werder*, DCGK-Komm., Rn 1094.

746 Zur Heranziehung der Konzernbilanz *Krieger*, in: FS Röhricht, 2005, 349, 359-360; *Vetter*, ZIP 2008, 1, 4.

b. Ausrichtung an der Dividende

Eine größere Rolle spielt hingegen die Möglichkeit, den flexiblen Teil der Vergütung von der Höhe der Dividende abhängig zu machen, zumal hierfür die unzureichende gesetzliche Berechnungsmethode des § 113 Abs. III S. 2 AktG nicht gilt.[748] Im Jahre 2005 wandten zwei Drittel der DAX-Unternehmen diese Methode an, nach der in der Regel eine bestimmte Vergütung für jeden Cent oder Centbetrag der ausgeschütteten Dividende gewährt wird, sofern diese eine Mindesthöhe überschreitet.[749]

Auch wenn diese Art der Vergütung sowohl mit dem Gesetz als auch mit dem Kodex zu vereinbaren ist, so ist sie dennoch nicht unproblematisch. Zum einen liegt auf der Hand, dass die Höhe der Dividende nicht zwingend dem wirtschaftlichen Erfolg der Gesellschaft entsprechen muss, da bei der Bestimmung derselben auch geschäftspolitische Erwägungen wie etwa der Aspekt der Dividendenkontinuität eine Rolle spielen können.[750] Zum anderen wird kritisiert, dass der Aufsichtsrat durch die Feststellung des Jahresabschlusses (§ 172 AktG) und den Vorschlag an die Hauptversammlung (§ 124 Abs. III AktG) zumindest mittelbar an der Festlegung der Dividende mitwirkt und folglich der Verdacht der „Selbstbedienung" im Raum steht.[751] Zweifelhaft erscheint diese Methode auch bei der Ausschüttung von Sonderdividenden etwa aus steuerlichen Gründen, da hier die Gefahr eines so genannten „windfall profit" besteht, welcher nach der Sorgfaltspflicht eines jeden Aufsichtsratsmitglieds (§§ 116, 93 AktG) keinen Einfluss auf die Tantieme haben darf.[752] Allerdings bestehen diese Bedenken, nämlich die

---

747 Vgl. *Hopt/Roth*, in: Großkomm. AktG, § 113 Rn 119; *Vetter*, ZIP 2008, 1, 3; für die Aufhebung der Vorschrift plädieren *Hüffer*, AktG, § 113 Rn 9; *Krieger*, in: FS Röhricht, 2005, 349, 360-361; zu § 113 Abs. III AktG siehe auch unten D. III. 3. a.

748 *Bischof*, BB 2006, 2627, 2628; *Drygala*, in: *K. Schmidt/Lutter*, AktG Bd.I, § 113 Rn 28; *Gehling*, ZIP 2005, 549, 555; *Hüffer*, AktG, § 113 Rn 9; *Kremer*, in: *Ringleb/Kremer/Lutter/v. Werder*, DCGK-Komm., Rn 1094; *Krieger*, in: FS Röhricht, 2005, 349, 354; *Marsch-Barner*, in: FS Röhricht, 2005, 401, 415; zu diesem Meinungsstreit siehe unten D. III. 3. a.

749 *Gehling*, ZIP 2005, 549; siehe auch *Kremer*, in: *Ringleb/Kremer/Lutter/v. Werder*, DCGK-Komm., Rn 1094 jeweils mit Formulierungsbeispielen aus den Satzungen von DAX-Unternehmen.

750 *Marsch-Barner*, in: FS Röhricht, 2005, 401, 415; weniger streng *Bischof*, BB 2006, 2627, 2628: „lediglich (…) Indikator für den Erfolg".

751 *Bischof*, BB 2006, 2627, 2628; *Marsch-Barner*, in: FS Röhricht, 2005, 401, 415-416, der diesen Gesichtspunkt durch den Hinweis relativiert, dass das Interesse der Aufsichtsratsmitglieder dem der Aktionäre entspreche, so dass dieser Umstand hinzunehmen sei; *Vetter*, AG 2004, 234, 236.

752 *Semler*, in: MünchKomm-AktG Bd.3, 2.Aufl, § 113 Rn 61 m.w.N.; siehe dazu auch *Casper*, Optionsvertrag, § 13 I.; *Fuchs*, in: MünchKomm-AktG Bd.6, § 192 Rn 72; *Peltzer*, in: FS Priester, 2007, 573, 574-575.

hinsichtlich einer Vernachlässigung der Kontrollfunktion des Aufsichtsrats generell, wenn dieser versucht sein könnte, die Dividende aus finanziellem Eigennutz zu hoch anzusetzen.

c. Abhängigkeit von Unternehmenskennzahlen

Nicht unüblich für die Ermittlung des erfolgsbezogenen Vergütungsanteils ist auch die Ausrichtung an Unternehmenskennzahlen.[753] Wahlweise wird hierbei beispielsweise an den Brutto-Cashflow (Bayer), die Steigerung des Konzerngewinns pro Aktie (Deutsche Post, Deutsche Telekom) oder das EBIT, d.h. das Ergebnis vor Steuern und Anteilen anderer Gesellschaften (Earnings before interest and taxes) (Metro, ThyssenKrupp), an, wobei für eine Darstellung der genauen Ausgestaltungen hier kein Raum ist.[754] Allerdings ist hierbei umstritten, ob diese Art der Honorarberechnung den Restriktionen des § 113 Abs. III AktG unterliegt.[755] Da diese Einschränkungen, wie schon gesagt, ohnehin recht zweifelhaft erscheinen, besteht insoweit weder ein rechtliches noch ein praktisches Bedürfnis, ihren Anwendungsbereich über den Wortlaut hinaus extensiv zu interpretieren, so dass von der uneingeschränkten Rechtmäßigkeit der Orientierung an Unternehmenskennziffern auszugehen ist.

d. Im Besonderen: Aktienoptionsprogramme

Im Mittelpunkt dieser Darstellung soll indes die Gewährung von Aktienoptionen zu Gunsten von Aufsichtsratsmitgliedern bzw. Programme, die einem solchen System nachempfunden sind, stehen. Anknüpfungspunkt ist in diesem Zusammenhang die Kursentwicklung der Aktie. Entsprechende Modelle nach US-amerikanischem bzw. britischem Vorbild hatten sich in der deutschen Wirtschaft seit Mitte der 1990er Jahre etabliert und hatten wegen der Zulassung durch den Gesetzgeber im Rahmen des KonTraG sowie der Verschiebung des Besteuerungszeitpunktes durch die Rechtspre-

---

[753] Im Jahre 2005 zogen sieben DAX-Gesellschaften diese Faktoren heran, siehe *Gehling*, ZIP 2005, 549, 550; siehe auch *Kremer*, in: *Ringleb/Kremer/Lutter/v. Werder*, DCGK-Komm., Rn 1101.

[754] Eingehend *Gehling*, ZIP 2005, 549, 550.

[755] Dafür *Bischof*, BB 2006, 2627, 2629; *Krieger*, in: FS Röhricht, 2005, 349, 359; dagegen *Marsch-Barner*, in: FS Röhricht, 2005, 401, 417.

chung[756] auf den Moment der Ausübung der Optionen zunächst an Beliebtheit gewonnen.[757]

Der II. Senat des BGH lehnte dann aber die Rechtmäßigkeit eines solchen Vergütungskonzepts in seiner Mobilcom-Entscheidung aus dem Jahre 2004 ab.[758] In diesem Fall sollten die Mitglieder des Aufsichtsrats der beklagten Gesellschaft ab dem Geschäftsjahr 2000 jährlich zusätzlich zu ihrer fixen Vergütung einer bestimmte Zahl von Aktienoptionen erhalten. Die Gesellschaft wurde ermächtigt, zur Bedienung dieser Optionsrechte die von ihr auf Grund eines Hauptversammlungsbeschlusses oder auf Grund einer anderen Ermächtigung nach § 71 Abs. I Nr. 8 AktG erworbenen eigenen Aktien unter Ausschluss des gesetzlichen Bezugsrechts der Aktionäre einzusetzen. Entgegen der Vorinstanz[759] hielten die Bundesrichter sowohl die Gewährung von Aktienoptionen, die mit zurückgekauften eigenen Aktien (§ 71 Abs. I Nr. 8 AktG) bedient werden sollen, als auch solche Programme, die mit bedingtem Kapital unterlegt sind (§ 192 Abs. II Nr. 3 AktG), für unzulässig.[760] Als mögliche Bezugsberechtigte im zweiten Fall nennt die Vorschrift ausschließlich „Arbeitnehmer und Mitglieder der Geschäftsführung der Gesellschaft oder eines verbundenen Unternehmens", nachdem der Referentenentwurf zum KonTraG noch pauschal von „Organmitgliedern" sprach. Daraus schloss der *Senat* im Einklang mit der einhelligen Ansicht[761] zutreffend, dass Aufsichtsratsmitglieder nicht Begünstigte eines solchen Aktienoptionsplans sein dürfen[762]. Da sich § 71 Abs. I Nr. 8 AktG lediglich hinsichtlich der Beschaffungsart der benötigten Aktien unterscheide, könne in diesem Fall nichts anderes gelten als bei der Unterlegung mit bedingtem Kapital.[763] Mithin sei auch eine hierauf abzielende Gewährung von Bezugsrechten für den Aufsichtsrat ausgeschlossen.

---

756 BFHE 105, 348; BFHE 189, 403; BFH, AG 2001, 471 = ZIP 2001, 1325.

757 *Casper*, Optionsvertrag, § 13 I.

758 BGHZ 158, 122 = AG 2004, 265 = DB 2004, 696 = NJW 2004, 1109 = ZIP 2004, 613 („Mobilcom"); dazu *Habersack*, ZGR 2004, 721; *Meyer/Ludwig*, ZIP 2004, 940; *Peltzer*, NZG 2004, 509; *Vetter*, AG 2004, 234; krit. insbesondere im Hinblick auf die Vergütung der Verwaltungsratsmitglieder in der monistischen SE *Bachmann*, ZGR 2008, 779, 796.

759 OLG Schleswig, AG 2003, 102.

760 BGHZ 158, 122, 125.

761 *Gehling*, ZIP 2005, 549, 555; *Gofferje*, Unabhängigkeit, 216; *Hopt/Roth*, in: Großkomm. AktG, § 113 Rn 41; *Hüffer*, AktG, § 192, Rn 21; *Marsch-Barner*, in: FS Röhricht, 2005, 401, 416; *Meyer/Ludwig*, ZIP 2004, 940, 942; *Veil*, in: *K. Schmidt/Lutter*, AktG Bd.II, § 192 Rn 21; *Vetter*, AG 2004, 234, 236; *ders.*, ZIP 2008, 1, 4-5; teilweise krit. *Fuchs*, in: MünchKomm-AktG Bd.6, § 192 Rn 94.

762 BGHZ 158, 122, 126-127.

763 BGHZ 158, 122, 127-129; a.A. wenig überzeugend noch die Vorinstanz OLG Schleswig, AG 2003, 102; *Fischer*, ZIP 2003, 282, 283, die in der Verweisung auf § 193 Abs. II Nr. 4 AktG

Ausdrücklich offen gelassen hatte der BGH den Fall, dass die Aktienoptionen durch die Begebung von Wandel- und Optionsanleihen nach § 221 AktG a.F. realisiert werden sollen.[764] Allerdings versperrte der Gesetzgeber mit der Verabschiedung des UMAG[765] diesen Weg, indem er einen neuen § 221 Abs. IV AktG einfügte. Da Satz 2 dieses Absatzes auf § 193 Abs. II Nr. 4 AktG verweist, sind Aufsichtsratsmitglieder nunmehr auch dann als Begünstigte von Aktienoptionsprogrammen ausgeschlossen, wenn diese mit Wandelschuldverschreibungen verknüpft sind.[766]

Damit steht fest, dass Aufsichtsratsmitglieder nicht Begünstigte eines Aktienoptionsprogramms sein können. Ob dieser Umstand gerechtfertigt ist, und ob dieses Ergebnis auch solche Vergütungsschemata einschließt, die in ähnlicher Weise auf den Aktienkurs Bezug nehmen, ist damit freilich noch nicht beantwortet. Da diese Frage aber unter Berücksichtigung der US-amerikanischen Situation geklärt werden soll, erscheint es sinnvoll, eine abschließende Beurteilung erst nach einer Darstellung derselben abzugeben[767].

2. Erfolgsorientierte Vergütung und Corporate Governance

Nachdem die relevantesten erfolgsorientierten Vergütungsmodelle dargelegt wurden, sind nun die Vorzüge einer anteiligen flexiblen Vergütung sowie die Gefahren für die Unabhängigkeit der Aufsichtsratsmitglieder zu untersuchen.

a. Vorteile

Ein Hauptgrund für die Einrichtung erfolgsabhängiger Vergütungsschemata, insbesondere solcher, die an den Aktienkurs anknüpfen, ist eine Angleichung der Interessen der Unternehmensführung an die der Aktionäre.[768] Während auf dem europäischen Konti-

einen bloßen Rechtsfolgenverweis sehen; ausführlich zu diesem Meinungsstreit *Gofferje*, Unabhängigkeit, 213-218.

764 BGHZ 158, 122, 129.

765 Gesetz zur Unternehmensintegrität und Modernisierung des Anfechtungsrechts v. 22.9.2005, BGBl. I 2005, 2802.

766 *Bischof*, BB 2006, 2627, 2629; *Vetter*, ZIP 2008, 1, 5; jeweils mit berechtigter Kritik an der vom Gesetzgeber angewandten Verweisungstechnik *Gofferje*, Unabhängigkeit, 220-221; *Hüffer*, AktG, § 221 Rn 46b; zum Referentenentwurf des UMAG *Meyer/Ludwig*, ZIP 2004, 940, 943-944.

767 Siehe ausführlich dazu unten D. III. 5.

768 *Bischof*, BB 2006, 2627, 2629; *Casper*, Optionsvertrag, § 13 I.; *Drygala*, in: *K. Schmidt/Lutter*, § 113 Rn 24; *Fuchs*, in: MünchKomm-AktG Bd.6, § 192 Rn 65; *Kohler*, ZHR

nent das Spannungsverhältnis zwischen Minderheitsaktionären einerseits und Mehrheitseignern bzw. der Muttergesellschaft andererseits kennzeichnend ist, ist die Situation in den USA von dem sog. Prinzipal-Agent-Konflikt zwischen Anteilseignern und Board geprägt.[769] Da Erstgenannte als Eigentümer (Prinzipal) der Gesellschaft als eher risikoneutral gelten, der Aufsichtsrat als Vertreter der Gesellschafter (Agent) aber gar als risikoscheu, soll der bestehende Interessenkonflikt über eine Ausrichtung am Unternehmenserfolg beseitigt werden, um dem Aufsichtsrat Anreize zu bieten, etwaige Risiken einzugehen.[770] Auch könnten „Stock Options“ zur Bindung des Führungspersonals an das Unternehmen beitragen und damit maßgeblich zur Identifikation mit der Gesellschaft beitragen, vor allem dann, wenn das Programm bestimmte Mindesthalteperioden („vesting periods“) vorsieht.[771] Solche Haltefristen bewirken ein schuldrechtliches Veräußerungsverbot nach § 137 BGB ohne dingliche Wirkung.[772]

Weiter wird vorgebracht, dass gerade Aktienoptionsprogramme für junge (Start-Up) und sanierungsbedürftige Unternehmen[773] sinnvoll seien, da diesen die finanziellen Mittel, ihre Aufsichtsratsmitglieder angemessen zu entlohnen, in der Regel nicht in ausreichendem Maße zur Verfügung stünden und sie im Gegenzug durch die Ausübung der Aktienoptionen sogar neue Gelder erhalten.[774] Der Aspekt der Liquiditätsschonung lässt sich aber freilich auch auf jedes andere Unternehmen übertragen.[775] Auch nehmen aktienkursbezogene Vergütungsbestandteile im internationalen Wettbewerb um geeignetes Führungspersonal gerade deshalb einen wichtigen Platz ein, da ein

---

161 (1997), 246, 254; *Winter*, in: *Hommelhoff/Hopt/v. Werder* (Hrsg.), Handbuch Corporate Governance, 335, 338; die Schwierigkeiten der Schaffung eines Interessengleichlaufs aufzeigend *Leyens*, Information des Aufsichtsrats, 22.

769 *Hopt*, in: FS Canaris, Bd.II, 2007, 105, 110.

770 Eingehend *Casper*, Optionsvertrag, § 13 I.; *Teichmann*, Binnenmarktkonformes Gesellschaftsrecht, § 9 I. 1., der in anderem Zusammenhang indes nicht auf den Risikoaspekt, sondern auf die Unterschiede bei der Überwachungseffizienz abstellt; *Winter*, in: *Hommelhoff/Hopt/v. Werder* (Hrsg.), Handbuch Corporate Governance, 335, 338; aus amerikanischer Sicht *Brown*, 82 N.Y.U. L. Rev. (2007), 1102, 1124; *Sonthalia*, 51 UCLA L. Rev. (2004), 1203, 1207-1208.

771 *Kohler*, ZHR 161 (1997), 246, 254.

772 *Casper*, Optionsvertrag, § 13 III. 6. m.w.N.

773 *Winter*, in: *Hommelhoff/Hopt/v. Werder* (Hrsg.), Handbuch Corporate Governance, 335, 345 weist m.w.N. darauf hin, dass gerade Unternehmen in Krisenzeiten überdurchschnittlich oft Optionsprogramme anwenden.

774 *Hoff*, WM 2003, 910, 911; *Marsch-Barner*, in: FS Röhricht, 2005, 401, 416; *Peltzer*, NZG 2004, 509, 512; offenbar anders dann aber *ders.*, in: FS Priester, 2007, 573, 578: „Es sprechen mithin keine überzeugenden Gründe für eine (…) aktienkursbasierte Vergütung des Aufsichtsrates“.

775 *Fuchs*, in: MünchKomm-AktG Bd.6, § 192 Rn 69; *Kohler*, ZHR 161 (1997), 246, 254.

entsprechendes Vergütungsschema des Öfteren erwartet wird und eine Gesellschaft bei einer Verweigerung möglicherweise auf Wunschkandidaten verzichten müsse.[776]

Nahe liegt auch der Gedanke, die Aussicht auf einen „Bonus", wie er ja auch in vielen Wirtschaftsbranchen keine Seltenheit ist, wirke sich schlichtweg leistungsfördernd auf das einzelne Aufsichtsratsmitglied aus. Dies kann zu einer besonders sorgfältigen Erfüllung der Überwachungs- und Kontrollaufgaben durch den Aufsichtsrat, aber auch zu einer überdurchschnittlichen Beratung des Vorstandes führen. Dieser Aspekt würde wohl auch zur Erreichung eines der Ziele des DCGK, nämlich einer intensiven Zusammenarbeit von Vorstand und Aufsichtsrat[777] beitragen, indem er letzteren in höherem Maße in das unternehmerische Denken und Handeln einbezieht.[778] In eine ähnliche Richtung argumentiert *Bachmann*, nach dem die zunehmende Professionalisierung des Aufsichtsrats eine Angleichung der Vergütungsinteressen beider Leitungsorgane nahelegt.[779] Das finanzielle Anknüpfen an den Unternehmenserfolg gewährleistet, dass auch der Aufsichtsrat gerade diesen bei seinen Entscheidungen im Auge behält.[780]

b. Nachteile

In der Literatur überwiegen indes die Hinweise auf die Gefahren einer erfolgsbezogenen Vergütungspolitik. So wird in Anlehnung an die Mobilcom-Entscheidung des BGH[781] insbesondere die Unabhängigkeit der Aufsichtsratsmitglieder vom Vorstand bezweifelt, wenn beide Organe nach den gleichen Kriterien bezahlt werden.[782] Gerade die Effektivität der Vorstandsüberwachung leide hierunter, da die Aufsichtsratsmitglieder möglicherweise nicht mehr in die Lage seien, diese verantwortungsbewusst und konsequent wahrzunehmen, wenn sich bestimmte Entscheidung auf das eigene Honorar auswirken können.[783] Genauer gesagt: Aufsichtsrat und Vorstand könnten

---

776 *Hoff*, WM 2003, 910, 911; *Kohler*, ZHR 161 (1997), 246, 256.

777 Dritter Abschnitt des Kodex: „Zusammenwirken von Vorstand und Aufsichtsrat", insbesondere Ziff. 3.1 und Ziff. 3.2; siehe dazu auch oben B. III. 1. b.

778 Vgl. *Kremer*, in: *Ringleb/Kremer/Lutter/v. Werder*, DCGK-Komm., Rn 1096; *Lutter/Krieger*, Rechte und Pflichten des Aufsichtsrats, Rn 721; in diese Richtung schon *Hüffer*, ZHR 161 (1997), 214, 244.

779 *Bachmann*, ZGR 2008, 779, 796.

780 Vgl. *Kohler*, ZHR 161 (1997), 246, 254.

781 BGHZ 158, 122, 127.

782 *Kremer*, in: *Ringleb/Kremer/Lutter/v. Werder*, DCGK-Komm., Rn 1100; *Marsch-Barner*, in: FS Röhricht, 2005, 401, 416; *Peltzer*, NZG 2004, 509, 510, 511; *Vetter*, AG 2004, 234, 236.

783 *Casper*, Optionsvertrag, § 13 IV. 4. b); *Peltzer*, in: FS Priester, 2007, 573, 578-579, der allerdings von einer „unmittelbaren" Beeinträchtigung eigener finanzieller Interessen spricht; da sich die Beschlüsse des Aufsichtsrats indes erst negativ auf den Aktienkurs zu einem bestimm-

versucht sein, ihre jeweilige Aufgabe, also Überwachung bzw. Geschäftsführung, der Kurzfristorientierung des Kapitalmarkts unterzuordnen, um die Leistungsprämie während der Amtsausübung zu maximieren (sog. Myopia-Problem).[784] Erschwerend hinzu trete die Gefahr des so genannten „back scratchings", d.h. des gegenseitigen Hochschaukelns von Aufsichtsrat und Vorstand bei Vergütungsfragen.[785]

Knüpfe der variable Vergütungsanteil an den Aktienkurs an, so bestünden Bedenken zum einen, weil der Kurs erfahrungsgemäß nur ein eingeschränktes Urteil über den Erfolg der Gesellschaft erlaube und zum anderen, da dieser von strategischen Entscheidungen auch des Aufsichtsrates beeinflussbar sei, so dass die Aufsichtsratsmitglieder in gewissen Rahmen die Höhe ihrer Vergütung selber mitbestimmen könnten.[786] Entsprechendes gelte auch, sofern die Höhe der Dividende als Maßstab herangezogen werde.[787]

Kritisiert wird eine Erfolgsorientierung in Honorarfragen auch aus dem Grund, dass es bislang keine empirischen Befunde gebe, die einen eindeutigen positiven Zusammenhang zwischen entsprechenden Vergütungsschemata und einer Qualitätssteigerung der Aufsichtsratsarbeit belegen konnten.[788] Nach *Peltzer* trägt ein variabler Vergütungsanteil zur Übervergütung der Aufsichtsratsmitglieder bei – ein Umstand, der verhindern könne, dass das Mitglied im Falle eines dauerhaften Interessenkonflikts[789] sein Amt zur Verfügung stelle, da in der Folge ein wesentlicher Teil des Einkommens wegfalle.[790] Darüber hinaus rechtfertige der Beitrag des Aufsichtsrates am Unternehmenser-

---

ten Stichtag, nämlich dem des Verkaufs der Aktien, auswirken müssen, also eine negative Kapitalmarktreaktion erforderlich ist, erscheint die von *Peltzer* erwähnte „sehr kurze Kausalkette" doch etwas länger.

784 *Leyens*, Information des Aufsichtsrats, 22.

785 *Hoff*, WM 2003, 910, 911; *Peltzer*, in: FS Priester, 2007, 573, 579; *Vetter*, AG 2004, 234, 236.

786 BGHZ 158, 122, 127; *Bischof*, BB 2006, 2627, 2628; *Vetter*, AG 2004, 234, 236; a.A. Begr. RegE KonTraG, zu §§ 192, 193 AktG (BT-Dr 13/9712, S.23): „Bei einem funktionierenden Kapitalmarkt spiegelt der Kurs die Summer der Einschätzungen des Marktes über den Wert des Unternehmens wider.", nachgewiesen bei *Meyer/Ludwig*, ZIP 2004, 940, 943 Fn 35.

787 *Bischof*, BB 2006, 2627, 2628; *Vetter*, AG 2004, 234, 236; relativierend *Marsch-Barner*, in: FS Röhricht, 2005, 401, 415-416; siehe dazu oben D. III. 1. b.

788 *Bischof*, BB 2006, 2627, 2632; *Fuchs*, in: MünchKomm-AktG Bd.6, § 192 Rn 69; ausführlich jeweils mit zahlreichen Nachweisen *Peltzer*, in: FS Priester, 2007, 573, 576-578; *Winter*, in: *Hommelhoff/Hopt/v. Werder* (Hrsg.), Handbuch Corporate Governance, 335, 343-345 mit bemerkenswerter kritischer Würdigung der zitierten Studien.

789 Siehe dazu oben D. I. 2. b. (1) im Zusammenhang mit Doppelmandaten.

790 *Peltzer*, in: FS Priester, 2007, 573, 575; dazu auch *Fuchs*, in: MünchKomm-AktG Bd.6, § 192 Rn 71.

folg überhaupt nicht die finanzielle Teilhabe daran, zumal dieser Beitrag klar hinter dem des Vorstandes rangiere.[791]

c. Stellungnahme

Die beiden letztgenannten Argumente *Peltzers* gegen das Institut einer erfolgsbezogenen Vergütung überzeugen nicht. Zwar mag es zutreffen, dass der Erfolg eines Unternehmens in erster Linie auf die Geschicke der Geschäftsführung zurückzuführen sind. Dennoch hat auch der Aufsichtsrat einen nicht zu unterschätzenden Anteil an diesem Erfolg. So erscheint die Annahme, der wichtigste Beitrag des Aufsichtsrats am Gesellschaftserfolg sei die Bestellung des „richtigen" Vorstands,[792] durchaus angreifbar. Immerhin nimmt der Aufsichtsrat über die Beratung des Vorstands in gewissen Maße an der Geschäftsführung teil, was sich gerade bei kleineren Gesellschaften signifikant auswirken kann[793]; nach § 111 Abs. IV S. 2 AktG dürfen bestimmte, besonders bedeutsame Geschäfte gar nur mit seiner Zustimmung vorgenommen werden. Auch die vornehmste Aufgabe des Aufsichtsrats, die Überwachung des Vorstandes, kann sich, etwa durch die Verhinderung schädlicher Entscheidungen, in beachtlichem Maße auf das Wohlergehen des Unternehmens auswirken. Sollte man die aktuellen Aufsichtsratsgehälter für zu hoch halten, so erscheint es wenig zielführend, hierfür erfolgsorientierte Vergütungsmodelle verantwortlich zu machen. Sofern diese nur einen geringen Teil des Gesamthonorars darstellen, dürfte der variable Anteil das Aufsichtsratsmitglied auch nicht in seiner Unabhängigkeit von Vorstand beeinträchtigen,[794] insbesondere dann, – und dies wird oft übersehen – wenn dieser Anteil an nachvollziehbare und aussagekräftige Erfolgsparameter anknüpft[795]. Der Einwand, Aufsichtsratsmitglieder könnte auch im Konfliktfalle „an ihrem Stuhl kleben", kann allenfalls gegen die *Höhe* heutiger Aufsichtsratsvergütungen geltend gemacht werden, nicht aber gegen ihre *Struktur*.

---

791 *Peltzer*, in: FS Priester, 2007, 573, 580-581.

792 So *Peltzer*, in: FS Priester, 2007, 573, 581.

793 *Casper*, Optionsvertrag, § 13 IV. 4. b).

794 In diesem Sinne auch *Marsch-Barner*, in: FS Röhricht, 2005, 401, 416; *Vetter*, AG 2004, 234, 238.

795 Solche sieht auch der DCGK in Ziff 4.2.3 Abs. III für die Vergütung von Vorstandsmitgliedern vor.

In ähnlicher Weise sind die Befürchtungen eines gegenseitigen „back scratchings" zu bewerten. Wie *Hoff*[796] zutreffend anmerkt, besteht eine solche Gefahr stets im Zusammenhang mit Vergütungsangelegenheiten. Dementsprechend handelt es sich hierbei nicht um ein Problem, das nur speziell bei erfolgsbezogenen Vergütungskonzepten auftreten kann.

Wie *Casper*[797] zutreffend anmerkt, kann die bloße Gefahr eines Missbrauchs nicht zu einem Verbot des Rechtsinstituts als solchem führen. Wenn es, was *im Einzelfall* vorstellbar ist, so sein mag, dass Aufsichtsratsmitglieder im Gedanken an einen etwaigen Verdienstausfall die falschen Entscheidungen treffen, so erscheint doch im Umkehrschluss eine durch finanzielle Anreize bewirkte Qualitätssteigerung der Aufsichtsratsarbeit durchaus wahrscheinlich. Wenn dies bislang im Rahmen empirischer Untersuchungen noch nicht oder jedenfalls nicht in überzeugender Weise festgestellt werden konnte, so liegt dies auch daran, dass diese Anreizwirkung ohnehin kaum nachweisbar ist.[798] Gleiches gilt, was diese Darstellung bereits an anderen Stellen[799] kritisiert hat, für eine Messung des Überwachungserfolges[800]. Sollte man entgegen der hier vertretenen Auffassung dennoch entsprechende Studien zur Bewertung heranziehen wollen, so muss gleichzeitig eingestanden werden, dass diese ebenso wenig negative Effekte einer erfolgsorientierten Vergütung beweisen konnten[801].

Allerdings darf diese Feststellung nicht den Blick auf die negativen Erfahrungen, die man gerade mit Aktienoptionsprogrammen in der jüngeren Vergangenheit machen musste, versperren. So sei in diesem Kontext das Verhalten des früheren CEO von Enron *Kenneth Lay* erwähnt, der kurz vor dem Zusammenbruch des Unternehmens den Angestellten riet, Enron-Aktien zu kaufen, bevor er daraufhin sein eigenes Aktienpaket für 70 Millionen US-Dollar veräußerte.[802] Wenig später waren die Wertpapiere

---

796 *Hoff*, WM 2003, 910, 911.

797 *Casper*, Optionsvertrag, § 13 IV. 4. b).

798 Vgl. *Winter*, in: *Hommelhoff/Hopt/v. Werder* (Hrsg.), Handbuch Corporate Governance, 335, 344.

799 Siehe C. IV. 1. c.

800 Darauf im vorliegenden Zusammenhang hinweisend *Bischof*, BB 2006, 2627, 2632.

801 *Hopt/Roth*, in: Großkomm. AktG, § 113 Rn 35 m.w.N.; dies räumt wohl auch *Peltzer*, in: FS Priester, 2007, 573, 577 ein; ebenso *Winter*, in: *Hommelhoff/Hopt/v. Werder* (Hrsg.), Handbuch Corporate Governance, 335, 345 mit weiteren Kritikpunkten hinsichtlich bisher veröffentlichter Studien. Allerdings sei konsequenterweise zugegeben, dass sich auch diese negativen Konsequenzen schwerlich nachweisen lassen; siehe aber auch *Brown*, 82 N.Y.U. L. Rev. (2007), 1102, 1129-1130, die Studien zitiert, die jedenfalls für den US-Markt positive Effekte nachweisen konnten.

802 *Schwarz/Holland*, ZIP 2002, 1661, 1665; Zu den Enron-Vergütungsmodellen siehe auch *United States Senate, Committee on Governmental Affairs, Permanent Subcommittee on Inves-*

freilich nur noch einen Bruchteil des Kaufpreises wert. Auch wenn sich dieser und ähnliche Extremfälle[803] schon wegen der divergierenden Rolle des CEO und der beachtlichen kriminellen Energie hinter diesem Verhalten nicht beliebig auf die Situation deutscher Aufsichtsräte übertragen lässt, so darf man die (Missbrauchs-)Gefahr solcher Vergütungsmodelle dennoch nicht unterschätzen.

Ernstzunehmen ist auch die Möglichkeit, dass sich der Aufsichtsrat im Sinne einer Maximierung des flexiblen Vergütungsbestandteils zu sehr in die Geschäftsführung einmischt.[804] Allerdings dürfte auch diese Befürchtung durch einen verhältnismäßig niedrigen erfolgsbezogenen Vergütungsanteil weitestgehend entkräftet werden.

Eine wertende Gesamtbetrachtung der Vor- und Nachteile eines erfolgsorientierten Vergütungskonzepts gebietet somit nicht den Verzicht hierauf im Sinne einer guten Corporate Governance.[805] Dies gilt freilich nur in den Grenzen, die bisher aufgezeigt wurden. So ist darauf zu achten, dass der flexible Anteil des Honorars zwar einen hinreichenden Anreiz zu einer überdurchschnittlichen Aufsichtsratsarbeit bietet, im Vergleich zum Festbestandteil indes nur von untergeordneter Bedeutung ist. In diesem Fall ist die verschiedentlich geforderte „independence in appearance“[806] gerade nicht in Gefahr. Ein solches Verhältnis legt bereits das geltende Aktienrecht nahe: Nach zutreffender Auslegung des Angemessenheitsgebots nach § 113 Abs. I S. 3 AktG betrifft dieses nämlich nicht nur die Höhe, sondern auch die Struktur der Vergütung.[807] Nimmt der variable Anteil einen zu hohen Stellenwert ein, so ist demnach ein Verstoß gegen das Gebot einer angemessenen Aufsichtsratsvergütung gegeben. Der von *Vetter*[808] vorgeschlagene Anteil von einem Drittel der Gesamtvergütung sollte aber bereits als Obergrenze dienen.

---

tigations "The Role of the Board of Directors in Enron's Collapse", 2002, 11, 52, 56, abrufbar in englischer Sprache unter http://www.senate.gov/~gov_affairs/070902enronboardreport.pdf (Stand: 1.3.2009).

803 Siehe *Schwarz/Holland*, ZIP 2002, 1661, 1665-1666, die auch das Beispiel des damaligen Vorsitzenden von Global Crossing nennen, der während eines Hochs des Aktienkurses seine Wertpapiere der Corporation im Wert von gar 734 Millionen US-Dollar verkaufte, ehe die Gesellschaft insolvent wurde.

804 So *Gofferje*, Unabhängigkeit, 258.

805 So auch *Gehling*, ZIP 2005, 549, 557; *Marsch-Barner*, in: FS Röhricht, 2005, 401, 418-419; *Vetter*, AG 2004, 234, 238; a.A. *Bischof*, BB 2006, 2627, 2632; *Gofferje*, Unabhängigkeit, 257; *Meyer/Ludwig*, ZIP 2004, 940, 945 jedenfalls im Grundsatz für Aktienoptionsprogramme; *Peltzer*, in: FS Priester, 2007, 573, 581.

806 *Bischof*, BB 2006, 2627, 2632; *Peltzer*, in: FS Priester, 2007, 573, 579; zu diesem Begriff auch *Kehler*, Unabhängigkeit, 75.

807 *Gehling*, ZIP 2005, 549, 557; *Hopt/Roth*, in: Großkomm. AktG, § 113 Rn 64.

808 *Vetter*, AG 2004, 234, 238; *ders*, ZIP 2008, 1, 5.

Eine weitere Möglichkeit, die Gefahren einer erfolgsorientierten Vergütung zu vermeiden, wäre die Verwendung unterschiedlicher Vergütungsschemata für Vorstand und Aufsichtsrat. Sind für den Vorstand beispielsweise Aktienoptionsprogramme vorgesehen,[809] so bieten sich für den Aufsichtsrat gerade solche Konzepte an, die nicht an den Aktienkurs geknüpft sind. Dass entsprechende Programme unabhängig von ihrer konkreten Ausgestaltung in hinreichender Weise transparent gemacht werden müssen, versteht sich in der heutigen Zeit nahezu von selbst.[810]

Entgegen anders lautenden Stimmen[811] kann also eine erfolgsorientierte Aufsichtsratsvergütung, sofern sie richtig verstanden wird, sehr wohl den Regeln guter Corporate Governance entsprechen.

3. Gesetzeslage

In den letzten Jahren hat sich der deutsche Gesetzgeber zunehmend auch der Vergütung des Aufsichtsrats gewidmet. Im Folgenden sollen die entsprechenden Regelungen behandelt und auftretende Streitpunkte geklärt werden.

a. § 113 Abs. III AktG

Die Tantiemeregelung des § 113 Abs. III AktG wurde bereits oben[812] angesprochen. Sie erfasst ausweislich ihres Wortlauts nur eine Gewinnbeteiligung, die sich nach dem Jahresgewinn der Gesellschaft, also an ihrem Bilanzgewinn, ausrichtet. Gekürzt wird dieser Anteil um einen Betrag von mindestens 4% der auf den geringsten Ausgabebetrag der Aktien geleisteten Einlagen. Eine Abweichung hiervon zum Nachteil der Gesellschaft ist unwirksam (§ 113 Abs. III S. 2 AktG). Dies bedeutet, dass die „überschießende“ Festlegung nichtig ist, das Aufsichtsratsmitglied also nur die zuviel ge-

---

809 Dies entspräche Ziff. 4.2.3 Abs. III S. 1 DCGK.

810 Dies sieht auch die Europäische Kommission in ihrer Empfehlung zur Einführung einer angemessenen Regelung für die Vergütung von Mitgliedern der Unternehmensleitung börsennotierter Gesellschaften, 2004/913/EG, Empfehlung v. 14. Dezember 2004, ABl. EU Nr. L 385 v. 29. Dezember 2004 so vor; vgl. auch Ziff. 7.1.3 DCGK.

811 Am kritischsten wohl *Peltzer*, in: FS Priester, 2007, 573, 581: „Jegliche Gleichstellung zwischen den Vergütungsstrukturen für Vorstand und Aufsichtsrat – partiell oder vollständig, für die Gesamtvergütung oder nur mit einem Teil davon – sollten aber zur Vermeidung des bösen Scheins ausgeschlossen sein. Nur das ist gute Corporate Governance!“.

812 D. III. 1. a.

leistete Beteiligung zurückgewähren muss.[813] Die praktische Relevanz der Tantiemeregelung ist gering; mitunter wird sogar ihre Aufhebung gefordert.[814]

Unterschiedlich beantwortet wird die Frage, ob unter dem Jahresgewinn auch die Orientierung an der Dividende[815] oder unternehmensinternen Kennziffern,[816] insbesondere dem EBIT, zu verstehen ist. Die Anhänger einer weiten Auslegung des Begriffes[817] stützen ihre Auffassung in erster Linie auf ein Urteil des BGH[818] zu dem inzwischen durch das TransPuG weggefallenen § 86 AktG, der die erfolgsorientierte Vergütung des Vorstands regelte. Nach dieser Entscheidung könne von den Bemessungsgrundlagen auch dann nicht zum Nachteil der Gesellschaft abgewichen werden, wenn grundsätzlich an diese angeknüpft wird. Der Schutz der Gesellschaft sei auch dann angezeigt, wenn nur mittelbar auf den Jahresgewinn abgestellt wird.[819] Da sich auch solche Formen erfolgsorientierter Vergütung, die sich an der Dividende bzw. Unternehmenskennziffern ausrichten, mittelbar nach dem Bilanzgewinn bemessen, gelte auch hier die vierprozentige Kapitalverzinsung der Anteilseigner.[820]

Diese Mindermeinung ist inzwischen überholt. Der Gesetzgeber hat § 86 AktG mit der zutreffenden Begründung abgeschafft, dass eine Anknüpfung an den Bilanzgewinn heute nicht mehr üblich sei und sich stattdessen vorrangig an anderen Parametern, wie etwa dem EBIT, orientiert werde.[821] In der Tat scheint diese Begründung zwischen Jahresgewinn und anderen Bezugsgrößen zu differenzieren.[822] Durch eine extensive Auslegung von § 113 Abs. III AktG droht darüber hinaus eine Ausweitung ins Uferlose, da eine erfolgsorientierte Vergütung in der Regel ohnehin nur dann gezahlt wird, wenn die Gesellschaft Gewinn erwirtschaftet und dieser Teil des Honorars dann – mittelbar – stets einen Anteil des Jahresgewinns darstellt. Hätte der Gesetzgeber dies gewollt, so hätte er die Kürzung pauschal für jede Form erfolgsorientierter Vergütung

---

813 *Drygala*, in: *K. Schmidt/Lutter*, § 113 Rn 27; *Habersack*, in: MünchKomm-AktG Bd.2, § 113 Rn 61; *Hopt/Roth*, in: Großkomm. AktG, § 113 Rn 125; *Hüffer*, AktG, § 113 Rn 9.

814 *Hüffer*, AktG, § 113 Rn 9; *Krieger*, in: FS Röhricht, 2005, 349, 360-361.

815 Dazu oben D. III. 1. b.

816 Siehe oben D. III. 1. c.

817 *Habersack*, in: MünchKomm-AktG Bd.2, § 113 Rn 62; *Hopt/Roth*, in: Großkomm. AktG, § 113 Rn 119; *Vetter*, ZIP 2008, 1, 3-4.

818 BGH, WM 2003, 833 = ZIP 2003, 722.

819 BGH, WM 2003, 833, 835 = ZIP 2003, 722, 724.

820 Vgl. *Habersack*, in: MünchKomm-AktG Bd.2, § 113 Rn 62; *Hopt/Roth*, in: Großkomm. AktG, § 113 Rn 119.

821 Nachgewiesen bei *Krieger*, in: FS Röhricht, 2005, 349, 353.

822 So auch *Krieger*, in: FS Röhricht, 2005, 349, 353-354, der eingesteht, dass dieser Schluss nicht zwingend sei.

vorsehen können, statt explizit auf den Bilanzgewinn Bezug zu nehmen. Dementsprechend ist mit der ganz überwiegenden Ansicht im Schrifttum[823] nicht davon auszugehen, dass sich der Anwendungsbereich der Vorschrift auch auf andere Erfolgsgrößen erstreckt.

b. §§ 71 Abs. I Nr. 8 S. 5, 192 Abs. II Nr. 3, 193 Abs. II Nr. 4 AktG

Mit der Neuregelung der §§ 71 Abs. I Nr. 8 S. 5, 192 Abs. II Nr. 3, 193 Abs. II Nr. 4 AktG durch das KonTraG hat der Gesetzgeber die Möglichkeit, bestimmte Bezugsgruppen, namentlich Arbeitnehmer und Mitglieder des Vorstands, im Rahmen von Aktienoptionsprogrammen (Stock Option Plans)[824] zu entlohnen, ausdrücklich anerkannt.[825] Da der Referentenentwurf, der sämtliche Organmitglieder als mögliche Nutznießer eines Aktienoptionsprogrammes vorsah, nicht Gesetz wurde, geht die ganz überwiegende Literatur[826] im Einklang mit der höchstrichterlichen Rechtsprechung[827] in nicht zu beanstandender Weise davon aus, dass Aufsichtsratsmitgliedern weder über § 71 Abs. I Nr. 8 S. 5 AktG noch über § 192 Abs. II Nr. 3 AktG Aktienoptionen gewährt werden können. Etwas anderes gilt freilich für Arbeitnehmervertreter, sofern sie bei der Gesellschaft beschäftigt sind, da sie in diesem Fall in ihrer Eigenschaft als Arbeitnehmer, also unabhängig von ihrem Aufsichtsratsmandat, in den Genuss von Aktienoptionen kommen.[828] Dies entspricht dem Wortlaut des Gesetzes, das Arbeitnehmer ja

---

823 *Bischof*, BB 2006, 2627, 2628; *Drygala*, in: *K. Schmidt/Lutter*, AktG Bd.I, § 113 Rn 28; *Gehling*, ZIP 2005, 549, 555; *Hüffer*, AktG, § 113 Rn 9; *Kremer*, in: *Ringleb/Kremer/Lutter/v. Werder*, DCGK-Komm., Rn 1094; *Krieger*, in: FS Röhricht, 2005, 349, 354; *Marsch-Barner*, in: FS Röhricht, 2005, 401, 415.

824 Dazu bereits oben D. III. 1. d.

825 Vgl. Begr. RegE, BT-Ds 13/9712, S.14, abgedruckt in ZIP 1997, 2059, 2067-2068; BGHZ 158, 122, 125; *Hüffer*, AktG, § 192 Rn 16; *Veil*, in: *K. Schmidt/Lutter*, AktG Bd.II, § 192 Rn 18.

826 *Gehling*, ZIP 2005, 549, 555; *Gofferje*, Unabhängigkeit, 216; *Hopt/Roth*, in: Großkomm. AktG, § 113 Rn 41; *Hüffer*, AktG, § 192, Rn 21; *Marsch-Barner*, in: FS Röhricht, 2005, 401, 416; *Meyer/Ludwig*, ZIP 2004, 940, 942; *Veil*, in: *K. Schmidt/Lutter*, AktG Bd.II, § 192 Rn 21; *Vetter*, AG 2004, 234, 236; teilweise krit. *Fuchs*, in: MünchKomm-AktG Bd.6, § 192 Rn 94; a.A. wenig überzeugend OLG Schleswig, AG 2003, 102; *Fischer*, ZIP 2003, 282, 283, die in der Verweisung auf § 193 Abs. II Nr. 4 AktG einen bloßen Rechtsfolgenverweis sehen; ausführlich zu diesem Meinungsstreit mit treffender Stellungnahme zu Gunsten der h.M. *Gofferje*, Unabhängigkeit, 213-218.

827 BGHZ 158, 122 = AG 2004, 265 = DB 2004, 696 = NJW 2004, 1109 = ZIP 2004, 613 („Mobilcom"); dazu *Habersack*, ZGR 2004, 721; *Meyer/Ludwig*, ZIP 2004, 940; *Peltzer*, NZG 2004, 509; *Vetter*, AG 2004, 234.

828 A.A. *Habersack*, in: MünchKomm-AktG Bd.2, § 113 Rn 18 insoweit mit der zutreffenden Ansicht, dass auch die Unabhängigkeit der Arbeitnehmervertreter gefährdet ist. Allerdings

gerade als mögliche Bezugsgruppe nennt; allerdings gelten in dem Fall, dass den bei der Gesellschaft angestellten Arbeitnehmervertretern Aktienoptionen gewährt werden, die oben[829] ausgearbeiteten Gebote in vollem Umfang.

Umstritten ist, ob den vorstehenden Regelungen auch ein Verbot solcher aktienkursorientierter Vergütungssystems zu entnehmen ist, die Optionsprogrammen dergestalt nachgebildet sind, dass keine echten Bezugsrechte gewährt werden, sondern stattdessen schuldrechtliche Verträge geschlossen werden, nach die Differenz zwischen einem bestimmten Ausgangskurs und dem an einem bestimmten Stichtag geltenden Aktienkurs gezahlt wird (sog. Phantom Stocks oder Stock Appreciation Rights).[830]

Sowohl für als auch gegen die Unzulässigkeit solcher Absprachen werden eine Vielzahl von Argumenten genannt,[831] die allerdings oftmals eher auf die Vorteile bzw. Gefahren eines entsprechenden Vergütungskonzepts eingehen und somit den eigentlichen Kern des Problems verfehlen. Insoweit zu Recht weisen die Fürsprecher einer Zulässigkeit von Phantom Stocks oder Stock Appreciation Rights indes darauf hin, dass der Gesetzeswortlaut eben nur von tatsächlich gewährten Bezugsrechten spricht.[832] Durchaus angreifbar erscheint aber der aus diesem Umstand gezogene Schluss, dass der Gesetzgeber nicht jede Form aktienkursbezogener Vergütung für Aufsichtsratsmitglieder untersagen wollte. Immerhin wurde die Möglichkeit eines erfolgsorientierten Vergütungskonzepts für die Mitglieder sämtlicher Gesellschaftsorgane, also auch die des Aufsichtsrats, die noch im Entwurf des KonTraG vorgesehen war,[833] gerade nicht Gesetz. Wenig stichhaltig erscheint dann auch der Hinweis *Gehlings*,[834] § 192 Abs. II AktG sei keine Verbotsnorm, sondern ein Erlaubnistatbestand, dem sich rechtsmethodisch kein über den Wortlaut hinausgehendes Verbot ableiten ließe. Da diese Vorschrift, wie *Gehling* selbst einräumt, die Bezugsgruppen abschließend bestimmt, lässt sich der Norm unschwer ein Verbot der Gewährung an andere Personen entnehmen.

Mit dem UMAG wurde auch das vormals bestehende „Schlupfloch“, nach dem Aktienoptionen im Rahmen von Wandel- und Optionsanleihen i.S.d. § 221 AktG a.F. realisiert werden konnten, geschlossen. Es scheint höchst unwahrscheinlich, dass der Ge-

---

scheint das Gesetz diesen Konflikt hinzunehmen., wenn es die Gewährung von Aktienoptionen zu Gunsten von Arbeitnehmern ausdrücklich zulässt

829 D. III. 2. c.

830 Zu diesen Instituten statt vieler *Hopt/Roth*, in: Großkomm. AktG, § 113 Rn 47.

831 Siehe die eingehende Darstellung bei *Gofferje*, Unabhängigkeit, 221-227.

832 *Gehling*, ZIP 2005, 549, 555-556; *Gofferje*, Unabhängigkeit, 225.

833 Dazu oben D. III. 1. d.

834 *Gehling*, ZIP 2005, 549, 556.

setzgeber mit den genannten Neuregelungen nur „echte“ Aktienoptionsprogramme für Aufsichtsratsmitglieder verhindern wollte, nicht aber solche Modelle, die diesen nicht nur im Ergebnis, sondern auch hinsichtlich der Gefahren für die Unabhängigkeit der Aufsichtsratsmitglieder gleichen.[835] Tatsächlich könnten die Gesellschaften das Gesetz und die Mobilcom-Entscheidung des BGH leicht unterlaufen, indem sie gerade keine Gewährung von Aktienoptionen, sondern stattdessen Phantom Stocks oder Stock Appreciation Rights als erfolgsorientierte Vergütungsform für ihren Aufsichtsrat vorsehen.[836] Der Bundesgerichtshof selbst hat hingegen erst kürzlich entschieden, dass „ein bewusstes Absehen des Gesetzgebers von einem Umgehungsschutz regelmäßig nicht angenommen werden kann“.[837]

Der Gesetzgeber muss sich aber fragen lassen, weshalb er schon im Interesse der Rechtssicherheit[838] keine klarstellende und eindeutige Vorschrift in die eine oder in die andere Richtung geschaffen hat. Es bleibt zu hoffen, dass die Rechtsprechung baldmöglichst Gelegenheit erhält, die Frage nach der Zulässigkeit anderer aktienkursorientierter Vergütungsmodelle, insbesondere der von Phantom Stocks und Stock Appreciation Rights, verbindlich zu beantworten.

c. § 221 AktG

Nachdem der BGH in seiner Mobilcom-Entscheidung noch ausdrücklich offen gelassen hatte, ob eine Realisierung von Aktienoptionsprogrammen über die Begebung von Wandel- und Optionsanleihen nach § 221 AktG möglich ist,[839] hat der Gesetzgeber, wie bereits erwähnt, diese Möglichkeit durch die Neuschaffung des § 221 Abs. IV AktG im Zuge des UMAG jüngst verneint. Durch den – unnötig umständlichen[840] – Verweis auf § 193 Abs. II Nr. 4 AktG steht nun fest, dass Aufsichtsratsmitglieder als mögliche Bezugsgruppe ausscheiden.

---

[835] In diese Richtung auch BGHZ 158, 122, 129.

[836] So auch *Habersack*, ZGR 2004, 721, 731-732; siehe auch *ders.*, in: MünchKomm-AktG Bd.2, § 113 Rn 19.

[837] BGHZ 168, 188, 195 Rn 11.

[838] Zur praktischen Relevanz dieses Aspekts siehe unten D. III. 4. b.

[839] BGHZ 158, 122, 129.

[840] Krit. auch *Gofferje*, Unabhängigkeit, 221; *Hüffer*, AktG, § 221 Rn 46b.

Somit ist davon auszugehen, dass jedenfalls die Seite der Anteilseigner[841] nach geltendem Gesetzesrecht nicht mit der Gewährung von Aktienoptionen erfolgsorientiert bezahlt werden können.

4. Deutscher Corporate Governance Kodex

Die Europäische Kommission griff Ende des Jahres 2004 mit ihrer Empfehlung „zur Einführung einer angemessenen Regelung für die Vergütung von Mitgliedern der Unternehmensleitung börsennotierter Gesellschaften"[842] das Thema einer erfolgsorientierten Bezahlung von Aufsichtsratsmitgliedern[843] auf und empfahl für ein solches Vergütungssystem eine Reihe von Transparenzmaßnahmen[844]. Diesen Punkt führte sie in der Empfehlung zur Unabhängigkeit wenig später fort und erklärte in ihren Katalog von Regelbeispielen,[845] dass ein Aufsichtsratsmitglied, um als unabhängig qualifiziert werden zu können, abgesehen von der Vergütung für die Mandatsausübung kein zusätzliches Honorar in bedeutendem Umfang, insbesondere keine Aktienoptionen oder sonstige erfolgsbezogene Vergütungen, erhalten (haben) darf.[846]

a. Ziff. 5.4.6 Abs. II DCGK

Vor diesem Hintergrund bewerten die meisten europäischen Corporate Governance-Kodices einen variablen erfolgsbezogenen Vergütungsbestandteil für Aufsichtsratsmitglieder oder nicht geschäftsführende Direktoren, eher kritisch.[847] Anders hingegen

---

841 Zu den Arbeitnehmervertretern siehe oben D. III. 3. b.

842 Kommission der Europäischen Gemeinschaften, Zur Einführung einer angemessenen Regelung für die Vergütung von Mitgliedern der Unternehmensleitung börsennotierter Gesellschaften, 2004/913/EG, Empfehlung v. 14. Dezember 2004, ABl. EU Nr. L 385 v. 29. Dezember 2004; zur Rezeption dieser Empfehlung *Fischer zu Cramburg*, NZG 2007, 619.

843 Ziff. 2.1 der EU-Empfehlung 2004/913/EG.

844 Von zentraler Bedeutung ist nach Ziff. 3 der EU-Empfehlung 2004/913/EG insoweit die Veröffentlichung einer „Vergütungserklärung" als Teil eines eigenständigen Vergütungsberichts.

845 Dazu oben C. I. 2.

846 Anhang II Ziff.1 c) der EU-Empfehlung. Dieses Kriterium ist – zumindest sprachlich – verunglückt: Immerhin bekommt das Aufsichtsratsmitglied, sofern eine erfolgsorientierte Vergütung gezahlt wird, diese gerade für die Tätigkeit als Aufsichtsratsmitglied. Pensionspläne bleiben jedenfalls unberücksichtigt.

847 Beispielhaft jeweils Ziff. B.1.3 Combined Code: „Remuneration for nonexecutive directors should not include share options. If, exceptionally, options are granted, shareholder approval should be sought in advance and any shares acquired by exercise of the options should be held until at least one year after the non-executive director leaves the board. Holding of share options could be relevant to the determination of a non-executive director's independence."; Ziff. 4.2.5 des belgischen Buysse Code: "The Code recommends that outside directors receive only

der DCGK: Ziff. 5.4.6 Abs. II empfiehlt in Satz 1 für Mitglieder des Aufsichtsrats neben der festen eine erfolgsorientierte Vergütung. Satz 2 dieser Ziffer regt an, dass dieser variable Anteil auch auf den langfristigen Unternehmenserfolg bezogene Bestandteile enthält.

Der Kodex empfiehlt die anteilige Zahlung einer erfolgsorientierten Vergütung. Auf eine Präzisierung verzichtet der Kodex hingegen bewusst.[848] Lediglich Satz 2 regt eine Berücksichtigung solcher Komponenten an, die sich am langfristigen Unternehmenserfolg orientieren, so dass diese nach Möglichkeit neben den kurzfristigen Anreizen einzubeziehen sind.[849] Damit beantwortet der Kodex allerdings nicht die Frage, ob hierunter auch Aktienoptionsprogramme zu verstehen sind oder nicht. Jedenfalls nennt er diese, anders als bei der Parallelempfehlung zur Vorstandsvergütung,[850] nicht explizit. Allerdings ist zu berücksichtigen, dass das Gesetz nach zutreffendem Verständnis mittlerweile keine Aktienoptionsprogramme für Aufsichtsratsmitglieder, jedenfalls für solche, die die Anteilseigner repräsentieren, mehr zulässt, so dass davon auszugehen ist, dass solche Konzepte und wohl auch diesen entsprechende aktienkursbasierte Modelle (Phantom Stocks bzw. Stock Appreciation Rights) ausscheiden müssen.[851] Nicht tangiert hiervon ist freilich ein Anknüpfen an die Dividende oder unternehmensinterne Kennziffern.[852]

Denkbar wäre auch eine Entlohnung in Form von Aktien, da hierbei der Kurs derselben höchstens eine untergeordnete Rolle spielt. § 136 Abs. I AktG sowie § 15a Abs. I S. 1, Abs. II WpHG gehen davon aus, dass Mitglieder des Aufsichtsrats Aktien „ihrer“ Gesellschaft halten, was vor dem Hintergrund der Entstehung dieses Organs als Aktio-

---

a compensation which, except for special assignments, is fixed and linked to their attendance at the board of directors' meetings. Systems of share options and other forms of variable compensation or long-term incentives (e.g. pensions) are not advisable for these directors."; Ziff. 7.C.2 des italienischen CGK: "The remuneration of non-executive directors shall be proportional to the engagement requested from each of them, taking into account their possible participation in one or more committees. Their remuneration shall not be – other than for an insignificant portion – linked to the economic results achieved by the issuer. Non-executive directors shall not be beneficiaries of stock option or equity based remuneration plans, unless it is so decided by the shareholders' meeting, which shall also give the relevant reasons."; weitere Beispiele bei *Hopt/Roth*, in: Großkomm. AktG, § 113 Rn 150.

848 *Kremer*, in: *Ringleb/Kremer/Lutter/v. Werder*, DCGK-Komm., Rn 1097.

849 Vgl. *Peltzer*, in: FS Priester, 2007, 573, 575.

850 Ziff. 4.2.3 Abs. II DCGK.

851 A.A. offenbar *Peltzer*, in: FS Priester, 2007, 573, 576 jedenfalls solange nach der Entscheidung in BGHZ 158, 122 („Mobilcom“) nichts anderes gelte.

852 Dazu oben D. III. 1. b. (Dividende) und D. III. 1. c. (unternehmensinterne Kennziffern).

närsausschuss nur verständlich erscheint.[853] Wenn das Gesetz diese Anteilseignerschaft aber ausdrücklich respektiert, so wäre es widersprüchlich, eine Vergütung in Form von Aktien zu untersagen. Indes sei auch hier eingeräumt, dass die Gefahr bestehen könnte, dass Aufsichtsratsmitglieder versuchen, den Kurs zu beeinflussen, um möglichst wertvolle Wertpapiere zu erhalten. Jedenfalls aber ist ein Anknüpfen an den Aktienkurs nicht zwingend Voraussetzung der Ausgabe von Vergütungsaktien.[854]

b. Stellungnahme

Unabhängig von der genauen Form der empfohlenen bzw. angeregten Vergütung sollte die Kodexkommission eine Konkretisierung von Ziff. 5.4.6 Abs. II DCGK in Erwägung ziehen.[855] Die unverhältnismäßig niedrigen Befolgungsquoten sowohl der Empfehlung in Satz 1[856] als auch der Anregung nach Satz 2[857] lassen auf eine beachtliche, aber nach dem bislang Gesagten nicht überraschende Verunsicherung in deutschen Aktiengesellschaften über die sinnvollste Ausgestaltung einer erfolgsbezogenen Aufsichtsratsvergütung schließen.[858] Wie Alternativen zur bisherigen Rechts- und Kodexsituation aussehen können und ob solche allein von der Kommission oder auch vom Gesetzgeber zu veranlassen sind, kann abschließend allerdings erst nach einer eingehenden Betrachtung der US-amerikanischen Rechtslage gesagt werden.

5. Rechtslage in den USA

a. Einleitung

Die Wirtschaftsskandale in den Vereinigten Staaten kurz nach der Jahrtausendwende zeigten, welch beachtliches Missbrauchspotential die Bezahlung von Directors und Officers insbesondere mit Aktienoptionen mit sich brachte. Der Fall des Enron-CEO

---

853 Darauf hinweisend *Kremer*, in: *Ringleb/Kremer/Lutter/v. Werder*, DCGK-Komm., Rn 1100.

854 So wohl auch *Kremer*, in: *Ringleb/Kremer/Lutter/v. Werder*, DCGK-Komm., Rn 1100, der zutreffend davon ausgeht, dass die Mobilcom-Entscheidung (BGHZ 158, 122) einer solchen Vergütungsform nicht im Wege steht.

855 In diesem Sinne auch *Hopt/Roth*, in: Großkomm. AktG, § 113 Rn 150; *v. Werder/Talaulicar*, DB 2007, 869, 873.

856 Siehe *v. Werder/Talaulicar*, DB 2008, 825, 828: DAX: 82,1%, TecDAX: 85,7%, MDAX: 83,3%, SDAX: 72,0%, Prime Standard: 72,2%, General Standard: 47,9%, insgesamt: 69,8%.

857 Siehe *v. Werder/Talaulicar*, DB 2008, 825, 831: DAX: 57,1%, TecDAX: 57,1%, MDAX: 30,0%, SDAX: 32,0%, Prime Standard: 37,0%, General Standard: 14,9%, insgesamt: 33,5%.

858 So in der Vorjahresumfrage *v. Werder/Talaulicar*, DB 2007, 869, 873 als Ziff. 5.4.6 Abs. II S. 1 mit insgesamt 61,6% noch die niedrigste aller Entsprechensquoten aufwies. Hieran hat sich bis heute nur wenig geändert.

Lay, der die Aktien der Corporation kurz vor deren Ruin und dem damit verbundenen Wertverlust für 70 Millionen US-Dollar verkaufte, wurde bereits oben genannt[859]. Um ein Vielfaches übertroffen wird dieses Beispiel unternehmerischem Fehlverhaltens noch vom damaligen non-executive Chairman und Gründer des Telekommunikationsanbieters Global Crossing *Gary Winnick*. Dieser veräußerte seine Wertpapiere, die er nach Ausübung seiner Optionen erhalten hatte, unmittelbar vor dem Zusammenbruch des Unternehmens für 734 Millionen US-Dollar, bevor diese von ursprünglich 62 US-Dollar pro Stück auf wenige Cents fielen.[860] Da ihm aber keine Betrugsabsicht nachgewiesen werden konnte, verzichtete die SEC auf eine Anklage.[861]

Dennoch rückte der Themenkomplex der erfolgsorientierten Vergütung von Führungspersonal im Allgemeinen und „equity compensation" sowie Stock Option Plans im Besonderen wieder in den Fokus der Corporate Governance-Debatte. Der nun folgende Abschnitt soll zunächst in der angemessenen Kürze Rolle und Bedeutung von Aktienoptionsprogrammen in den USA erläutern. Im Anschluss wird zum besseren Verständnis dieses Problemkreises die Rechtslage vor den Reformen der jüngeren Vergangenheit dargelegt, bevor die entsprechenden Maßnahmen des US-Kongresses und der Wertpapierbörsen als auch die Rezeption dieser Initiativen in der amerikanischen Literatur beleuchtet werden.

b. Rolle der Stock Option Plans

Aktienoptionsprogramme waren und sind in den Vereinigten Staaten von Amerika in vielerlei Hinsicht bedeutsam. Zahlreiche dieser Aspekte entsprechen den auch hierzulande vorherrschenden Gründen. So handelt es sich um eine Form kurs- und damit, zumindest grundsätzlich, erfolgsbezogenen Vergütungsform insbesondere für Board-Mitglieder und Officers.[862] Selbstverständlich wird dieser Aspekt von der Schaffung

---

859 Dazu bereits oben D. III. 2. c. Siehe auch *Schwarz/Holland*, ZIP 2002, 1661, 1665; Zu den Enron-Vergütungsmodellen siehe auch *United States Senate, Committee on Governmental Affairs, Permanent Subcommittee on Investigations* "The Role of the Board of Directors in Enron's Collapse", 2002, 11, 52, 56, abrufbar in englischer Sprache unter http://www.senate.gov/~gov_affairs/ 070902enronboardreport.pdf (Stand: 1.3.2009).

860 *Schwarz/Holland*, ZIP 2002, 1661, 1665.

861 Die Entscheidung *Winnick* nicht anzuklagen, wurde nur von drei der fünf SEC-Commissioner mitgetragen, siehe *Taub*, No Charges for Global Crossing's Winnick, http://www.cfo.com/ article.cfm/3493060 (Stand: 1.3.2009); zu diesem Fall auch *Schwarz/Holland*, ZIP 2002, 1661, 1665-1666; *Sonthalia*, 51 UCLA L. Rev. (2004), 1203, 1204 Fn 3.

862 Vgl. *Merkt/Göthel*, US-Gesellschaftsrecht, Rn 628; allerdings wird dort nur von „Mitarbeitern" gesprochen und in Rn 618 die unzutreffende Behauptung aufgestellt, Optionsprogramme

eines Interessengleichlaufs zwischen Anteilseignern und Unternehmensführung flankiert.[863] Von zentraler Bedeutung hierbei ist, wie *Brown*[864] hervorhebt, die *langfristige* Erfolgssteigerung. Weitere Ziele einer „equity based compensation" sind zum einen eine bessere Position der Corporation im Wettbewerb um qualifiziertes Führungspersonal und darüber hinaus die Bindung der Unternehmensführung an die Gesellschaft und eine Steigerung der Identifikation mit dem Arbeitgeber[865] – bisweilen wird unter diesem Gesichtspunkt gar von „golden handcuffs" (goldenen Handschellen) gesprochen[866]. Mitunter wird auch auf die positive Reaktion des Kapitalmarkts auf Aktienoptionsprogramme für Board-Mitglieder verwiesen: Als Beispiel dient insoweit der Fall der Scott Paper Company, deren Anteile einen Kursgewinn von mehr als 3% verzeichneten, nachdem die Gesellschaft entsprechende Vergütungsmodelle bekannt gegeben hatte.[867]

US-spezifisch und damit auf die deutsche Wirtschaft nicht übertragbar sind allerdings die steuerrechtlichen Aspekte einer erfolgsorientierten Board-Vergütung. Bis zur Steuerreform im Jahre 1986 wurden Kapitalgewinne vergünstigt behandelt, ehe der US-Kongress den Steuersatz für solche Bezüge durch eine Änderung des Internal Revenue Code 2003 erneut deutlich senkte.[868] Allerdings gilt diese Gesetzgebung zunächst nur bis Ende 2008;[869] es bleibt also abzuwarten, inwieweit auch zukünftig steuerliche Aspekte in diesem Zusammenhang bedeutsam sind[870].

Aus den vorstehend genannten Gründen erfreuen sich gerade Stock Option Plans in den USA nach wie vor größter Beliebtheit. Nahezu alle Unternehmen, die dem produzierenden Gewerbe und dem Einzelhandel angehören, sehen eine entsprechende Vergütung vor.[871] Darüber hinaus vergüten auch viele große public Corporations[872] ihr

---

seien für Directors unüblich, siehe dazu nur *Brown*, 82 N.Y.U. L. Rev. (2007), 1102, 1123 und unten D. III. 5. b.

863 Eingehend jeweils *Brown*, 82 N.Y.U. L. Rev. (2007), 1102, 1124; *Sonthalia*, 51 UCLA L. Rev. (2004), 1203, 1207-1208; siehe auch *Lund*, 39 Conn. L. Rev. (2006) 119, 123; *o.N.*, 117 Harv. L. Rev. (2004), 2205, 2207.

864 *Brown*, 82 N.Y.U. L. Rev. (2007), 1102, 1123 (Hervorhebung hinzugefügt).

865 *Sonthalia*, 51 UCLA L. Rev. (2004), 1203, 1208-1209.

866 *Caputo/Caputo Stift*, 80 Mich. B.J (2001), 31, 33; *Sonthalia*, 51 UCLA L. Rev. (2004), 1203, 1209.

867 *Brown*, 82 N.Y.U. L. Rev. (2007), 1102, 1124. Dieses Beispiel stammt allerdings aus dem Jahre 1994.

868 *Merkt/Göthel*, US-Gesellschaftsrecht, Rn 628.

869 *Merkt/Göthel*, US-Gesellschaftsrecht, Rn 628 Fn 169 mit weiteren Einzelheiten.

870 Siehe dazu ausführlich *Sonthalia*, 51 UCLA L. Rev. (2004), 1203, 1210-1211; abweichend aber *Brown*, 82 N.Y.U. L. Rev. (2007), 1102, 1127 Fn 162.

871 *Merkt/Göthel*, US-Gesellschaftsrecht, Rn 628 m.w.N.

Führungspersonal mit Aktien bzw. Aktienoptionen,[873] wobei die erste Variante zunehmend an Bedeutung gewinnt[874]. So bezahlten laut einer Studie aus dem Jahre 2002 97% der 250 größten amerikanischen Corporations sämtliche oder einen Teil ihrer non-executive Directors, also solcher Board-Mitglieder, die sich nicht an der Geschäftsführung beteiligen, mit Aktien (61%) und/oder Aktienoptionen (74%).[875] Im April 2006 beschloss das Board of Directors der Coca-Cola Company, dass seine Mitglieder nunmehr ausschließlich erfolgsbezogen vergütet werden sollen: Steigen die Umsätze pro Aktie in dem bestimmten Zeitraum nicht um mindestens 8%, so erhalten die Directors keinerlei Vergütung.[876] Obgleich dieser „all or nothing approach" (Alles-oder-nichts-Ansatz), der laut Chairman und CEO *Neville Isdell* die Interessen der Aktionäre mit denen der Directors enger verbinden soll als jedes andere Konzept,[877] freilich nicht repräsentativ für aktuelle amerikanische Vergütungsmodelle ist und in der Corporate Governance-Debatte für reichlich Kritik sorgte,[878] beweist er, dass die erfolgsorientierte Vergütung von Directors in der US-Wirtschaft weiterhin eine nicht zu unterschätzende Bedeutung hat.[879]

c. Situation vor den Reformen

(1) Corporation Statutes

Das Aktienrecht der einzelnen US-Bundesstaaten sahen kaum Beschränkungen hinsichtlich der Verwendung von Aktienoptionsprogrammen vor. Insbesondere gaben sie den Aktionären weder ein Bezugsrecht noch ein anderweitiges Mitspracherecht bei der

---

872 Zu diesen und zur Unterscheidung von close Corporations siehe oben B. II. 2.

873 *Merkt/Göthel*, US-Gesellschaftsrecht, Rn 628.

874 Ausführlich zu aktuellen Entwicklungen auf dem Gebiet der Board- und Ausschussvergütung *Brown*, 82 N.Y.U. L. Rev. (2007), 1102, 1120-1121.

875 *Frederick W. Cook & Co.*, Long Term and Stock Based Practices for Executives and Directors, 2002, 14, abrufbar in englischer Sprache unter http://www.fwcook.com/alert_letters/FWCook_Top250-2002.pdf (Stand: 1.3.2009).

876 Einzelheiten bei *Brown*, 82 N.Y.U. L. Rev. (2007), 1102, 1103.

877 Siehe *Brown*, 82 N.Y.U. L. Rev. (2007), 1102, 1103-1104.

878 *Brown*, 82 N.Y.U. L. Rev. (2007), 1102, 1130-1133.

879 Damit sollte auch die Behauptung bei *Merkt/Göthel*, US-Gesellschaftsrecht, Rn 618, dass Stock Options im Zusammenhang mit der Vergütung von Directors keine nennenswerte Rolle spielen, endgültig widerlegt sein.

Gewährung von Aktienoptionen für Unternehmensführung oder Belegschaft.[880] Etwas anderes galt nur dann, wenn im Zusammenhang mit einer entsprechenden Vergütung die Satzung geändert wurde[881] oder die Satzung einen Beschluss der Hauptversammlung ausdrücklich vorschrieb[882]. Eine Ausnahme stellte auch sec. 505(d) des New York Business Corporate Law dar:[883] Diese Vorschrift verlangte bis zum Jahre 2000 stets die Zustimmung der Aktionäre zur Ausgabe zum Aktienoptionen, ehe sie eine Änderung dahingehend erfuhr, dass dieses Erfordernis nur noch für solche Corporations galt, deren Anteile nicht öffentlich gehandelt wurden.

Dementsprechend spielten die einzelstaatlichen Corporation Statutes im vorliegenden Zusammenhang praktisch keine Rolle.

(2) SEC-Regelungen

Auf Bundesebene waren die Vorschriften, die die SEC erließ, von Bedeutung. Section 16 des Securities and Exchange Act 1934[884] erlegt u.a. Directors weitgehende Offenlegungspflichten auf, wenn sie mit Anteilen ihrer eigenen Corporation handeln.[885] Die hierzu ergangene Verordnung in Gestalt der SEC Rule 16b verhindert, dass die Adressaten, also insbesondere Board-Mitglieder von sog. „short-swing sales", also solchen Transaktionen, die den Wiederkauf oder den Wiederverkauf von Gesellschaftsanteilen innerhalb von sechs Monaten nach Veräußerung bzw. Erwerb derselben vorsehen,[886] profitieren[887]. Die ergänzende Rule 16b-3 ermöglicht seit 1996 Ausnahmen von dieser Regel, wenn etwa das Board oder die Aktionäre einer solchen Transaktion zustimmen. Hiernach mussten viele Aktienoptionsprogramme also erst von den Anteileignern gebilligt werden.

---

880 *Lund*, 39 Conn. L. Rev. (2006) 119, 131; *Merkt/Göthel*, US-Gesellschaftsrecht, Rn 628; *Sonthalia*, 51 UCLA L. Rev. (2004), 1203, 1212-1213; *Wagner/Wagner*, 3 Stan. J.L. Bus. & Fin. (1997), 5, 13.

881 *Sonthalia*, 51 UCLA L. Rev. (2004), 1203, 1213; *Wagner/Wagner*, 3 Stan. J.L. Bus. & Fin. (1997), 5, 13-14.

882 *Wagner/Wagner*, 3 Stan. J.L. Bus. & Fin. (1997), 5, 14.

883 Siehe *Lund*, 39 Conn. L. Rev. (2006) 119, 131; *Sonthalia*, 51 UCLA L. Rev. (2004), 1203, 1212 Fn 34; *Wagner/Wagner*, 3 Stan. J.L. Bus. & Fin. (1997), 5, 13.

884 15 U.S.C. ss 78a et seq. (2000).

885 Dazu *Lund*, 39 Conn. L. Rev. (2006) 119, 132; *Sonthalia*, 51 UCLA L. Rev. (2004), 1203, 1212-1214; eingehend auch *Wagner/Wagner*, 3 Stan. J.L. Bus. & Fin. (1997), 5, 11-12.

886 *Sonthalia*, 51 UCLA L. Rev. (2004), 1203, 1213 Fn 37;

887 *Sonthalia*, 51 UCLA L. Rev. (2004), 1203, 1213; *Wagner/Wagner*, 3 Stan. J.L. Bus. & Fin. (1997), 5, 11.

(3) Listing Standards

Neben den bereits genannten Vorschriften, insbesondere den SEC-Rules, mussten Stock Option Plans der großen public Corporations auch den Vorgaben der Wertpapierbörsen entsprechen. Diese Listing Standards erforderten bereits vor den Reformen der jüngeren Vergangenheit[888] eine Zustimmung zu solchen Vergütungsmodellen durch die Shareholders.[889] So mussten die Programme solcher Corporations, deren Anteile an der NYSE gehandelt wurden, von den Eignern gebilligt werden, sofern diese nicht „broadly based" waren.[890] Welche Modelle diese Definition erfüllten und somit vom Zustimmungserfordernis befreit waren, wurde im Laufe der Zeit vielfach geändert.[891] Im Wesentlichen ging es aber um die Annahme, dass die Gefahr der Bevorzugung des Führungspersonals bei solchen Programmen, an denen auch die Belegschaft teil haben konnte, geringer sei und entsprechende Stock Option Plans auch ohne Hauptversammlungsbeschluss gewährt werden konnten.[892]

Problematisch war aber stets, dass man die jeweiligen Regelungen relativ einfach unterlaufen konnten – etwa indem man Optionen auf Anteile gewährte, die der Corporation selber gehörten (treasury stock)[893] – und damit keine echte Kontrolle boten.[894] Auch stießen diese Umgehungsmöglichkeiten bei den Investoren auf Kritik[895] und schwächten damit das Vertrauen in den Kapitalmarkt. Es liegt also auf der Hand, dass die Listing Standards der damaligen Zeit in vielerlei Hinsicht unzureichend waren.

(4) Internal Revenue Code

Section 162 des Internal Revenue Code[896] sieht vor, dass Optionsprogramme, die „covered individuals", d.h. dem CEO und bestimmten anderen Spitzenmanagern,[897] ge-

---

888 Ausführlich dazu oben C. III. 3. a.

889 *Lund*, 39 Conn. L. Rev. (2006) 119, 124; *o.N.*, 117 Harv. L. Rev. (2004), 2205, 2214; *Sonthalia*, 51 UCLA L. Rev. (2004), 1203, 1214; *Wagner/Wagner*, 3 Stan. J.L. Bus. & Fin. (1997), 5, 12.

890 Siehe auch *Lund*, 39 Conn. L. Rev. (2006) 119, 124; *o.N.*, 117 Harv. L. Rev. (2004), 2205, 2214; *Sonthalia*, 51 UCLA L. Rev. (2004), 1203, 1214.

891 Für eine detaillierte Darstellung ist hier kein Raum; eingehend *Sonthalia*, 51 UCLA L. Rev. (2004), 1203, 1214-1215.

892 *Sonthalia*, 51 UCLA L. Rev. (2004), 1203, 1215.

893 Beispiel genannt bei *Sonthalia*, 51 UCLA L. Rev. (2004), 1203, 1216 Fn 47.

894 *Sonthalia*, 51 UCLA L. Rev. (2004), 1203, 1215-1216.

895 *Lund*, 39 Conn. L. Rev. (2006) 119, 125.

896 26 U.S.C. § 162(m)(3) (2000).

währt werden sollen und einen Höchstumfang von einer Million US-Dollar überschreiten, nur dann steuerlich begünstigt behandelt werden, wenn die Anteilseigner zugestimmt haben[898]. Diese Vorschrift ist im Gegensatz zu den bisher genannten allerdings nicht zwingend; die Corporation kann also nach freien Ermessen entscheiden, ob sie von dieser Möglichkeit der Steuererleichterung Gebrauch machen will oder stattdessen auf die Billigung der Gesellschafter verzichtet.

(5) Zwischenergebnis

Insoweit ist also festzuhalten, dass Stock Option Plans börsennotierter Corporations vor den Reformen neben den Transparenzgeboten in erster Linie der Zustimmung der Aktionäre unterworfen waren. Allerdings gab es stets eine Vielzahl von Ausnahmen von den genannten Mechanismen, die zwar den Gesellschaften eine gewisse Flexibilität bei der Handhabung von Aktienoptionen einräumten, damit aber gleichzeitig eine konsequente Kontrolle erschwerten und potentiellen Gefahren nicht mit hinreichender Wirksamkeit begegnen konnten.

d. Situation nach den Reformen

Da ein Missbrauch von Aktienoptionen, wie die oben[899] geschilderten Beispiele gezeigt haben, im Zusammenhang mit den Unternehmenszusammenbrüchen wie dem von Enron keine Seltenheit darstellte, war diese Form erfolgsbezogener Board-Vergütung auch Gegenstand verschiedener Reformen, die im Folgenden näher behandelt werden sollen.

(1) Sarbanes-Oxley Act

Zunächst nahm sich der amerikanische Bundesgesetzgeber des Problems an. Section 306(a) SOA verbietet es Directors oder executive Officers unmittelbar oder mittelbar, während einer „blackout period“[900] Aktien „ihrer“ Corporation zu kaufen, zu verkau-

---

897 26 U.S.C. § 162(m)(4)(C) (2000).

898 Dazu *Lund*, 39 Conn. L. Rev. (2006) 119, 131; *Sonthalia*, 51 UCLA L. Rev. (2004), 1203, 1216; *Wagner/Wagner*, 3 Stan. J.L. Bus. & Fin. (1997), 5, 14.

899 D. III. 2. c.

900 Für die komplexe Definition dieser Halteperiode siehe sec. 306(a)(4) SOA; siehe auch *Cardilli*, 27 Fordham Int'l L.J. (2004) 785, 798-799.

fen sowie auf andere Weise zu erwerben oder mit diesen zu handeln, sofern sie diese Anteile im Zusammenhang mit ihrer Stellung erhalten haben.[901] Demnach dürfen die genannten Gruppen in dem Zeitraum keine derartige Transaktion vornehmen, in dem dies mindestens der Hälfte der Begünstigten eines Optionsplans, also etwa Angestellten der Company, untersagt ist. Gewinne, die ein Adressat dieser Regelung auf Grund einer Zuwiderhandlung erlangt hat, können von der Gesellschaft ohne Rücksicht auf ein Verschulden des Handelnden herausverlangt werden.[902] Sollte die Corporation entsprechende Schritte nicht binnen 60 Tagen, nachdem sie dazu aufgefordert wurde, einleiten oder ein solches Verfahren nicht mit der erforderlichen Sorgfalt betreiben, kann dies auch jeder Gesellschafter tun.[903] Zwar erfasst die Vorschrift nicht, was wohl wünschenswert wäre, lückenlos alle Aktienoptionspläne, sondern in erster Linie solche, die Teil eines Pensionsplans[904] sind; allerdings hat der US-Kongress hiermit einen ersten Schritt zur Bekämpfung von missbräuchlichem Handeln mit Anteilen der Corporation getan[905].

(2) SEC Final Rule zu sec. 306(a) SOA

Die Ausgestaltung der Einzelheiten dieser Regelung überließ der Gesetzgeber der SEC.[906] Diese legte in ihrer Ausführungsverordnung[907] zu sec. 306(a) SOA im Einvernehmen mit dem Arbeitsministerium insbesondere fest, welcher Personenkreis,[908] wel-

901 Dazu *Cardilli*, 27 Fordham Int'l L.J. (2004) 785, 798-799 mit Vergleich zur Rechtslage in Europa; *Kamann/Simpkins*, RIW 2003, 183, 185.

902 Section 306(a)(2)(A) SOA; ungenau *Kamann/Simpkins*, RIW 2003, 183, 185, die „recover" mit „zurückverlangen" übersetzen, obwohl Abnehmer der Anteile nicht die Gesellschaft sein muss und wohl nur in Ausnahmefällen ist.

903 Section 306(a)(2)(B) SOA.

904 Hierzu *Eisenberg*, Corporations, 123-124.

905 Dies übersehen offensichtlich *Merkt/Göthel*, US-Gesellschaftsrecht, Rn 48, die von einem „Ausklammern" dieses Problems durch den SOA sprechen. Unrichtig erscheint auch ihre Annahme, dass der geschilderte Missbrauch von Aktienoptionen eine „wesentliche Ursache" der Unternehmenszusammenbrüche war, da insbesondere die Insolvenz von Enron andere Gründe hatte, siehe dazu *United States Senate, Committee on Governmental Affairs, Permanent Subcommittee on Investigations* "The Role of the Board of Directors in Enron's Collapse", 2002, 3, abrufbar in englischer Sprache unter http://www.senate.gov/~gov_affairs/070902enronboardreport.pdf (Stand: 1.3.2009); ausführlich jüngst *Aurich*, Managementkontrolle, 22-27.

906 Section 306(a)(3) SOA.

907 *Securities and Exchange Commission*, Final Rule, SEC Release Nos. 34-47225; IC-25909; siehe dazu auch *Kamann/Simpkins*, RIW 2003, 183, 185 Fn 14.

908 SEC Final Rule unter "2. Persons Subject to Trading Prohibition".

che Anteile[909] und welche Transaktionen[910] von dem Handelsverbot betroffen sind, und was genau unter der sog. „blackout period" zu verstehen ist[911]. Darüber hinaus sieht die SEC eine Reihe von Sondervorschriften, etwa für ausländische Emittenten,[912] vor.

(3) Listing Standards

Wie schon unter anderen Aspekten des Unabhängigkeitspostulats, spielen die Listing Standards von NYSE und NASDAQ auch hier eine zentrale Rolle. Nach jahrelangem Tauziehen verständigten sich die beiden Wertpapierbörsen im Jahre 2003 auf eine gemeinsame Vorgehensweise hinsichtlich der Behandlung von Aktienoptionsprogrammen.[913] Seitdem enthalten beide Börsenordnungen in diesem Kontext mit Genehmigung der SEC detaillierte Regelungen,[914] die sich von den vormals geltenden in einigen Punkten grundlegend unterscheiden.

So erfordern die Listing Standards nunmehr grundsätzlich die Zustimmung der Aktionäre zu jedem neuen Optionsplan und zu jeder wesentlichen Änderung eines bereits bestehenden Optionsprogramms, das Directors, Officers und Angestellten, in Falle von NASDAQ auch Beratern, vergütungshalber gewährt wird.[915] Welche Änderungen hierbei als wesentlich und damit als zustimmungspflichtig anzusehen sind, legen die Börsen detailliert fest;[916] insbesondere beschränken beide nun die Möglichkeit des „Repricings", also des Reduzierens des Kaufpreises für die Aktien *nach* Gewährung der Optionen – eine (Un-)Sitte, von der in der Vergangenheit oftmals Gebrauch gemacht wurde, um beim anschließenden Verkauf eine möglichst Hohe Gewinnspanne zu erzielen[917].

---

909 SEC Final Rule unter "3. Securities Subject to Trading Prohibition".

910 SEC Final Rule unter "4. Transactions Subject to Trading Prohibition".

911 SEC Final Rule unter "5. Blackout Period".

912 SEC Final Rule unter "(d) Foreign Private Issuers".

913 Vgl. *o.N.*, 117 Harv. L. Rev. (2004), 2205, 2216.

914 § 303A.08 NYSE Listed Company Manual (2006), separat abrufbar in englischer Sprache unter http://www.nyse.com/lcm/1078416930903.html (Stand: 1.3.2009); Rule 4350(i) NASDAQ Stock Market Rules (2004).

915 § 303A.08 NYSE Listed Company Manual (2006); Rule 4350(i)(1)(A) NASDAQ Stock Market Rules (2004).

916 § 303A.08 NYSE Listed Company Manual (2006) unter "Material Revisions"; IM-4350-5 NASDAQ Stock Market Rules (2004).

917 § 303A.08 NYSE Listed Company Manual (2006) unter "Repricings"; IM-4350-5(2)(i) NASDAQ Stock Market Rules (2004); eingehend zum Repricing *Casper*, Optionsvertrag, § 13 IV. 3.

Eine Ausnahme vom Zustimmungserfordernis sehen NYSE und NASDAQ unter anderem für solche Pläne vor, die im Rahmen von Vertragsvereinbarungen mit neuem Personal vereinbart werden.[918] Grund hierfür ist, dass die Gesellschaft mit den Bewerbern bzw. Umworbenen hier auf Augenhöhe („arm's length") verhandelt;[919] allerdings dürften auch Praktikabilitätsgründe eine Rolle spielen, da die Einholung der Zustimmung der Gesellschafter verhältnismäßig zeitaufwendig wäre. Das Einverständnis der Aktionäre kann auch dann entbehrlich sein, wenn das Optionsprogramm im Zusammenhang mit Unternehmensfusionen oder –übernahmen („mergers and acquisitions") steht.[920] Allerdings müssen die meisten – bei der NYSE alle – Befreiungen, entweder vom unabhängigen Compensation Committee (Vergütungsausschuss[921]) oder der Mehrheit der independent Directors gebilligt werden.[922]

Hervorzuheben ist darüber hinaus die Neuerung, nach der die NYSE die schwer zu handhabende Ausnahme für „broadly based" Stock Option Plans aufgegeben hat und nunmehr – wie NASDAQ – grundsätzlich *jeden* „Equity Compensation Plan" dem Zustimmungserfordernis unterwirft. Damit sind jetzt auch solche Vergütungsmodelle erfasst, von denen die Mehrheit der Angestellten profitiert. In formeller Hinsicht neu ist, dass ein bevollmächtigter Broker nicht mehr für oder gegen ein Aktienoptionsprogramm stimmen darf, wenn er keine ausdrücklich Weisung des Vertretenen Gesellschafters erhalten hat.[923] Entscheidend ist die Mehrheit der abgegebenen Stimmen.[924]

Erwähnenswert erscheint abschließend noch die Tatsache, dass die NYSE, obgleich sie mit den soeben dargelegten Neuerungen klar zu erkennen gegeben hat, dass sie sich der Gefahren einer Bezahlung mit Aktien oder Aktienoptionen für die Unabhängigkeit

918 § 303A.08 NYSE Listed Company Manual (2006) unter "Exemptions" und "Employment Inducement Awards"; Rule 4350(i)(1)(A)(iv) NASDAQ Stock Market Rules (2004); allgemein zur Rolle von Aktienoptionsplänen im Wettbewerb um neue Kräfte siehe oben D. III. 2. a.

919 Commentary zu IM-4350-5 NASDAQ Stock Market Rules (2004).

920 § 303A.08 NYSE Listed Company Manual (2006) unter "Mergers and Acquisitions"; Commentary zu IM-4350-5 NASDAQ Stock Market Rules (2004).

921 Zu diesem siehe oben C. III. 3. b. (2).

922 § 303A.08 NYSE Listed Company Manual (2006) unter "Exemptions"; Rule 4350(i)(1)(A)(iv) NASDAQ Stock Market Rules (2004).

923 § 402.08(A)(2) NYSE Listed Company Manual (2006); allgemein zur Stimmabgabe durch einen Vertreter (proxy voting) *Eisenberg*, Corporations, 211-245.

924 § 303A.08 NYSE Listed Company Manual (2006); Rule 4350(i)(6) NASDAQ Stock Market Rules (2004).

insbesondere der Board-Mitglieder bewusst ist,[925] Eigentum an Anteilen der „eigenen" Corporation per se ausdrücklich nicht als Hindernis für die Qualifizierung eines Directors als unabhängig ansieht[926].

(4) Corporate Governance Guidelines

Nach den Listing Standards der NYSE sind die Corporations angehalten, individuelle Corporate Governance Guidelines zu entwickeln, die sich u.a. Art und Umfang der Vergütung von Directors widmen müssen.[927] Praktisch besonders bedeutsam sind in der Wahrnehmung vieler Gesellschaften dabei auch Aktienoptionsprogramme. So sollen die Directors des Rüstungskonzerns Lockheed Martin mindestens die Hälfte ihrer Vergütung in Form von Aktien oder Aktienoptionen erhalten.[928] Eine ähnliche Regelung enthält auch das Regelwerk von Microsoft.[929] Jeder non-management Director des Computerherstellers IBM soll nach fünf Jahren Board-Mitgliedschaft Aktien mindestens im Wert ihrer in diesem Zeitraum erhaltenen Festvergütung halten.[930]

Damit steht also fest, dass Aktienoptionsprogramme durchaus noch einen festen Platz in der amerikanischen Unternehmenspraxis haben.

(5) Zusammenfassung

Hinsichtlich der Regulierung von Aktienoptionsprogrammen ist also erneut ein Zusammenspiel von Bundesrecht, SEC-Vorschriften, Listing Standards von NYSE und

---

925 Daneben dienen die genannten Vorschriften auch dem Schutz der Aktionäre vor einer "Verwässerung" (dilution) ihrer Anteile, siehe nur § 303A.08 NYSE Listed Company Manual (2006); *Brown*, 82 N.Y.U. L. Rev. (2007), 1102, 1130.

926 Siehe Commentary zu § 303A.02(a) NYSE Listed Company Manual (2006): "However, as the concern is independence from management, the Exchange does not view ownership of even a significant amount of stock, by itself, as a bar to an independence finding.".

927 Commentary zu § 303A.09 NYSE Listed Company Manual (2006) unter "Director Compensation".

928 *Lockheed Martin Corporate Governance Guidelines*, abrufbar in englischer Sprache unter http://www.lockheedmartin.com/investor/corporate_governance/corporate_governance_guidelines.html (Stand: 1.3.2009), unter "27. Director Stock Ownership".

929 *Microsoft Corporation Corporate Governance Guidelines*, abrufbar in englischer Sprache unter http://www.microsoft.com/about/companyinformation/corporategovernance/guidelines.mspx#compensation (Stand: 1.3.2009), unter "24. Director Stock Ownership".

930 *IBM Board Corporate Governance Guidelines*, abrufbar in englischer Sprache unter http://www.ibm.com/investor/pdf/ibmboardcompgovguide.pdf (Stand: 1.3.2009), unter "14. Director Compensation and Stock Ownership".

NASDAQ sowie unternehmensinterner Regelwerke zu verzeichnen. In Gang gesetzt hat dieses der US-Kongress, der mit sec. 306(a) des Sarbanes-Oxley Act die vormals geltenden einzelstaatlichen Regelungen weitestgehend außer Kraft gesetzt hat und damit den mit den Securities Laws der frühen 1930er Jahre begonnenen Trend der „Nationalization" des Gesellschaftsrechts[931] weiter voran getrieben hat[932]. Die gesetzlichen Regelungen beschränken sich indes auf das Gebot einer Haltefrist in bestimmten Fällen und geben der Gesellschaft, subsidiär jedem Gesellschafter, das Recht, die durch eine Zuwiderhandlung erwirtschafteten Gewinne herauszuverlangen. Die hierzu ergangene Verordnung der SEC dient, vergleichbar mit Rule 10A-3 zu den Unabhängigkeitskriterien,[933] der Konkretisierung.

Die größte praktische Relevanz haben hingegen wohl einmal mehr die Listing Standards von NYSE und NASDAQ. Sie fordern in ihrer reformierten Fassung grundsätzlich die Zustimmung der Gesellschafter zu jedem „Equity Compensation Plan", also all jenen Vergütungsmodellen, die die zumindest anteilige Vergütung insbesondere von Directors mit Aktien der Corporation oder Optionen auf diese Anteile, vorsehen. Damit gestehen die Wertpapierbörsen den Anteilseignern eine wesentlich größere Entscheidungsbefugnis zu, als dies bisher nach einzelstaatlichem Recht die Regel war.[934] Sollte bei bestimmten Sachverhalten das Einverständnis der Aktionäre nicht notwendig sein, so ist eine hinreichende Kontrolle durch die Billigung des Vergütungsausschuss oder der Mehrheit der unabhängigen Board-Mitglieder – oder deren Verweigerung – gewährleistet. Ergänzt werden diese Regelungen durch restriktive formelle Voraussetzungen.

(6) Rezeption

Die soeben in Kürze geschilderten Neufassungen durch die Wertpapierbörsen spielen nicht nur in der Praxis, sondern auch im US-amerikanischen Schrifttum die größte Rolle. Die Reformen haben dort nicht nur Zustimmung, sondern in erster Linie Kritik erfahren.

---

931 Vgl. *Merkt/Göthel*, US-Gesellschaftsrecht, Rn 30; rechtshistorisch zu dieser Entwicklung *Vagts*, Corporation Law, 4.

932 Gegen die vornehmlich in der US-amerikanischen Literatur an diesem Trend geäußerten Kritik wendet sich mit beachtlichen Argumenten *v. Hein*, US-amerikanisches Gesellschaftsrecht, 546-556.

933 Ausführlich C. III. 2.

934 Vgl. *o.N.*, 117 Harv. L. Rev. (2004), 2205, 2217; *Sonthalia*, 51 UCLA L. Rev. (2004), 1203, 1217-1218; zur früheren Rechtslage in den Bundesstaaten siehe oben D. III. 5. c. (1).

(a) Kritische Stimmen

So wird zunächst beanstandet, dass die Gesellschafter immer nur dem *gesamten* Vergütungsplan zustimmen könnten, obwohl es innerhalb des Plans, etwa bei einer Beteiligung von sowohl Führungspersonal als auch Angestellten, zu erheblichen Abweichungen kommen kann, beispielsweise wenn Board-Mitglieder durch den Plan unverhältnismäßig begünstigt werden.[935] Daher könnten sich die Aktionäre mangels einer entsprechenden Flexibilität genötigt sehen, entweder den ganzen Plan „abzunicken", selbst wenn sie mit einem beträchtlichen Teil desselben nicht einverstanden sind, oder ihre Zustimmung insgesamt zu verweigern, obwohl nur bestimmte Regelungen gegen ihren Willen verstoßen. Erschwerend komme im letztgenannten Fall hinzu, dass das Verhältnis zwischen Anteilseigner und Führungsetage Schaden nehmen und damit die Anreizwirkung einer erfolgsorientierten Vergütung auf Kosten der Corporation entfallen könne.[936] Nach alledem könnten die Gesellschafter in ihrem tatsächlichen Möglichkeiten, von ihren neuen Kompetenzen Gebrauch zu machen, stark eingeengt sein.

Darüber hinaus seien die neuen Regeln in zweierlei Hinsicht systemfremd. Zum einen fallen Vergütungsfragen in erster Linie in den Aufgabenbereich des Board of Directors, welches seinerseits von den Gesellschaftern gewählt wird und diese Aufgabe durch den Vergütungsausschuss wahrnimmt.[937] Wird die Entscheidung über praktisch bedeutsame Angelegenheiten der Entlohnung aus den Händen dieses Ausschusses entrissen, ginge diese Entwicklung, so *Sonthalia*,[938] zu Lasten der Qualität dieser Entscheidungen und damit auch der Vergütung insbesondere des Führungspersonals. Schon nach der alten Rechtslage konnten die Gesellschafter über die Wahl des Boards Einfluss auf die Vergütungsstrukturen nehmen.[939] Auch könne unter Corporate Gover-

935 *O.N.*, 117 Harv. L. Rev. (2004), 2205, 2218-2219 mit Fallbeispiel; *Sonthalia*, 51 UCLA L. Rev. (2004), 1203, 1218.
936 *Lund*, 39 Conn. L. Rev. (2006) 119, 133: "(…) shareholders cannot afford to say "no" to equity plan proposals for fear of executive attrition and a shift from agency-cost-ameliorating incentive compensation to agency-cost-exacerbating non-incentive compensation.".
937 *Sonthalia*, 51 UCLA L. Rev. (2004), 1203, 1218.
938 *Sonthalia*, 51 UCLA L. Rev. (2004), 1203, 1218.
939 *Thomas/Martin*, 67 U. Cin. L. Rev. (1999), 1021, 1032, nachgewiesen bei *Sonthalia*, 51 UCLA L. Rev. (2004), 1203, 1218 Fn 54.

nance-Aspekten eine bloße Kompetenzverschiebung keine Antwort auf die Missstände der Vergangenheit sein.[940]

Zum anderen entscheide die Hauptversammlung, insbesondere nach dem Delaware General Corporation Law (DGCL), nur über Fragen von grundlegender Bedeutung, wie etwa Unternehmensfusionen oder –übernahmen[941] oder Satzungsänderungen,[942] und gerade nicht über das Tagesgeschäft, wozu auch Vergütungsangelegenheiten zählten.[943] Die Neuregelungen der Wertpapierbörsen, die ein sog. „Micromanagement"[944] durch die Gesellschafter nahe legten, passten mithin auch im Hinblick auf die sonstigen Kompetenzen der Gesellschafterversammlung nicht ins amerikanische System. Zusammenfassend werden also Verstöße gegen die innerbetriebliche Gewaltenteilung kritisiert.

Von dem letzten Gesichtpunkt flankiert wird auch ein, wenn nicht *der* Hauptvorwurf des Schrifttums. So wird verschiedentlich eingewandt, dass die Gesellschafter mit der Entscheidung über die Qualität eines Vergütungskonzepts schlichtweg überfordert seien.[945] Gerade aus diesem Grunde hätten die SEC und die Justiz sowohl auf der Ebene der Einzelstaaten als auch auf der des Bundes die Entscheidungskompetenz des Boards in diesen Fragen über Jahrzehnte geschützt.[946] Die Anteileigner könnten den Wert der Arbeit eines Directors oder Officers einfach nicht beurteilen, ebenso wenig wie sie andere Aspekte der Unternehmenspraxis einschätzen könnten, die sie nach wie vor nicht (mit-)bestimmen können.[947] Dies treffe zwar bisweilen auch auf die Mitglieder des Vergütungsausschusses zu, allerdings seien diese, im Gegensatz zu den Aktionären, zumindest mit den Gegebenheiten des Marktes vertraut.[948] Die Bedenken hinsichtlich des Sachverstandes eines Aktionärs, der seine Anteile als reines Investment nutzt, potenzierten sich in dem Fall, in dem ein Anleger über ein ganzes Portfolio verfügt, da

---

940 Vgl. *Pound*, 73 Harv. Bus. Rev. (1995), 89, 89-90; *Sonthalia*, 51 UCLA L. Rev. (2004), 1203, 1218.

941 Section 251(c) DGCL.

942 Section 242(b) DGCL.

943 *O.N.*, 117 Harv. L. Rev. (2004), 2205, 2220; *Sonthalia*, 51 UCLA L. Rev. (2004), 1203, 1221; in diese Richtung bereits *Thomas/Martin*, 67 U. Cin. L. Rev. (1999), 1021, 1032.

944 Vgl. *Thomas/Martin*, 67 U. Cin. L. Rev. (1999), 1021, 1032.

945 Eingehend jeweils *o.N.*, 117 Harv. L. Rev. (2004), 2205, 2220-2224; *Sonthalia*, 51 UCLA L. Rev. (2004), 1203, 1218-1225.

946 *Sonthalia*, 51 UCLA L. Rev. (2004), 1203, 1222-1224.

947 *O.N.*, 117 Harv. L. Rev. (2004), 2205, 2220.

948 *O.N.*, 117 Harv. L. Rev. (2004), 2205, 2220.

sich dieser unmöglich mit den Besonderheiten einer jeden Corporation, deren Anteile er hält, auseinandersetzen könne.[949]

Schließlich sei es übertrieben, jedes Aktienoptionsprogramm, also auch solche, die nur die Angestellten betreffen, vom Einverständnis der Hauptversammlung abhängig zu machen, da diese, anders als das Führungspersonal, keine Möglichkeiten hätten, den Aktienkurs der Corporation positiv oder negativ zu beeinflussen, wie dies etwa im Fall des Enron-CEO der Fall war.[950] Darüber hinaus seien die Gesellschafter in erster Linie an der Vermeidung einer „Verwässerung" ihrer Anteile durch Aktienoptionen für die Belegschaft interessiert, nicht aber an der Vermeidung von Missbrauch durch outside Directors; insofern könnten die Aktionäre die Pläne, die auch die Directors betreffen, aus Angst vor eben einer solchen Verwässerung, und damit aus sachfremden Erwägungen, zu Lasten des Führungspersonals ablehnen.[951]

(b) Stellungnahme

Das US-amerikanische Schrifttum äußert beachtliche Bedenken gegen den insbesondere von den Wertpapierbörsen beschrittenen Weg. Allerdings können die Argumente nicht unter allen Gesichtspunkten überzeugen.

Zweifelhaft erscheint zunächst der Einwand, bei Vergütungsfragen handele es sich um das Tagesgeschäft der Corporation, welches in die ausschließliche Zuständigkeit des Boards, genauer gesagt: des Compensation Committees fallen sollte. Zwar ist insoweit richtig, dass diese keine vergleichbare Rolle spielen wie etwa eine Verschmelzung mit einer anderen Gesellschaft. Allerdings darf gerade nach den Lehren, die man aus den jüngsten Wirtschaftsskandalen ziehen musste, nicht übersehen werden, welches Gefahrenpotential ein Aktienoptionsprogramm für Führungskräfte mit sich bringt. Es erscheint bisweilen widersprüchlich, das Fehlverhalten der fraglichen Führungspersonen teilweise auf schärfste zu kritisieren und dann den Gesellschafter das Recht abzusprechen, für Präventivmaßnahmen zu sorgen[952]. In Anbetracht der Tragweite solcher Vergütungskonzepte ist es nicht sachgerecht, diese als Teil des Tagesgeschäfts einzustufen und damit auf eine Ebene wie eine beliebige Transaktion zu stellen. Ein hinreichendes Mitspracherecht des Vergütungsausschuss und damit auch die Qualität eines Vergü-

---

[949] *Sonthalia*, 51 UCLA L. Rev. (2004), 1203, 1225.
[950] *Sonthalia*, 51 UCLA L. Rev. (2004), 1203, 1224-1225.
[951] *Sonthalia*, 51 UCLA L. Rev. (2004), 1203, 1225.
[952] So aber *Sonthalia*, 51 UCLA L. Rev. (2004), 1203, 1224.

tungskonzepts wird durch die Ausarbeitung desselben und der Entscheidungskompetenz in einer Reihe von Ausnahmefällen gewährleistet.

Fehl geht auch der Vorschlag, zumindest Optionspläne für Angestellte vom Zustimmungserfordernis zu befreien. Zutreffenderweise spielen diese unter Unabhängigkeitsgesichtspunkten keine Rolle; allerdings wäre gerade dann einer Verwässerung ihrer Anteile Tür und Tor geöffnet. Aus diesem Grund sieht beispielsweise sec. 242(a)(3) DGCL ein Mitspracherecht der Gesellschafter bei der Ausgabe neuer Aktien vor. Auch würde ein Ausklammern von Optionsprogrammen für Angestellte gerade auf eine Wiedereinführung des unpraktikablen und leicht zu umgehenden „broadly based"-Merkmals der früheren Listing Standards[953] hinauslaufen.

Auf den ersten Blick stichhaltig erscheint der Einwand, dem Großteil der Aktionäre mangele es an den Fachkenntnissen, um über einen „Equity Compensation Plan" sachgerecht entscheiden zu können. In der Tat spielen in diesem Zusammenhang fraglos eine Reihe komplizierter Faktoren eine Rolle, deren richtige Bewertung oftmals schwer fallen dürfte. Allerdings gilt dies auch für viele andere Bereiche, über die die Hauptversammlung entscheidet. So gestaltet sich beispielsweise bei den viel zitierten Mergers & Acquisitions eine richtige Abwägung von Für und Wider des Öfteren äußerst diffizil. Gleiches gilt auch für die Auflösung der Gesellschaft, die ebenfalls in die Entscheidungskompetenz der Gesellschafter fällt[954]. Hinzu kommt, dass auch in den USA die „institutional shareholders", also insbesondere Pensionsfonds, Banken, Versicherungsunternehmen, Investmentgesellschaften oder Stiftungen,[955] eine zunehmend bedeutende Rolle spielen: Diese hielten im Jahre 2005 mehr als zwei Drittel aller Anteile US-amerikanischer Corporations im Wert von gut 24 Billionen US-Dollar[956]. Solche Großaktionäre besitzen in aller Regel den erforderlichen Sachverstand, die verschiedenen Vergütungsmodelle richtig einschätzen zu können, so dass der von Teilen der Literatur geäußerte Einwand zum Großteil entkräftet sein sollte[957]. Darüber hinaus

---

953 Dazu oben D. III. 5. c. (3).

954 Section 275(b) DGCL.

955 *Eisenberg*, Corporations, 123-124.

956 *The Conference Board*, U.S. Institutional Investors Continue to Boost Ownership of U.S. Corporations, abrufbar unter http://www.conference-board.org/utilities/pressDetail.cfm?press_ID=3046 (Stand: 1.3.2009); im Jahre 2001 hielt diese Investorengruppe nach der Vorgängerstudie nur 55,8% der Anteile im Wert von knapp 8,5 Billionen US-Dollar, nachgewiesen bei *Eisenberg*, Corporations, 124.

957 A.A. *o.N.*, 117 Harv. L. Rev. (2004), 2205, 2223-2224: Der *Verfasser* dieses Aufsatzes räumt zwar ein, dass der nötige Sachverstand auf der Seite der institutionellen Investoren vorhanden ist, bezweifelt aber die Anreize, im Sinne eines ausgewogenen Vergütungsmodells zu ent-

werden die Wertpapierbörsen mit einer Stärkung der Mitsprache der Aktionäre gerade der steigenden Bedeutung derselben gerecht.[958]

Entsprechendes gilt für die Vermutung, Anleger mit einem breit gefächerten Portfolio seien überfordert. Dieses Problem besteht genau genommen bei jeder Form von Mitsprache dieser Gruppe von Aktionären und ist kein Argument, das speziell gegen die Beteiligung der Gesellschafter an der Entscheidung über erfolgsorientierte Vergütungskonzepte spräche. Letztlich obliegt es dem einzelnen Anteilseigner, sich ein eigenes Bild über die zur Entscheidung anstehenden Tagesordnungspunkte zu machen. Darüber hinaus dürfte sich die Gruppe ohnehin in der Regel durch fachkundige Dritte, insbesondere Banken, vertreten lassen. Die erforderliche Weisung kann dann nach entsprechender Beratung erteilt werden. Notfalls besteht immer noch die Möglichkeit der Stimmenthaltung.

Entsprechend dem bislang Gesagten lässt sich also feststellen, dass die vom Schrifttum geäußerten Bedenken, obgleich nachvollziehbar, einer kritischen Würdigung nicht standhalten können. Stattdessen bewirken die Neuregelungen ein deutliches Mehr an Kontrolle von am Unternehmenserfolg ausgerichteten Vergütungskonzepten in Form von Aktien oder Aktienoptionen durch die Gesellschafter und fördern damit auch die Unabhängigkeit der non-executive Directors vom Management. Im Grundsatz ist den hier in Rede stehenden Vorschriften der Listing Standards daher zuzustimmen.[959]

6. Gegenüberstellung und Stellungnahme

Rechtsordnung und Schrifttum stehen hierzulande einer erfolgsorientierten Vergütung von Aufsichtsratsmitgliedern, wie gesehen, grundsätzlich skeptisch gegenüber. Ein gewisses Gegengewicht hierzu bildet der Deutsche Corporate Governance Kodex, der in Ziff. 5.4.6 Abs. II ein solches Vergütungskonzept möglichst unter Berücksichtigung langfristiger Parameter befürwortet, ja sogar empfiehlt, hierfür aber auch mal mehr, mal weniger heftige Kritik erfährt. Aktienoptionsprogramme zu Gunsten von Mitglie-

---

scheiden. Dieser Einwand mag nicht ganz von der Hand zu weisen sein, allerdings kann davon ausgegangen werden, dass auch diesen Großaktionären an einer unter Corporate Governance-Aspekten möglichst sachgerechten Vergütung des Führungspersonales gelegen ist, schon um das Risiko einer Wiederholung der vergangenen Unternehmenszusammenbrüche oder ähnlicher Wirtschaftsskandale zu verringern.

958 Zu dieser Entwicklung *Eisenberg*, Corporations, 125.

959 Dies bedeutet nicht zwingend, dass die Regelungen in jedem Aspekt optimal sind. Für eine detaillierte Analyse ist hier aber kein Raum, so dass dieser Punkt nicht vertieft werden soll.

dern des Aufsichtsrats sind sowohl nach der Rechtsprechung des BGH, der zuzustimmen ist, als auch nach dem Aktiengesetz ausgeschlossen. Dies trifft nach der hier vertretenen Auffassung im Hinblick auf den nahe liegenden Willen des Gesetzgebers wohl auch auf entsprechende Konzepte schuldrechtlicher Natur, also Phantom Stocks und Stock Appreciation Rights, zu. Das Anknüpfen an andere Größen wie die Dividende oder unternehmensinterne Kennziffern muss dagegen als zulässig eingestuft werden.

Die US-amerikanische Corporate Governance-Diskussion steht der Thematik wesentlich aufgeschlossener gegenüber. Eine zentrale Rolle spielt, der Wirtschaftspraxis in den Vereinigten Staaten entsprechend, die Gewährung von Aktien bzw. Aktienoptionen, sog. „Equity Compensation Plans", insbesondere zu Gunsten von Board-Mitgliedern. Der Bundesgesetzgeber hat sich nach den Unternehmensskandalen der jüngeren Vergangenheit erstmals diesem Problemkreis gewidmet, sich im Rahmen des Sarbanes-Oxley Act of 2002 allerdings auf die Einführung einer Haltefrist in bestimmten Fällen beschränkt (sec. 306(a) SOA). Konkretisiert wurde diese Regelung durch die Börsenaufsicht SEC. Die größte Bedeutung sowohl für börsennotierte US-Corporations als auch in der Literatur haben folglich erneut die Listing Standards von NYSE und NASDAQ, die in diesem Kontext weitgehend kongruent sind. Sie fordern im Wesentlichen die grundsätzliche Zustimmung der Gesellschafter zu sämtlichen Equity Compensation Plans für Directors, Officers und Angestellte. Gemäß der amerikanischen Tradition „rules based" Corporate Governance-Regelwerke[960] präzisieren die Börsenordnungen die Einzelheiten des Zustimmungserfordernisses vergleichsweise detailreich ohne in die genaue Ausgestaltung der Vergütungskonzepte einzugreifen.

Es stellt sich nun also die Frage, ob der „American Way" im vorliegenden Zusammenhang Vorbild für Deutschland sein kann. Gleichzeitig ist zu klären, inwieweit die Entscheidung, gerade Aktienoptionsprogramme zu verbieten, angemessen ist. Für diese Wertung des Gesetzgebers sprechen *prima facie* die Gefahren, die insbesondere solchen Vergütungskonzepten immanent sind und auf die hier im vollen Umfang verwiesen werden kann[961]. Es erscheint indes zweifelhaft, ob diese Bedenken ein ausnahmsloses Verbot solcher Modelle rechtfertigen können. Das Erfordernis einer Billigung durch die Gesellschafter würde hingegen eine flexible Handhabung erlauben und zu gleich die Hauptversammlungsautonomie stärken. Es konnte oben gezeigt werden,

[960] Siehe oben C. II. 2. b. (4).
[961] Siehe oben D. III. 2. b.

dass erfolgsorientierte Vergütungsmodelle im Allgemeinen und Optionsprogramme im Besonderen einen beachtlichen Teil ihres Gefahrenpotentials verlieren, wenn sie im Vergleich zur fixen Entlohnung nur eine untergeordnete Rolle spielen und auch sonst den Grundsätzen moderner Corporate Governance, insbesondere den Geboten der Transparenz,[962] entsprechen.

Gegen das Zustimmungspostulat könnten indes die Interessen Dritter sprechen, die Opfer der Konsequenzen eines unausgewogenen, aber dennoch von der Hauptversammlung beschlossenen Optionsprogrammes werden könnten. Zu denken ist hierbei an Kunden, Zulieferer oder sonstige Stakeholder wie etwa Gesellschaftsgläubiger. Dennoch kann auch ihr Schutz kein stichhaltiges Argument für ein gesetzliches Verbot sein. Dass auch Dritte von Entscheidungen der Hauptversammlung tangiert werden, ist kein einzigartiges Phänomen. Hinzu kommt, dass diese allenfalls mittelbar betroffen sind, während sich beispielsweise Grundsatzentscheidungen, wie etwa Satzungsänderungen (§ 119 Abs. I Nr. 5 AktG), wesentlich direkter auf Dritte auswirken können. Gleiches gilt auch für Beschlüsse zur Geschäftsführung, die die Hauptversammlung nach Maßgabe des § 119 Abs. II AktG ausnahmsweise treffen kann. Hinzu kommt, dass die Gesellschafter ohnehin nach § 113 Abs. I S. 2 AktG über das Ob und Wie einer Vergütung des Aufsichtsrats entscheiden.[963] Insofern wäre ein Zustimmungsvorbehalt auch systemkompatibel

Auch wäre Deutschland keinesfalls der einzige EU-Mitgliedstaat, der einen Zustimmungsvorbehalt vorsähe. So fordern bislang bereits der italienische Kodex[964] und der britische Combined Code,[965] der ja in der hiesigen Corporate Governance-Debatte vielfach als Vorbild für den DCGK genannt wird,[966] die Billigung der Hauptversammlung für Aktienoptionsprogramme. Auch sieht das österreichische Aktienoptionengesetz von 2001 explizit die Möglichkeit vor, Aufsichtsratsmitgliedern Aktienoptionen zu gewähren.[967]

---

962 Vgl. Ziff. 7.1.3 DCGK.

963 BGHZ 170, 60, 63 Rn 9; BGH, ZIP 2006, 1529, 1531; in diese Richtung im Zusammenhang mit Aktienoptionen jüngst auch *Vetter*, ZIP 2008, 1, 5.

964 Ziff. 7.C.2. des italienischen CGK.

965 Ziff. B.1.3 Combined Code.

966 Am deutlichsten wird eine Orientierung am britischen Modell wohl von *Leyens* vertreten, siehe *ders.*, Information des Aufsichtsrats, 317; *ders.*, JZ 2007, 1061, 1065.

967 Siehe etwa §§ 65 Abs. I Nr. 4, 95 Abs. V Nr. 10 öAktG; vgl. *Casper*, Optionsvertrag, § 13 IV. 4. a); *Vetter*, ZIP 2008, 1, 5.

Es ist also abschließend festzuhalten, dass die Zustimmung der Anteilseigner nach amerikanischem Vorbild einen geeigneten Schutzmechanismus gegen die Gefahren von aktienkursbasierten Optionsprogrammen bietet und es im Gegensatz zum aktuellen Verbot den Gesellschaften dennoch ermöglicht, sich die Vorzüge solcher Vergütungskonzepte zu Nutze zu machen. Dementsprechend ist der deutsche Gesetzgeber aufgerufen, Aufsichtsratsmitglieder in die Gruppe möglicher Bezugsberechtigter neuer Aktien aufzunehmen. Die Kodexkommission sollte Ziff. 5.4.6 Abs. II DCGK, wie bereits oben[968] gefordert, präzisieren, um die in deutschen Unternehmen bestehende Rechtsunsicherheit zu beseitigen. Eine Empfehlung zur Billigung von Aktienoptionsprogrammen erübrigt sich, da eine solche, sollte die hier vorgeschlagene Gesetzesänderung realisiert werden, bereits nach § 192 Abs. I AktG erforderlich ist. Von einer verbindlichen Halteperiode, jedenfalls einer unangemessen langen, sollte indes abgesehen werden, um die Anreizwirkung nicht zu entkräften. Vorstellbar wäre hingegen eine entsprechende Anregung des Kodex.

7. Exkurs: Vergütung mit Sonderleistungen

In der jüngsten Zeit geriet auch die Vergütung von Aufsichtsratsmitgliedern mit Sonderleistungen in die Kritik. Dabei werden insbesondere Bedenken hinsichtlich der Unabhängigkeit der Aufsichtsräte und der Transparenz solcher Zuwendungen geäußert, die der folgende Exkurs in der gebotenen Kürze bewertet werden soll.

a. Der Fall *Bsirske*

Auslöser der aktuellen Debatte war wiederum der ver.di-Vorsitzende *Frank Bsirske*[969]. Dieser flog im August 2008 als Aufsichtsratsmitglied der Lufthansa AG auf deren Kosten erster Klasse im Rahmen einer Urlaubsreise von Frankfurt nach Los Angeles.[970] Auf Grund seines Aufsichtsratsmandats hatte er das Recht, Freiflüge auch als Privatperson in Anspruch zu nehmen; besondere Brisanz erhielt dieser Flug aber schon wegen des von ver.di organisierten Streiks des Lufthansa-Bodenpersonals, welcher kurz nach *Bsirskes* Start begonnen hatte und mehrere Tage andauerte. Im Fokus der Corporate Governance-Debatte standen allerdings Befürchtungen, solche Extra-

---

968 D. III. 4. b.
969 Zur Person *Bsirske* siehe bereits oben C. II. 2. b. (2).
970 Statt vieler Die Welt v. 6.8.2008, S.10.

Leistungen könnten die Unabhängigkeit deutscher Aufsichtsräte nachteilig beeinflussen, zumal diese in den Augen vielen Kritikern nicht hinreichend transparent seien.

So forderte etwa der Vorsitzende der Anti-Korruptions-Organsisation „Transparency International" *Peter von Blomberg* deutsche Unternehmen auf, solche Zusatzleistungen zu streichen und ihre Aufsichtsräte künftig ausschließlich mit Geld zu vergüten, da nur auf diese Weise Spekulationen über Interessenkonflikte vermieden werden könnten.[971] Dem Aufruf *von Blombergs* schloss sich der Bremer Wirtschaftswissenschaftler *Hickel* an, während die FDP diese Forderung auf die Seite der Arbeitnehmervertreter beschränkte.[972] Erschwerend hinzu komme, dass die Öffentlichkeit von entsprechenden Zuwendungen oftmals nichts erfahre, was ihre Transparenz zweifelhaft erscheinen lasse.

Auf Grund des öffentlichen Drucks sagte *Bsirske* wenige Tage später zu, seinen Flug in die USA nachträglich zu bezahlen. Ungeachtet dessen ist fraglich, ob die geäußerten Bedenken einer kritischen Würdigung standhalten.

b. Stellungnahme

Dass Aufsichtsratsmitglieder Leistungen oder Produkte „ihrer" Gesellschaft auf Grund des Mandats gratis oder zu vergünstigten Konditionen in Anspruch nehmen dürfen – obgleich nun erstmals im Blickpunkt – ist keinesfalls neu oder einzigartig. So dürfen etwa Aufsichtsratsmitglieder des Touristikunternehmens TUI einmal pro Jahr eine Reise mit 50%-Ermäßigung buchen,[973] und ihre Kollegen bei Volkswagen einen Dienstwagen für eine Rate in Höhe von einem Prozent des Bruttolistenpreises im Monat leasen.[974] Andere DAX-Unternehmen wie die Deutsche Bank oder der Energieversorger RWE gewähren ihren Aufsichtsratsmitgliedern indessen keine Sonderleistun-

---

971 Siehe *Sievers*, in: Frankfurter Rundschau v. 5.8.2008, S.1.
972 Siehe *Sievers*, in: Frankfurter Rundschau v. 5.8.2008, S.1.
973 Siehe *Kazim*, Extrawürste für Kontrolleure, 3, abrufbar unter http://www.spiegel.de/wirtschaft/0,1518,570197-3,00.html (Stand: 1.3.2009); nach ordnungsgemäßer Versteuerung beläuft sich der Rabatt allerdings nur noch auf 20-25%.
974 Siehe *Kazim*, Extrawürste für Kontrolleure, 5, abrufbar unter http://www.spiegel.de/wirtschaft/0,1518,570197-5,00.html (Stand: 1.3.2009); Frankfurter Rundschau v. 5.8.2008, S.15.

gen[975] während die Deutsche Lufthansa AG bei der Hauptversammlung 2009 die Streichung der Freiflüge beschließen lassen will[976].

Die Frage, inwieweit genau Gefahren für eine unabhängige Corporate Governance durch den Aufsichtsrat bestehen, beantworten aber auch die Kritiker der soeben beispielhaft aufgeführten Sonderleistungen nicht. Dies verwundert nicht, sind die diese Zuwendungen doch letztlich nur ein Teil der Vergütung, der ebenso gut auch als Teil der Festvergütung ausgezahlt werden könnte. Wie diese, müssen auch die Extra-Leistungen, wie auch das Mitglied der Regierungskommission Corporate Governance *Strenger* deutlich macht,[977] selbstverständlich schon im Hinblick auf § 113 Abs. I S. 3 AktG angemessen sein[978]. Solange sie dies sind, bestehen aber grundsätzlich keine Bedenken hinsichtlich einer Unabhängigkeitsgefährdung. Zu bedenken ist allein schon, dass der Aufsichtsrat aus gutem Grund nur wenige Möglichkeiten hat, auf die Geschäftsführung der Gesellschaft Einfluss zu nehmen. Der Fall *Bsirske* hat auch gezeigt, dass etwa Gewerkschaftsvertreter offenbar nicht versucht sind, beispielsweise die Organisation eines Streiks zu beeinflussen, um den geordneten Ablauf ihrer eigenen Reise nicht zu gefährden. Da bereits die beisitzenden Aufsichtsratsmitglieder von TUI eine Jahresvergütung zwischen 85 300 Euro und 249 700 Euro erhalten,[979] dürfte eine unabhängige Unternehmensüberwachung durch die Aussicht auf einen einzigen Reiserabatt im Jahr, der dazu noch recht „überschaubaren" Umfangs ist, kaum gefährdet sein.

Nach dem soeben Gesagten sind also Sonderzuwendungen, solange sie dem Angemessenheitsgebot entsprechen, grundsätzlich unbedenklich[980]. Sie sollten jedoch – insoweit ist den Kritikern beizupflichten – gemäß der Empfehlung der Ziff. 5.4.6 Abs. III

---

975 Siehe Frankfurter Rundschau v. 5.8.2008, S.15.

976 Welt Online, Lufthansa streicht Freiflüge für Aufsichtsräte, abrufbar unter http://www.welt.de/wirtschaft/article2494025/Lufthansa-streicht-Freifluege-fuer-Aufsichtsraete.html (Stand: 1.3.2009).

977 Siehe Die Welt v. 6.8.2008, S.10.

978 *Habersack*, in: MünchKomm-AktG Bd.2, § 113 Rn 12; *Hopt/Roth*, in: Großkomm. AktG, § 113 Rn 32.

979 Siehe *Kazim*, Extrawürste für Kontrolleure, 3, abrufbar unter http://www.spiegel.de/wirtschaft/0,1518,570197-3,00.html (Stand: 1.3.2009).

980 Ob jedoch die Regelung der Lufthansa AG, nach der sämtliche Aufsichtsratsmitglieder unbegrenzt Freiflüge beanspruchen dürfen, dem gesetzlichen Angemessenheitsprinzip entspricht, mag man mit Recht bezweifeln. Allerdings machten die Mitglieder des Aufsichtsrats von dieser Möglichkeit ohnehin nur sehr begrenzt Gebrauch, siehe Die Welt v. 6.8.2008, S.10.

S. 1 DCGK[981] individualisiert angegeben werden, um eine hinreichendes Maß an Transparenz zu gewährleisten.

IV. Beratungsvertrag mit einem Aufsichtsratsmitglied

In der deutschen Wirtschaft weit verbreitet sind Beratungsverträge zwischen Aufsichtsratmitgliedern und „ihrer" Gesellschaft.[982] Ungeachtet der üblichen Beratung, zu der das einzelne Mitglied im Rahmen seines Aufsichtsratsmandats nach § 111 Abs. I AktG verpflichtet ist,[983] kann es nämlich für das Unternehmen von großem Nutzen sein, wenn fachkundige Mitglieder noch zusätzliche Aufgaben erfüllen, die über ihren normalen Pflichtenkreis hinaus gehen.[984] Von besonderer praktischer Relevanz sind in diesem Zusammenhang Dienste von Rechtsanwälten, Steuerberatern, Wirtschaftsprüfern, Wirtschaftsberatern oder Architekten.[985]

Obgleich eine solche Beratung „aus den eigenen Reihen", wie bereits angedeutet, eine Reihe von Vorteilen für die Gesellschaft mit sich bringt, begegnet sie unter Corporate Governance-Gesichtspunkten auch gewissen Bedenken. Der nun folgende Abschnitt der Darstellung wird sich mit diesen Gefahren unter Berücksichtigung des geltenden Rechts und der jüngst hierzu ergangenen Jurisprudenz auseinandersetzen, um nach der gewohnten Betrachtung der US-amerikanischen Rechtslage alternative Lösungsansätze zu diskutieren und abschließend zu bewerten.

---

981 Ausführlich zu Ziff. 5.4.6 Abs. III DCGK unten D. IV. 3. b.

982 *Baums* (Hrsg.), Kommissionsbericht, Rn 265; *Hopt/Roth*, in: Großkomm. AktG, § 114 Rn 1; *Lutter*, in: FS Westermann, 2008, 1171, 1172; *Werner*, DB 2006, 935; *Widmann*, Beraterverträge, 1.

983 Dazu BGHZ 114, 127; BGHZ 126, 340, 344-345; *Benecke*, WM 2007, 717; *Habersack*, in: MünchKomm-AktG Bd.2, § 111 Rn 39; *Hopt/Roth*, in: Großkomm. AktG, § 111 Rn 288; *Hüffer*, AktG, § 111 Rn 5; *Lutter*, in: FS Westermann, 2008, 1171, 1174-1175; *ders./Drygala*, in: FS Ulmer, 2003, 381, 388; *ders./Krieger*, Rechte und Pflichten des Aufsichtsrats, Rn 94; ausführlich jeweils *v. Bünau*, Beratungsverträge, 14-19; *Widmann*, Beraterverträge, 10-22; eingehend auch mit Blick auf die österreichische Rechtslage *Semler*, NZG 2007, 881, 882; siehe auch Ziff. 5.1.1 DCGK.

984 *Benecke*, WM 2007, 717; *Lutter/Krieger*, Rechte und Pflichten des Aufsichtsrats, Rn 733.

985 Vgl. *Hopt/Roth*, in: Großkomm. AktG, § 114 Rn 10; *Kremer*, in: *Ringleb/Kremer/Lutter/v. Werder*, DCGK-Komm., Rn 1145; *Lutter/Krieger*, Rechte und Pflichten des Aufsichtsrats, Rn 733; *Vetter*, AG 2006, 173; *ders.*, ZIP 2008, 1, 6; *v. Bünau*, Beratungsverträge, 11; ausführlich zum Sonderproblem der Beraterverträge mit Rechtsanwälten *Happ*, in: FS Priester, 2007, 175 und passim.

1. Aktuelle Corporate Governance-Debatte

Drei Entscheidungen des Bundesgerichtshofes, auf die diese Arbeit noch näher eingehen wird,[986] haben die Diskussion um Für und Wider von Beratungsverträgen zwischen Aufsichtsratsmitgliedern und der zu kontrollierenden Gesellschaft wieder neu aufleben lassen, ja zu einer wahren „Veröffentlichungsflut"[987] im juristischen Schrifttum geführt. Um die angesprochenen Urteile und die Reaktion in der Literatur richtig einschätzen zu können, erscheint es angebracht, sich zunächst Vor- und Nachteile einer solchen Praxis zu vergegenwärtigen.

a. Vorzüge von Beratungsverträgen mit Aufsichtsratsmitgliedern

Für den Abschluss eines Beratungsvertrages mit dem Mitglied des eigenen Aufsichtsrats sprechen zunächst die besonderen Kenntnisse, die dieses in aller Regel von dem Unternehmen hat.[988] Es muss sich im Gegensatz zu einem externen Berater nicht erst mit den betriebsinternen Vorgängen vertraut machen, was nicht nur Zeit, sondern auch Kosten spart. Letzteres betrifft sowohl solche Mittel, die die Gesellschaft direkt in die Beratungstätigkeit investiert, als auch solche, die durch eine weniger zeitnahe Umsetzung des Beratungsergebnisses anfallen könnten.

Darüber hinaus kann das beratende Aufsichtsratsmitglied die Abläufe im Unternehmen besser bewerten und dementsprechend oftmals eine qualitativ hochwertigere Beratung leisten.[989] Zu beachten ist auch, dass eine Vielzahl von Informationen, die zu einer effektiven Beratung erforderlich sind, einem außenstehenden Dritten wegen der Verschwiegenheitspflicht des § 116 S. 2 AktG nicht anvertraut werden können.[990]

---

986 Siehe unten D. V. 2. a.

987 *Weiss*, BB 2007, 1853.

988 Dazu *Widmann*, Beraterverträge, 2.

989 *Widmann*, Beraterverträge, 2; a.A. *Peltzer*, in: FS Priester, 2007, 573, 584; insoweit erinnern die genannten Argumente bisweilen stark an die für einen Wechsel eines Vorstandsmitglieds in den Aufsichtsrat, siehe dazu oben D. II. 1. a.

990 Vgl. *Widmann*, Beraterverträge, 2 allerdings noch ohne Bezugnahme auf das durch das TransPuG nun auch ausdrücklich gesetzlich verankerte Verschwiegenheitsgebot, dazu *Habersack*, in: MünchKomm-AktG Bd.2, § 116 Rn 49; zu einer „umfassende(n) Wahrung der Vertraulichkeit" mahnt auch Ziff. 3.5 Abs. I S. 2 DCGK.

b. Nachteile von Beratungsverträgen mit Aufsichtsratsmitgliedern

Wie die im Laufe dieser Darstellung bereits behandelten Themen ist auch die nun in Rede stehende Unternehmenspraxis in ihren Konsequenzen ambivalent.

So drängt sich zunächst der Gedanke auf, dass einem Aufsichtsratsmitglied die für eine bestmögliche Beratung notwendige Objektivität und Neutralität fehlt, wenn es die Unternehmensführung und –kontrolle selbst mitgestaltet (hat). Dies kann sich etwa bei einer Beurteilung vergangener Vorgänge und strategischer Entscheidungen negativ auf die Beratungsqualität auswirken. Diese Bedenken potenzieren sich, wenn der Aufsichtsrat an den zu bewertenden Gesichtspunkten mitgewirkt hat. Auch könnte sich ein unternehmensinterner Berater aus Gründen der Loyalität zu anderen Führungspersonen bzw. Kollegen mit kritischen Bemerkungen und unbequemen Ratschlägen zurückhalten. Dies alles lässt die oben gemachten Ausführungen zu einer vermeintlich uneingeschränkten Steigerung der Beratungsqualität in einem anderen Licht erscheinen.

Im Mittelpunkt der aktuellen Corporate Governance-Debatte stehen jedoch andere Aspekte. Diese zielen insbesondere auf das Honorar ab, das das auf Grund eines gesonderten Vertragsverhältnisses beratende Aufsichtsratsmitglied zusätzlich zu der regelmäßig für die Aufsichtsratstätigkeit gezahlten Vergütung erhält. Denn, wie *Widmann*[991] treffend ausführt, „im Normalfall (wird) kein Aufsichtsratsmitglied bereit sein, die Gesellschaft über seine Organpflichten hinaus zu beraten, ohne daß seine Leistungen angemessen honoriert werden“.

So besteht im Falle eines entgeltlichen Beratungsverhältnisses zwischen Aufsichtsratsmitglied und Gesellschaft[992] auf Vertragsbasis stets die Gefahr einer unsachlichen Beeinflussung des betreffenden Mitglieds durch finanzielle Sonderleistungen des Vorstands.[993] Denn der Vorstand vertritt die Gesellschaft nach außen (§ 78 Abs. I AktG) und damit auch gegenüber dem Aufsichtsratsmitglied im Rahmen entsprechender Vertragsverhandlungen. Für das Ob und Wie der Vergütung des Aufsichtsrats ist hingegen gem. § 113 Abs. I S. 2 AktG die Hauptversammlung zuständig.[994] Schließt nun der

991 *Widmann*, Beraterverträge, 2.

992 Zu anderen ebenso konfliktträchtigten Konstellationen siehe unten D. IV. 2. a. (3).

993 BGHZ 126, 340, 347; BGHZ 168, 188, 193 Rn 9; BGHZ 170, 60, 64 Rn 9; OLG Hamburg, AG 2007, 404, 405; *Benecke*, WM 2007, 717; *Habersack*, in: MünchKomm-AktG Bd.2, § 114 Rn 2; *Hopt/Roth*, in: Großkomm. AktG, § 114 Rn 14; *Hüffer*, AktG, § 114 Rn 1; *Kremer*, in: *Ringleb/Kremer/Lutter/v. Werder*, DCGK-Komm., *Lutter*, in: FS Westermann, 2008, 1171, 1172; Rn 1150; *Peltzer* ZIP 2007, 305; *ders.*, in: FS Priester, 2007, 573, 583; *Vetter*, AG 2006, 173; *ders.*, ZIP 2008, 1, 6; *Weiss*, BB 2007, 1853, 1854; *Werner*, DB 2006, 935.

994 Dazu bereits oben D. III. 6.

Vorstand mit einem Mitglied des Aufsichtsrats einen Beratungsvertrag ab, so besteht die Möglichkeit, diesem unter Umgehung der Hauptversammlung extra zu vergüten. Es liegt auf der Hand, dass in diesem Fall die Gefahr besteht, dass das kontrahierende Aufsichtsratsmitglied in seiner sachgerechten, verantwortungsvollen und vor allem unabhängigen Wahrnehmung seiner gesetzlichen Überwachungspflichten gegenüber dem Vorstand, der die zusätzliche Einnahmequelle ermöglicht, behindert ist.[995] *Benecke*[996] befürchtet gar, dass sich das fragliche Aufsichtsratsmitglied in eine finanzielle Abhängigkeit vom Vorstand begibt.

Darüber hinaus verweist insbesondere die höchstrichterliche Rechtsprechung auf die Gefahr einer zu engen persönlichen Verflechtung der beiden Führungsgremien.[997] In diesem Kontext ist etwa zu bedenken, dass der Aufsichtsrat nicht nur, wie bereits dargelegt, seine Unbefangenheit hinsichtlich der Überwachung des Vorstands verliert, sondern auch Personalfragen aus sachfremden Erwägungen trifft, da dieser ja auch die Personalhoheit im Hinblick auf (Wieder-)Bestellung der Vorstandmitglieder und Vertragsgestaltung einschließlich der Bezüge hat (§§ 84, 87 AktG) innehat.[998] Soweit ersichtlich unerwähnt blieb bislang die Möglichkeit einer unverhältnismäßig großen Einflussnahme auf die Geschäftsführung durch die Beratung des Aufsichtsratsmitglieds. Nach Maßgabe des § 111 Abs. IV S. 1 AktG ist der Aufsichtsrat zur Geschäftsführung grundsätzlich[999] nicht befugt. Doch ist es dem gesellschaftsinternen Berater möglich, über das Maß an legitimer, ja sogar vorgeschriebener Beratung[1000] hinaus die Vorstandsarbeit zu beeinflussen. Zwar ist eine solcher Einfluss durch die Vereinbarung eines vertraglichen Beratungsverhältnisses gerade erwünscht und insoweit zu respektieren; doch sollte man vor den Gefahren, die ein möglicher Missbrauch in diesem Zusammenhang haben kann, gerade im Bemühen um eine gute Corporate Governance nicht die Augen verschließen.

---

995 BGHZ 126, 340, 347; BGHZ 168, 188, 193 Rn 9; BGHZ 170, 60, 64 Rn 9; OLG Hamburg, AG 2007, 404, 405; *Habersack*, in: MünchKomm-AktG Bd.2, § 114 Rn 2; *Lutter*, in: FS Westermann, 2008, 1171, 1172; *Peltzer*, ZIP 2007, 305; *Vetter*, AG 2006, 173; *ders.*, ZIP 2008, 1, 6.

996 *Benecke*, WM 2007, 717; diese dramatische Konsequenz dürfte indes allenfalls bei einem – auch im Vergleich zur sonstigen Aufsichtsratvergütung – beträchtlichen Beratungshonorar eintreten.

997 BGHZ 168, 188, 193 Rn 9; so auch *Weiss*, BB 2007, 1853, 1854.

998 *Peltzer*, ZIP 2007, 305.

999 Zum ausnahmsweisen Zustimmungserfordernis des § 111 Abs. IV S. 2 AktG auch hinsichtlich zu verzeichnender Konvergenztendenzen zwischen Trennungs- und Vereinigungsmodell siehe oben B. III. 1. a.

1000 Dazu unten D. IV. 2. a. (2) (a) (i).

c. Zwischenergebnis

Wie gesehen gibt es gute Gründe für ein Engagement eines Aufsichtsratsmitglieds als internen Berater. In der aktuellen Diskussion bedeutsamer sind allerdings die Bedenken gegen eine solche Tätigkeit im Hinblick auf das Unabhängigkeitspostulat. Wie die Vorteile sind auch die geäußerten Kritikpunkte weitgehend nachvollziehbar und verdienen folglich Zustimmung. Eine zentrale Rolle spielt in diesem Zusammenhang das Zusammenspiel zwischen überwachendem Aufsichtsrat und überwachtem Vorstand. Gerade wegen dieses Verhältnisses ist eine Beratungstätigkeit eines Aufsichtsratsmitglieds, also eines Kontrolleurs, unter Corporate Governance-Gesichtspunkten besonders sensibler Natur.

2. Gesetzeslage

a. § 114 AktG

Der Gesetzgeber hat dieses Spannungsverhältnis erkannt und 1965 mit § 114 AktG eine der brisantesten und sensibelsten Vorschriften des Aktiengesetzes[1001] neu eingeführt[1002]. Sie stellt, verkürzt wiedergegeben, den wirksamen Abschluss insbesondere eines Beratungsvertrages zwischen Aufsichtsratsmitglied und Gesellschaft unter das Erfordernis der Zustimmung des Aufsichtsrats.

(1) Gesetzeszweck

Die Norm ist, wie die Rechtsprechung bereits mehrfach betont hat, hinsichtlich ihrer *ratio* im Zusammenhang mit § 113 AktG zu lesen.[1003] Hiernach obliegt die Entscheidung über Zahlung und Ausgestaltung einer Vergütung an den Aufsichtsrat in Ermangelung einer entsprechenden Satzungsbestimmung allein der Hauptversammlung. Dadurch werde zum Schutz der Belange sowohl der Anteilseigner als auch der Gläubiger der Gesellschaft zum einen eine „Selbstbedienung" des Aufsichtsrats,[1004] zum anderen

[1001] *Peltzer*, in: FS Priester, 2007, 573, 583.
[1002] *Habersack*, in: MünchKomm-AktG Bd.2, § 114 Rn 1; *Hopt/Roth*, in: Großkomm. AktG, § 114 Rn 1; *Kehler*, Unabhängigkeit, 51; *Lutter*, in: FS Westermann, 2008, 1171, 1172.
[1003] BGHZ 126, 340, 347; BGHZ 168, 188, 192 Rn 9; BGHZ 170, 60, 63 Rn 9.
[1004] Vgl. *Widmann*, Beraterverträge, 7, der in diesem Zusammenhang das Verbot des Insichgeschäfts nach § 181 BGB anspricht, diesen Gedanken letztlich aber wegen des Stimmverbots, dem das betroffene Aufsichtsratsmitglied unterliegt, zu Recht ablehnt.

aber auch die Kompetenz des Vorstandes, über die Vergütung deiner Kontrolleure zu befinden, ausgeschlossen.[1005] Gleichzeitig soll § 114 AktG ausweislich seiner Begründung[1006] auch die unsachgemäße Beeinflussung der Aufsichtsratsarbeit durch den Vorstand verhindern[1007] und trägt damit einem der oben geäußerten Kritikpunkte gegen ein Engagement eines Aufsichtsratsmitglieds als Berater der Gesellschaft Rechnung.

Darüber hinaus, so insbesondere der BGH, erschwere die Vorschrift die Umgehung der Kompetenz der Hauptversammlung, gem. § 113 AktG über die Vergütung der Aufsichtsrats zu entscheiden.[1008] Auch sehen die Bundesrichter die Funktion einer gewissen „Präventivkontrolle" hinsichtlich der bereits oben angesprochenen engen personellen Verflechtung zwischen Vorstand und Aufsichtsrat.[1009]

(2) Erfasste Verträge

Nach dem Wortlaut des § 114 Abs. I AktG erfasst ist ein Dienstvertrag, durch den ein Arbeitsverhältnis nicht begründet wird, oder ein Werkvertrag, durch den sich ein Aufsichtsratsmitglied außerhalb seiner Tätigkeit im Aufsichtsrat gegenüber der Gesellschaft zu einer Tätigkeit höherer Art verpflichtet. Insoweit kann auf die zu § 627 Abs. I BGB entwickelten Grundsätze verwiesen werden,[1010] nach denen unter Tätigkeiten „höherer Art" solche Aufgaben zu subsumieren sind, „deren Erbringung ein überdurchschnittliches Maß an Fachkenntnissen, Kunstfertigkeit oder wissenschaftlicher Bildung, eine hohe geistige Phantasie oder Flexibilität voraussetzen und deshalb dem Dienstverpflichteten eine herausgehobene Stellung verleihen"[1011]. Da für eine sachgerechte Beratung einer Aktiengesellschaft jedenfalls überdurchschnittliche Fachkenntnisse, je nach Einzelfall zusätzlich noch eines oder mehrere der soeben aufgezählten Merkmale erforderlich sind, erfüllt ein hier in Rede stehender Beratungsvertrag prinzipiell die Voraussetzungen des § 114 Abs. I AktG.

1005 BGHZ 168, 188, 192 Rn 9; BGHZ 170, 60, 63 Rn 9.

1006 Siehe Ausschussbericht bei *Kropff*, AktG 1965, 158.

1007 *Drygala*, in: *K. Schmidt/Lutter*, AktG Bd.I, § 114 Rn 2; *Habersack*, in: MünchKomm-AktG Bd.2, § 114 Rn 2; *Hopt/Roth*, in: Großkomm. AktG, § 114 Rn 4; *Hüffer*, AktG, § 114 Rn 1; *Lutter*, in: FS Westermann, 2008, 1171, 1172.

1008 BGHZ 168, 188, 193 Rn 9; BGHZ 170, 60, 63-64 Rn 9; zustimmend *Habersack*, in: MünchKomm-AktG Bd.2, § 114 Rn 3; *Happ*, in: FS Priester, 2007, 175, 184.

1009 BGHZ 126, 340, 347; BGHZ 168, 188, 193 Rn 9; so offenbar auch *Weiss*, BB 2007, 1853, 1854; krit. *Happ*, in: FS Priester, 2007, 175, 184.

1010 *Habersack*, in: MünchKomm-AktG Bd.2, § 114 Rn 19; *Widmann*, Beraterverträge, 4.

1011 *Henssler*, in: MünchKomm-BGB Bd.4, § 627 Rn 14; *Habersack*, in: MünchKomm-AktG Bd.2, § 114 Rn 19.

(a) Abgrenzung zu § 113 AktG

(i) Unterscheidung zwischen organschaftlichen Pflichten und darüber hinausgehender Beratung

Das bislang Gesagte kann indes nur im Grundsatz gelten, denn in diesem Kontext stellen sich mitunter schwierige Abgrenzungsfragen. Ausgangspunkt dieser Problematik ist zunächst der Umstand, dass jedes Aufsichtsratsmitglied schon auf Grund seines Mandats im Rahmen seiner Überwachungsaufgabe nach § 111 Abs. I AktG bis zu einem gewissen Maße ohnehin beratend tätig werden muss.[1012] Verfügt ein Aufsichtsratsmitglied, etwa auf Grund seiner hauptberuflichen Tätigkeit, über Fachwissen bzw. Spezialkenntnisse, muss es diese in die Beratungen einfließen lassen.[1013] Allerdings beschränkt sich die Beratungspflicht in aller Regel auf die wesentlichen Leistungsaufgaben und grundsätzliche Fragen der Unternehmenspolitik bzw. –planung.[1014] Dementsprechend schuldet ein Aufsichtsratsmitglied, selbst bei entsprechender Qualifikation, keine Prozessführung für die Gesellschaft, nicht die Erstellung der Steuererklärung der Gesellschaft, keine Bauüberwachung und kein Gutachten zu einer strittigen Rechtsfrage.[1015]

Die Unterscheidung zwischen im Rahmen der organschaftlichen Pflichten des Aufsichtsrats geschuldeten Tätigkeiten und solcher, die hierüber hinausgehen, ist für die Abgrenzung zwischen der Anwendbarkeit von § 113 AktG und § 114 AktG von entscheidender Bedeutung. Im erstgenannten Fall, also bei „aufsichtsratsüblicher“ Beratungstätigkeit, die ja bereits nach § 111 Abs. I AktG geschuldet ist, entscheidet allein

---

1012 Vgl. BGHZ 114, 127; BGHZ 126, 340, 344-345; *Benecke*, WM 2007, 717; *Habersack*, in: MünchKomm-AktG Bd.2, § 111 Rn 39; *Hopt/Roth*, in: Großkomm. AktG, § 111 Rn 288; *Hüffer*, AktG, § 111 Rn 5; *Lutter*, in: FS Westermann, 2008, 1171, 1174-1175; *ders./Drygala*, in: FS Ulmer, 2003, 381, 388; *ders./Krieger*, Rechte und Pflichten des Aufsichtsrats, Rn 94; ausführlich jeweils *v. Büneu*, Beratungsverträge, 14-19; *Widmann*, Beraterverträge, 10-22; eingehend auch mit Blick auf die österreichische Rechtslage *Semler*, NZG 2007, 881, 882; siehe auch Ziff. 5.1.1 DCGK

1013 *Hopt/Roth*, in: Großkomm. AktG, § 114 Rn 20; *Lutter/Krieger*, Rechte und Pflichten des Aufsichtsrats, Rn 94, 96; *Vetter*, AG 2006, 173, 176; *ders.*, ZIP 2008, 1, 7.

1014 *Hopt/Roth*, in: Großkomm. AktG, § 111 Rn 296, die im Hinblick auf den nebenamtlichen Charakter des Aufsichtsratsmandats auch auf die rein tatsächlichen, zeitlichen Grenzen der Beratungsplicht hinweisen (Rn 295).

1015 Beispiele jeweils bei *Hopt/Roth*, in: Großkomm. AktG, § 114 Rn 17, 21; *Lutter*, in: FS Westermann, 2008, 1171, 1176. Insbesondere *Hopt/Roth* subsumieren die genannten Tätigkeiten allerdings unter das Merkmal des „Tagesgeschäfts“. Dies ist insofern zumindest missverständlich, als beispielsweise das Führen eines Prozesses nicht unbedingt zum Tagesgeschäft i.S.v. *alltäglichem* Geschäft zählt.

die Hauptversammlung über eine Vergütung (§ 113 Abs. I AktG). Der Abschluss eines Beratungsvertrages i.S.v. § 114 AktG ist mithin ausgeschlossen. Damit diese Vorschrift zur Anwendung kommen, also ein Beratungsvertrag mit Zustimmung des Aufsichtsrats[1016] wirksam werden kann, muss die vertraglich geschuldete Tätigkeit über die ohnehin auf Grund des Aufsichtsratsmandats zu erbringende Beratung hinausgehen.[1017] Der Gesetzeswortlaut bringt dies mit den Worten „außerhalb seiner Tätigkeit im Aufsichtsrat" unmissverständlich zum Ausdruck.[1018] Erfüllt der Beratungsvertrag diese Anforderung nicht, erfasst er also eine ohnehin geschuldete Tätigkeit, enthält er verdeckte Sonderzuwendungen und ist trotz Zustimmung durch den Aufsichtsrat gem. §§ 113 AktG, 134 BGB nichtig.[1019]

(ii) Rechtsprechung

Mit dieser Feststellung ist indes noch nicht die Frage beantwortet, wonach die erforderliche Abgrenzung vorzunehmen ist. Insbesondere in der älteren Literatur wurden hierzu eine Vielzahl von Kriterien vorgeschlagen, an Hand derer die Zustimmungsfähigkeit eines Beratungsvertrages zu bestimmen sei. Exemplarisch seien Umfang und Intensität sowie Schwierigkeit der Aufgabe und die Person von Auftraggeber und Adressat der Beratungstätigkeit genannt.[1020] Der für das Gesellschaftsrecht zuständige II.

1016 Nach ganz h.M. kann die Zustimmung auch von einem Ausschuss erteilt werden, siehe statt vieler *Hopt/Roth*, in: Großkomm. AktG, § 114 Rn 48 m.w.N. Diese Auffassung ist in konsequenter Fortführung des oben unter C. II. 2. b. (6). Gesagten fragwürdig. Richtig ist zwar, dass die in Rede stehenden Sachverhalte nicht vom Delegationsverbot des § 107 Abs. III S. 2 AktG erfasst werden und auch ein ungeschriebenes Verbot aus Respekt vor dem Regel-Ausnahme-Prinzip ausscheidet. Dennoch besteht die Gefahr so genannter „run-away-committees" (siehe oben C. II. 2. b. (7)), so dass verantwortungsbewusste Aufsichtsräte entsprechende Abstimmungen wegen der Bedeutung gesetzeskonformer Beratungsverträge für eine unabhängige Unternehmensüberwachung dem Gesamtgremium übertragen sollten.

1017 BGHZ 114, 127, 129-130; BGHZ 126, 340, 346; BGHZ 168, 188, 193 Rn 9; BGHZ 170, 60, 63-64 Rn 9; *Habersack*, in: MünchKomm-AktG Bd.2, § 114 Rn 22; *Hopt/Roth*, in: Großkomm. AktG, § 114 Rn 14; *Hüffer*, AktG, § 114 Rn 4; *Lutter*, in: FS Westermann, 2008, 1171, 1175; *ders./Krieger*, Rechte und Pflichten des Aufsichtsrats, Rn 734; *Peltzer*, ZIP 2007, 305; *Semler*, NZG 2007, 881, 884-885; *Vetter*, AG 2006, 173, 174; *ders.*, ZIP 2008, 1, 7; *Werner*, DB 2006, 935.

1018 Vgl. BGHZ 168, 188, 193 Rn 9.

1019 BGHZ 114, 127, 129; BGHZ 126, 340, 344; BGHZ 168, 188, 197 Rn 16; BGHZ 170, 60, 66 Rn 13; *Bosse*, NZG 2007, 172, 173; *Habersack*, in: MünchKomm-AktG Bd.2, § 114 Rn 22; *Hopt/Roth*, in: Großkomm. AktG, § 114 Rn 13; *Hüffer*, AktG, § 114 Rn 4; *Lutter*, in: FS Westermann, 2008, 1171, 117; *ders./Krieger*, Rechte und Pflichten des Aufsichtsrats, Rn 736; *Peltzer*, ZIP 2007, 305, 307; *Vetter*, AG 2006, 173, 174; *ders.*, ZIP 2008, 1, 7.

1020 Siehe *Hopt/Roth*, in: Großkomm. AktG, § 114 Rn 16; *Widmann*, Beraterverträge, 29-39 jeweils m.w.N. zu den verschiedenen Ansichten.

Zivilsenat des Bundesgerichtshofs hat diesen Anknüpfungspunkten in zwei neueren Entscheidungen,[1021] seine bisherige Rechtsprechung[1022] bestätigend, eine Absage erteilt. Danach ist die Abgrenzung nach inhaltlichen Kriterien, nämlich an Hand des Vertragsgegenstandes vorzunehmen. Eine Orientierung am Umfang sei nicht sachgerecht, da das Aufsichtsratsmitglied, wenn es die besonderen Verhältnisse der Gesellschaft es erfordern, auch einen über den normalen Rahmen hinausgehenden Einsatz leisten müsse.[1023] Ein Anknüpfen an den Adressaten der Beratung sei ebenso wenig zielführend, da dieser stets der Vorstand sei.[1024] Auch erteile stets nur dieser den entsprechenden Auftrag, so dass auch die Person des Auftraggebers als Abgrenzungskriterium ausscheide.[1025]

(iii) Rezeption in der Literatur und Stellungnahme

Dieses Ergebnis hat in der Literatur zu Recht breite Zustimmung gefunden.[1026] Den vom BGH genannten Argumenten gegen andere Anknüpfungspunkte ist insoweit nichts hinzuzufügen. Wie *Hopt/Roth* treffend hervorheben, geht es um die Verhinderung einer doppelten Vergütung von organschaftlichen Tätigkeiten.[1027] Wenn dies das Ziel ist, so erscheint es nur logisch, die Frage nach der Abgrenzung an Hand genau dieser Aufgaben, also der des Aufsichtsrats einerseits und der, die Gegenstand des Beratungsvertrages sind, andererseits, vorzunehmen. Zwar mag *Peltzer*[1028] Recht haben, wenn er Abgrenzungsschwierigkeiten, die bei einer Orientierung am Vertragsgegenstand auftreten können, bemängelt. Allerdings dürften diese bei einer Befolgung der anderen vorgeschlagenen Kriterien noch weitaus größer sein, etwa bei Heranziehung von Umfang und Intensität der Beratungstätigkeit, zumal sich diese nicht immer mit hinreichender Sicherheit zum Zeitpunkt des Vertragsschlusses voraussagen lassen. Es

---

1021 BGHZ 168, 188, 197 Rn 16; BGHZ 170, 60, 66 Rn 13; jüngst BGH Beschluss v. 27.4.2009 Az II ZR 160/08.
1022 BGHZ 114, 127, 132; BGHZ 126, 340, 344.
1023 BGHZ 114, 127, 131.
1024 BGHZ 114, 127, 130-131.
1025 BGHZ 114, 127, 131.
1026 *Bosse*, NZG 2007, 172, 173; *Habersack*, in: MünchKomm-AktG Bd.2, § 114 Rn 22, 24; *Hopt/Roth*, in: Großkomm. AktG, § 114 Rn 17; *Hüffer*, AktG, § 114 Rn 5; *Kremer*, in: *Ringleb/Kremer/Lutter/v. Werder*, DCGK-Komm., Rn 1144; *Lutter*, in: FS Westermann, 2008, 1171, 1175-1176; *ders./Krieger*, Rechte und Pflichten des Aufsichtsrats, Rn 735; *Werner*, DB 2006, 935, 937; *Widmann*, Beraterverträge, 39; *Vetter*, AG 2006, 173, 174; *ders.*, ZIP 2008, 1, 7; krit. jeweils *Peltzer*, ZIP 2007, 305, 307; *v. Bünau*, Beratungsverträge, 24-25.
1027 *Hopt/Roth*, in: Großkomm. AktG, § 114 Rn 17.
1028 *Peltzer*, ZIP 2007, 305, 307.

dürfte auch übertrieben sein, wenn man wie *Peltzer*[1029] davon ausgeht, dass eine solche Abgrenzung „rein praktisch kaum möglich" sein dürfte, denn immerhin sind eine Reihe von Sachverhalten vorstellbar, die völlig unproblematisch über den organschaftlichen Pflichtenkreis des einzelnen Aufsichtsratsmitglieds hinausgehen[1030] oder – umgekehrt – diesem entsprechen. Demnach ist der Rechtsprechung uneingeschränkt zuzustimmen.

(b) Formelle Anforderungen

(i) Beratungsgegenstand

Da also nach herrschender und zutreffender Ansicht der Vertragsgegenstand für die Genehmigungsfähigkeit unter § 114 Abs. I AktG ausschlaggebend ist, kommt es entscheidend darauf an, wie dieser im Vertrag formuliert wird. Auch mit dieser Frage hat sich der BGH erst kürzlich beschäftigt. In seinen Urteilen vom 3. Juli und 20. November 2006[1031] bestätigten die Bundesrichter die Kriterien, denen ein Vertragstext entsprechen muss, um den Beratungsgegenstand abgrenzungstauglich zu bestimmen. Hiernach müssen zunächst die speziellen Beratungsgegenstände als solche so konkret bezeichnet sein, dass sich der Aufsichtsrat ein eigenständiges Urteil über Art und Umfang der Leistung machen kann.[1032] Der Vertrag muss also eindeutige Feststellungen darüber ermöglichen, ob die zu erbringende Leistung außerhalb oder innerhalb der organschaftlichen Pflichten des Aufsichtsratsmitglieds liegt und der Vertrag keine verdeckten Sonderzuweisungen enthält.[1033] In den beiden angesprochenen Entscheidung hielten die Richter Formulierungen, nach denen eine Beratung „in betriebswirtschaftlichen und steuerrechtlichen Fragen"[1034] bzw. „in wirtschaftlichen und strategischen Angelegenheiten"[1035] vereinbart wurde, für unzureichend, da diese Angelegenheiten

---

1029 *Peltzer*, ZIP 2007, 305, 307.

1030 Siehe die bereits oben zitierten Beispiele jeweils bei *Hopt/Roth*, in: Großkomm. AktG, § 114 Rn 17, 21; *Lutter*, in: FS Westermann, 2008, 1171, 1176.

1031 BGHZ 168, 188; BGHZ 170, 60.

1032 Grundlegend BGHZ 126, 340, 344-345.

1033 BGHZ 168, 188, 197 Rn 16; BGHZ 170, 60, 65-66 Rn 13; daraus folgt wohl auch, dass der Vertrag schriftlich oder zumindest in Textform (§ 126b BGB) abgefasst werden muss, *Habersack*, in: MünchKomm-AktG Bd.2, § 114 Rn 25; differenzierend *Vetter*, AG 2006, 173, 179; zu der in der Praxis wohl selten relevanten Frage, was in diesem Zusammenhang genau unter „Vertrag" zu verstehen sei *Happ*, in: FS Priester, 2007, 175, 188.

1034 BGHZ 168, 188, 198 Rn 17.

1035 BGHZ 170, 60, 66 Rn 14; geschuldet war "insbesondere (…) Beratung der Gesellschaft bei dem Abschluss von Unternehmens- und Beteiligungskaufverträgen und bei der Eingehung bereits zu den Pflichten gehörten, die das Aufsichtsratsmitglied bereits auf Grund seines Mandats auferlägen.

In der Literatur wird mitunter kritisiert, dass nach dem vom BGH aufgestellten „Bestimmtheitserfordernis“ etwa Rahmenverträge, die eine langfristige Beratung zum Gegenstand haben, unzulässig sind,[1036] was etwa dazu führen könne, dass Freiberufler, die in einer ständigen Geschäftsbeziehung zur Gesellschaft stehen, von der Aufsichtsratsarbeit faktisch ausgeschlossen würden,[1037] zumal eine hinreichend scharfe Eingrenzung der Beratungsaufgabe oft nicht möglich sei[1038]. *Weiss*[1039] äußert darüber hinaus Bedenken, ob insbesondere die Zweifelsregelung des BGH, nach der ein Vertrag, der neben abgrenzungstauglichen Beratungsgegenständen auch solche enthält, die sich mit den organschaftlichen Pflichten überschneiden, im Zweifel nichtig sei,[1040] mit dem Verfassungsgrundsatz der Privatautonomie nach Art. 2 Abs. I GG vereinbar sei[1041]. Diese Kritik ist jeweils nicht von der Hand zu weisen, allerdings bleiben auch diese Stimmen einen alternativen Lösungsvorschlag schuldig. Eine weitergehende Präzisierung der Rechtsprechung[1042] mag zwar *prima facie* wünschenswert erscheinen, könnte sich aber vielfach nur am Einzelfall orientieren, was im Hinblick auf die vielfältigen Gegenstände einer Unternehmensberatung Rechtssicherheit nur in begrenztem Maße schaffen könnte. Im Ergebnis sind deutsche Unternehmen deshalb aufgerufen, den Vorgaben der Rechtsprechung durch eine hinreichend konkrete Vertragsgestaltung gerecht zu werden, zumal restriktive Anforderungen auch unter Corporate Governance-Gesichtspunkten sinnvoll erscheinen, da nur so eine sachgerechte Unabhängigkeit vom Vorstand erreicht werden kann. Sollten sich bei den Verhandlungen unüberbrückbare Schwierigkeiten ergeben, bleiben nur ein Absehen vom Vertragsschluss oder eine Beendigung der Aufsichtsratstätigkeit. Bei nachträglichen Änderungen des

---

strategischer Allianzen (Joint Ventures) (…), Beratung zu Finanzierungsmodellen zur Ausstattung mit liquiden Mitteln (…), Beratung bei sonstigen Kapitalmaßnahmen, z.B. Aktiensplits (…), Beratung bei internen Strukturierungen“.

1036 *Bosse*, NZG 2007, 172, 173; siehe aber *Benecke*, WM 2007, 717, 718, die nach wie vor von der Zulässigkeit von Rahmenverträgen ausgeht, solange diese hinreichend konkret bestimmt seien; vgl. auch *v. Bünau*, Beratungsverträge, 45-46, der statt eines Rahmenvertrags einen sog. Grundlagenvertrag i.V.m. Einzelverträgen vorschlägt.

1037 *Hopt/Roth*, in: Großkomm. AktG, § 114 Rn 23; in diesem Sinne auch *Benecke*, WM 2007, 717, 718.

1038 *Bosse*, NZG 2007, 172, 173; *Hopt/Roth*, in: Großkomm. AktG, § 114 Rn 23; auf die Schwierigkeiten bei Abgrenzungsfragen weist auch *Kehler*, Unabhängigkeit, 52 hin.

1039 *Weiss*, BB 2007, 1853, 1856.

1040 BGHZ 126, 340, 344; i.E. jeweils auch BGHZ 168, 188, 198 Rn 17; BGHZ 170, 60, 66 Rn 14.

1041 Zur Privatautonomie *Jarass*, in: *Jarass/Pieroth*, Art. 2 Rn 4.

1042 In diese Richtung *Weiss*, BB 2007, 1853, 1856.

Beratungsgegenstandes ist immer noch eine zeitnahe Anpassung des Vertrages möglich.

(ii) Vergütung

Wie der Beratungsgegenstand ist auch die hierfür vorgesehene Vergütung so konkret anzugeben, dass sich der Aufsichtsrat ein Urteil über ihre Angemessenheit bilden und verdeckte Zuwendungen ausschließen kann.[1043] Andernfalls folgt auch hier die Nichtigkeit des Vertrages gem. §§ 113 AktG, 134 BGB, da eine mit § 113 AktG unvereinbare Sonderzuwendung auch in einer überhöhten Vergütung für aufsichtsratsfremde Leistungen zu sehen ist.[1044] Diesen Anforderungen genügen festgesetzte Tagessätze oder ein Verweis auf die „üblichen Stundensätze" nicht, wenn dem beratenden Aufsichtsratsmitglied selbst die Bestimmung des Beratungsumfangs überlassen bleibt.[1045] Die Bezugnahme auf eine amtliche Gebührenordnung (z.B. RVG,[1046] HOIA) wird aber meist akzeptiert.[1047]

(c) Rechtsfolgen

(i) (Teil-)Nichtigkeit

Werden die soeben dargestellten Anforderungen an die Bestimmtheit von Vertragsgegenstand und Vergütung nicht erfüllt, so geht die Rechtsprechung von der Genehmigungsunfähigkeit des Beratungsvertrages und damit einhergehend von seiner Nichtigkeit gem. §§ 113 AktG, 134 BGB aus, sofern sich der Gegenstand der Beratung auf die Aufsichtsratstätigkeit bezieht.[1048] Dem letztgenannten Aspekt haben Teile der Literatur

---

1043 BGHZ 126, 340, 344-345; BGHZ 168, 188, 197 Rn 16; BGHZ 170, 60, 65-66 Rn 13.

1044 *Habersack*, in: MünchKomm-AktG Bd.2, § 114 Rn 25; krit. dazu *Hopt/Roth*, in: Großkomm. AktG, § 114 Rn 25.

1045 BGHZ 126, 340, 344-345; LG Stuttgart, ZIP 1998, 1275, 1279; *Bosse*, NZG 2007, 172, 173; 25; *Habersack*, in: MünchKomm-AktG Bd.2, § 114 Rn 25; *Hopt/Roth*, in: Großkomm. AktG, § 114 Rn *Hüffer*, AktG, § 114 Rn 6; *Vetter*, ZIP 2008, 1, 8; *Werner*, DB 2006, 935, 937.

1046 Siehe dazu *Happ*, in: FS Priester, 2007, 175, 187.

1047 *Bosse*, NZG 2007, 172, 173 („(D)er Gesetzgeber (hat) bereits mit der Regelung von Gebühren eine Angemessenheitskontrolle durchgeführt, auf die sich der Aufsichtsrat ohne Weiteres verlassen kann"); *Hopt/Roth*, in: Großkomm. AktG, § 114 Rn 52; *Hüffer*, AktG, § 114 Rn 6; *Vetter*, ZIP 2008, 1, 8; *Werner*, DB 2006, 935, 937; wohl auch *Happ*, in: FS Priester, 2007, 175, 185; einschränkend *Habersack*, in: MünchKomm-AktG Bd.2, § 114 Rn 25, der regelmäßige Zustimmungsbeschlüsse fordert.

1048 BGHZ 114, 127, 129; BGHZ 126, 340, 344; BGHZ 168, 188, 197 Rn 16; BGHZ 170, 60, 66 Rn 13; So auch *Bosse*, NZG 2007, 172, 173; *Habersack*, in: MünchKomm-AktG Bd.2, § 114 widersprochen. So hat *Happ*[1049] jüngst die Möglichkeit einer Teilnichtigkeit nach § 139 BGB aufgegriffen, sofern der Vertrag zumindest teilweise den rechtlichen Erfordernissen entspricht, und damit die Zweifelsregelung[1050] des BGH kritisiert. Problematisch erscheint dabei die von *Happ*[1051] berechtigterweise geforderte genaue Zuordnung von Leistung und Gegenleistung, da ein Beratungsvertrag regelmäßig wohl keinen Vergütungsschlüssel für die einzelnen Beratungsgegenstände enthalten dürfte, sondern stattdessen eher eine Pauschalvergütung. Zwar scheint einer Teilnichtigkeit, entgegen *Lutter*,[1052] der Gesetzeswortlaut zumindest nicht zwingend entgegenzustehen, wohl aber Praktikabilitätsgründe[1053].

(ii) Nachträgliche Konkretisierung

Liegt der Beratungsgegenstand hingegen außerhalb der Aufsichtsratstätigkeit, wird in Anlehnung an die Möglichkeit einer Genehmigung des Vertrages nach bereits erbrachter Beratung gem. § 114 Abs. II S. 1 AktG auch der Gedanke an eine nachträglich Konkretisierung des Gegenstandes des dann schwebend unwirksamen Vertrages aufgeworfen, sofern dieser Vertragsgegenstand nicht dem Bestimmtheitsgebot der Rechtsprechung entspricht.[1054] Das OLG Frankfurt[1055] hatte diese Frage verneint und zur Begründung ins Feld geführt, dass der Aufsichtsrat im Hinblick auf die Loyalität zum Kollegen in seiner Entscheidung dann deutlich unfreier sei als vorher. Diese Begründung kann nicht überzeugen, da diese „Gefahr", die letztlich eine reine Vermutung darstellt, bei jeder Genehmigung besteht; das Gesetz erkennt die Möglichkeit einer nachträglichen Zustimmung aber ausdrücklich an (§ 114 Abs. II S. 1 AktG). Folglich wird man mit der h.L. die Möglichkeit einer nachträglichen Konkretisierung grundsätzlich zulassen müssen.

Rn 22; *Hopt/Roth*, in: Großkomm. AktG, § 114 Rn 13; *Hüffer*, AktG, § 114 Rn 4; *Lutter*, in: FS Westermann, 2008, 1171, 1176; *ders./Krieger*, Rechte und Pflichten des Aufsichtsrats, Rn 736; *Peltzer*, ZIP 2007, 305, 307; *Vetter*, AG 2006, 173, 174; *ders.*, ZIP 2008, 1, 7.

1049 *Happ*, in: FS Priester, 2007, 175, 196-197; dagegen *Lutter*, in: FS Westermann, 2008, 1171, 1176 Fn 39a.

1050 BGHZ 126, 340, 344; i.E. jeweils auch BGHZ 168, 188, 198 Rn 17; BGHZ 170, 60, 66 Rn 14.

1051 *Happ*, in: FS Priester, 2007, 175, 197.

1052 *Lutter*, in: FS Westermann, 2008, 1171, 1176 Fn 39a.

1053 So i.E. auch BGHZ 168, 188, 199 Rn 18; a.A. *Widmann*, Beraterverträge, 55.

1054 H.L., siehe *Bosse*, NZG 2007, 172, 174-175; *Hopt/Roth*, in: Großkomm. AktG, § 114 Rn 26; *Hüffer*, AktG, § 114 Rn 7; *Lutter/Drygala*, in: FS Ulmer, 2003, 381, 396; *Lutter/Krieger*, Rechte und Pflichten des Aufsichtsrats, Rn 736; *Vetter*, AG 2006, 173, 173; *ders.*, ZIP 2008, 1, 8; eingehend *Happ*, in: FS Priester, 2007, 175, 191-193.

1055 OLG Frankfurt, ZIP 2005, 2322, 2324; offen gelassen von BGHZ 170, 60, 66 Rn 15.

(iii) Rückgewähranspruch

Ist die Möglichkeit einer solchen Genehmigung durch den Aufsichtsrat versperrt, etwa dann, wenn der Beratungsgegenstand in den organschaftlichen Pflichtenkreis fällt,[1056] und lehnt man mit der hier vertretenen h.M. den Gedanken einer Teilnichtigkeit ab, so löst dies bereicherungsrechtliche Rückgewähransprüche nach § 114 Abs. II S. 1 und/oder S. 2 AktG aus, soweit eine oder beide Leistungen bereits erbracht wurden.

(d) Zwischenergebnis

Die Abgrenzung zum Anwendungsbereich des § 113 AktG und damit die Genehmigungsfähigkeit des Beratungsvertrages nach § 114 Abs. I AktG bestimmt sich nach dem Vertragsgegenstand. Dieser muss ebenso wie die zu zahlenden Vergütung in dem Vertrag, der dem Aufsichtsrat zur Zustimmung vorgelegt wird, hinreichend präzise bezeichnet sein, damit sich das Gremium (Gesamtaufsichtsrat oder Ausschuss) ein eigenständiges Urteil über Art und Umfang der Leistung sowie Angemessenheit des Entgelts machen kann.

Die Möglichkeit einer Teilnichtigkeit des Vertrages, der die aufgestellten Kriterien nicht in allen Punkten erfüllt, ist abzulehnen. Anderes gilt für eine nachträgliche Konkretisierung des Vertragsgegenstandes. Dies ist allerdings nur für aufsichtsratsfremde Beratungsgegenstände denkbar. Versagt andernfalls die Hauptversammlung ihr Einverständnis (§ 113 Abs. I S. 2 AktG), liegt ebenso wie in Ermangelung einer Zustimmung durch den Aufsichtsrat ein nichtiger Vertrag vor. Etwaige Rückgewähransprüche richten sich nach § 114 Abs. II AktG.

(3) Vertragsparteien

(a) Gesellschaft und Aufsichtsratsmitglied

§ 114 AktG erfasst ausweislich des Wortlauts seines Absatzes I unmittelbar nur Verträge zwischen der Gesellschaft und einem Mitglied ihres Aufsichtsrats. Damit sind sämtliche amtierende Aufsichtsratsmitglieder gemeint, also sowohl die Vertreter der

---

1056 In diesem Fall kann nur die Hauptversammlung dem Vertrag zustimmen, § 113 Abs. I S. 2 AktG, statt vieler *Hüffer*, AktG, § 114 Rn 7.

Anteilseigner, als auch die der Arbeitnehmer und ggf. das neutrale Mitglied in montanmitbestimmten Aktiengesellschaften.[1057]

(b) Gesellschaft und andere Gesellschaft, an der das Aufsichtsratsmitglied beteiligt ist

Von vergleichbarer Relevanz sind in der heutigen Zeit Verträge, die die Gesellschaft nicht mit einem Aufsichtsratsmitglied schließt, sondern stattdessen mit einer (Beratungs-)Gesellschaft, an der ein Aufsichtsratsmitglied, etwa in Rahmen seines Hauptberufs, beteiligt ist. Denkbar ist eine solche Konstellation insbesondere bei Rechtsanwalts- oder Steuerberatungsgesellschaften, wie sich immer häufiger anzutreffen sind. Hier ist fraglich, ob solche Verträge trotz des engen Wortlauts der Vorschrift zustimmungsbedürftig sind.

(i) Beteiligung an Kapitalgesellschaft

In der jüngsten Vergangenheit haben zunehmend solche Fälle an Bedeutung gewonnen, in denen die Gesellschaft mit einer Kapitalgesellschaft kontrahiert hat, an der ein Aufsichtsratsmitglied beteiligt war. So hatte der Bundesgerichtshof zuletzt zweimal Gelegenheit, sich zu der Frage, ob Verträge mit einer Gesellschaft an der ein Mitglied ihres Aufsichtsrats alleinig[1058] bzw. zu 50%[1059] beteiligt war, von § 114 AktG erfasst sind, zu äußern.

Die Bundesrichter bejahten dies mit der Begründung, dass es im Hinblick auf die *ratio legis*[1060] keinen Unterschied machen könne, ob das Aufsichtsrat den Beratungsvertrag mit der Gesellschaft im eigenen Namen oder in dem Namen einer von ihm als alleinigem Gesellschafter geführten GmbH abschließt.[1061] Nichts anderes gelte in dem Fall, dass das Aufsichtsratsmitglied an der beratenden Gesellschaft mit einem geringeren Anteil beteiligt ist, solange dem Mitglied auf Grund des Vertrages mittelbar unabhängigkeitsgefährdende Leistungen aus der Gesellschaft zufließen; insbesondere müsse keine beherrschende Beteiligung vorliegen.[1062] Die Gefahr, dass das Aufsichtsratsmit-

1057 *Habersack*, in: MünchKomm-AktG Bd.2, § 114 Rn 8-9.
1058 BGHZ 168, 188.
1059 BGHZ 170, 60.
1060 Dazu siehe oben D. IV. 2. a. (1).
1061 BGHZ 168, 188, 193 Rn 10.
1062 BGHZ 170, 60, 62-63 Rn 8.

glied seine Überwachungstätigkeit nicht mehr mit hinreichender Unabhängigkeit wahrnehmen könne, sei allenfalls dann ausgeschlossen, wenn es sich bei den mittelbaren Zuwendungen um ganz geringfügige Leistungen handelt oder im Vergleich zur Aufsichtsratsvergütung einen vernachlässigenswerten Umfang haben.[1063] Der Umstand, dass § 114 AktG im Gegensatz zu § 115 AktG keine Umgehungssachverhalte erwähne, gebiete keine andere Auslegung, da ein Grund für diese Differenzierung nicht ersichtlich sei.[1064] Darüber hinaus stellten Aufsichtsratsmitglied und Beratungsgesellschaft, an der ausschließlich das fragliche Mitglied beteiligt ist, eine wirtschaftliche Einheit dar; sollte man diese Konstellation anders als einen Vertragsabschluss mit dem Aufsichtsratsmitglied selbst behandeln, wäre einer Umgehung der §§ 113, 114 AktG „Tür und Tor geöffnet", was nicht im Sinne des Gesetzgebers sein könne.[1065] Auf die Höhe der Beteiligung und die Frage, ob das Aufsichtsratsmitglied die Beratung selbst zu erbringen hat, komme es dabei nicht an.[1066]

Diese Rechtsprechung wurde in der Literatur durchaus unterschiedlich bewertet. Kritische Stimmen richten sich zwar weniger gegen die Extension des Anwendungsbereichs des § 114 AktG,[1067] wohl aber gegen die unbestimmten Ausnahmeregelungen hinsichtlich des Umfangs der Leistungen, die dem Aufsichtsratsmitglied zufließen, da diese, entgegen der Rechtsprechung, keinesfalls „unschwer" festzustellen seien.[1068] Ein Vergleich zur „normalen" Vergütung des fraglichen Mitglieds sei unangebracht, da es wohl eher auf den absoluten Betrag ankomme, den das Mitglied auf Grund des Beratungsverhältnisses erhält.[1069]

Der überwiegende Teil des Schrifttums stimmt der Rechtsprechung indes berechtigterweise zu.[1070] Der BGH hat zutreffend erkannt, dass sich auch dann eine Gefahrenlage für eine unabhängige Unternehmensüberwachung ergibt, wenn die Gesellschaft

---

1063 BGHZ 170, 60, 63 Rn 8.

1064 BGHZ 168, 188, 193-194 Rn 11.

1065 BGHZ 168, 188, 194-195 Rn 11.

1066 BGHZ 170, 60, 64 Rn 10.

1067 So vor den jüngsten Entscheidungen aber noch *Lutter/Drygala*, in: FS Ulmer, 2003, 381, 384.

1068 *Drygala*, EWiR 2007, 99, 100; *Happ*, in: FS Priester, 2007, 175, 179-181 mit diversen Interpretationsversuchen; *Vetter*, ZIP 2008, 1, 9; anders aber noch zur Vorinstanz *ders.*, AG 2006, 173, 177.

1069 *Happ*, in: FS Priester, 2007, 175, 181.

1070 *Bennecke*, WM 2007, 717, 719; *Bosse*, NZG 2007, 172, 173; *Habersack*, in: MünchKomm-AktG Bd.2, § 114 Rn 14; *Hüffer*, AktG, § 114 Rn 2a; *Kremer*, in: *Ringleb/Kremer/Lutter/v. Werder*, DCGK-Komm., Rn 1150; *Lutter*, in: FS Westermann, 2008, 1171, 1178-1180; zur Vorinstanz *Vetter*, AG 2006, 173, 177; *Weiss*, BB 2007, 1853, 1856; zuvor schon *Lutter/Krieger*, Rechte und Pflichten des Aufsichtsrats, Rn 749.

statt mit dem Aufsichtsratsmitglied mit einer Gesellschaft kontrahiert, an der das Aufsichtratsmitglied beteiligt ist und deshalb an dem Beratungsvertrag mitverdient. Die vorgenommenen Einschränkungen sind im Hinblick auf den Verfassungsgrundsatz der Privatautonomie[1071] zu begrüßen. Dass sie der Gesellschaft keinen verlässlichen „Safe Harbour" bieten und damit meist die Zustimmung des Aufsichtsrat zu Beratungsverträgen i.S.d. § 114 AktG erfordern, erscheint unter Corporate Governance- und Transparenzaspekten durchaus sinnvoll.[1072] Mithin ist der höchstrichterlichen Rechtsprechung sowohl in der Begründung als auch im Ergebnis zuzustimmen.

(ii) Beteiligung an Personengesellschaft

Im vorliegenden Zusammenhang besteht auch die Möglichkeit, dass das Aufsichtsratsmitglied einer *Personen*gesellschaft, also beispielsweise einer Freiberufler-GbR oder einer Partnerschaft[1073], als persönlich haftender Gesellschafter angehört. Eine literarische Mindermeinung will Verträge zwischen dieser und der Gesellschaft, in dessen Aufsichtsrat einer ihrer Gesellschafter sitzt, vom Zustimmungserfordernis des § 114 AktG befreien.[1074] Diese Ansicht kann schon im Ansatz nicht überzeugen. Im Hinblick auf die Gefahr für eine unabhängige Überwachungstätigkeit macht es keinerlei Unterschied, ob das Aufsichtsratsmitglied an einer Personen- oder einer Kapitalgesellschaft beteiligt ist. Die Gefahrenlage dürfte schon deshalb nicht geringer sein, weil die persönliche Bindung zwischen den Gesellschaftern bei einer Personengesellschaft regelmäßig stärker ist, was sich zusätzlich nachteilig auf deren Unabhängigkeit auswirken könnte. Auch ist die Umgehungsgefahr wegen der meist unkomplizierten Gründung einer Personengesellschaft eher noch größer. Demnach sind in Übereinstimmung mit der h.M.[1075] auch Beratungsverträge mit einer Personengesellschaft, der ein Aufsichtsratsmitglied angehört, i.S.d. § 114 AktG zustimmungspflichtig, es sei denn die Zuwendungen, die dieses Mitglied erhält, sind geringfügig oder haben einen vernachlässigenswerten Umfang.

1071 Dazu *Weiss*, BB 2007, 1853, 1856.

1072 In diesem Sinne auch *Hüffer*, AktG, § 114 Rn 2a; a.A. offenbar *Vetter*, ZIP 2008, 1, 9.

1073 Vgl. *Henssler*, PartGG, § 1 Rn 2.

1074 So *Hopt/Roth*, in: GroßKomm. AktG, § 114 Rn 43; einschränkend KK/*Mertens*, § 114 Rn 7.

1075 OLG Hamburg, AG 2007, 404, 405; LG Stuttgart, ZIP 1998, 1275, 1280; *Habersack*, in: MünchKomm-AktG Bd.2, § 114 Rn 15; *Lutter/Drygala*, in: FS Ulmer, 2003, 381, 383-384; *Vetter*, AG 2006, 173, 176-177; *ders.*, ZIP 2008, 1, 9.

(c) Aufsichtsratsmitglied und verbundene Gesellschaft (Konzernkonstellationen)

Wie die soeben diskutierten Fälle, sind auch vertragliche Beratungstätigkeiten im Konzern nicht vom Wortlaut des § 114 AktG erfasst. Da aber fast drei Viertel aller deutschen Aktiengesellschaften konzerngebunden sind, spielen auch solche Beratungsverträge, die ein Aufsichtsratsmitglied mit einem verbundenen Unternehmen abschließt, eine bedeutende Rolle.[1076] Vor dem Hintergrund, dass solche Konzernkonstellationen in der jüngeren Vergangenheit bereits Gegenstand verschiedener Untersuchungen[1077] war, soll dieser Problemkreis hier in der gebotenen Kürze dargestellt werden.

(i) Beratungsvertrag mit Tochtergesellschaft

Große praktische Relevanz in diesem Zusammenhang haben Verträge, nach denen sich ein Mitglied des Aufsichtsrats der Muttergesellschaft zur Beratung der Tochter verpflichtet. Ein Teil des Schrifttums folgert insbesondere aus einem Umkehrschluss aus den §§ 89 Abs. III, 115 Abs. II, III AktG, die Konzernsachverhalte ausdrücklich erfassen, dass § 114 AktG auf entsprechende Konstellationen gerade nicht anwendbar sei.[1078] Die überwiegende Ansicht widerspricht dem jedoch mit dem Hinweis, dass § 114 AktG erst im Laufe des Gesetzgebungsverfahrens entstanden sei und nur deshalb einen Konzernbezug vermissen lasse.[1079] Obgleich dieser Schluss nicht zwingend ist,[1080] erscheint es ausgeschlossen, dass der Gesetzgeber die Möglichkeit einer Umgehung der §§ 113, 114 AktG bewusst in Kauf genommen hat[1081]. Diese Gefahr besteht aber, wenn der Beratungsvertrag ebenso gut mit der Muttergesellschaft hätte geschlossen werden können, etwa weil die zu beratenden Vorstände personenindentisch

1076 *v. Bünau*, Beratungsverträge, 3.

1077 Siehe etwa *v. Bünau*, Beratungsverträge, 53 und passim; *Widmann*, Beraterverträge, 80 und passim.

1078 KK/*Mertens*, § 114 Rn 8; *ders.*, in: FS Steindorff, 173, 186; *Widmann*, Beraterverträge, 98-99.

1079 *Habersack*, in: MünchKomm-AktG Bd.2, § 114 Rn 17; *Hopt/Roth*, in: Großkomm. AktG, § 114 Rn 40; *Lutter*, in: FS Westermann, 2008, 1171, 1183; *ders./Krieger*, Rechte und Pflichten des Aufsichtsrats, Rn 748.

1080 Zweifelnd auch *v. Bünau*, Beratungsverträge, 69-70.

1081 Vgl. BGHZ 168, 188, 195 Rn 11; so i.E. auch *Drygala*, in: *K. Schmidt/Lutter*, AktG Bd.I, § 114 Rn 14, der zutreffend anmerkt, dass es widersprüchlich sei, wenn man die Befugnisse des Aufsichtsrats „konzerndimensional“ verstehe, nicht aber die Vorschriften, die eine angemessene Ausübung dieser Befugnisse gewährleisten sollen.

sind[1082]. Entsprechendes gilt auch dann, wenn sich der Beratungsgegenstand mit dem organschaftlichen Pflichtenkreis des Aufsichtsratsmitglieds überschneidet, beispielsweise dann, wenn es um Fragen geht, die die Führung der Tochtergesellschaft durch die Mutter betreffen[1083]. Da im vorliegenden Zusammenhang eine teleologische Extension des § 114 AktG im Raum steht, erscheint es am sinnvollsten, sich am Schutzzweck – dem *telos* – der Norm[1084] zu orientieren: Danach dürften Beratungsverträge in Konzernkonstellationen immer dann zustimmungsbedürftig sein, wenn mit dem Abschluss die Unabhängigkeit des Aufsichtsratsmitglieds gefährdet ist, was insbesondere bei Umgehungsgeschäften der Fall ist.[1085]

Auf Beratungsverträge zwischen dem Aufsichtsratsmitglied des beherrschenden Unternehmens auf der einen Seite und einer Tochtergesellschaft auf der anderen Seite angewandt bedeutet dies, dass solche Abkommen immer vom Aufsichtsrat der Konzernspitze genehmigt werden müssen, denn der Vorstand der beherrschenden Gesellschaft hat stets die Möglichkeit, auf die Tochter Einfluss auszuüben. Dieses Ergebnis entspricht auch den Regeln guter Corporate Governance: Der Vertrag wird in hinreichendem Maße transparent gemacht und von (verantwortungsvollen) Aufsichtsgremien auf eine Unabhängigkeitsgefährdung hin untersucht. Nur so kann das Unabhängigkeitspostulat effektiv umgesetzt werden

(ii) Beratungsvertrag mit Muttergesellschaft

Es fragt sich, ob nach den soeben aufgestellten Grundsätzen das gleiche Ergebnis auch für Beratungsverträge zwischen einem Aufsichtsratsmitglied der Tochtergesellschaft mit dem beherrschenden Unternehmen gerechtfertigt ist. Hier ist jedoch zu beachten, dass der Aufsichtsrat der abhängigen Gesellschaft keine Möglichkeit hat, auf die Geschäfte des zu beratenden beherrschenden Unternehmens einzuwirken.[1086] Etwas an-

---

1082 Ähnlich *v. Bünau*, Beratungsverträge, 179-180.

1083 Vgl. *Hüffer*, AktG, § 114 Rn 2b; *Lutter*, in: FS Westermann, 2008, 1171, 1181-1182; *v. Bünau*, Beratungsverträge, 127; *Vetter*, ZIP 2008, 1, 9.

1084 Siehe oben D. IV. 2. a. (i).

1085 H.M., KG, AG 1997, 42, 44; OLG Hamburg, AG 2007, 404, 408; *Drygala*, in: *K. Schmidt/Lutter*, AktG Bd.I, § 114 Rn 14; *Hopt/Roth*, in: Großkomm. AktG, § 114 Rn 41; *Lutter*, in: FS Westermann, 2008, 1171, 1184; *ders./Krieger*, Rechte und Pflichten des Aufsichtsrats, Rn 747; *Vetter*, ZIP 2008, 1, 9; jetzt offenbar auch *Hüffer*, AktG, § 114 Rn 2b; ähnlich *Habersack*, in: MünchKomm-AktG Bd.2, § 114 Rn 16-17; differenzierend für den faktischen Konzern *v. Bünau*, Beratungsverträge, 127.

1086 So auch OLG Hamburg, AG 2007, 404, 408; *Hopt/Roth*, in: Großkomm. AktG, § 114 Rn 44; *Lutter*, in: FS Westermann, 2008, 1171, 1185; *Vetter*, ZIP 2008, 1, 9; i.E. auch *Semler*, NZG ders kann aber gelten, wenn die Vorstände von Mutter- und Tochtergesellschaft zumindest überwiegend mit denselben Personen besetzt sind, da hier eine unabhängigkeitsgefährdende Beeinflussung nicht ausgeschlossen werden kann.[1087]

(iii) Sonstige Konstellationen

Je nach Konzernstruktur sind über die bereits genannten Konstellationen hinaus noch weitere denkbar, etwa Beratungsverträge mit Enkelgesellschaften oder solchen im Vertragskonzern (§ 291 Abs. I AktG). Für eine detaillierte Darstellung dieser Problemkreise ist hier indes kein Raum.[1088] Prinzipiell gelten aber auch dort die soeben befürworteten Grundsätze, nach denen eine teleologische Extension von § 114 AktG in jenen Fällen vorzunehmen ist, die eine Gefahr für die unabhängige Amtsausübung durch das Aufsichtsratsmitglied darstellen.

b. Zusammenfassung

Nach dem aktuellen Gesetzestext fallen unproblematisch solche Beratungsverträge unter den Zustimmungsvorbehalt des § 114 AktG, die zwischen dem Aufsichtsratsmitglied und „seiner" Gesellschaft geschlossen werden. Schwieriger gestalten sich solche Abkommen, die stattdessen mit einer Gesellschaft geschlossen werden, an der ein Aufsichtsratsmitglied beteiligt ist. Hier gelten die von der Rechtsprechung entwickelten Regeln, nach denen auch derartige Verträge vom Aufsichtsrat gebilligt werden müssen, es sei denn es handelt sich bei den mittelbaren Zuwendungen an das Aufsichtsratsmitglied um ganz geringfügige Leistungen oder diese haben im Vergleich zur Aufsichtsratsvergütung einen vernachlässigenswerten Umfang. Es spielt dabei nach zutreffender Auffassung keine Rolle, ob Vertragspartner der zu beratenden Aktiengesellschaft eine Kapital- oder eine Personengesellschaft ist.

Bei Konzernkonstellationen ist ebenfalls nach der *ratio legis* zu entscheiden: Ist eine unabhängige Wahrnehmung der Überwachungsaufgaben durch das beratende Auf-

---

2007, 881, 885-886; a.A. jeweils *Habersack*, in: MünchKomm-AktG Bd.2, § 114 Rn 17; *v. Bünau*, Beratungsverträge, 72.

1087 *Vetter*, ZIP 2008, 1, 9; so nur für vollständig personenidentische Vorstände OLG Hamburg, AG 2007, 404, 408; siehe auch *v. Bünau*, Beratungsverträge, 179, der personelle Verflechtungen als Indiz für eine intensivierte Konzernstruktur nennt.

1088 Ausführlicher jeweils *Lutter*, in: FS Westermann, 2008, 1171, 1184; *v. Bünau*, Beratungsverträge, 89 und passim; *Widmann*, Beraterverträge, 85 und passim.

sichtsratsmitglied gefährdet oder kann eine solche Gefährdung nicht ausgeschlossen werden, muss der Aufsichtsrat dem Beratungsvertrag zustimmen. Bei der Beratung eines Tochterunternehmens ist dies stets der Fall. Beratungsverträge mit der Muttergesellschaft sind hingegen in der Regel vom Zustimmungserfordernis befreit.

Ob ein Vertrag überhaupt zustimmungsfähig ist, richtet sich nach dem Gegenstand der Beratung. Überschneidet sich dieser ganz oder teilweise mit den organschaftlichen Pflichten des Aufsichtsratsmitglieds, ist der entsprechende Vertrag – in Ermangelung einer Zustimmung durch die Hauptversammlung – nichtig, §§ 113 AktG, 134 BGB. Um eine Beantwortung dieser Frage zu ermöglichen, müssen der Beratungsgegenstand und die hierfür vorgesehene Vergütung in dem Vertrag, der dem Aufsichtsrat zur Zustimmung vorgelegt wird, hinreichend bestimmt sein. Zweifel gehen zu Lasten des Aufsichtsratsmitglied, eine Teilnichtigkeit ist mithin abzulehnen. Eine nachträgliche Genehmigung ist indes möglich.

c. Stellungnahme

Es ist also zunächst festzuhalten, dass vielfach Anlass besteht, § 114 AktG über den Wortlaut hinaus auf andere Sachverhalte auszudehnen, um Umgehungen zu vermeiden. Dies ist erforderlich, um zum einen die in den §§ 113, 114 AktG festgelegte Hauptversammlungsautonomie in Vergütungsfragen zu gewährleisten und zum anderen dem Unabhängigkeitspostulat, den Regeln guter Corporate Governance entsprechend, auch im vorliegenden Zusammenhang zum Durchbruch zu verhelfen. Gleichzeitig wird damit aber auch deutlich, dass sich der aktuelle Gesetzeswortlaut in der heutigen Zeit, in der die zunehmende Bedeutung, Komplexität und Dynamik unternehmensexterner Einflüsse die Unternehmensführung erschweren,[1089] als unzureichend erweist. Dieses Ergebnis ist gerade im Vergleich mit § 115 AktG nicht zu verkennen[1090] und hat im juristischen Schrifttum zu unterschiedlichen Reaktionen geführt.

So wird teilweise vorgeschlagen, Beratungsverträge generell zu verbieten.[1091] *Peltzer*[1092] hält die Entscheidungskompetenz des Aufsichtsrats im Zusammenhang mit Vergütungsfragen für einen Systembruch, der zu beseitigen sei, zumal die Kontrollme-

---

1089 Vgl. *Widmann*, Beraterverträge, 2.

1090 Siehe dazu schon oben D. IV. 2. a. (3).

1091 *Peltzer*, ZIP 2007, 305, 309; *ders.*, in: FS Priester, 2007, 573, 583; *Theisen*, in: *Hommelhoff/Hopt/v. Werder* (Hrsg.), Handbuch Corporate Governance, 285, 302.

1092 *Peltzer*, ZIP 2007, 305, 309.

chanismen wegen des „gruppenpsychologischen Zwangs“ unter Kollegen unwirksam seien. Dementsprechend solle bei § 113 Abs. I S. 2 AktG als drittes Wort ein „nur“ eingefügt und § 114 AktG ersatzlos gestrichen werden.[1093] Dieser Extremlösung kann indes nicht gefolgt werden. Es wurde bereits oben[1094] gezeigt, dass Beratungsverträge mit Aufsichtsratsmitgliedern in vielen Aspekten, beispielsweise Wirtschaftlichkeit, durchaus mit den Grundsätzen guter Corporate Governance vereinbar sind oder zumindest sein können. Doch selbst wenn man den beiden genannten Argumenten *Peltzers* zustimmen möchte, so wäre statt eines strikten Verbots allenfalls eine Änderung dahingehend, dass wie bei § 113 AktG die Hauptversammlung über die Wirksamkeit von Beratungsverträgen zu befinden hat, gerechtfertigt. Ein entsprechender Gesetzesentwurf der SPD-Bundestagsfraktion aus dem Jahre 1995[1095] wurde aber zu Recht nicht umgesetzt, da eine solche schwerfällige Regelung, wie *Hopt* und *Roth*[1096] zutreffend anmerken, im Hinblick auf das geringe Potential für eine Schädigung der Aktionäre nicht gerechtfertigt und ohne eine zusätzliche Änderung des § 115 AktG überdies systemfremd sei[1097]. Auch ist zu berücksichtigen, dass die Beratung des Vorstandes Teil der Überwachungsaufgabe des Aufsichtsrats ist,[1098] was eine Behandlung analog dem Verbot einer Beratung durch Wirtschafts- und Abschlussprüfer (§ 319 Abs. III Nr. 3 HGB) unverhältnismäßig erscheinen lässt.[1099] Demnach sind eine Entscheidungskompetenz der Hauptversammlung und erst recht ein Verbot von Beratungsver-

1093 *Peltzer*, ZIP 2007, 305, 309; dieser Vorschlag geht allerdings fehl, da die Vergütung nach § 114 AktG ja nicht für die *Aufsichtsrats*tätigkeit, sondern für die *Beratungs*tätigkeit gezahlt wird.

1094 D. IV. 1. a.

1095 BT-Dr 13/367, abgedruckt in ZIP 1995, 332, 333.

1096 *Hopt/Roth*, in: Großkomm. AktG, § 114 Rn 3, 23.

1097 Dies stellt auch einen Unterschied zu der oben (D. III. 6.) befürworteten Entscheidungskompetenz der Hauptversammlung über eine erfolgsorientierte Vergütung in Form von Aktienoptionen dar, da hierüber problemlos in periodischen Abständen im Rahmen der ordentlichen Hauptversammlung (§ 175 AktG) entschieden werden kann, während Beratungsverträge schon im Interesse der Rechtssicherheit und einer handlungsfähigen Unternehmensführung zumeist zeitnahe Entscheidungen erfordern.

1098 Siehe oben D. IV. 2. a. (2) (a) (i).

1099 So auch *Hopt/Roth*, in: Großkomm. AktG, § 114 Rn 3. Auf deutsche Aktiengesellschaften nicht übertragbar ist auch die Kritik des Vorsitzenden des Center for Corporate Governance der University of Delaware, *Charles Elson*, der fordert: „[I]f a director’s role is as a consultant, hire the director as a consultant. If the director’s role is to be a director, hire them as a director. You cannot blend the two.” (Übersetzung: „Wenn ein Director Berater sein soll, soll man ihn als Berater anstellen. Soll ein Director ein Director sein, soll man ihn als Director anstellen. Man kann beides nicht kombinieren.“), siehe *United States Senate, Committee on Governmental Affairs, Permanent Subcommittee on Investigations* “The Role of the Board of Directors in Enron’s Collapse”, 2002, 56, abrufbar in englischer Sprache unter http://www.senate.gov/~gov_affairs/070902enronboardreport.pdf (Stand: 1.3.2009); *Branson*, 58 S.C. L. Rev. (2006), 65, 84.

trägen zwischen Aufsichtsratsmitglied und Gesellschaft bzw. diesen hinsichtlich des Gefahrenpotentials entsprechenden Abkommen anderer Vertragspartner abzulehnen.[1100]

Dennoch sollte der Gesetzgeber erwägen, § 114 AktG entsprechend der nachfolgenden Vorschrift explizit auf Konzern-[1101] und Beteiligungssachverhalte auszudehnen, um die erforderliche Rechtssicherheit zu schaffen und Umgehungsversuche in Zukunft auch in den Bereichen zu verbieten, zu denen sich die höchstrichterliche Rechtsprechung bisher noch nicht äußern konnte. Dabei sind allerdings nur solche Konstellationen zu erfassen, bei denen tatsächlich auch eine Unabhängigkeitsgefährdung zu bejahen ist.[1102] Nur dies würde den Grundsätzen guter Corporate Governance gerecht.

3. Deutscher Corporate Governance Kodex

Neben dem AktG behandelt auch der DCGK ausdrücklich das Thema „Beratungsverträge mit Aufsichtsratsmitgliedern". Allerdings beschränkt er sich dabei auf eine verkürzte Wiedergabe von § 114 AktG, was nach *Kremer*[1103] wohl der in vielerlei Hinsicht umstrittenen Rechtslage geschuldet sei, sowie auf Transparenz- und Publizitätsempfehlungen.

a. Ziff. 5.5.4 DCGK

Ziff. 5.5.4 DCGK besagt, dass Berater- und sonstige Dienstleistungs- und Werkverträge eines Aufsichtsratsmitglieds mit der Gesellschaft der Zustimmung des Aufsichtsrats bedürfen. Es ist unschwer zu erkennen, dass es sich hierbei lediglich um eine Zusammenfassung von § 114 AktG handelt, so dass dieser Regelung eine rein deklaratorische

---

1100 So ausdrücklich auch *Gofferje*, Unabhängigkeit, 253; *Hopt/Roth*, in: Großkomm. AktG, § 114 Rn 3; *Weiss*, BB 2007, 1853, 1855 („das Kind also gleich mit dem Bade ausgeschüttet").

1101 So bereits *Semler*, in: MünchKomm-AktG Bd. 3, 2.Aufl., § 114 Rn 17; jüngst auch *Gofferje*, Unabhängigkeit, 253; für beachtliche Alternativvorschläge siehe *v. Bünau*, Beratungsverträge, 259-268.

1102 Grundsätzlich also etwa nicht die Beratung der Muttergesellschaft durch ein Aufsichtsratsmitglied der Tochtergesellschaft, siehe dazu oben D. IV. 2. a. (3) (c) (ii). Diese Einschränkung wurde in der bisherigen Literatur, soweit ersichtlich, nicht berücksichtigt; krit. einer Änderung des § 114 AktG gegenüber deshalb mit gewisser Berechtigung *v. Bünau*, Beratungsverträge, 268.

1103 *Kremer*, in: *Ringleb/Kremer/Lutter/v. Werder*, DCGK-Komm., Rn 1150a.

Bedeutung beigemessen werden kann[1104]. Insbesondere spricht Ziff. 5.5.4 DCGK keine Empfehlung oder Anregung aus.[1105] Aus diesem Grund kann hier auf die Ausführungen zur Gesetzesinterpretation[1106] in vollem Umfang Bezug genommen werden.

b. Ziff. 5.4.6 Abs. III DCGK

Die Kodexempfehlungen der Ziff. 5.4.6 Abs. III behandeln die Transparenz der Aufsichtsratsvergütung und ergänzen damit die Vorschriften des HGB zu den Bilanzangaben, die lediglich die Offenlegung der Gesamtbezüge fordern (§ 285 Nr. 9 HGB). Im vorliegenden Zusammenhang ist insbesondere Satz 2 von Interesse. Dieser empfiehlt, dass u.a. Zuwendungen für Beratungsleistungen im Konzernabschluss gesondert angegeben werden.

Mit der Verwendung des Begriffs „Unternehmen" ist klar, dass die Offenlegung sowohl von Vergütungen, die direkt von der Gesellschaft gezahlt wurden, als auch solchen von Konzernunternehmen empfohlen wird.[1107] Obwohl eine genaue Spezifikation der verschiedenen Leistungen nicht erforderlich ist,[1108] geht der Kodex damit, zumindest unter Transparenz- und Publizitätsaspekten, einen Schritt weiter als § 114 AktG, der eine explizite Bezugnahme auf Konzernkonstellationen ja gerade vermissen lässt. Darüber hinaus sollten die Adressaten der Empfehlung auch Vergütungen auf Grund von Beratungsverträgen mit Beteiligungsgesellschaften[1109] angeben, um einen Gleichlauf mit § 114 AktG und der hierzu ergangenen Rechtsprechung zu schaffen.[1110]

Zwar kommt diesem Offenlegungsgebot wegen des Missbrauchspotentials von Beratungsverträgen hinsichtlich verdeckter Sonderzuwendungen eine bemerkenswerte Präventivwirkung zu,[1111] dennoch ist die Befolgungsquote unter deutschen börsennotierten Gesellschaften mit zuletzt durchschnittlich nur 69,9% Besorgnis erregend nied-

---

1104 Den Nutzen solcher Gesetzeswiederholungen im Hinblick auf ausländische Kapitalmarktteilnehmer betonend *Peltzer*, in: FS Priester, 2007, 573, 582.

1105 *Habersack*, in: MünchKomm-AktG Bd.2, § 114 Rn 7; *Kremer*, in: *Ringleb/Kremer/Lutter/v. Werder*, DCGK-Komm., Rn 1143.

1106 Siehe oben D. IV. 2. a.

1107 *Habersack*, in: MünchKomm-AktG Bd.2, § 114 Rn 7; *Kremer*, in: *Ringleb/Kremer/Lutter/v. Werder*, DCGK-Komm., Rn 1105-1106; *v. Bünau*, Beratungsverträge, 265.

1108 *Kremer*, in: *Ringleb/Kremer/Lutter/v. Werder*, DCGK-Komm., Rn 1106; *Vetter*, AG 2006, 173, 174.

1109 Siehe oben D. IV. 2. a. (3) (b)

1110 *Peltzer*, in: FS Priester, 2007, 573, 584-585; *Vetter*, ZIP 2008, 1, 10.

1111 *Kremer*, in: *Ringleb/Kremer/Lutter/v. Werder*, DCGK-Komm., Rn 1106; *Vetter*, AG 2006, 173, 174; *ders.*, ZIP 2008, 1, 10.

rig[1112]. Ein Umdenken, insbesondere bei kleineren Gesellschaften, die zu diesem Befund entscheidend beitragen, wäre schon im Hinblick auf die Transparenzinteressen des Kapitalmarkts überaus wünschenswert.

c. Ziff. 5.4.2 S. 2 DCGK

Schließlich kann ein Beratungsvertrag noch unter eine unabhängigkeitsgefährdende Geschäftsbeziehung zwischen dem Aufsichtsratsmitglied und der Gesellschaft zu subsumieren sein.[1113] Dies hätte zur Folge, dass das fragliche Aufsichtsratsmitglied als nicht unabhängig nach der Definition des Kodex eingestuft werden dürfte. Als Maßstab kann insoweit das Verhältnis zwischen Vergütung der Aufsichtsratstätigkeit einerseits und Beratungshonoraren andererseits herangezogen werden.[1114]

d. Rezeption und Stellungnahme

Insbesondere die Ziff. 5.4.6 Abs. III S. 2 und 5.5.4 DCGK geben im juristischen Schrifttum Anlass zu Beanstandungen.

Von Bünau[1115] zweifelt die Wirksamkeit einer unverbindlichen Kodexregelung in diesem Zusammenhang stark an, zumal diese nur gegenüber börsennotierten Gesellschaften Wirkung entfalte, und fordert stattdessen eine gesetzliche Offenlegungspflicht für alle Aktiengesellschaften. *Feltzer*[1116] bemängelt trotz grundsätzlicher Zustimmung[1117] mit teilweise recht heftiger Kritik, dass der DCGK nicht auf die neueren Entwicklungen der Rechtsprechung eingehe, was ein irreführendes, wenn nicht gar falsches Bild suggeriere, zumal Ziff. 5.4.6 Abs. III S. 2 DCGK nicht klar zwischen organschaftlichen und individualvertraglichen Leistungen unterscheide. Darüber hinaus sollte der

---

1112 Siehe *v. Werder/Talaulicar*, DB 2008, 825, 828: DAX: 96,0%, TecDAX: 85,7%, MDAX: 79,3%, SDAX: 65,2%, Prime Standard: 55,8%, General Standard: 66,0%.

1113 *Gofferje*, Unabhängigkeit, 180; *Habersack*, in: MünchKomm-AktG Bd.2, § 114 Rn 7; zum Merkmal der Geschäftsbeziehung siehe oben C. II. 2. b. (1) (d).

1114 *Habersack*, in: MünchKomm-AktG Bd.2, § 114 Rn 7; *Hopt/Roth*, in: Großkomm. AktG, § 114 Rn 7; in Anlehnung an BGHZ 170, 60, 63 Rn 8 sollte aber – gerade bei überdurchschnittlichen hoher Aufsichtsratsvergütung – auch die Höhe des Beratungshonorars isoliert betrachtet werden können.

1115 *v. Bünau*, Beratungsverträge, 268.

1116 *Peltzer*, in: FS Priester, 2007, 573, 583.

1117 *Peltzer*, in: FS Priester, 2007, 573, 582; *ders.*, ZIP 2007, 305, 306.

Kodex Aktiengesellschaften auffordern, anzugeben, dass Beratungsverträge den Vorgaben des § 114 AktG entsprechen.[1118]

Diese Einwände sind nicht von der Hand zu weisen. Zwar macht der Kodex ohne jeden Zweifel gerade mit den Empfehlungen im Transparenz- und Publizitätsbereich (Ziff. 5.4.6 Abs. III DCGK) einen wichtigen Schritt in die richtige Richtung.[1119] Dennoch sollte die Regierungskommission mehr ins Detail gehen, statt vor akademischen Meinungsverschiedenheiten und gesetzestechnischen Unschärfen zu kapitulieren, zumal letztere durch die jüngere Rechtsprechung sinnvolle Konturen erfahren haben. Konsequenterweise sollte der Kodex also auch die Offenlegung solcher Leistungen empfehlen, die das Aufsichtsratsmitglied mittelbar über seine Beteiligung an einer Beratungsgesellschaft erhalten hat.[1120] Die Fälle, die die Rechtsprechung kürzlich zu entscheiden hatte, belegen die praktische Relevanz solcher Konstellationen. Auch eine Erklärung über die Vereinbarkeit von Beratungsverträgen mit § 114 AktG und den hierzu vom BGH entwickelten Grundsätzen[1121] erscheint sinnvoll. Da börsennotierte Gesellschaften nach § 161 Abs. I AktG-E Abweichungen vom DCGK ohnehin erklären müssen, sollte sich eine gesetzliche Regelung, jedenfalls bei entsprechenden Befolgungsquoten, erübrigen.[1122]

Solange der Gesetzgeber nicht im Sinne der oben[1123] geäußerten Vorschläge handelt, wäre darüber hinaus noch eine Modifizierung von Ziff. 5.5.4 DCGK dahingehend wünschenswert, dass diese auch die Einholung der Zustimmung des Aufsichtsrats beim Abschluss unabhängigkeitsgefährdender Beratungsverträge in Konzernkonstellationen empfiehlt, statt sich auf eine verkürzte Wiedergabe des Gesetzestexts zu beschränken. Unter Berücksichtigung der Tatsache, dass die höchstrichterliche Rechtsprechung bislang noch keine Gelegenheit hatte, sich hierzu zu äußern, erscheint ein

---

1118 *Peltzer*, in: FS Priester, 2007, 573, 584-585 mit Formulierungsbeispiel; *ders.*, ZIP 2007, 305, 306.

1119 So auch *Kremer*, in: *Ringleb/Kremer/Lutter/v. Werder*, DCGK-Komm., Rn 1106; *Peltzer*, in: FS Priester, 2007, 573, 582; *ders.*, ZIP 2007, 305, 306; *Vetter*, ZIP 2008, 1, 10; in diesem Sinne auch *v. Bünau*, Beratungsverträge, 267-268.

1120 Vgl. *Peltzer*, in: FS Priester, 2007, 573, 584-585. In seinem aktuellen Wortlaut erfasst Ziff. 5.4.6 Abs. III S. 2 DCGK nicht einmal Fälle, in denen ein Aufsichtsratsmitglied alle Anteile der Beratungsgesellschaft hält (zu diesem Fall siehe BGHZ 168, 188).

1121 Siehe das Formulierungsbeispiel bei *Peltzer*, in: FS Priester, 2007, 573, 585.

1122 A.A. *v. Bünau*, Beratungsverträge, 268 insbesondere im Hinblick auf nicht börsennotierte Gesellschaften; allerdings darf nicht übersehen werden, dass bei diesen das öffentliche Transparenz- und Publizitätsinteresse keine mit börsennotierten Gesellschaften vergleichbare Rolle spielt.

1123 D. IV. 2. c.

entsprechender Fingerzeig des Kodex im Bemühen um gute Corporate Governance umso wichtiger.

4. Rechtslage in den USA

a. Einleitung

Der Zusammenbruch des texanischen Energielieferanten Enron förderte Ende 2001 die große praktische Relevanz von Beraterverträgen zwischen der Corporation einerseits und Board-Mitgliedern bzw. Gesellschaften, an denen Directors beteiligt waren, andererseits und ihre unter Corporate Governance-Aspekten problematischen Konsequenzen zu Tage. Dort erhielten sämtliche Mitglieder des Board of Directors – damit auch der Ausschüsse – zusätzlich zu ihrer Festvergütung jährlich „consulting fees" zwischen 72 000 US-Dollar und einer knappen halben Million US-Dollar.[1124] Hinzu kamen, etwa im Falle des Steuerlobbyisten und früheren Enron-Director *Charls Walker*, mittelbare Zuwendungen über Beteiligungen an Beratungsunternehmen.

Obgleich diese Leistungen in keinem unmittelbaren Zusammenhang mit den von der Company ausgewiesenen Scheingewinnen und ihrem späteren Niedergang standen, ernteten sie in Expertenkreisen mitunter vehemente Kritik. So bezeichnete *Robert H. Campbell*, der ehemalige Präsident und CEO des amerikanischen Mineralöl- und Erdgaslieferanten Sunoco, im Rahmen einer Anhörung vor einem Ausschuss des US-Senats Beratungsverträge mit Board-Mitgliedern als „absolut unkorrekt, absolut falsch", da Directors dem Management ohnehin beratend zur Seite stehen müssten.[1125] In die gleiche Richtung geht der Standpunkt des Vorsitzenden des Center for Corporate Governance der University of Delaware, *Charles Elson*, der im selben Rahmen eine individualvertraglichen Kombination von Beratungs- und Board-Tätigkeit scharf verurteilte.[1126]

1124 *Branson*, 58 S.C. L. Rev. (2006), 65, 84; siehe auch *Schwarz/Holland*, ZIP 2002, 1661, 1664; Einzelheiten bei *United States Senate, Committee on Governmental Affairs, Permanent Subcommittee on Investigations* "The Role of the Board of Directors in Enron's Collapse", 2002, 55-56, abrufbar in englischer Sprache unter http://www.senate.gov/~gov_affairs/070902enronboardreport.pdf (Stand: 1.3.2009).

1125 Siehe *United States Senate, Committee on Governmental Affairs, Permanent Subcommittee on Investigations* "The Role of the Board of Directors in Enron's Collapse", 2002, 56: "absolutely incorrect, absolutely wrong".

1126 Siehe *United States Senate, Committee on Governmental Affairs, Permanent Subcommittee on Investigations* "The Role of the Board of Directors in Enron's Collapse", 2002, 56: „[I]f a director's role is as a consultant, hire the director as a consultant. If the director's role is to be

Diese Kritik stieß beim amerikanischen Bundesgesetzgeber und den Wertpapierbörsen NYSE und NASDAQ nicht auf taube Ohren. Im Folgenden soll deshalb die Rechtslage vor und nach den Reformen der jüngeren Vergangenheit untersucht werden.

b. Situation vor den Reformen

Wie schon die soeben angesprochene äußerst lockere Handhabung von Beratungsverträgen mit Board-Mitgliedern im Fall Enron vermuten lässt, war dieser Problemkreis vor der Verabschiedung des Sarbanes-Oxley Act nur sehr begrenzt reglementiert. Das Bundesrecht klammerte die Thematik vollständig aus; Entsprechendes galt auch für die Corporation Statutes der Gliedstaaten. Section 144(a) DGCL sah und sieht bis heute lediglich vor, dass Verträge zwischen der Gesellschaft und einem Director oder einer anderen Gesellschaft, der ein Director angehört, durchaus zulässig sind, solange u.a. bestimmte Offenlegungsgebote berücksichtigt werden. Abgesehen von der Zustimmung des Boards oder eines Ausschusses unterlagen entsprechende Abkommen, zu denen freilich auch Beratungsverträge zählten, aber keinerlei Anforderungen.

c. Situation nach den Reformen

Dies änderte sich bis zu einem gewissen Maße mit den Neuerungen im Corporate Governance-Bereich, die der US-Kongress im Jahre 2002 auf den Weg brachte. Zwar ist der Abschluss entsprechender Verträge nach wie vor grundsätzlich erlaubt, nach der reformierten Rechtslage aber wichtigen Ausnahmen und Beschränkungen unterworfen.

(1) Sarbanes-Oxley Act

Zunächst behandelt der Sarbanes-Oxley Act of 2002 das Thema zusätzlicher Beratungstätigkeiten. So untersagt nun zum einen sec. 10A(g) Securities and Exchange Act n.F. Wirtschaftsprüfern (Auditors) weitgehend prüfungsfremde Tätigkeiten für die zu überwachende Corporation, wie beispielsweise die Wahrnehmung von Rechtsangelegenheiten oder Beratung in Finanzfragen. Damit reagierte der Bundesgesetzgeber auf

---

a director, hire them as a director. You cannot blend the two." (Übersetzung: „Wenn ein Director Berater sein soll, soll man ihn als Berater anstellen. Soll ein Director ein Director sein, soll man ihn als Director anstellen. Man kann beides nicht kombinieren.").

die Missstände, die zum Zusammenbruch von Enron geführt hatten, wo die Wirtschaftsprüfungsgesellschaft Arthur Andersen im Rahmen eines sog. „integrated audit" zuletzt mehr als die Hälfte ihrer Jahresvergütung in Höhe von 52 Millionen US-Dollar für Aufgaben erhalten hatte, die mit ihrem eigentlichen Auftrag nichts zu tun hatten,[1127] und in der Folge nicht mehr zu einer hinreichend unabhängigen unternehmensexternen Kontrolle fähig war[1128].

Im vorliegenden Zusammenhang von größerer Bedeutung ist aber sec. 301 SOA. Diese Vorschrift wies die SEC nach dem bekannten Delegationsmodell an, eine Verordnung zu erlassen, nach der die Wertpapierbörsen verpflichtet sind, die Notierung solcher Corporations zu unterlassen, in deren Audit Committee nicht ausschließlich unabhängige Board-Mitglieder sitzen, die insbesondere keine entgeltlichen Beratungsleistungen für die Gesellschaft erbringen dürfen[1129]. Die SEC kann zwar Ausnahmegenehmigungen erteilen, allerdings sind solche nur in engen Grenzen zulässig, so dass gerade nach den jüngsten Erfahrungen davon ausgegangen werden darf, dass nunmehr der Abschluss von Beratungsverträgen mit Mitgliedern des zentralen Prüfungsausschusses[1130] in der überwiegenden Mehrheit der Fälle unzulässig ist. Auch hier spielten unverkennbar die Zustände bei Enron eine entscheidende Rolle: Dort erhielt etwa das Mitglied des Audit Committees *Lord Wakeham* seit 1996 ein zusätzliches monatliches Beratungshonorar von 6 000 US-Dollar[1131].

(2) SEC Rule 10A-3

Die SEC präzisierte anordnungsgemäß die Vorgaben des Sarbanes-Oxley Act in ihrer Rule 10A-3. Danach sind sowohl unmittelbare als auch mittelbare Zahlungen, also auch solche, die ein Director insbesondere auf Grund einer Beteiligung an einer Bera-

1127 *Branson*, 58 S.C. L. Rev. (2006), 65, 71 Fn 22.

1128 Vgl. *United States Senate, Committee on Governmental Affairs, Permanent Subcommittee on Investigations* "The Role of the Board of Directors in Enron's Collapse", 2002, 57-58; eingehend *Earley/Odabashian/Willenborg*, 35 Conn. L. Rev. (2003), 1013 und passim.

1129 Section 10A(m)(3)(A) Securities and Echange Act n.F.

1130 Zu diesem siehe B. II. 1 d.

1131 Außerdem erhielten verschiedene Institutionen, an denen die Ausschussmitglieder *Gramm* und *Mendelsohn* beteiligt waren, von Enron Spenden zwischen 50 000 US-Dollar und 1,5 Millionen US-Dollar; zu alledem *United States Senate, Committee on Governmental Affairs, Permanent Subcommittee on Investigations* "The Role of the Board of Directors in Enron's Collapse", 2002, 9, 55.

tungsgesellschaft erhält, erfasst, um eine Umgehung der gesetzlichen Vorgaben auszuschließen.[1132]

(3) Listing Standards

NYSE und NASDAQ sind der SEC-Rule mit der Aufnahme entsprechender Regelungen in ihren Listing Standards zur Zusammensetzung des Prüfungsausschusses[1133] nachgekommen. Darüber hinaus beschränken die Wertpapierbörsen die Möglichkeiten der Corporations, Beratungsverträge mit ihren Board-Mitgliedern zu schließen, auch in anderen Bereichen.

Dabei fallen zunächst die Vorschriften auf, die Obergrenzen von 100 000 US-Dollar (NYSE[1134]) bzw. 60 000 US-Dollar (NASDAQ[1135]) für die zusätzlich zum Honorar für die Board-Tätigkeit gezahlte Vergütung festlegen, da hiervon auch Zuwendungen für vertragliche Beratungsleistungen erfasst sind[1136]. Übertreffen diese die genannten Summen, darf der Director nicht mehr als unabhängig gelten. Die NYSE stellt als *lex generalis* außerdem klar, dass einer Einstufung als unabhängiges Board-Mitglied auch eine niedrigere Vergütung entgegenstehen kann, sofern die Beratungstätigkeit, sowohl direkt als auch indirekt, eine wesentliche Beziehung zur Gesellschaft begründet.[1137]

Die NYSE fordert die Corporations ferner zu eigenverantwortlichem Handeln auf, indem sie ihnen nahe legt, die in Rede stehende Thematik im Hinblick auf die Gefahren für die Unabhängigkeit beratender Directors auch in ihre Corporate Governance-Guidelines aufzunehmen.[1138] Eine Recherche durch den *Verfasser* hat jedoch ergeben, dass dieser Punkt von keinen der untersuchten Guidelines angesprochen wurde.

1132 SEC Rule 10A-3 A. 2.

1133 § 303A.06 NYSE Listed Company Manual (2006) i.V.m. SEC Rule 10A-3 i.V.m. sec. 10A(m)(3)(A) Securities Exchange Act; Rule 4350(d)(2)(A)(ii) NASDAQ Stock Market Rules (2004) i.V.m. SEC Rule 10A-3 i.V.m. sec 10A(m)(3)(A) Securities Exchange Act.

1134 § 303A.02(b)(ii) NYSE Listed Company Manual (2006).

1135 Rule 4200(a)(15)(B) NASDAQ Stock Market Rules (2004); zu diesen Obergrenzen siehe auch oben C. III. 3. b. (1) (c).

1136 So ausdrücklich IM-4200 NASDAQ Stock Market Rules (2004).

1137 Commentary zu § 303A.02(a) NYSE Listed Company Manual (2006).

1138 Commentary zu § 303A.09 NYSE Listed Company Manual (2006) unter "Director Compensation".

d. Zusammenfassung

Im vorliegenden Kontext ist also erneut das Zusammenspiel von Bundesrecht, SEC-Verordnung und Listing Standards zu beobachten. Der Bundesgesetzgeber beschränkt sich darauf, die – hier verhältnismäßig präzisen – Rahmenbedingungen vorzugeben, indem er, neben Wirtschaftprüfern, den Mitgliedern des Audit Committees eine außerorganschaftliche entgeltliche Beratung der Gesellschaft untersagt. Die genaue Ausgestaltung überließ er der SEC, die außerdem die Börsen anweisen musste, Zuwiderhandlungen mit dem Aussetzen des Handels entsprechender Corporations zu ahnden. NYSE und NASDAQ kamen der daraufhin erlassenen SEC-Rule nach und unterwarfen Beratungsverträge zwischen Gesellschaft und Board-Mitglied bzw. einer anderen Gesellschaft, an der ein solches beteiligt ist, wichtigen Beschränkungen, von denen die Obergrenze einer zusätzlichen Vergütung die in der Praxis relevanteste ist.

5. Gegenüberstellung und Stellungnahme

Das deutsche Konzept des Umgangs mit einer individualvertraglichen Beratungstätigkeit eines Aufsichtsratsmitglieds ist seit dem AktG 1965 durch die durchaus modernen Grundsätze von Transparenz und Publizität gekennzeichnet, die eine präventive Kontrolle solcher Abkommen durch den Aufsichtsrat ermöglichen und damit den Zufluss verdeckter Sonderzuwendungen verhindern sollen.[1139] Besonders deutlich wird gerade das Offenlegungsgebot durch Ziff. 5.4.6 Abs. III DCGK, die eine gesonderte Ausweisung entsprechender Honorare im Konzernabschluss empfiehlt. Grundsätzlich sind die existierenden Regelungen, sowohl die gesetzlichen wie auch die des Kodex, zu begrüßen, allerdings konnte diese Darstellung einen beachtlichen Nachbesserungsbedarf feststellen, der hier nicht wiederholt zu werden braucht[1140]. Hervorzuheben ist, entgegen vereinzelten kritischen Stimmen, auch die durchweg sachgerechte Konkretisierung, die dieser Problemkreis durch die jüngste Rechtsprechung erfahren hat.

Transparenz und Publizität spielen im US-amerikanischen System keine vergleichbar wichtige Rolle. Stattdessen ist es insbesondere Mitgliedern des Prüfungsausschusses verboten, vertragliche Beratungsaufgaben gegen Entgelt wahrzunehmen oder von entsprechenden Abkommen mit Beratungsgesellschaften mittelbar zu profitieren. Honorare, die auf Grund von Beratungsverträgen an andere Board-Mitglieder gezahlt werden,

---

1139 Vgl. *Kremer*, in: *Ringleb/Kremer/Lutter/v. Werder*, DCGK-Komm., Rn 1106; *Lutter*, in: FS Westermann, 2008, 1171, 1172; *Vetter*, AG 2006, 173, 174; *ders.*, ZIP 2008, 1, 10.

1140 Siehe dafür oben D. IV. 2. c. (AktG) und D. IV. 3. d. (DCGK).

dürfen nicht die von den Wertpapierbörsen festgelegten Obergrenzen übertreffen, wenn der beratende Director als unabhängig eingestuft werden soll. Das in diesem Zusammenhang zulässige Honorar verringert sich freilich, wenn und soweit der fragliche Director noch andere Zusatzleistungen erhält.

Es erscheint zunächst überlegenswert, entsprechende Obergrenzen auch in Deutschland einzuführen. Dabei ist allerdings, unabhängig von der Frage nach einer angemessenen Höhe solcher Grenzen,[1141] zu berücksichtigen, dass solche im DCGK, der ja zumeist unbestimmte Rechtsbegriffe verwendet,[1142] einen Fremdkörper darstellen würden. Auch könnten solch starre Begrenzungen leicht unterlaufen werden, beispielsweise indem bei der nächsten Hauptversammlung eine höhere Festvergütung vorgeschlagen wird, was nicht im Interesse einer effektiven Transparenz von Aufsichtsratsbezügen sein kann. Außerdem ist zu bedenken, dass verantwortungsvolle Aufsichtsgremien Beratungsleistungen, zumindest solche gegen ein nicht nur geringfügiges Entgelt, ohnehin als unabhängigkeitsgefährdende Geschäftsbeziehung i.S.d. Ziff. 5.4.2 S. 2 DCGK qualifizieren würden, womit solchen Abkommen, gerade hinsichtlich ihres Verbreitungsgrades, ohnehin eine gewisse Beschränkung auferlegt ist. Demnach ist von der Einführung bestimmter Vergütungsobergrenzen nach amerikanischem Vorbild Abstand zu nehmen.

Es fragt sich, ob hinsichtlich des Verbots individualvertraglicher Beratungsleistungen für bestimmte Aufsichtsratsmitglieder ein anderes Ergebnis vertretbar ist. Gerade beim Prüfungsausschuss erscheint im Hinblick auf seine zentrale Rolle in den Bereichen Abschlussprüfung, Rechnungslegung und Risikomanagement[1143] eine möglichst stark ausgeprägte Unabhängigkeit seiner Mitglieder besonders wichtig. Allerdings bestehen wegen der Unterschiede zwischen Trennungs- und Vereinigungsmodell diverse Unter-

---

1141 In diesem Zusammenhang erscheint zweifelhaft, ob die von NYSE und NASDAQ vorgeschriebenen Summen von 100 000 US-Dollar bzw. 60 000 US-Dollar nicht zu hoch sind, um eine hinreichend unabhängige Corporate Governance zu gewährleisten. Dieser Punkt soll hier nicht vertieft werden, allerdings sei angemerkt, dass sich die Beratungshonorare im Fall Enron größtenteils in diesem Bereich bewegten und dennoch vorwiegend als unabhängigkeitsgefährdend angesehen wurden.

1142 Vgl. *Ringleb*, in: *Ringleb/Kremer/Lutter/v. Werder*, DCGK-Komm., Rn 21; siehe auch oben C. II. 2. b. (4).

1143 Ziff. 5.3.2 S. 1 DCGK; zuletzt hatten 100% aller DAX-Unternehmen einen solchen Prüfungsausschuss eingerichtet, siehe *v. Werder/Talaulicar*, DB 2008, 825, 828; ausführlich zum Prüfungsausschuss auch *Kremer*, in: *Ringleb/Kremer/Lutter/v. Werder*, DCGK-Komm., Rn 986-990.

schiede zu Aufgaben und Funktion des US-amerikanischen Audit Committee,[1144] so dass beide Ausschüsse nicht systemübergreifend gleich bewertet werden können. Wegen der noch bedeutsameren Rolle des Audit Committees – dieses ist neben den outside Directors praktisch der „amerikanische Aufsichtsrat“[1145] – ist allenfalls bei diesem ein striktes Verbot von Beratungsverträgen angebracht. Der grundlegenden Wertung, nach der Mitglieder des Aufsichtsrats, die durch ihre Ausschussarbeit oder sonstiger Kompetenzen eine besondere Rolle spielen, möglichst keine unabhängigkeitsgefährdenden Beratungsverträge abschließen sollen, ist jedoch auch unter Berücksichtigungen der deutschen Besonderheiten zuzustimmen. Dass der DCGK der Unabhängigkeit von Prüfungsausschussmitgliedern eine besondere Bedeutung bemisst, lässt er im Übrigen in Ziff. 5.3.2 S. 3 und Ziff. 5.2 Abs. II S. 2 erkennen, wonach weder ein ehemaliges Vorstandsmitglied noch der Aufsichtsratsvorsitzende den Ausschussvorsitz ausüben sollte.

Aus diesen Gründen sollte der Kodex einen Verzicht entsprechender Verträge mit Mitgliedern des Prüfungsausschusses und dem Aufsichtsratsvorsitzenden zumindest anregen[1146] und dabei in konsequenter Fortführung des oben Gesagten auch bestimmte Konzern- und Beteiligungskonstellationen einschließen. Wegen der nicht zu unterschätzenden Bedeutungen dieses Ausschusses und des Vorsitzenden des Aufsichtsrats[1147] erscheint eine weiterreichende Umsetzung des Unabhängigkeitspostulats in Anlehnung an die amerikanische Konzeption zur Verbesserung der Corporate Governance deutscher Aktiengesellschaften überaus sinnvoll.

V. Kreditvergabe an Aufsichtsratsmitglieder

Wie bei den soeben behandelten Beratungsverträgen, besteht auch bei Abkommen, die die Gewährung eines Kredits oder vergleichbarer Leistungen von der Gesellschaft an

---

1144 Im US-System hat das Audit Committee meist weiterführende Kompetenzen, da dort die Trennung von Geschäftsführung und Unternehmenskontrolle nicht institutionell verwirklicht ist, siehe dazu *Hopt/Leyens*, Board-Models in Europe, 2004, 2.1.3, abrufbar in englischer Sprache unter http://ssrn.com/abstract=487944 (Stand: 1.3.2009); *Kremer*, in: *Ringleb/Kremer/Lutter/v. Werder*, DCGK-Komm., Rn 991.

1145 Siehe § 303A.07(c) NYSE Listed Company Manual (2006); Rule 4350(d)(3) NASDAQ Stock Market Rules (2004); *Kremer*, in: *Ringleb/Kremer/Lutter/v. Werder*, DCGK-Komm., Rn 991; *Merkt/Göthel*, US-Gesellschaftsrecht, Rn 599.

1146 Im Falle einer Empfehlung besteht die Gefahr, dass besonders kompetente Aufsichtsratsmitglieder einen lukrativen Beratungsvertrag der Mitarbeit im Prüfungsausschuss vorziehen, was sich hinsichtlich der Ziele der Einrichtung eines Prüfungsausschusses kontraproduktiv auswirken würde.

1147 Siehe nur Ziff. 5.2 DCGK.

ein Mitglied ihres Aufsichtsrats zum Gegenstand haben, die Gefahr der unsachgemäßen Beeinflussung desselben auf Kosten seiner Unabhängigkeit. Dies bewiesen zuletzt die Zusammenbrüche von Enron, Adelphia und WorldCom, welche wesentlich mit der unangemessenen Kreditierung ihres Führungspersonals zusammenhingen. Dennoch schenkte das deutsche Schrifttum diesem Themenkomplex bislang wenig Aufmerksamkeit. Es erscheint deshalb umso wichtiger, an dieser Stelle die Kreditvergabe an Aufsichtsratsmitglieder in einer ihren Gefahren entsprechenden Präzision zu diskutieren.

1. Einleitung

Schließt die Gesellschaft, die gem. § 78 Abs. I AktG vom Vorstand vertreten wird, mit einem Aufsichtsratsmitglied einen Darlehensvertrag mit letzterem als Darlehensnehmer, so besteht die Möglichkeit, dass der Vorstand dem Aufsichtsratsmitglied, abhängig von den Konditionen, verdeckte Sonderzuwendungen zukommen lässt.[1148] Mit großer Wahrscheinlichkeit ist eine solche Zielsetzung bei solchen Verträgen zu bejahen, die einen Kredit in unangemessener Höhe oder ohne ausreichende Sicherheiten vorsehen.[1149] Der Kreditnehmer, der den Vorstand ja gerade überwachen soll, kann damit im Extremfall sogar in eine wirtschaftliche Abhängigkeit gegenüber der Gesellschaft, speziell ihrem Vorstand, geraten.[1150] Jedenfalls ist aber die unabhängige Wahrnehmung der Überwachungsaufgaben gefährdet, denn das Aufsichtsratsmitglied könnte aus einer falsch verstandenen Verbundenheit gegenüber dem Vorstand oder im Hinblick auf zukünftige Kreditvergaben versucht sein, diesen im Rahmen seiner Amtsausübung möglichst „rücksichtsvoll“ zu behandeln, etwa indem er bei der Überwachung über Fehler der Geschäftsführung hinwegsieht oder die Personalplanung entsprechend handhabt (§§ 84, 87 AktG). Wie schon bei anderen Problemkreisen, auf die diese Darstellung bereits eingegangen ist,[1151] ist auch hier die Gefahr eines gegenseitigen „back scratchings“ nicht zu leugnen. So ist auch verständlich, dass der vollständige Verzicht

[1148] *Drygala*, in: *K. Schmidt/Lutter*, AktG Bd.I, § 115 Rn 2; *Habersack*, in: MünchKomm-AktG Bd.2, § 115 Rn 2; *Hopt/Roth*, in: Großkomm. AktG, § 115 Rn 2; *Kremer*, in: *Ringleb/Kremer/Lutter/v. Werder*, DCGK-Komm., Rn 527.

[1149] *Habersack*, in: MünchKomm-AktG Bd.2, § 115 Rn 2; *Hopt/Roth*, in: Großkomm. AktG, § 115 Rn 2.

[1150] *Habersack*, in: MünchKomm-AktG Bd.2, § 115 Rn 2.

[1151] Siehe oben D. III. 2. b.

auf die Gewährung von Krediten an Organmitglieder insbesondere von institutionellen Anlegern regelmäßig positiv beurteilt wird[1152].

Zugleich ist in diesem Kontext auch die Hauptversammlungsautonomie in Vergütungsangelegenheiten nach § 113 AktG gefährdet, wenn der Vorstand Mitglieder des Aufsichtsgremiums auf Grund eines Darlehensvertrags finanzielle Zuwendungen zukommen lassen und damit das Zustimmungserfordernis der Gesellschafter umgehen kann. Je nach Art und Umfang des Darlehens kann sich ein solches mitunter sogar existenzbedrohend auf die Gesellschaft und nachteilig auf ihre Gläubiger auswirken, wenn es von dem betreffenden Aufsichtsratsmitglied nicht oder nicht in angemessener Weise getilgt wird. Je nach Ausgestaltung des Kreditvertrags muss das Aufsichtsratsmitglied dabei noch nicht einmal vertragsbrüchig werden. Jedenfalls rechtfertigt der vorerst unentgeltliche Abfluss von Mitteln der Gesellschaft einen vorsichtigen Umgang mit einer solchen Praxis.

Auf der anderen Seite sind entsprechende Verträge im Rahmen der Privatautonomie der Beteiligten (Art. 2 Abs. 1 GG) grundsätzlich zu respektieren. Auch können sie insbesondere bei einem hinreichenden wirtschaftlichen Wohlergehen des Unternehmens den Kapitalgewinn fördern, wenn ein Darlehen zu einem angemessenen Zinssatz vollständig getilgt wird. Darüber hinaus kann eine ausgewogene Darlehensvergabe ein legitimes Mittel zur Bindung des Führungspersonals an die Gesellschaft sein.[1153] Es ist also durchaus möglich, dass die Kreditierung auch von Mitgliedern des Aufsichtsrats zu beiderseitigem Nutzen erfolgt.

Dennoch geben die oben dargelegten Bedenken gegen eine solche Unternehmenspraxis unbestreitbar ausreichenden Anlass zu einer Reglementierung durch den Gesetzgeber.[1154] Diese soll im folgenden Abschnitt behandelt werden.

2. Gesetzeslage

a. § 115 AktG

Zentrale Vorschrift im vorliegenden Zusammenhang ist § 115 AktG. Sie stellt die Kreditierung von Aufsichtsratsmitgliedern unter den Vorbehalt der Zustimmung des

[1152] Hierauf hinweisend *Kremer*, in: *Ringleb/Kremer/Lutter/v. Werder*, DCGK-Komm., Rn 527 m.w.N.; dies entspricht der oben (C. IV. 2. b.) herausgearbeiteten Bedeutung des Unabhängigkeitspostulats für das Vertrauen in den Kapitalmarkt.

[1153] Vgl. *Lutter/Krieger*, Rechte und Pflichten des Aufsichtsrats, Rn 751.

[1154] Ähnlich *Lutter/Krieger*, Rechte und Pflichten des Aufsichtsrats, Rn 751.

(übrigen) Aufsichtsrats und erfasst hierbei ausdrücklich eine Reihe weiterer Sachverhalte, insbesondere Konzernkonstellationen.

(1) Entstehungsgeschichte und Gesetzeszweck

Die Vorschrift geht im Kern bereits auf verschiedene Entwürfe aus den 1930er Jahren zurück, wurde wie § 114 AktG aber erst 1965 ins Gesetz aufgenommen.[1155] Im letzten Jahrzehnt hat sie kleinere Anpassungen durch das Gesetz zur Beendigung der Diskriminierung gleichgeschlechtlicher Gemeinschaften: Lebenspartnerschaften vom 16. Februar 2001[1156] sowie das Begleitgesetz zum Gesetz zur Umsetzung der EG-Richtlinien zur Harmonisierung von bank- und wertpapieraufsichtsrechtlichen Vorschriften vom 22. Oktober 1997[1157] erfahren.

Die Norm dient in erster Linie der Sicherung der Unabhängigkeit des Aufsichtsrats.[1158] Erreicht werden soll dieses Ziel ausweislich der Gesetzesmaterialien durch die Vermeidung von Missbräuchen, insbesondere einer unangemessenen Beeinflussung seiner Mitglieder durch eine allzu großzügige Kreditvergabe durch den Vorstand.[1159] Des Weiteren sollen entsprechende Abkommen durch die Beschlussfassung des Aufsichtsgremiums hinreichend transparent gemacht werden.[1160] Hinter dem Schutz der Gesellschaft zurück treten der Schutz der Gesellschaftsgläubiger und der Schutz des einzelnen Aufsichtsratsmitglieds vor wirtschaftlicher Abhängigkeit.[1161]

(2) Erfasste Geschäfte

Seinem Wortlaut nach erfasst § 115 AktG wie die Parallelvorschrift des § 89 AktG unmittelbar nur Kredite. Allerdings ist der Begriff des Kredits nach allgemeiner Auf-

---

1155 *Habersack*, in: MünchKomm-AktG Bd.2, § 115 Rn 3; *Hopt/Roth*, in: Großkomm. AktG, § 115 Rn 1.

1156 BGBl. I S. 266.

1157 BGBl. I S. 2567.

1158 *Habersack*, in: MünchKomm-AktG Bd.2, § 115 Rn 2; *Hopt/Roth*, in: Großkomm. AktG, § 115 Rn 2; *Lutter/Krieger*, Rechte und Pflichten des Aufsichtsrats, Rn 751.

1159 *Kropff*, AktG 1965, 160; siehe auch *Drygala*, in: *K. Schmidt/Lutter*, AktG Bd.I, § 115 Rn 2; *Habersack*, in: MünchKomm-AktG Bd.2, § 115 Rn 2; *Hüffer*, AktG, § 115 Rn 1; *Hopt/Roth*, in: Großkomm. AktG, § 115 Rn 2; *Kremer*, in: *Ringleb/Kremer/Lutter/v. Werder*, DCGK-Komm., Rn 527.

1160 *Kremer*, in: *Ringleb/Kremer/Lutter/v. Werder*, DCGK-Komm., Rn 527.

1161 *Habersack*, in: MünchKomm-AktG Bd.2, § 115 Rn 2; *Hopt/Roth*, in: Großkomm. AktG, § 115 Rn 2.

fassung im weitesten wirtschaftlichen Sinne zu verstehen,[1162] so dass hierunter jede Zurverfügungstellung oder Belassung von Mitteln auf Zeit fällt[1163]. Hierzu gehören also neben Darlehen auch Stundungen, die das verkehrsübliche Maß übertreffen, die Gewährung von Sicherheiten (etwa Garantien, Schuldbeitritte, Bürgschaften) für Drittkredite, sowie die Zahlung von Gehaltsvorschüssen an die Arbeitnehmervertreter.[1164] Erfasst sind auch die in § 89 Abs. I S. 4 AktG ausdrücklich geregelten Entnahmen, also die vorfällige Inanspruchnahme von dem Aufsichtsratsmitglied geschuldeten Leistungen, und die von § 89 Abs. I S. 5 AktG ausgenommenen Kleinkredite.[1165]

§ 115 Abs. I S. 5 AktG befreit Warenkredite vom Zustimmungserfordernis, die für die Bezahlung von Waren gewährt werden, welche die Gesellschaft einem Aufsichtsratsmitglied, das ein Handelgewerbe als Einzelkaufmann betreibt, seinem Handelsgeschäft liefert. Diese Ausnahme, die Absatz III Satz 2 auf bestimmte Beteiligungskonstellationen ausdehnt, mag unter Corporate Governance-Aspekten, insbesondere hinsichtlich des Unabhängigkeitspostulats, durchaus zweifelhaft erscheinen. Sie ist aber wegen des praktischen Bedürfnisses nach einem ungehinderten Geschäftsverkehr zwischen Gesellschaft und einem als Abnehmer auftretenden Aufsichtsratsmitglied[1166] hinzunehmen.

(3) Vertragsparteien

(a) Kreditnehmer

[1162] *Drygala*, in: *K. Schmidt/Lutter*, AktG Bd.I, § 115 Rn 3; *Habersack*, in: MünchKomm-AktG Bd.2, § 115 Rn 7; *Hopt/Roth*, in: Großkomm. AktG, § 115 Rn 18; *Kremer*, in: *Ringleb/Kremer/Lutter/v. Werder*, DCGK-Komm., Rn 528; *Lutter/Krieger*, Rechte und Pflichten des Aufsichtsrats, Rn 751.

[1163] *Habersack*, in: MünchKomm-AktG Bd.2, § 115 Rn 7; *Hopt/Roth*, in: Großkomm. AktG, § 115 Rn 18.

[1164] *Drygala*, in: *K. Schmidt/Lutter*, AktG Bd.I, § 115 Rn 3; *Hopt/Roth*, in: Großkomm. AktG, § 115 Rn 18; *Lutter/Krieger*, Rechte und Pflichten des Aufsichtsrats, Rn 751.

[1165] *Drygala*, in: *K. Schmidt/Lutter*, AktG Bd.I, § 115 Rn 3; *Habersack*, in: MünchKomm-AktG Bd.2, § 115 Rn 7; *Hopt/Roth*, in: Großkomm. AktG, § 115 Rn 18; *Hüffer*, AktG, § 115 Rn 2; siehe auch *Kremer*, in: *Ringleb/Kremer/Lutter/v. Werder*, DCGK-Komm., Rn 532, der darauf hinweist, dass Kleinkredite an Aufsichtsratsmitglieder „nur schwer vorstellbar" seien; der Berechtigung dieser Aussage soll hier nicht weiter nachgegangen werden, zumal ohnehin jeder Kredit, unabhängig von seiner Höhe, dem Zustimmungsvorbehalt unterliegt.

[1166] Zur *ratio* dieser Befreiung *Kropff*, AktG 1965, 160; siehe auch *Drygala*, in: *K. Schmidt/Lutter*, AktG Bd.I, § 115 Rn 4 *Hopt/Roth*, in: Großkomm. AktG, § 115 Rn 20; *Hüffer*, AktG, § 115 Rn 2; *Kehler*, Unabhängigkeit, 56. Allerdings kann die Entscheidung des Gesetzgebers, nur Warenkredite, also nicht solche, die die Gewährung von Dienstleistungen zum Gegenstand haben, vom Zustimmungserfordernis auszunehmen (statt vieler *Hopt/Roth*, in: Großkomm. AktG, § 115 Rn 21), schwerlich einleuchten.

Der Aufsichtsrat muss der Kreditgewährung an eines seiner Mitglieder zustimmen, § 115 Abs. I S. 1 AktG. Belanglos ist dabei, ob der Kredit erst nach Mandatsniederlegung ausgezahlt wird oder seine Laufzeit die Amtszeit überdauert.[1167]

Die Absätze II und III erweitern den Kreis der Kreditnehmer auf nahe Verwandte und „Strohmänner“ bzw. juristische Personen, deren gesetzlicher Vertreter ein Aufsichtsratsmitglied der kreditierenden Gesellschaft ist und Personenhandelsgesellschaften, an denen ein solches als Gesellschafter beteiligt ist. Anders als § 114 AktG[1168] erfasst § 115 AktG damit auch *ausdrücklich* bestimmte Umgehungstatbestände.

(b) Kreditgeber

Zunächst betrifft das Zustimmungserfordernis gem. § 115 Abs. I S. 1 AktG solche Kredite, die die Gesellschaft selbst gewährt. Darüber hinaus dehnt Satz 2 den Anwendungsbereich der Vorschrift auch auf Konzernkonstellationen aus, namentlich auf Kredite, die ein herrschendes oder abhängiges Unternehmen an Aufsichtsratsmitglieder des jeweils anderen Unternehmens einräumt, wobei stets der Aufsichtsrat des herrschenden Unternehmens zuzustimmen hat[1169]. Allerdings setzt dies ein Beherrschungs- bzw. Abhängigkeitsverhältnis i.S.d. § 17 AktG voraus.[1170]

Nach h.M.[1171] muss es sich bei dem den Kredit gewährenden Unternehmen um ein deutsches handeln. Diese Auslegung überzeugt indes nicht. Mit *Habersack*[1172] ist darauf hinzuweisen, dass es keinen Unterschied machen kann, ob eine ausländische Muttergesellschaft, eine abhängige inländische Gesellschaft oder eine abhängige ausländische Gesellschaft den Kredit gewährt. Auch der Gesetzeswortlaut nimmt eine solche Differenzierung, welche im Übrigen dem Trend einer stetig zunehmenden Internationalisierung der Weltwirtschaft diametral zuwiderlaufen würde, nicht vor. Auch hier besteht ein Bedürfnis nach einer möglichst unabhängigen Unternehmensüberwachung,

---

1167 *Habersack*, in: MünchKomm-AktG Bd.2, § 115 Rn 10; *Hopt/Roth*, in: Großkomm. AktG, § 115 Rn 9.

1168 Zu diesem Konflikt siehe oben D. IV. 2. a. (3).

1169 *Habersack*, in: MünchKomm-AktG Bd.2, § 115 Rn 13; *Hopt/Roth*, in: Großkomm. AktG, § 115 Rn 14.

1170 Dies stellt einen Unterschied zu § 115 Abs. III S. 2 AktG, welcher für alle verbundenen Unternehmen (§ 15 AktG) gilt, dar, siehe *Habersack*, in: MünchKomm-AktG Bd.2, § 115 Rn 13; *Hopt/Roth*, in: Großkomm. AktG, § 115 Rn 14.

1171 Jeweils ohne nähere Begründung *Hopt/Roth*, in: Großkomm. AktG, § 115 Rn 14; KK/*Mertens*, § 115 Rn 4; *Semler*, in: MünchKomm-AktG, Bd. 3, 2.Aufl., § 115 Rn 24.

1172 *Habersack*, in: MünchKomm-AktG Bd.2, § 115 Rn 14.

so dass die besseren Argumente für eine Ausdehnung des Zustimmungsvorbehalts auf ausländische kreditierende Unternehmen sprechen[1173].

(4) Zustimmung des Aufsichtsrats

Verträge, die die Gewährung eines Kredits oder einer wirtschaftlich gleichbedeutenden Leistung durch die Gesellschaft oder einem verbundenen Unternehmen an die genannten Bezugsgruppen, insbesondere an ein Aufsichtsratsmitglied, zum Gegenstand haben, müssen die Zustimmung des Aufsichtsrats erfahren *haben*, da § 115 Abs. I S. 1 AktG von „Einwilligung" i.S.d. § 183 S. 1 BGB spricht. Die positive Beschlussfassung muss also vor der Erfüllung der Kreditzusage durch die Gesellschaft erfolgen.[1174] Nach allgemeiner Auffassung kann der Beschluss mangels Delegationsverbots nach § 107 Abs. III S. 2 AktG auch einem Ausschuss übertragen werden.[1175] Dem kann zwar nicht widersprochen werden; allerdings sollten auch hier verantwortungsbewusste Gremien das Plenum abstimmen lassen, um der Bedeutung des Unabhängigkeitspostulats für eine zeitgemäße Corporate Governance[1176] gerecht zu werden und die Gefahr von „run-away-committees"[1177] zu vermeiden.[1178]

Das betroffene Aufsichtsratsmitglied ist freilich nicht stimmberechtigt (§ 34 BGB analog).[1179] Da eine Stimmenthaltung durch das kreditnehmende Aufsichtsratmitglied nicht als Stimmabgabe zu werten ist,[1180] steht eine solche der Wirksamkeit des Beschlusses und damit auch der Wirksamkeit der Kreditgewährung nicht entgegen.[1181]

Fehlt die Einwilligung oder ist diese fehlerhaft, so sind ggf. bereits empfangene Leistungen zurückzugewähren, wenn der Aufsichtsrat die Kreditgewährung nicht genehmigt, § 115 Abs. IV AktG.[1182]

1173 So i.E. auch *Habersack*, in: MünchKomm-AktG Bd.2, § 115 Rn 14.

1174 *Drygala*, in: *K. Schmidt/Lutter*, AktG Bd.I, § 115 Rn 8; *Habersack*, in: MünchKomm-AktG Bd.2, § 115 Rn 16; *Hopt/Roth*, in: Großkomm. AktG, § 115 Rn 25.

1175 *Drygala*, in: *K. Schmidt/Lutter*, AktG Bd.I, § 115 Rn 8; *Habersack*, in: MünchKomm-AktG Bd.2, § 115 Rn 16; *Hopt/Roth*, in: Großkomm. AktG, § 115 Rn 25; *Hüffer*, AktG, § 115 Rn 2.

1176 Dazu oben C. IV. 2.

1177 Zum Begriff *Merkt/Göthel*, US-Gesellschaftsrecht, Rn 598.

1178 Ähnlich kritisch zur Beschlussfassung durch einen Ausschuss bereits oben C. II. 2. b. (6).

1179 *Drygala*, in: *K. Schmidt/Lutter*, AktG Bd.I, § 115 Rn 8; *Habersack*, in: MünchKomm-AktG Bd.2, § 115 Rn 17; *Hopt/Roth*, in: Großkomm. AktG, § 115 Rn 27.

1180 Vgl. BGHZ 83, 35, 36.

1181 *Hopt/Roth*, in: Großkomm. AktG, § 115 Rn 27.

1182 Damit stellt sich, anders also noch bei § 114 AktG (dazu oben D. IV. 2. a. (2) (c) (ii)), nicht die Frage nach der Möglichkeit einer nachträglichen Zustimmung; ausführlich zum Rückge-

b. Stellungnahme

Die Vorschrift des § 115 AktG ist insoweit als gelungen zu bezeichnen. Mit dem Zustimmungsvorbehalt hat der Gesetzgeber angemessen auf die Gefahren einer unausgewogenen Kreditierung von Aufsichtsratsmitgliedern reagiert. Besonders begrüßenswert erscheint, insbesondere nach dem oben[1183] zu § 114 AktG Gesagten, die explizite Bezugnahme auf Konzern- und Beteiligungskonstellationen sowie die Kreditvergabe an nahe Angehörige sowie mittelbare Stellvertreter und „Strohmänner". Hiermit wird der Rechtssicherheit ein großer Dienst erwiesen und nicht zuletzt eine sachgerechte und transparente Corporate Governance gefordert und gefördert.

3. Deutscher Corporate Governance Kodex

Während die Kommissionsempfehlung vom 15. Februar 2005 das Thema der Kreditvergabe an Aufsichtsratsmitglieder ausklammerte, geht der DCGK hierauf in Ziff. 3.9 ein. Dies soll im Folgenden in der gebotenen Kürze dargelegt werden.

a. Ziff. 3.9 DCGK

Ziff. 3.9 DCGK, die wegen der gleichzeitigen Bezugnahme auf den Vorstand im dritten Abschnitt („Zusammenwirken von Vorstand und Aufsichtsrat") zu finden ist, besagt, dass Kredite des Unternehmens u.a. an Aufsichtsratsmitglieder und ihre Angehörige der Zustimmung des Aufsichtsrats bedürfen. Damit gibt der Kodex den Rechtsgedanken des § 115 AktG in stark verkürzter Form wieder ohne eine Empfehlung oder Anregung zu äußern. Da der DCGK vom „Unternehmen" spricht, steht fest, dass auch hier Konzernverflechtungen erfasst sind.[1184] Wie schon bei der Gesetzesinterpretation, ist auch hier der Begriff des Kredits weit auszulegen, so dass hierunter auch die bereits oben[1185] aufgezählten vergleichbaren Geschäfte fallen.[1186]

---

währanspruch und sonstigen Ansprüchen bei Verstoß gegen das Zustimmungserfordernis *Hopt/Roth*, in: Großkomm. AktG, § 115 Rn 31-35.

1183 D. IV. 2. a. (3).

1184 Siehe *Kremer*, in: *Ringleb/Kremer/Lutter/v. Werder*, DCGK-Komm., Rn 529.

1185 D. V. 2. a. (2).

1186 *Kremer*, in: *Ringleb/Kremer/Lutter/v. Werder*, DCGK-Komm., Rn 528.

Übereinstimmung mit dem Gesetz besteht auch in der Hinsicht, dass Ziff. 3.9 DCGK wie § 115 Abs. II AktG die Kreditgewährung an Angehörige einbezieht. Dieser Personenkreis sollte trotz des verallgemeinernden Wortlauts mit dem des Gesetzes gleichgestellt werden.[1187]

b. Stellungnahme

Wie gesehen, ergeben sich im vorliegenden Zusammenhang keine neuen Erkenntnisse aus Ziff 3.9 DCGK, was die Frage aufwirft, weshalb der Kodexkommission solche Regelungen mit rein deklaratorischer Bedeutung überhaupt in das Werk aufnahm. Allerdings ist hier insbesondere auf ausländische Kapitalmarktteilnehmer Rücksicht zu nehmen, von denen hier keine vertieften Kenntnisse erwartet werden können, denen aber andererseits gerade wegen der verkürzten Wiedergabe des Gesetzes ein Blick in dasselbe nicht erspart werden kann.[1188]

Jedenfalls dürfte die praktische Relevanz von Ziff. 3.9 DCGK äußerst gering sein, zumal eine Nichtbeachtung mangels Empfehlungscharakters dieser Regelung nicht nach § 161 Abs. I AktG bekannt gegeben werden muss.[1189]

4. Rechtslage in den USA

Wie bereits in der Einleitung zu diesem Abschnitt angesprochen, standen einige der spektakulären Unternehmenszusammenbrüche in den Vereinigten Staaten in einem nicht unwesentlichen Zusammenhang mit der verfehlten und in höchstem Maße unangemessenen Kreditvergabe durch die Corporations an ihr Führungspersonal.

Auch in diesem Zusammenhang dient der Fall Enron als Negativbeispiel.[1190] Wie der Untersuchungsausschuss des US-Senats aufdeckte, waren dort dem damaligen CEO *Kenneth Lay* von dem Unternehmen über einen Zeitraum von einem Jahr im Rahmen eines sog. „ATM approach“ (Geldautomatenmethode) verschiedene Kredite in der

---

1187 So auch *Kremer*, in: *Ringleb/Kremer/Lutter/v. Werder*, DCGK-Komm., Rn 532.

1188 Vgl. *Peltzer*, in: FS Priester, 2007, 573, 582 mit deutlicher Kritik an der verkürzten Darstellung des Gesetzes durch den DCGK, da diese „den Unkundigen (…) leicht in die Irre führen“ könne.

1189 Siehe aber auch die weiterführenden Verbesserungsvorschläge hinsichtlich des DCGK nach einer Betrachtung der US-amerikanischen Rechtslage unten D. V. 5.

1190 Zu weiteren Beispielen von “corporate misbehaviour”, das mit dem Enron-Zusammenbruch zu verzeichnen war, siehe oben D. III. 2. c.

Höhe von insgesamt 77 Millionen US-Dollar gewährt worden, die dieser ausschließlich mit (letztlich wertlosen) Aktienoptionen tilgte.[1191] Übertroffen wird dieses Verhalten vom CEO von WorldCom, *Bernard Ebbers*, dem mindestens 340 Millionen US-Dollar an Krediten und Sicherheiten zu einem bankunüblich niedrigen Zinssatz von nur 2,14% gewährt wurden.[1192] Doch auch die Zahlen verblassen gegen die 3,1 Milliarden US-Dollar, die die Adelphia Corporation Mitgliedern ihrer Gründungsfamilie, die sowohl im Board als auch im Management vertreten waren, im Rahmen eines Darlehens überließ, während die Gesellschaft selbst erhebliche finanzielle Verluste hinnehmen musste.[1193]

Die Liste solcher Beispiele ließe sich nahezu beliebig erweitern.[1194] Da sich unmittelbar nach den Wirtschaftsskandalen zu Beginn des Jahrtausends etwa drei Viertel der 1500 größten US-Corporations in unterschiedlichem Umfang als „Privatbanken" ihres Führungspersonals betätigten,[1195] war eine hohe Dunkelziffer wirtschaftlich inakzeptabler Kreditabkommen zu vermuten, zumal diese Kredite in der Regel zinslos gewährt wurden[1196] und/oder eine unüberschaubare Laufzeit aufwiesen[1197]. Dementsprechend forderte US-Präsident *George W. Bush* nach Bekanntwerden dieser Missstände, dass entsprechende Gesetzesvorhaben diese Unternehmenspraxis verbieten und Vergütungsausschüsse Gesellschaftsdarlehen für ihr Führungspersonal ein Ende setzen.[1198]

1191 *United States Senate, Committee on Governmental Affairs, Permanent Subcommittee on Investigations* "The Role of the Board of Directors in Enron's Collapse", 2002, 53, abrufbar in englischer Sprache unter http://www.senate.gov/~gov_affairs/070902enronboardreport.pdf (Stand: 1.3.2009); *Bernard*, 31 Ohio N.U. L. Rev. (2005), 325, 328-329; *Lay* wurde daraufhin wegen Betrugs zum Nachteil der Bank und Behinderung der Justiz schuldig gesprochen, verstarb aber bevor ein genaues Strafmaß festgesetzt wurde, siehe *Hurt*, 33 J. Corp. L. (2008), 361, 415.

1192 Eingehend *Bernard*, 31 Ohio N.U. L. Rev. (2005), 325, 329-331; siehe auch *Schwarz/Holland*, ZIP 2002, 1661, 1665; *Power*, 71 UMKC L. Rev. (2003), 911, 918 spricht gar von 408 Millionen US-Dollar.

1193 *Bernard*, 31 Ohio N.U. L. Rev. (2005), 325, 331-332; *Bulan*, 39 Creighton L. Rev. (2006), 357, 361 Fn 28; *Power*, 71 UMKC L. Rev. (2003), 911, 918; *Schwarz/Holland*, ZIP 2002, 1661, 1665.

1194 Siehe nur *Power*, 71 UMKC L. Rev. (2003), 911, der den Fall des früheren Tyco-CEO *Dennis Kozlowski* nennt, der sich von einem Gesellschaftsdarlehen u.a. einen Schirmständer im Wert von 15 000 US-Dollar für seine Privatwohnung kaufte; zu diesem Fall auch *Bernard*, 31 Ohio N.U. L. Rev. (2005), 325, 330-331.

1195 *Power*, 71 UMKC L. Rev. (2003), 911; *Schwarz/Holland*, ZIP 2002, 1661, 1665; *v. Hein*, US-amerikanisches Gesellschaftsrecht, 751.

1196 *Schwarz/Holland*, ZIP 2002, 1661, 1665.

1197 *Power*, 71 UMKC L. Rev. (2003), 911, 914-915.

1198 Siehe *Bulan*, 39 Creighton L. Rev. (2006), 357, 362; *Power*, 71 UMKC L. Rev. (2003), 911, 918.

Vor einer Betrachtung, inwieweit diese Forderungen umgesetzt wurden, erscheint es sinnvoll, die vor den entsprechenden Reformen geltende Rechtslage zu untersuchen.

a. Situation vor dem Reformen

Traditionell regelten früher ausschließlich die Corporation Statutes der einzelnen Bundesstaaten die Zulässigkeit der Kreditierung von Board-Mitgliedern. Im Wesentlichen nur abgesehen von North Carolina erlaubten alle Staaten und auch der vorbildhafte Revised Model Business Corporation Act[1199] solche Gesellschaftsdarlehen, auch wenn sie unterschiedliche Voraussetzungen hierfür vorsahen.[1200] So fordert sec. 143 des Delaware General Corporation Law, dass die Kreditgewährung erwartungsgemäß dem Nutzen der Gesellschaft dient.[1201] Die Rechtslage in Massachusetts und New York sieht einen entsprechenden Board-Beschluss unter Ausschluss des betroffenen Directors vor, während beispielsweise Ohio den zustimmenden Directors *expressis verbis* gar eine gesamtschuldnerische Haftung für Rückzahlung und Verzinsung in Höhe von 6% auferlegt,[1202] wobei eine Haftung für *ultra vires*-Entscheidungen, freilich in den Grenzen der Business Judgment Rule,[1203] auch nach der Rechsprechung anderer Bundesstaaten besteht[1204].

Trotz der verschiedenen Wirksamkeitsvoraussetzungen und Haftungsverschärfungen sowie einiger Transparenzvorschriften der SEC[1205] lieferte das gliedstaatliche Recht, wie ja auch die Erfahrungen der jüngeren Vergangenheit gezeigt haben, einen „fruchtbaren Boden"[1206] für den Missbrauch von Gesellschaftsdarlehen, statt diese auf ein vernünftiges Maß zu beschränken.

1199 Zum RMBCA siehe oben B. II. 2. a.

1200 Siehe dazu *Eisenberg*, Corporations, 946; *Merkt/Göthel*, US-Gesellschaftsrecht, Rn 317; *Peltzer*, in: FS Rowedder, 1994, 325, 330-331; *Power*, 71 UMKC L. Rev. (2003), 911, 915-917; *Romano*, 114 Yale L.J. (2005), 1521, 1538.

1201 Vgl. *Peltzer*, in: FS Rowedder, 1994, 325, 330; *Power*, 71 UMKC L. Rev. (2003), 911, 915; zur vergleichbaren Rechtslage in Kansas *Merkt/Göthel*, US-Gesellschaftsrecht, Rn 317 Fn 125.

1202 *Peltzer*, in: FS Rowedder, 1994, 325, 331.

1203 Hierzu siehe oben D. II. 1. d.

1204 Eingehend *Merkt/Göthel*, US-Gesellschaftsrecht, Rn 318.

1205 Zu diesen Verordnungen *Power*, 71 UMKC L. Rev. (2003), 911, 916.

1206 *Power*, 71 UMKC L. Rev. (2003), 911, 915.

b. Situation nach den Reformen

Das soeben dargelegte Recht kann heute indes allenfalls noch für close Corporations,[1207] nicht aber für die hier interessierenden großen public Corporations Geltung beanspruchen. Mit dem Sarbanes-Oxley Act of 2002 hat der amerikanische Bundesgesetzgeber in diesem Kontext nämlich einschneidende Veränderungen vorgenommen.

(1) Sarbanes-Oxley Act

Mit sec. 402(a) SOA steht nun fest, dass Directors und Officers grundsätzlich keinerlei Kredite (Loans) mehr von der Gesellschaft oder einem verbundenen Unternehmen erhalten dürfen. Auch dürfen die Corporations solche Kredite weder vermitteln noch für sie garantieren oder bürgen. Rückwirkung entfaltet diese Vorschrift aber nicht, so dass einschlägige Abkommen, die am 30. Juli 2002 bereits bestanden hatten, erfüllt werden dürfen, solange sie nicht erneuert oder wesentlich abgeändert werden.[1208] Enge Ausnahmen bestehen nach Maßgabe der durch den Sarbanes-Oxley Act neu eingeführten sec. 13(k)(2) Securities and Exchange Act insbesondere für Darlehen, die zum Bau oder zur Verbesserung von Wohnraum im Rahmen der entsprechenden Gesetze und zu marktüblichen Konditionen gewährt werden.

Da der Vorschrift von Krediten spricht, die dem Director direkt und indirekt zu Gute kommen, ist davon auszugehen, dass etwa auch nahe Angehörige und andere Gesellschaften, an denen ein Director beteiligt ist, von dem Verbot erfasst sind.[1209] Für eine solch extensive Auslegung spricht der nahe liegende Wille des amerikanischen Gesetzgebers, eine Wiederholung der Ereignisse im Zusammenhang mit den Zusammenbrüchen von Enron, Adelphia und WorldCom auch durch die Einbeziehung von Umgehungssachverhalten um jeden Preis zu verhindern.

(2) Rezeption

Berücksichtigt man, dass der US-Kongress mit sec. 402 SOA das recht beliebte und nach einzelstaatlichem Recht fast ausnahmslos zulässige Mittel der Kreditgewährung an Führungspersonal in weiten Teilen untersagte, verwundert es nicht, dass das Schrifttum diesem Schritt mitunter äußerst skeptisch gegenübersteht. So bemängelt

---

1207 Dazu oben B. II. 2. b.

1208 Siehe auch *Kamann/Simpkins*, RIW 2003, 183, 185.

1209 So auch *Power*, 71 UMKC L. Rev. (2003), 911, 922.

zum einen *Power*,[1210] dass die Norm einen zu unbestimmten Wortlaut aufweise, der zu viele Auslegungsfragen offen lasse. So sei insbesondere unklar, welche Formen der Kreditvergabe erfasst seien, was unter der „Vermittlung" eines Kredits zu verstehen sei und welche Bezugsgruppen unter das Verbot fallen.[1211]

Ungeachtet dessen sieht sich auch der Gesetzgeber wegen der Entscheidung für ein grundsätzliches Verbot der Kreditierung von Board-Mitgliedern und Officers gewisser Kritik ausgesetzt. Eine solch restriktive Maßnahme sei nämlich auch im Hinblick auf die Missbrauchsfälle der jüngeren Vergangenheit unverhältnismäßig.[1212] Dies wiege umso schwerer, als viele Vorteile dieser Unternehmenspraxis nun nicht mehr möglich seien. So wurden entsprechende Darlehen vielfach als Finanzierungsmöglichkeiten für die Ausübung von Aktienoptionen[1213] eingesetzt; da dieser Weg nun versperrt ist, sei es in vielen Fällen nur noch schwer möglich, die hiermit verfolgten Ziele, etwa einen Gleichlauf der Interessen von Aktionären und Führungspersonal, zu erreichen.[1214] *Romano*[1215] schlägt als milderes, aber – vermeintlich – ebenso effektives Mittel eine Novellierung der Offenlegungspflichten vor. Darüber hinaus sei fraglich, ob und in welchem Umfang die Rechtsprechung künftig noch so genannte „Split Dollar Agreements" zulasse.[1216] Im Rahmen dieser außerordentlich weit verbreiteten Vergütungspläne[1217] zahlt die Corporation die Beiträge zur Lebensversicherung des Board-Mitglieds und erhält die gezahlte Summe im Versicherungsfall oder bei Ausscheiden des Directors aus dem Unternehmen steuerfrei zurück.[1218] Auch sei das Verbot der sec. 402 SOA unschwer zu umgehen, da von nun an die Festvergütung entsprechend höher

---

1210 *Power*, 71 UMKC L. Rev. (2003), 911, 919-923.

1211 *Power*, 71 UMKC L. Rev. (2003), 911, 920-922 mit diversen Interpretationsversuchen; siehe auch *Gunster Yoakley*, SEC Advisory: „Neither a Borrower Nor a Lender Be" – Sarbanes-Oxley Bans Personal Loans to Executive Officers and Directors of Public Companies", 1-2, abrufbar in englischer Sprache unter http://www.gunster.com/news/bulletins/ SECAdvisory_Aug02c.pdf (Stand: 1.3.2009).

1212 *Bernard*, 31 Ohio N.U. L. Rev. (2005), 325, 356-357; in diese Richtung jeweils auch *Power*, 71 UMKC L. Rev. (2003), 911, 937; *Romano*, 114 Yale L.J. (2005), 1521, 1539, die das Verbot als "public policy error" bezeichnet.

1213 Dazu ausführlich oben D. III. 5. b.

1214 Eingehend *Power*, 71 UMKC L. Rev. (2003), 911, 924-930; siehe auch *Bernard*, 31 Ohio N.U. L. Rev. (2005), 325, 350-351; *Romano*, 114 Yale L.J. (2005), 1521, 1539.

1215 *Romano*, 114 Yale L.J. (2005), 1521, 1539-1540; krit. hierzu *v. Hein*, US-amerikanisches Gesellschaftsrecht, 750-754.

1216 *Bernard*, 31 Ohio N.U. L. Rev. (2005), 325, 353-354; *Power*, 71 UMKC L. Rev. (2003), 911, 930-937; *Romano*, 114 Yale L.J. (2005), 1521, 1538.

1217 Nach jüngeren Schätzungen der Versicherungsbranche in den USA trafen etwa 1600 public Corporations solche Vereinbarungen mit ihrem Führungspersonal, siehe *Power*, 71 UMKC L. Rev. (2003), 911, 930-931.

1218 Ausführlich *Power*, 71 UMKC L. Rev. (2003), 911, 931-932.

ausfallen werde, um ergänzende Darlehen bzw. verwandte Vergütungssysteme weitestgehend entbehrlich zu machen.[1219]

c. Stellungnahme

Mit dem Verbot der direkten und indirekten Kreditgewährung und –vermittlung zu Gunsten von Führungspersonen durch den US-Bundesgesetzgeber wurden erneut viele einzelstaatliche Regelungen hinfällig.[1220] Dabei fällt zunächst auf, dass er sich hierbei nicht wie bei den übrigen der im Laufe dieser Darstellung diskutierten Problemkreise der Mitarbeit der SEC und der Wertpapierbörsen bedient hat, sondern den vorliegende Materie in alleiniger Regie geregelt hat. Section 402 SOA übt also *unmittelbare* Wirkung auf public Corporations aus, ohne dass eine SEC-Verordnung oder die Listing Standards ausschlaggebend wären. Bemerkenswert ist darüber hinaus der Umstand, dass der Sarbanes-Oxley Act erstmals ein vergleichsweise striktes Verbot vorsieht und nur in sehr engen Ausnahmefällen Abweichungen zulässt. Auch dies stellt einen Unterschied zu anderen Sachverhalten dar, in denen die Unabhängigkeit der Directors gefährdet ist, da dort zumeist eine flexible Lösung gefunden wurde und nur ausnahmsweise Verbote ausgesprochen wurden.[1221] Die Entscheidung, die Kreditierung von Directors und Officers zu untersagen, überrascht demnach auch im Hinblick auf das grundlegende „laissez faire"-Prinzip des amerikanischen Wirtschaftsrechts[1222].

Allerdings wirkt das harte Vorgehen des US-Kongresses im Hinblick auf den erheblichen Missbrauch von Gesellschaftskrediten nicht unbedingt unangemessen. Die Dimensionen dieses Fehlverhaltens scheinen die oben dargelegten kritischen Stimmen bisweilen aus den Augen zu verlieren, wenn sie die Gewährung von Krediten zu höchst fragwürdigen Konditionen und aus zweifelhaften Motiven mit ausgewogenen und anerkannten Vergütungsschemata vergleichen. Auch hat die Entscheidung des amerikanischen Gesetzgebers, wie *von Hein*[1223] zu Recht anmerkt, den Vorteil der Rechtssicherheit, welche sich wiederum positiv auf das zuletzt beschädigte Vertrauen der Investoren auswirken dürfte. Dennoch ist einzuräumen, dass nicht dieser Miss-

---

1219 *Romano*, 114 Yale L.J. (2005), 1521, 1538-1539; wie bereits oben angemerkt, mussten Kredite oftmals erst nach Ablauf einer sehr langen Laufzeit oder gar nicht getilgt werden.

1220 Krit. dazu *Romano*, 114 Yale L.J. (2005), 1521, 1538.

1221 Beispielhaft die im vorausgehenden Teil behandelte Frage der Zulässigkeit von Beratungsvertägen, die nach amerikanischem Recht grundsätzlich zulässig und nur solchen Board-Mitgliedern, die im Audit Committee sitzen, untersagt sind; siehe dazu oben D. IV. 4. c.

1222 Dazu bereits oben B. IV. 3.

1223 *v. Hein*, US-amerikanisches Gesellschaftsrecht, 753.

braucht allein, sondern in größerem Maße auch die mangelhafte Unternehmensüberwachung durch die verantwortlichen Boards Wirtschaftsskandale wie Enron verschuldet hat.[1224] Da Gesellschaftsdarlehen in den USA ohnehin eher Vergütungsfunktion ausüben, wäre etwa auch die Einführung des auch für die Gewährung von Aktienoptionen vorgeschriebenen Zustimmungsvorbehalts oder, wie bei Beratungsverträgen, die Einführung von Obergrenzen vorstellbar gewesen.

5. Gegenüberstellung und Stellungnahme

Das deutsche Recht sieht in § 115 AktG als Kontrollinstrument für Kredite der Gesellschaft an ihre Aufsichtsratsmitglieder bzw. Abkommen in vergleichbaren Konstellationen (Beteiligungs- und Konzernsachverhalte sowie nahe stehende Personen) die Zustimmung des Aufsichtsrats vor. Neben Krediten im engeren Sinn sind wegen der angemessenen wirtschaftlichen Betrachtungsweise auch ähnliche Geschäfte, also beispielsweise auch verkehrsunübliche Stundungen und die Gewährung von Sicherheiten für Drittkredite erfasst. Aus Respekt vor dem Bedürfnis nach einem ungehinderten Geschäftsverkehr zwischen Aufsichtsratsmitglied und Gesellschaft sind aber Warenkredite, die in diesem Zusammenhang gewährt werden, vom Zustimmungserfordernis befreit (§ 115 Abs. I S. 5 AktG). Die Streitfrage, ob das kreditierende Unternehmen ein inländisches sein muss, ist im Hinblick auf den Trend einer zunehmend internationalen Weltwirtschaft und die vergleichbare Interessenlage entgegen der h.M. zu verneinen. Von der Möglichkeit, die Beschlussfassung einem Ausschuss anzuvertrauen, sollte unter Corporate Governance-Gesichtspunkten Abstand genommen werden.

Die US-amerikanische Bundesgesetzgeber geht mit dem Sarbanes-Oxley Act einen anderen Weg. Er untersagt nunmehr allen börsennotierten Corporations grundsätzlich jede direkte und indirekte Kreditierung von Directors und Officers sowie die Vermittlung eines solchen Abkommens (sec. 402(a) SOA). Ausnahmen hiervon sind nur unter engen Voraussetzungen möglich, deren praktische Relevanz dementsprechend gering einzuschätzen sein dürfte. Da die genannten Bezugsgruppen auch nicht mittelbar von entsprechenden Abkommen profitieren dürfen, sind von dem Verbot nach richtiger

1224 Zu diesem Schluss kommt auch der Bericht des Untersuchungsausschusses, siehe *United States Senate, Committee on Governmental Affairs, Permanent Subcommittee on Investigations* “The Role of the Board of Directors in Enron’s Collapse”, 2002, 53-54, abrufbar in englischer Sprache unter http://www.senate.gov/~gov_affairs/070902enronboardreport.pdf (Stand: 1.3.2009); so auch *Schwarz/Holland*, ZIP 2002, 1661, 1665.

Auslegung auch enge Verwandte und Beteiligungsgesellschaften betroffen, um Umgehungen effektiv zu begegnen.

Beide Rechtsordnungen stehen der Vergabe von Krediten und vergleichbaren Geschäften zwischen Gesellschaft und Führungspersonen also durchaus kritisch gegenüber. Grund hierfür ist die offensichtliche Gefahr für eine unabhängige Entscheidungsfindung und Unternehmensüberwachung, die dann wahrscheinlich ist, wenn eine unangemessen starke finanzielle Bindung – im Extremfall gar eine Abhängigkeit – zwischen Überwachenden und Gesellschaft besteht oder zumindest droht. Der US-Kongress hat sich mit dem Verbot allerdings für das denkbar schärfste Mittel entschieden. Grund hierfür waren zweifelsohne die oben[1225] geschilderten Erfahrungen der jüngeren Wirtschaftsskandale[1226].

Dass in Deutschland vergleichbare Missstände bislang nicht zu verzeichnen waren, darf bei der Beantwortung der Frage, ob und inwieweit die Wertung des amerikanischen Bundesgesetzgebers als Vorbild für die hierzulande bestehende Rechtslage dienen kann, nicht außer Acht gelassen werden. Es wurde bereits festgestellt, dass das Fehlverhalten durch bestimmte Führungspersonen wie *Lay* (Enron) oder *Ebbers* (WorldCom) nicht, jedenfalls aber nicht in dem Ausmaß, möglich gewesen wäre, wenn das jeweilige Board seiner Überwachungsaufgabe ordnungsgemäß und mit hinreichender Unabhängigkeit nachgekommen wäre. Das deutsche Recht scheint mit § 115 AktG aber gerade eine solche Kontrolle zu ermöglichen, genauer: vorzuschreiben. Auch ist in Deutschland eine „Kultur des Abnickens“, wie sie in vielen amerikanischen Boards offenbar vorherrschte,[1227] nicht kennzeichnend. Hinzu kommt, dass hierzulande die Trennung von Geschäftführung und Unternehmensüberwachung bereits institutionell verwirklicht ist. Dies ist in den USA nicht der Fall – ein Umstand, der sich etwa im Fall Adelphia höchst negativ ausgewirkt hat. Schließlich darf nicht übersehen werden, dass in den Vereinigten Staaten „Loans“ oftmals vergütungshalber gewährt wurden – auf eine Tilgung wurde nicht selten systematisch verzichtet[1228]. Eine solche Gefahr spielt hierzulande aber keine nennenswerte Rolle.

Demnach erschiene also ein Verbot der Kreditierung von Aufsichtsratsmitgliedern nach amerikanischem Vorbild unverhältnismäßig. Es liegen, auch im Lichte der ver-

---

1225 D. V. 4.

1226 So auch *v. Hein*, US-amerikanisches Gesellschaftsrecht, 750.

1227 Zum Begriff des „Rubberstamp-Board“ siehe oben B. III. 1. a.

1228 Fast ein Drittel aller Unternehmen, die ihrem Führungspersonal Kredite gewährten, erließen diesem die Rückzahlung, siehe *Power*, 71 UMKC L. Rev. (2003), 911, 915 m.w.N.

fassungsmäßig gewährleisteten Privatautonomie, nicht genügend Gründe vor, eine solche Maßnahme zu rechtfertigen.[1229] Mit anderen Worten: Deutsche Aufsichtsräte sollten nicht für das Fehlverhalten ihrer US-amerikanischen Kollegen einstehen müssen, zumal das deutsche Aktienrecht, wie bereits festgestellt, mit § 115 AktG ein hinreichendes Kontrollinstrument vorsieht.

Mit der Entscheidung gegen ein gesetzliches Verbot geht allerdings nicht zwingend die Verneinung eines Nachbesserungsbedarfs hinsichtlich des DCGK einher. Der Kodex beschränkt sich mit Ziff. 3.9 bislang lediglich auf eine stark verkürzte Wiedergabe des Gesetzeswortlauts. Denkbar wäre insoweit eine Empfehlung, auf die Vergabe von Krediten an Aufsichtsratsmitglieder ganz zu verzichten. Dies würde, eine entsprechende Befolgungsquote vorausgesetzt, eine wahrscheinliche Konfliktsituation zwischen den finanziellen Interessen des betroffenen Aufsichtsratsmitglieds und einer hinreichend neutralen Unternehmenskontrolle wirksam verhindern. Sollten im Einzelfall dennoch gewichtige Gründe eine Kreditierung angemessen erscheinen lassen, dürfte es, insbesondere in gesunden Unternehmen und bei verdienten Aufsichtsratsmitgliedern, nicht schwer fallen, die Nichtbefolgung einer solchen Empfehlung in nachvollziehbarer Weise zu erklären. Sollte sich die Kodexkommission dem nicht in vollem Umfang anschließen können, erscheint nach dem oben[1230] Gesagten jedenfalls eine Reduzierung der Bezugspersonen einer entsprechenden Empfehlung auf Mitglieder des Prüfungsausschusses und den Aufsichtsratsvorsitzenden wünschenswert. Gerade bei diesem Kreis sollte der Kodex die ihm zur Verfügung stehenden Mittel, dem Unabhängigkeitspostulat auch weiterhin zum Durchbruch zu verhelfen, ausschöpfen.

[1229] Aus diesem Grunde wirkt – vom deutschen Standpunkt aus gesehen – die Forderung des US-Senators *Schumer*, CEOs sollten sich, wie jeder andere auch, bei einer Bank (und nicht bei ihrer Gesellschaft) um einen Kredit bemühen, verfehlt (nachgewiesen bei *Bulan*, 39 Creighton L. Rev. (2006), 357, 362): Es muss keinen Grund geben, Kredite zu *erlauben*, sondern ausreichenden Anlass, solche zu *verbieten*.

[1230] Siehe D. IV. 5.

E. Zusammenfassung und Schlussbetrachtung

In diesem abschließenden Abschnitt der vorliegenden Arbeit sollen zunächst nur die wesentlichsten der erzielten Ergebnisse zum Themenkomplex der Unabhängigkeit des Aufsichtsratsmitglieds zusammengefasst dargestellt werden. Im Anschluss daran folgen einige Schlussbemerkungen und Ausblicke auf mögliche zukünftige Entwicklungen.

I. Allgemeine Fragen zur Unabhängigkeit

Abschnitt C dieser Untersuchung widmete sich in erster Linie der Beantwortung sachverhaltsübergreifender Fragen zur Unabhängigkeit des Aufsichtsratsmitglieds. In diesem Zusammenhang konnte festgestellt werden, dass das deutsche Gesetzesrecht die Materie nur unvollkommen regelt, mit dem BilMoG aber eine zunehmende Tendenz hinsichtlich der Regelungsdichte zu verzeichnen ist. Dennoch kommt dem DCGK, insbesondere dessen Ziff. 5.4.2 S. 2, bislang grundlegende Bedeutung zu.

Im Sinne dieser Empfehlung sind, nach der hier vertretenen Auffassung, leitende Angestellte, sonstige Arbeitnehmer und Gewerkschaftsvertreter als unabhängig zu qualifizieren, wenn und soweit sie keine sonstige Beziehung zur Gesellschaft oder Vorstand verbindet, die einen Interessenkonflikt begründet. Die persönliche Beziehung i.S.d. Ziff. 5.4.2 S. 2 DCGK bestimmt sich primär nach dem persönlich-emotionalen Näheverhältnis zwischen Aufsichtsratsmitglied und Bezugsperson unter besonderer Würdigung des Verwandtschaftsverhältnisses. Die ausreichende Anzahl unabhängiger Mitglieder bemisst sich nach der Größe des Gesamtaufsichtsrats; als Richtwert sollte insoweit ein Anteil von einem Drittel der Mitglieder der Anteilseignerseite dienen.

Trotz verschiedentlich geäußerter Kritik am Unabhängigkeitspostulat sollte dieses bei künftigen Reformüberlegungen weiter umgesetzt werden, da es sich durchaus positiv auf die Corporate Governance auswirkt. In diesem Kontext konnten auch entgegenstehende Ergebnisse empirischer Untersuchungen widerlegt, zumindest aber relativiert werden.

II. Wettbewerber im Aufsichtsrat

Die aktuell kontrovers diskutierte Problematik der Wahrnehmung von Doppelmandaten durch Aufsichtsratsmitglieder konkurrierender Unternehmen wurde in Abschnitt D. I. dieser Arbeit untersucht. Hierbei wurde zunächst nachgewiesen, dass sich aus dem geltenden Gesetzesrecht kein (ungeschriebenes) Wettbewerbsverbot für Aufsichtsratsmitglieder ableiten lässt, zumal es an einer planwidrigen Regelungslücke mangelt und sich andernfalls verfassungsrechtliche Bedenken ergeben. Entsprechende Reformen auf diesem Gebiet erscheinen zudem nicht wünschenswert; stattdessen sollte man es bei der Empfehlung der Ziff. 5.4.2 S. 4 DCGK belassen, da diese eine hinreichend flexible Entscheidungsfindung durch die Unternehmen selbst unter Abwägung von Vor- und Nachteilen der Präsenz eines Wettbewerbers im Aufsichtsrat ermöglicht.

Zwischen der deutschen und der US-amerikanischen Rechtslage konnte der *Verfasser* sowohl hinsichtlich einschlägiger Inkompatibilitätsvorschriften als auch bezüglich bestehender Transparenzgebote eine große Ähnlichkeit ausmachen. Aus diesem Grund besteht insoweit kein Raum für mögliche Konvergenzen. Beide Systeme erlauben einen eigenverantwortlichen und sachgerechten Umgang mit der in Rede stehenden Thematik.

III. Wechsel vom Vorstand in den Aufsichtsrat

Gegenstand von Abschnitt D. II. war der sofortige Wechsel eines Vorstandsmitglieds in den Aufsichtsrat nach Beendigung seiner Vorstandstätigkeit. Von besonderer Relevanz war in diesem Kontext der Fall, in dem meist der Vorstandsvorsitzende den Vorsitz des Aufsichtsgremiums übernimmt.

Auch hier macht das deutsche Aktienrecht nach herrschender und zutreffender Ansicht keine Vorgaben. Insbesondere lassen sich solche nicht im Wege der Rechtsfortbildung durch Analogie herleiten. Geregelt wird ausschließlich die grundsätzliche Unvereinbarkeit einer *gleichzeitigen* Zugehörigkeit zu beiden Führungsorganen (§ 105 AktG). Umso wichtiger sind aus diesem Grund die Kodexempfehlungen, bei denen allerdings gewisser Nachbesserungsbedarf besteht.

Ziff. 5.4.2 S. 3 DCGK fordert mit Recht dazu auf, nicht mehr als zwei ehemalige Vorstandsmitglieder in den Aufsichtsrat aufzunehmen, sollte jedoch nur für Mitglieder gelten, deren Vorstandstätigkeit nicht bereits mindestens zwei Jahre zurückliegt. Abzulehnen sind konsequenterweise die Stimmen, die sich prinzipiell gegen eine Aufsichtsratsmitgliedschaft vor Ablauf einer bestimmten Sperrfrist aussprechen. Mit dem oben angesprochenen Spezialfall des Wechsels in die Position des Aufsichtsratsvorsitzenden oder in den Ausschussvorsitz befasst sich Ziff 5.4.4 DCGK. Statt einer regelmäßigen, sollte der Kodex gänzlich von einer „qualifizierten" Ämterrochade absehen, da nur so den Gefahren einer solchen wirksam begegnet werden kann und auch deren Vorteile kein anderes Ergebnis rechtfertigen können. Darüber hinaus würden sprachliche Unschärfen beseitigt. Im Grundsatz ist jedoch auch hier am Selbstorganisationsrecht der Unternehmen festzuhalten; verbindliche gesetzliche Regelungen verbieten sich somit.

In den USA ist ausschließlich eine cooling-off Periode von drei Jahren zwischen Management- und Aufsichtstätigkeit vorgeschrieben und dies auch nur für solche Directors, die als unabhängig eingestuft werden sollen. Eine Regelung hinsichtlich einer Personalunion der Vorsitzenden fehlt ganz. Vorbildfunktion kann im Grundsatz nur die Karenzzeit haben. In den übrigen Aspekten sollte einer Orientierung am US-Recht eine Absage erteilt und den oben ausgearbeiteten Vorschlägen gefolgt werden.

IV Erfolgsabhängige Vergütung von Aufsichtsratsmitgliedern

Abschnitt D. III ging der Frage nach, wie eine erfolgsorientierte Vergütung von Aufsichtsratsmitglieder zu bewerten ist und wie mit dieser Unternehmenspraxis im Sinne einer guten Corporate Governance umgegangen werden soll. Dabei wurde zunächst festgestellt, dass, auch im Hinblick auf die höchstrichterliche Rechtsprechung der jüngeren Vergangenheit, eine solche durchaus möglich ist, solange sie keine Aktienoptionsprogramme beinhaltet. Um die in diesem Zusammenhang bestehende Rechtsunsicherheit zu beschränken, sollte der Kodex zu den Bezugsgrößen eindeutiger Stellung nehmen, statt pauschal an die Erfolgsorientierung anzuknüpfen.

Einen liberalen Ansatz verfolgt hingegen die US-amerikanische Rechtslage. Dort sind insbesondere Aktienoptionen, die dem Führungspersonal der Corporation gewährt werden, keine Seltenheit. Eine wertende Gesamtbetrachtung unter Berücksichtigung von Für und Wider sowohl einer aktienkursorientierten Entlohnung als auch des hierfür erforderlichen Gesellschafterbeschlusses hat ergeben, dass dieses Modell auch in Deutschland umgesetzt werden sollte. Dies würde dem – auch vom DCGK anerkannten – Bedürfnis, die Aufsichtsratsmitglieder am Unternehmenserfolg teilhaben zu lassen, gerecht werden, ohne ihre Unabhängigkeit in unvertretbarer Weise zu gefährden. Dementsprechend erscheint das vom deutschen Gesetzgeber ausgesprochene Verbot von Aktienoptionsprogrammen – nach der hier vertretenen Auffassung sind auch vergleichbare aktienkursorientierte Vergütungskonzepte untersagt – zu Gunsten von Aufsichtsratsmitgliedern unverhältnismäßig und sollte durch das Erfordernis eines entsprechenden Hauptversammlungsbeschlusses nach amerikanischem Vorbild ersetzt werden.

V. Beratungsvertrag mit einem Aufsichtsratsmitglied

Da sich Beratungsverträge zwischen Gesellschaft und Aufsichtsratsmitglied negativ auf dessen Unabhängigkeit vom Vorstand auswirken können, wurde diese Problematik in Abschnitt D. IV. dieser Darstellung untersucht. Dabei wurde zunächst klargestellt, dass sich der Vertragsgegenstand nicht mit den organschaftlichen (Beratungs-)Pflichten des Aufsichtsratsmitglieds überschneiden darf und, wie die Vergütung, hinreichend eindeutig im Vertrag festgelegt werden muss. Wegen des zu engen Wortlauts des § 114 AktG ist dieser teleologisch auch auf Beteiligungs- sowie bestimmte unabhängigkeitsgefährdende Konzernsituationen auszudehnen, um Umgehungen zu verhindern. Der Gesetzgeber sollte eine entsprechende Konkretisierung vornehmen; von einem Verbot solcher Abkommen, wie es einige Literaturstimmen fordern, ist aber ebenso wie von der Einführung einer Entscheidungskompetenz der Hauptversammlung unter den oben dargelegten Gesichtspunkten dringend abzuraten.

Bezüglich der Transparenz von Beratungsverträgen sollte Ziff. 5.4.6 Abs. III DCGK in Zukunft auch die Offenlegung solcher Leistungen empfehlen, die dem Aufsichtsratsmitglied nur mittelbar zugeflossen sind, sowie eine Erklärung, dass die geschlossenen Verträge mit § 114 AktG in Einklang stehen. Ziff. 5.5.4 DCGK sollte über die verkürzte Wiedergabe des Gesetzestextes hinaus die Einholung der Zustimmung des Aufsichtsrats bei Beratungsverträgen in Konzernkonstellationen empfehlen, da der Wortlaut des § 114 AktG solche bislang nicht *expressis verbis* erfasst und die Rechtsprechung noch keine Gelegenheit hatte, sich zu dieser Frage zu äußern.

Ein Blick auf die US-amerikanische Rechtslage hat darüber hinaus einen Nachbesserungsbedarf des Kodex dahingehend ergeben, dass er den Verzicht auf Beratungsverträge anregt, an denen Mitglieder des zentralen Prüfungsausschusses oder der Aufsichtsratsvorsitzende beteiligt sind. Grund hierfür ist das überdurchschnittliche hohe Maß an Unabhängigkeit, das bei diesen Personengruppen erforderlich ist. Wenig sinnvoll erscheint hingegen die Übernahme starrer Obergrenzen für das Entgelt solcher Beratungsverträge, falls ein Aufsichtsratsmitglied als unabhängig gelten soll, da diese unschwer unterlaufen werden können und regelmäßig ohnehin vom Merkmal der Geschäftsbeziehung i.S.d. Ziff. 5.4.2 S.2 DCGK erfasst sind.

VI. Kreditvergabe an Aufsichtsratsmitglieder

In Abschnitt D. V. befasst sich diese Darstellung mit der Gewährung von Krediten und wirtschaftliche gleichwertigen Leistungen an Aufsichtsratsmitglieder. Zunächst wurde in diesem Kontext festgestellt, dass § 115 AktG die Thematik insbesondere wegen der ausdrücklichen Bezugnahme auf mögliche Umgehungssachverhalte sachgerecht regelt.

Unter Berücksichtigung der Reformen, die der amerikanische Bundesgesetzgeber mit dem Sarbanes-Oxley Act zu Beginn des Jahrtausends vorgenommen hatte, stellte sich dann aber die Frage, inwieweit ein Verbot der Kreditierung von Aufsichtsratsmitgliedern auch hierzulande sinnvoll wäre. Dabei gelangte der *Verfasser* zu dem Ergebnis, dass dies primär wegen der unterschiedlichen Rolle solcher Kredite in den USA einerseits und in Deutschland andererseits sowie des Umstandes, dass das deutsche Aktienrecht mit dem Zustimmungsvorbehalt des § 115 AktG einen für hiesige Verhältnisse hinreichend effektiven Kontrollmechanismus vorsieht, nicht der Fall ist. An Stelle eines strikten Verbots erscheint eine gewisse Flexibilität durchaus mit dem Unabhängigkeitspostulat vereinbar, zumal deutsche Aufsichtsräte mit der Kreditvergabe an Personen aus den eigenen Reihen in der Vergangenheit offenbar mit dem gebotenen Verantwortungsbewusstsein umgegangen sind.

VII. Schlussbetrachtung

Hauptziel dieser Untersuchung war die Beantwortung der Frage, ob und inwieweit insbesondere die deutschen Regelungen im Bereich Corporate Governance die Unabhängigkeit des Aufsichtsratsmitglieds in angemessener Weise gewährleisten. Hierbei war ein Blick auf die Situation in den Vereinigten Staaten vielfach hilfreich, obgleich diese nur selten echten Vorbildcharakter aufweisen konnte. Dies hängt auch damit zusammen, dass sowohl der deutsche Gesetzgeber als auch die Kodexkommission im Bemühen um eine sachgerechter Umsetzung des Unabhängigkeitspostulats auf einem guten Weg sind. Jedoch konnte die vorliegende Arbeit nachweisen, dass zur Erreichung von zuverlässigeren und stabileren Unternehmensstrukturen durch ein Mehr an Unabhängigkeit noch einige wichtige Schritte fehlen. In diesem Bemühen die US-amerikanische Rechtslage vollständig zu kopieren wäre ebenso verfehlt wie diese zu ignorieren. Vielmehr ist stets auf die Eigenarten und Erfahrungen des eigenen Systems zu achten und dementsprechend sorgfältig abzuwägen, ob die bestehenden gesetzlichen Vorschriften und Kodexregelungen dem Bedürfnis nach einer unabhängigen Unternehmenskontrolle gerecht werden.

Wie immer im Bereich der Corporate Governance sind auch in diesem Zusammenhang die Aktiengesellschaften, insbesondere die beiden Führungsorgane Vorstand und Aufsichtsrat, zu verantwortungsbewusstem Handeln aufgerufen. Nur so rechtfertigt sich der Ruf nach der Möglichkeit der Selbstorganisation der Wirtschaft. Wie es der ehemalige Präsident des Supreme Court of Delaware *E. Norman Veasey* einst ausdrückte: „Letztlich geht es um Integrität. Corporate Governance beruht auf der Integrität der Directors und ihrer Berater.“[1231] Dieses Zitat lässt sich ohne Weiteres auf deutsche Aufsichtsräte übertragen. Zu dieser Integrität kann ihre Unabhängigkeit aber einen entscheidenden Beitrag leisten.

1231 *Veasey*, 52 Bus. Law. 393 (1997), 406: "In the end, the issue is integrity. Corporate governance depends on the integrity of directors and their counselors."

Anhang: Zusammenfassung der Vorschläge zur Änderung von AktG und DCGK

1. Ziff. 5.4.2 S. 3 DCGK sollte folgendermaßen geändert werden: „Dem Aufsichtsrat sollen nicht mehr als zwei ehemalige Mitglieder des Vorstands angehören, deren Vorstandstätigkeit weniger als zwei Jahre zurückliegt."

2. Ziff. 5.4.4 S. 1 DCGK sollte wie folgt lauten: „Der bisherige Vorstandsvorsitzende oder ein Vorstandsmitglied soll nicht in den Aufsichtsratsvorsitz oder den Vorsitz eines Aufsichtsratsausschusses wechseln."

3. Die Vergütung von Aufsichtsratsmitgliedern mit Aktienoptionen sollte mit der Maßgabe gestattet werden, dass diese nur einen geringen Teil der Gesamtvergütung darstellt und ein solches Modell von der Hauptversammlung beschlossen wird. Hierzu müsste § 192 Abs. II Nr. 3 AktG Aufsichtsratsmitglieder als Bezugsberechtigte erwähnen.

4. Ziff. 5.4.6 Abs. II DCGK sollte die Parameter, an denen sich die erfolgorientierte Vergütung der Aufsichtsratsmitglieder bemisst, konkretisieren. In Betracht kommen insoweit eine Ausrichtung am Jahresgewinn, an der Dividende sowie an Unternehmenskennzahlen wie Brutto-Cashflow oder EBIT. Da es hierbei weniger auf die Bevorzugung bestimmter Erfolgsgrößen als vielmehr auf die Schaffung von Rechtssicherheit ankommt, soll an dieser Stelle auf einen Formulierungsvorschlag verzichtet werden.

5. § 114 Abs. I AktG sollte ausdrücklich Konzern- und Beteiligungssachverhalte erfassen und somit unter Berücksichtigung der jüngeren höchstrichterlichen Rechtsprechung folgender Satz 2 angefügt werden: „Dies gilt auch für Verträge nach Satz 1 eines Aufsichtsratsmitglieds und einem verbundenen Unternehmen, sofern dieses Unternehmen die Gesellschaft nicht beherrscht sowie für Verträge nach Satz 1 der Gesellschaft und einer weiteren Gesellschaft, an der ein Aufsichtsratsmitglied nicht nur unwesentlich beteiligt ist."

6. Ziff. 5.4.6 Abs. III DCGK sollte folgendmaßen lauten: „Auch die vom Unternehmen an die Mitglieder des Aufsichtsrats oder an Gesellschaften, an denen ein Mitglied des Aufsichtsrates nicht nur unwesentlich beteiligt ist, gezahlten Vergütungen oder gewährten Vorteile für persönlich erbrachte Leistungen, insbesondere Beratungs- und Vermittlungsleistungen, sollen individualisiert im Corporate Governance Bericht gesondert angegeben werden.“

7. Solange der Vorschlag unter 5. nicht umgesetzt wird, sollte Ziff. 5.5.4 S. 1 DCGK lauten: „Berater- und sonstige Dienstleistungs- und Werkverträge eines Aufsichtsratsmitglieds mit einem mit der Gesellschaft verbundenen, aber diese nicht beherrschenden Unternehmen sollen vom Aufsichtsrat geprüft werden.“

8. Ziff. 5.5.4 S. 2 DCGK sollte lauten: „Die Gesellschaft sollte auf solche Verträge mit dem Aufsichtsratsvorsitzenden oder einem Mitglied des Prüfungsausschusses und mit einer Gesellschaft, an der der Aufsichtsratsvorsitzende oder ein Mitglied des Prüfungsausschusses beteiligt ist, verzichten.“

9. Ziff. 3.9 DCGK sollte lauten: „Die Gesellschaft soll keine Kredite an Aufsichtsratsmitglieder gewähren.“

Aus unserem Verlagsprogramm:

Wolfgang Strunk
Der Prüfungsausschuss des Aufsichtsrats der börsennotierten Aktiengesellschaft
Zweck- und rechtmäßige Prüfungsausschussaufgaben nebst Mustergeschäftsordnung
Hamburg 2009 / 398 Seiten / ISBN 978-3-8300-4781-0

Philipp Hartmann
Handelsvertreterrecht und Verlinkungen zu Internetshops
Eine Untersuchung bei erfolgsabhängig vergüteten Verlinkungen
Hamburg 2009 / 258 Seiten / ISBN 978-3-8300-4241-9

Christian Haarmann
Die Prospekthaftung am grauen Kapitalmarkt
Hamburg 2009 / 288 Seiten / ISBN 978-3-8300-4254-9

Martin Krämer
Der Gewerbebegriff im Zivilrecht
Hamburg 2009 / 452 Seiten / ISBN 978-3-8300-4195-5

Frank Baßler
Die Haftung des Kommanditisten
insbesondere bei Erweiterung seiner gesetzlichen Befugnisse sowie bei strukturellen Veränderungen des Gesellschafterbestandes
Hamburg 2009 / 276 Seiten / ISBN 978-3-8300-4029-3

Marc Schreiner
Zulässigkeit und wirtschaftliche Neugründung einer Vorrats-SE
Hamburg 2009 / 196 Seiten / ISBN 978-3-8300-3902-0

Thomas Andreas Reimann
Entscheidungen mit Ermessen und Beurteilungsspielräumen im Abschlussprüferrecht
Eine Untersuchung des Abschlussprüferermessens unter besonderer Berücksichtigung seiner öffentlichen Funktion im internationalen Kontext
Hamburg 2009 / 394 Seiten / ISBN 978-3-8300-4220-4